**결제 권력을 소유하는 자가
부의 흐름을 지배한다**

결제는 어떻게
세상을 바꾸는가

PAYMENT POWER

결제 권력을 소유하는 자가
부의 흐름을 지배한다

결제는 어떻게
세상을 바꾸는가

CARD

1234 0000 0000

samho MEDIA

"오늘날 결제산업은 커다란 변화의 소용돌이 속에 서 있다. 테크 기업들은 오랫동안 결제산업의 왕좌를 지켜왔던 은행에 끊임없이 도전장을 내밀고 있으며, 블록체인과 가상화폐 역시 중앙은행을 비롯한 전통적인 결제 인프라에 도전하고 있다. 또한 지급결제 산업 그 자체는 규모의 경제를 바탕으로 고객들의 데이터를 생산하는 새로운 비즈니스로 성장하고 있다. 이 책은 오늘날 결제의 미래를 주도하기 위한 혁신이 어떻게 이뤄지고 있는지를 현장에서 생생히 살펴본다. 글로벌 결제 시스템의 중심에 서 있는 스위프트사의 CEO로부터 결제가 어떻게 세상을 바꾸어 나갈지에 대한 통찰을 얻을 수 있는 훌륭한 책이다."

- 이원덕 우리은행장

"현대인들은 일상을 살아가면서 하루에도 몇 번씩 지급과 결제(이하 결제)라는 행위를 반복한다. 그만큼 결제는 경제 생활에서 매우 중요한 요소지만, 기술적이고 전문적 분야라는 인식이 강해 대중의 관심을 끌기에는 한계가 있었다. 이 책은 현대 사회 전반에서 이뤄지는 결제의 메커니즘을 흥미롭게 해설하고, 혁신을 통한 미래 모습을 저자들의 실무 경험과 전문성을 바탕으로 예리하게 전망한다. 금융업계 종사자, 학계를 비롯한 관련 연구 종사자와 일반 대중들에게 추천하는, 매우 쉽고 재미있게 기술된 탁월한 입문서다."

- 김종화 前 금융결제원장, 부산국제금융진흥원장

"결제산업은 빠르게 진화 중이다. 단순히 소비자의 편의를 제고하는 수준을 넘어 지불 행위를 인지조차 못하는 수준을 향해 나아가고 있으며, 다양한 기술과 결합해 데이터 비즈니스로도 그 영역을 넓히고 있다. 또한 결제 플랫폼은 금융 서비스와 소비자를 잇는 종합 금융 플랫폼으로 발전하고 있다. 이처럼 결제는 우리 삶을 바꾸고 산업 지형까지도 바꾸고 있는 너무나도 중요한 주제다. 스위프트를 진두지휘한 저자들은 결제산업이 마주한 오늘날의 과제와 앞으로 펼쳐질 미래를 마치 소설처럼 서사를 더해 풀어냈다. 급속도로 변화하고 혁신 중인 결제산업이라는 주제를 이토록 쉽고 생생하게 다룬 책을 만나기는 쉽지 않을 것이다."

- 진형구 카카오페이 부사장

"과거에 우리는 어떻게 결제해왔으며, 앞으로의 결제는 어떻게 변화할 것인지 결제의 역사와 미래를 거시적으로 아우르는 정말 흥미로운 책이다. 일상 속에서 자연스럽게 행하는 결제가 최종 목적지까지 어떻게 도달하는지에 대해서 한 번도 생각해본 적이 없는 사람들에게 이 책은 놀라운 경험과 혜안을 선사할 것이다."

- 로스 올트먼(Ros Altmann) **영국 상원의원**

"탁월하고 중요한 책이다. 결제 방식이 우리 사회와 삶을 통째로 바꿔놓고 있지만 무엇이 이런 변화를 주도하는지, 옳고 그름을 떠나 그 변화가 어떤 결과를 초래하는지 제대로 이해하는 사람은 거의 없다. 엄청나게 매혹적이고 이해하기 쉽게 쓰인 『결제는 어떻게 세상을 바꾸는가』는 비전문가와 정책 입안자 모두에게 결제라는 중요한 주제를 분명하고도 쉽게 해설해준다."

- 대영제국 CBE 나탈리 치니(Natalie Ceeney)**,
액세스 투 캐시 리뷰**(Access to Cash Review) **의장**

"우리가 결제하는 순간, 세상에는 어떤 일이 일어나는가? 수십억 달러의 가치가 담긴 질문이다. 버튼을 클릭한 후 저 멀리 떨어진 곳의 계좌에서 돈이 나타나기까지 몇 초에 불과한 찰나에 벌어지는 일, 그리고 결제로 돈을 버는 존재들이 가진 다양한 얼굴을 놀랍고 흥미로운 통찰로 보여준다."

- 다르시니 데이비드(Dharshini David),
『1달러의 세계 경제 여행』의 저자

"결제의 세계는 복잡하고 혼란스럽지만, 정말 중요하다. 책의 저자들은 포괄적이고 심도 깊으며 심지어 재미있기도 한 안내서를 만들어냈다. 날이 갈수록 시중 은행과 중앙은행의 관심이 집중되고 있는 '결제'라는 주제를 이보다 잘 담아낸 책은 본 적이 없다."

- 하워드 데이비스(Howard Davies)
영국 금융감독청 前 **회장, 냇웨스트 그룹**(NatWest Group) **회장**

"읽는 내내 스릴러물을 보는 듯한 기분이 들었다. 저자들은 재치 있고 날카로운 필치로 '네트워크는 무궁무진하게 흥미로운 주제'임을 보여주는 데 성공했다. 아마도 두 저자들은 눈을 반짝이며 이 글을 썼을 것이고, 글을 읽는 내 눈도 내내 반짝였다.『결제는 어떻게 세상을 바꾸는가』는 결제와 금융, 세계 정세에 관한 온갖 상식과 깊이 있는 정보로 가득하다. 진정으로 우리 삶을 풍요롭게 해줄 책이다."

- 팀 프로스트(Tim Frost), **영란은행** 前 **국장, 케언 캐피털**(Cairn Capital) **의장**

"우리가 사는 세상을 굴러가게 만들지만 실제로 이해하는 사람은 거의 없는 돈의 기술에 대해 한 걸음 다가가도록 돕는 탁월한 입문서.

- 라나 스워츠(Lana Swartz), 『디지털 화폐가 이끄는 돈의 미래』의 저자

"글로벌 결제 시스템은 무엇보다 중요하지만, 대부분의 사람들이 이에 대해 아무것도 알지 못한다. 두 저자는 탁월하면서도 흥미로운 방식으로 결제 시스템 전반의 흐름을 보여준다. 금융 전문가부터 일반적인 독자에 이르기까지 누가 됐건 이 책을 읽기 시작한다면 그 매력에 빠져들지 않을 사람은 없을 것이다. 기술이 결제를 완전히 바꿔놓기 시작한 지금, 그 어느 때보다 절실하게 필요한 양서다."

- 사이먼 글리슨(Simon Gleeson), 『The Legal Concept of Money』의 저자, 다국적 로펌 클리퍼드 챈스(Clifford Chance) 파트너

"『결제는 어떻게 세상을 바꾸는가』는 우리가 결제를 이해하고 생각하는 방식을 확연히 바꿔놓을 것이다. 고트프리트와 나타샤는 결제업계에서 몸담으며 익힌 심층적인 지식과 결제 세계에 대한 깊이 있는 이해를 토대로 대단히 흥미롭고 날카로운 문제를 짚어냈다. 무한한 가능성이 있는 미래를 우리 독자들에게 소개함과 동시에, 앞으로 직면할 수 있는 거대한 위험과 자칫하면 어떻게 잘못된 방향으로 나아가게 될 수도 있는지 빠짐없이 알려준다."

- 요헨 메츠거(Jochen Metzger), 결제업계 임원

"명쾌하고 고무적이다. 이 책은 우리가 지금 경험하는 디지털 화폐 혁명의 규모와 속도를 집중 조명한다."

- 후반 스티니스(Huw van Steenis), 영란은행 보고서 《Future of Finance》의 저자

"우리 모두는 무언가를 사고팔 때마다 결제 시스템을 이용한다. 그러나 그 결제 시스템이 어떻게 작동하는지 한 번이라도 궁금했던 적이 있는가? 결제 시스템은 배관이나 전기와 비슷할 수도 있지만, 그보다 훨씬 복잡하다. 기술 덕에 결제 시스템이 급속도로 변화하면서 그 복잡성은 더욱 심화되는 중이다. 예전에는 현금으로 건네거나 송금했던 행위가 클릭 몇 번이면 끝나는 결제로 변했고, 이제는 휴대전화 화면을 손가락으로 한 차례 쓱 훑거나 터치하는 것만으로도 결제할 수 있게 됐다. 그다음은 무엇일까? 이 모든 것들은 어떻게 작동할까?『결제는 어떻게 세상을 바꾸는가』는 전 세계 모든 결제와 은행들을 연결하는 글로벌 시스템인 스위프트의 중심부에 있었던 두 전문가가 들려주는 돈과 결제, 우리 삶에 대한 심층적이고 놀라운 이야기다. 이 책에는 결제의 과거와 현재, 미래에 관한 거시적이고 유용한 통찰이 담겨 있다. 정치나 경제, 혹은 금융 세상에 조금이라도 관심 있다면 반드시 이 책을 읽어야 한다. 지금 당장!"

- 크리스 스키너(Chris Skinner), **작가, 논평가이자 트러블메이커**

"우리 삶에서 정말로 중요한 문제임에도 사람들의 관심에서 가장 소외된 부분이 바로 결제일 것이다. 은행, 기술 기업, 중앙은행, 암호화폐 기업, 사기꾼은 모두 결제를 지배하는 자가 핵심적인 데이터를 통제하고 궁극적으로 세계를 지배하게 되리라는 사실을 잘 안다.『결제는 어떻게 세상을 바꾸는가』는 이 지정학적이고 기술적인 전쟁이 어떻게 벌어지고 있으며 앞으로 우리가 맞이할 미래는 어떤 모습일지 정밀하고 날카롭게 해부한다. 관련 업계에서 일하는 사람 모두가 읽어야 할 필독서다."

- 밥 위글리(Bob Wigley), **영국 금융기관협회**(UK Finance) **의장,**
『Born Digital: The Story of a Distracted Generation』의 저자

"우리 모두가 의존하는 결제 시스템이 어떻게 사용되고 때때로 어떻게 남용되는지, 그리고 이 시스템이 계속해서 급변하는 이유와 과정에 관한 이야기를 들려준다. 오래전에 누군가가 했어야 마땅한 주제를 깊이 있고 신뢰할 수 있는 내용으로 쉽게 풀어낸 이 책은 전문가와 일반 독자 모두에게 유익한 정보와 신선한 읽을거리를 제공할 것이다."

- 마크 야롭(Mark Yallop), FICC 시장표준위원회(Markets Standards Board) 의장,
영란은행 건전성규제위원회(Prudential Regulation Committee),
금융시장인프라위원회(Financial Market Infrastructure Board) 前 사외이사

우리는 하루에도 몇 번씩 물건을 구입하고 결제와 송금을 하지만 그 과정이 어떻게 이뤄지는지에 대해서는 아무 관심이 없다. 신용카드나 계좌이체 등의 결제 수단을 통해 나의 돈이 어떻게 판매자에게 전달되는지, 그 전달 과정에서 누가 돈을 벌고, 그 전달 과정을 장악하기 위해 어떠한 경쟁이 일어나고 있는지에 대해서는 보통 생각해볼 기회조차 갖기 어렵다. 지급결제 시스템은 마치 공기처럼 당연히 우리에게 주어진 것이라 생각하기 때문이다.

그러나 최근에 결제 시스템이 중단되면 어떤 일이 일어나는지 일깨워준 사건이 있었다. 바로 2022년에 발생한 '카카오 먹통 사태'다. 판교에 위치한 데이터 센터 화재에서 시작한 이 사태는 대한민국의 경제 활동을 완전히 멈춰 세웠다. 시스템이 정상화되기까지 사람들은 카카오페이로 송금과 결제를 할 수 없었으며, 선물로 받은 기프티콘도 사용할 수 없었다. 또한 카카오로 택시, 대리기사, 배달서비스와 같은 모빌리티 서비스에 종사하던 사람들은 당장 수입이 끊기는 신세가 되었다. 민간 회사가 운영하는 결제 시스템 하나가 정지되자 대한민국 경제도 정지된 것이다.

카카오 사태는 한 국가가 결제를 완벽히 관리하는 것이 매우 어려움을 시사하기도 한다. 사실 전 세계의 어떤 기관도 자국 경제 내에서 이루어지는 결제 과정을 완벽히 통제하거나 감독하지는 못한다. 그 이유는 '결제'란 전적으로 두 당사자 간의 합의에 따라 결정되는 문제이기 때문이다. 따라서 현금이나 카드처럼 전통적 결제 방식을 택할 수도 있고, 두 당사자가 합의만 한다면 법에서 규정하지 않은 불법적인 방식이나 완전히 새로운 결제 수단으로 결제할 수 있다.

결제에 내재된 이러한 속성 때문에 각국은 매우 다양한 결제 수단을 사용하고 있다. 각자의 선호에 따라 현금, 수표, 간편결제, 신용카드, 가상화폐 등 다양한 결제 수단이 존재하게 되며, 국가마다 선호하는 결제 수단도 달라질 수밖에 없다. 국가마다 선호하는 결제 수단이 다르다보니, 결제 인프라의 모습도 국가마다 제각각일 수밖에 없다. 이러한 사실 때문에 오늘날에도 해외로 돈을 보내는 송금 과정은 여전히 불투명하고, 답답한 속도로 처리되고 있는 것이다.

결제산업에서 관찰되는 또 다른 흥미로운 사실은 '새로운 기술'보다 '기존의 관행'이 시장을 지배한다는 것이다. 사람들은 웬만해서는 한번 익숙해진 자신의 결제 습관을 바꾸지 않는다. 그 덕에 신용카드사는 오늘날까지 결제 시장을 지배하고 있다. 신용카드사들은 수많은 회원이 확보된 강력한 네트워크를 이미 구축했으며, 이 네트워크는 수많은 도전자들을 물리쳐왔다. 신용카드보다 기술적으로 우수한 결제 수단은 수없이 등장했지만, 모두 신용카드사들이 구축해놓은 네트워크를 이기지는 못했다. 오히려 그사이 신용카드사들은 새로운 기술들을 흡수하며 디지털화에 성공했고, 디지털 시대에도 여전히 결제산업의 최강자로 군림하고 있다.

이 책은 이처럼 결제산업에서 일어나고 있는 주요한 변화, 혁신과 위기의 사례들을 다각도로 다룬다. 책의 가장 큰 장점은 무엇보다 독자들이 흥미롭게 몰입할 수 있다는 점이다. 대부분의 결제 관련 서적들이 다소 기술적으로 쓰여진 반면, 이 책은 결제산업의 화두를 스토리텔링 방식으로 흥미진진하고 긴장감 있게 서술하고 있다. 그와 동시에 결제 전문가인 저자들의 날카로운 식견과 통찰을 느낄 수 있는 훌륭한 입문서다.

감수자로서 본서의 각 파트에 대해 아래와 같이 평하고자 한다. 만약 본서를 처음부터 끝까지 정독할 수 없는 독자라면 본서를 읽어 나가는 데 다음의 평이 길잡이가 되기를 바란다.

이 책을 통틀어 가장 잘 기술되었으며 흥미롭다고 생각하는 파트는 '1부 움직이는 돈'과 '2부 역사'다. 결제의 본질을 설명하기 위해 부채화폐(신용화폐)의 개념을 다루고 있으며, 부채(화폐)로 부채(채무)를 갚아가는 행위의 의미가 무엇인지에 대해서도 생각할 거리를 제공한다. 또한 저자들은 가장 대표적 결제 수단인 신용카드가 어떻게 작동하는지, 신용카드가 직불카드와의 경쟁에서 어떤 전략을 통해 승리했는지도 상세하게 해설한다.

'5부 거액의 돈'도 독자들의 호기심을 자극하는 내용들로 가득하다. 금융 거래의 경우는 일반적 상거래에 비해 거액이 오가는 것이 보통인데, 이때는 왜 일반 상거래 결제와 다른 별도의 결제 인프라를 마련해야 하는지에 대한 논리적 이유를 제시한다. 또한 일반적 독자라면 알기 어려웠던 해외 송금이 이루어지는 과정에 대해서도 친절하게 설명한다. 책에서도 말하듯이 송금을 하더라도 실제로 돈은 이동하지는 않는다. 그렇다면 달러화 지폐를 배나 비행기에 태워 옮기지 않고서도 어떻게 각 국가가 화폐의 과부족을 겪지 않을 수 있는지에 대해서도 알기 쉽게 설명한다.

'7부 정치와 규제'는 독자들에게 다소 까다로울 수 있다. 다양한 법규가 등장하기 때문에 그 용어부터 익숙하지 않기 때문이다. 그러나 이 책을 읽다 보면 규제와 금융 당국의 역할이 결제산업에 얼마나 큰 영향을 미치는지 깨닫게 될 것이다. 따라서 다소 어렵더라도 이 파트도 완독할 것을 권하고 싶다. 여기에서는 달러화를 바탕으로 결제를 무기로 삼은 미국에 대한 이야기와, 각국의 금융 회사들이 미국의 눈치를 보고 알아서 몸을 사리는 과잉 준수Over-compliance의 문제도 다룬다. 한편, 금융 범죄의 차단과 금융 포용이라는 상반되는 두 정책 목표 간의 딜레마적 상황에 대해서도 생각할 문제를 던진다.

앞으로 결제산업은 경제적 · 정치적 · 안보적 측면에서 그 중요성이 더욱 부각될 것이라 생각한다. 결제 시장은 새로운 데이터를 창출하는 시장으로 성장할 것이고, 이에 따라 각국도 결제산업의 주도권을 거머쥐기 위해 치열한 경쟁을 벌일 것이다. 앞으로 결제가 어떻게 진화해 나갈지를 지켜보는 것은 매우 흥미로운 일이다. 그리고 이 책은 여러분들이 결제산업의 미래를 예측하는 데 분명 많은 가르침을 줄 것이라 기대한다.

금융위원회 서기관 강 성 호

| 일러두기 |

- 두 저자가 함께 집필했기에 본문에는 대개 '우리'라는 인칭 대명사가 등장
  한다. 다만 간혹 특정한 사건과 개인적인 사례를 언급할 때는 두 사람이 함
  께 언급하는 내용과 구분하기 위해 '나'를 사용했다.

- 본문에서 단행본은 『 』, 잡지 및 신문은 《 》, 영화와 방송 프로그램은 〈 〉로
  표기했다.

- 본문 괄호 안 내용 가운데 옮긴이나 감수자가 추가한 주석은 '- 옮긴이' 또
  는 '- 감수자'를 병기했다. 그 외는 모두 저자의 말이다.

- 본문 각주에서 저자의 원주는 번호를 달았고, 감수자가 추가한 것은 '•'를
  달아 구분했다.

"돈의 세상에서, 결제만큼 중요한 것이 없지만
결제만큼 외면받는 것도 없다"

가장 최근에 물건을 사고 결제(지불)Payment한 게 언제인가? 아마 오래전은 아닐 것이다. 일반적으로 사람들은 하루 한 번은 결제를 하고, 보통은 훨씬 더 자주 결제하기도 한다.

그런데 당신은 결제가 이루어지는 과정에 대해 한 번이라도 생각해본 적이 있는가? 예를 들어 이런 의문 말이다. 결제 수수료는 무료였는가? 어떤 회사가 결제를 처리했으며, 그 과정에서 그들은 어떤 정보를 가져갔는가? 돈은 어떻게 이동했는가? 판매자가 그 돈을 실제로 수령한 것은 언제였을까? 그들은 내가 지불한 돈 전부를 받았는가? 얼마나 많은 조직이나 기기 또는 인력이 그 과정에 참여했는가? 그들은 서로 어떻게 연결되어 있는가? 그들에게 사용료를 지불하는 것은 누구인가? 누가 그들을 통제하고 감독하는가? 그리고 그 모든 시스템이 작동을 멈추면 어떤 일이 벌어질 것인가?

우리 주변 곳곳에서는 시도 때도 없이 결제가 이뤄진다. 일단 대표적인 장소로 계산대를 꼽을 수 있다. 우리는 마트나 상점 계산대에서 현금이나 카드, 스마트폰을 이용해 계산을 한다. 온라인에서는 가상의 장바구니를 가상의 계산대로 가져가 가상의 카드로 결제한다.

물건을 구매할 때만큼 확연히 인지하지는 못하지만 매달 임차료나 대출 상환금, 공과금 등을 자동이체로 납부할 때도 결제가 이뤄진다. 그리고 이보다 더 의식하지 못한 사이 결제가 이뤄지기도 한다. 예를 들면 아마존에 접속해 영화를 보거나 우버를 불러서 택시를 타면 우리도 모르는 사이에 요금이 결제된다. 세계 최고의 인재들이 우리의 결제 과정을 좀 더 매끄럽게 만들기 위해 부단히 노력하고 있는 덕분이다.

우리 인류가 선사시대 부족사회의 수준을 넘어 윤택한 삶을 살 수 있게 만든 중요한 추상적 개념 세 가지 중 하나는 '돈'이다(나머지 두 가지는 종교와 글이다). 모든 사람들이 돈에 대해 똑같이 관심이 있는 것은 아니지만, 돈이 중요하다는 사실은 모두가 안다. 그리고 돈의 궁극적인 목적은 당연히 돈을 사용하는 것, 즉 지불하는 것이다. 결제가 어떻게 이뤄지는지 우리가 최소한이라도 이해해야 하는 이유가 바로 여기에 있다.

'결제'가 조금은 재미없는 주제로 느껴질 수도 있지만, 결제가 지닌 힘은 상상 이상으로 강력하고 막대하다. 우리가 결제하는 방식은 삶에 실질적이고 심층적인 영향을 미친다. 결제가 제대로 이뤄지면 사회와 경제가 활기를 띠지만, 결제가 원활하지 않으면 돈이 움직이지 않는다. 그리고 돈의 흐름이 멈추면 우리 경제와 사회도 멈춰 선다 (그런 일이 있어서는 절대로 안 되지만 멈춰 설 수밖에 없다). 선반에는 식료품이 없고, 주유소에는 기름이 없고, 배전망에는 전기가 없는 상황을 상상해보자. 미국 언론인 앨프리드 헨리 루이스Alfred Henry Lewis는 이렇게 말한 바 있다. "아홉 끼를 굶으면 인류는 무정부 상태에 빠져든다." 법과 질서가 완전히 무너지지 않도록 우리를 잡아주는 것은 법과 공권력이 아니라, 바로 결제 시스템이다.

결제의 다면성과 중요성을 생각하면 결제는 언제든 탐구할 만한 가치가 있는 주제지만, 지금이야말로 더욱 적극적으로 관심을 쏟아야 할 때. 결제 부문은 어느 때보다 흥미진진한 변화가 나타나고 있으며 그 속도도 걷잡을 수 없이 빠르다. 모든 국가, 모든 대륙에서 거의 하룻밤 새 그동안의 결제 방식이 뒤집히기도 하며 전례 없이 많은 돈이 결제산업으로 쏟아져 들어가고 있다.

돈을 지불한다는 것 자체는 단순하고 즉각적인 행위에 불과할 수 있지만, 오늘날 우리가 선택하는 '결제의 방식'은 광범위한 영향력을 발휘한다. 방금 말했듯이 결제 방식은 급변하고 있으며 이를 위해 우리가 사용하는 도구도 바뀌고 있다. 이 변화는 우리 주머니에서 지갑을 사라지게 하는 데에 그치지 않는다. 새로운 결제 방식 덕에 우리는 과거에는 상상하지 못했던 곳에서 전에 없던 방식으로 돈을 쓰고 빌릴 수 있게 됐다. 외면하거나 전문가에게만 맡겨두기에는 이 모든 것이 너무도 중요한 시점이 된 것이다. 우리 필자가 결제에 관한 이야기를 풀어나가기로 마음먹은 이유도 바로 이 때문이다.

돈을 지불하는 방식을 바꾸면 기회와 위험이 동시에 생긴다. 기술은 전 세계의 결제 방식을 혁신적으로 변화시켰지만, 그만큼 리스크도 가중되었다. 모든 문제를 말끔하게 해결할 수 있는 만병통치약 같은 해결책도 없다.

우리 사회는 화폐를 기반으로 돌아간다. 따라서 사회가 제대로 기능하려면 모든 이가 결제 수단(돈)을 사용할 수 있어야 한다. 즉, 더 편리하게 결제할 수 있도록 만드는 것도 중요하지만 더 많은 사람들이 결제 수단에 접근할 수 있도록 만드는 것도 중요한 문제다. 결제 접근성은 사람들이 사회에 참여할 수 있는지, 어디서 어떻게 참여할 수 있는지를 결정한다. 그런데 우리가 선택한 새로운 결제 방식 때문에 사회 일각에서 더 이상 돈을 사용하지(움직이지) 못하게 된다면 어떤 일이 벌어질까? 대도시에서 디지털 결제 수단이 발전하고 현금을 사용하지 않음에 따라, 시골지역 거주자들이나 빈곤층, 고령층, 디지털 혜택에 접근하지 못하는 사람들이 부당하게 부담을 떠안거나 심지어 결제 과정에서 소외되는 일이 발생한다면 어떻게 될까? 만약 돈을 지불하거나 지불받을 '방법'이 없는 사람들이 생긴다면 그들은 사회에서 어떤 존재가 될까?

경제 교육과 절약에 대한 문제도 생각해봐야 한다. 더 이상 아이들이 돈을 직접 접할 수 없는 세상이 오면 아이들에게 돈에 관해 어떻게 가르칠 수 있을까? 더 이상 숫자를 볼 수 없고 결제를 할 때 느끼는 부담감을 경험하지 못한다면 어떻게 지출 계획을 세울까? 결제산업에 뛰어들려는 기업들, 치열한 경쟁에 직면한 기존 업체들,

심지어 결제산업에 투자하고 결제를 규제하려는 사람들조차 결제산업을 분해하고 재구성했을 때 어떤 결과가 초래될지 정확히 이해하지 못하고 있다.

결제 방식에 따라서 우리 개개인의 정보에 접근할 수 있는 주체, 결제에 따르는 위험, 결제할 때 치러야 하는 비용이 달라진다. 단순히 결제 방법만 바뀌는 게 아니라 그것을 지원하는 시스템과 시스템을 소유한 주체도 바뀌기 때문이다. 그리고 그와 함께 결제의 경제, 결제의 정치, 결제 뒤에 모습을 숨기는 세력까지 바뀌게 된다.

중앙은행에서 대형 소셜미디어 기업까지, 다양한 플레이어들이 결제산업을 놓고 치열한 경쟁을 벌이고 있다. 그리고 결제를 둘러싼 우리의 일상적인 결정도 결제의 미래에 영향을 미친다. 개개인의 선택이 모여 어떤 집단이 얼마나 많은 돈을 벌지, 누가 결제 권력을 '소유'할지, 그들이 그 권력을 어떻게 행사할지를 결정할 것이다. 이런 변화가 가져올 결과는 상상하기 어려울 정도다. 다만 수치로 나타낼 수 없을 만큼 엄청난 파급이 있으리란 점은 확실하다.

그다음으로 결제의 다면성에 대해서도 생각해봐야 한다. 개인의 차원에서 보면 결제는 사적이며 골치 아프거나 따분하게 여겨질 수 있지만, 전체적인 관점에서 보면 결제는 강력하고 정치적이며 종종 상식과 다르게 이루어지기도 한다. 결제 과정은 전 세계적으로 연결돼 있지만 각 국가의 결제 방식은 지역적인 특성이 매우 두드러진다. 결제 자체는 즉각적이지만, 결제된 돈을 수령하는 과정은 답답할 정도로 느릴 때가 많다. 단편적으로 보면 결제는 대가를 지불하는 쪽과 지불받는 쪽 간의 쌍방 활동에 불과하지만 실제로는 여러 집단이나 국가의 관례가 영향을 미치기 때문이다.

결제는 실행인 동시에 과정이다. 결제는 가상으로 이루어질 수도 있고, 물리적으로 이루어질 수도 있으며, 디지털 방식이거나 아날로 그 방식일 수 있으며, 구식일 수도 있고 최첨단 방식일 수도 있다. 물론 상반되는 특징을 동시에 지닐 수도 있다. 예를 들어 수표는 구식으로 볼 수 있지만 수표를 처리하는 데는 최신 영상처리 기술이 필요하다.

결제 시장(사실 전혀 시장이 아니라고 봐야겠지만)은 집중된 동시에 분산되어 있다. 200여 개국의 2만 5천여 개 은행들 사이에서 결제가 이뤄지지만, 국가 간 결제의 대부분은 단 15개 은행 중 하나를 통해 진행된다. 결제를 위해 갖가지 기술이 사용되는 것처럼 보이지만, 사실 거의 모든 결제의 근간이 되는 기술은 소수에 불과하다. 결제 네트워크는 단일화되어 있기도 하고 다원적이기도 하다. 인터넷과 마찬가지로 결제 시스템은 아찔할 정도로 다양하고 복잡한 하위 시스템을 한데 엮어 놓은 하나의 시스템이다.

이 방대한 시스템의 몇몇 부분들은 정량화할 수 없다. 가장 기본적인 결제 방식인 현금 사용의 횟수와 규모를 알 수 있는 확실한 데이터는 없다. 결제는 익명성을 가질 수도 있고 추적 가능할 수도 있다. 암호화폐는 익명성이 보장되는 동시에 추적이 가능하다. 예를 들어 비트코인 거래는 익명으로 진행되지만 누구나 거래 현황을 확인할 수 있다. 결제 시스템은 투명한 동시에 불투명하고 깨끗한 동시에 추악하다. 또한 선량한 사람들뿐 아니라 악당들 역시 결제 시스템을 활용한다.

결제에는 국제적 음모와 지정학적 요인, 범죄 행위, 법정 드라마가 모두 뒤섞여 있다. 첨단 기술에서부터 딱히 특별할 것 없는 방법에 이르기까지 범죄 이익을 위해 결제 시스템을 전복시키려는 대담한 시도는 많았다. 악당들이 뉴욕 연방준비은행에서 금을 훔치는 영화 〈다이 하드 3〉를 기억하는가? 그로부터 20년이 흐른 후 북한 해커들은 방글라데시 중앙은행이 미국 연방은행에 보관해둔 10억 달러를 훔치려고 방글라데시 중앙은행 네트워크에 침투했다. 다이아몬드 업계 거물 니라브 모디가 복잡한 결제 수단과 내부 공모자의 조력을 통해 인도 펀자브 국립은행에서 15억 달러를 빼돌린 사건도 있었다. 돈에 접근하는 관문이라 할 수 있는 결제 과정은 언제나 범죄의 표적이 될 수밖에 없다.

결제가 중요한 이유는 본질적인 역할 때문이기도 하지만 결제에 포함된 정보 때문이기도 하다. 결제 데이터를 이용해 경제적 이익을 추구하려는 사람들은 당연하고, 테러리스트나 무기 거래상을 추적하는 정보기관, 국제 무대에서 활동하면서 상업적·지정학적 우위를 점하기 위해 노력하는 조직, 세금 포탈을 단속하는 당국 등도 결제 데이터를 매우 중요하게 여긴다(배우자를 의심하며 결판을 내고자 하는 사람도 물론이다).

상대적으로 비교해보면 결제 데이터는 개인정보 보호법, 데이터

소유 제한 규제, 데이터 수집과 처리 등의 문제로 다른 개인정보만큼 널리 사용되지는 않는다. 하지만 만약 경제적 이익과 권력, 정치가 걸린 중요한 상황이 오면 결제 데이터도 지금과 같은 상태로 방치돼 있지만은 않을 것이다.

지난 몇 세기 동안 결제와 예금 기능은 함께 묶여 작동해왔다. 은행은 그동안 결제 기능을 거의 '독점'하고 두 기능을 동시에 수행하면서 금융시장에서 우위를 지켜왔다. 하지만 은행만이 결제에 관한 신성한 권리를 가진 것은 아니다. 결제는 '리스크, 유동성, 기술, 네트워크, 사회적으로 합의된 결제 방식(관례)'이라는 다섯 가지 요인과 깊이 연관된다. 은행은 이 가운데 리스크와 유동성 문제를 처리하는 데는 매우 뛰어난 편이며 기술과 네트워크 문제는 그럭저럭 평균 수준으로 해결하는 반면, 결제 방식(편의성) 문제에 있어서는 어느 누구보다 낫다고 할 수 없다.

한편, 각 요인에 대처하는 기술 기업들은 은행과 정반대의 강점을 지닌다. 기술 기업들은 기술과 네트워크를 기반으로 새롭고 편리한 결제 방식을 만들어내고 있지만, 리스크와 유동성 관리 문제에 있어서는 특별한 전문성이 없다. 그럼에도 기술 기업들은 결제 부문으로 몰려들고 있다. 네트워크 파워와 마케팅 역량으로 무장한 기술 기업들은 결제를 예금과 분리하고, 그 과정에서 우리의 결제 습관을 변화시키고 있으며 기술 기업들이 만들어내는 결제의 편의성은 상거래를 활성화하고 있다.

그러나 아직 시기상조의 논의이나, 은행의 서비스에서 결제를 분리하면 예상치 못한 다른 결과가 뒤따를 수 있다. 돈의 세상이 작동하는 방식에 대해 우리 사회가 생각하는 것과, 실제로 작동하는 방식 사이에는 커다란 간극이 있으며 바로 이 지점에서 사회 전체가 대가를 치를 수밖에 없는 일이 벌어지곤 한다.

전쟁이라는 중대한 문제를 몇몇 장군의 손에만 맡겨둘 수 없듯이, 돈과 결제는 너무도 중요한 문제이기에 전문가의 손에만 맡겨두어서는 안 된다. 돈의 세상에서, 우리 일상생활에 결제만큼 중요한 것이 없지만, 돈과 관련된 많은 부분 중 결제만큼 외면받는 것도 없다. 그렇기에 우리는 이 책을 통해 결제의 중요성과 결제에 대한 무관심 사이에 존재하는 거대한 격차를 조금이나마 좁혀보고자 한다.

| 차례 |

1부 움직이는 돈
돈의 흐름이 멈추면 세상도 멈춘다

2부 역사
더 편리하게, 더 교묘하게 진화하는 결제 수단

3부 지리
결제 습관이 국경을 넘지 못하는 이유

4부 돈의 경제학
결제 비용을 내는 자와 결제로 돈을 버는 자

5부 거액의 돈

전 세계 금융 시장을 잇는 보이지 않는 파이프

6부 기술 혁명

결제의 미래를 거머쥐기 위한 혁신 경쟁

7부 정치와 규제

결제를 통제하는 것은 누구인가

MOVING MONEY

" 돈을 만들어내는 능력 덕에 은행은 지난 몇 세기 동안
결제의 중심에 서 있었다. 하지만 우리가 돈을 지불하
는 방식은 나날이 변모하는 중이다. 신기술이 모든 것
을 바꿔놓고 있으며 새로운 경쟁 상대들이 전통적인
은행업을 대체할 대안을 내놓는 데 혈안이 돼 있다. 은
행이 살아남기 위해서는 결제라는 산업이 필요할지
모르지만, 우리가 결제를 하는 데 있어서도 은행이 반
드시 필요할까? "

1부

움직이는 돈

돈의 흐름이 멈추면 세상도 멈춘다

01

그래서
결제가 뭔데?

영국 남웨일스 론다 사이논 계곡 위쪽에 주민 수가 대략 1,500명쯤 되는 페니와운이라는 마을이 있다. 영국의 대표적인 산간 벽지인 페니와운은 지형 특성 때문에 계곡을 따라 위아래로만 움직일 수 있을 뿐 다른 길은 없다. 마을에는 우체국과 잡화점, 커피숍이 하나씩 있고 그 외의 상업 활동은 거의 일어나지 않는다. 이곳 주민에게 현금 인출은 매우 중요한 일이지만, 현금을 찾을 수 있는 유일한 장소인 우체국은 정규 업무시간과 토요일 오전까지만 문을 연다.

가장 가까운 현금 자동 인출기ATM는 2.5킬로미터 떨어진 곳에 있다. 차를 타면 10분가량, 걸어서도 왕복 1시간은 족히 걸린다. 하지만 페니와운에 거주하는 가구의 절반은 자가용이 없는 데다 전체 인구의 약 3분의 1은 건강이 좋지 않아 운전을 하거나 걷기도 쉽지 않다. ATM이 있는 곳까지 운행하는 버스가 있긴 하지만 저소득층인 이들에게는 버스 요금마저 부담스러운 것이 현실이다. ATM이 멀리 떨어져 있는 것은 마을 경제에도 부정적 영향을 미친다. 현금을 찾으러 멀리 이동한 페니와운 주민들은 현금을 인출한 ATM 근처 지역에서 돈을 쓰는 경향이 있다. 현금이 절실하게 필요한 페니와운 마을에서는 소비가 일어나지 않는 것이다.[1]

런던 중심부에 이와 같은 ATM 부족 현상은 없다. 하지만 2010년 스웨덴에서 성폭행 혐의로 피소된 후 영국 경찰에 자수한 줄리안 어산지Julian Assange는 도처에 넘쳐나는 ATM을 아예 이용할 수 없었다. 당시 어산지가 설립한 폭로 전문 웹사이트 위키리크스Wikileaks는 미 국무부와 세계 각지의 미 대사관이 주고받은 수십만 건의 문서를 공개했으며, 이 사건(일명 케이블게이트)으로 어산지는 수배령이 내려진 상태였기 때문이다. 어산지가 수배자 신세가 되자 페이팔PayPal, 비자Visa, 마스터카드Mastercard를 비롯한 여러 기업이 위키리크스에 대한 기부금 지급을 거부했다.[2] 계좌에 접근할 수 없게 된 위키리크스와 어산지는 각종 운영 비용을 지불할 수 없었다. 심지어 폭로한 정보가 저장된 서버 운영비마저 내기 힘들어졌다.

어산지가 어떤 인물이고 위키리크스가 어떤 곳이건, 그는 범죄를 저질렀다는 **혐의로 기소되었을 뿐**이다. 게다가 그 혐의는 돈과 관련된

---

1 영국 브리스톨대학교는 '현금 접근성의 지리학(Geographies of Access to Cash)'이라는 보고서 작성을 위한 연구를 진행하면서 페니와운 마을을 주제로 삼았다.

2 줄리안 어산지가 2012년부터 2019년까지 7년 동안 런던에 있는 에콰도르 대사관에 숨어 살기 전에 벌어진 일이다.

것도 아니었고 실제로 사법 절차가 진행 중인 상태도 아니었다. 그럼에도 민간 기업들은 그의 **결제 권한을 차단**했다. 어산지, 위키리크스와 함께 인포워스InfoWars(미국의 극우 뉴스 웹사이트), 폰허브Pornhub(캐나다의 포르노 웹사이트)도 비슷한 방식으로 '결제 차단Payment blocking' 조치를 당했다. 이런 사이트에 대한 생각은 개인마다 다르겠지만, 민간 기업이 자체적으로 결제를 차단할 수 있다는 것 자체가 사실상 **민간 기업이 검열권을 손에 쥐고 있음**을 뜻한다.

그러나 일반적인 사람은 결제 접근성에 대해 크게 걱정하지 않는다. 어쩌면 그에 대해 생각조차 해보지 않은 경우가 대부분일 것이다. 자, 솔직하게 답해보자. 자신이나 다른 사람이 대금을 결제하거나 송금받을 방법이 없을까봐 걱정해본 적이 있는가? 반면에 사람들은 기본 소득이나 부채, 저축, 연금, 빈곤 문제에 대해서는 엄청난 관심을 기울인다. 직접적으로 영향을 받든 그렇지 않든 이러한 문제는 많은 사람이 흔히 고민하는 일상적인 대화 주제다.

그렇다면 도대체 웨일스에 있는 작은 마을 주민부터 국제적인 도망자에 이르는 **모든 사람에게 그토록 중요한 결제**Payment**란 정확히 무엇일까?***

● 우리가 일상적으로 사용하는 '결제(Payment)'와 학술적 의미의 '결제(Settlement)'는 엄연히 다른 개념이다. 우리는 물건을 사고 대금을 지불할 때 '결제(Payment)'라는 표현을 쓰지만, 이 행위를 학술적으로 표현하면 '지급' 또는 '지불'이라고 한다. 다만 이 책에서는 우리에게 친숙한 용어인 '결제'와 학술적 용어인 '지급', '지불' 등을 문맥에 따라 적절히 혼용했다. 오해의 소지가 있을 수 있는 부분에는 영어(Payment 또는 Settlement)를 병기했으니 이를 염두에 두기 바란다.

철학자이자 수학자인 버트런드 러셀Bertrand Russell은 숫자 '1'을 정의하는 데 자신의 저서 『수학 원리Principia Mathematica』에서 무려 700여 쪽을 할애했다. 숫자 1처럼, 결제라는 것 역시 너무 당연하고 익숙한 개념으로 보인다. 한쪽에서 다른 쪽으로 돈을 움직이는 모든 행위가 결제다. 하지만 조금 더 살펴봐야 할 내용이 있다. 마음만 먹는다면 100여 쪽에 걸쳐서라도 결제를 정의할 수 있겠으나, 여기서 결제의 공식적인 정의를 장황하게 써 내려갈 생각은 없다. 다만 법적 관점에서 결제가 실제로 무엇인지 간략하게 살펴보면 도움이 될 것이다.

법적으로 간단히 말하면 결제는 '채무를 이행하는 방법'이다. 채무를 이행하기 위해서 고통을 감수하고 '1파운드의 살점'[3]을 내놓을 수도 있을 테고, 튤립 투기가 한창이었던 시기라면 튤립 구근을 내놓을 수도 있을 것이다.[4] 하지만 대개의 상황에서 채무를 이행하려면 돈이 필요하다. 우리가 흔히 쓰는 법정 통화, 즉 현금 말이다. 물론 그렇다고 해서 상인들이 무조건 100달러짜리 지폐를 받아야 한다는 말은 아니다. 상인들도 얼마든지 현금을 거부할 수 있다. 단지 100달러짜리 지폐는 빚을 청산하기 위해 일반적으로 통용되는 방법이라는 뜻이다.

---

3 셰익스피어의 유명한 작품 『베니스의 상인』에 등장하는 고리대금업자 샤일록이 이런 요구를 했다.

4 네덜란드의 황금시대였던 1600년대에 짧은 기간 동안 튤립 투기가 성행해 평균적인 근로자가 벌어들이는 연 소득의 10배가 넘는 가격에 튤립 구근이 거래되는 일이 벌어졌다.

마크 트웨인Mark Twain의 단편 소설 『백만 파운드 지폐The Million Pound Bank Note』에 등장하는 젊은 주인공 헨리 애덤스는, 세상에 단 하나뿐이며 엄청난 고액이라 다른 현금으로 바꿀 수도 없는 100만 파운드짜리 지폐를 가지고(하지만 실제로 그 돈을 사용하지는 않는다) 30일을 살아낸다. 현실에서는 내가 가진 현금을 누군가에게 주지 않고 결제가 이뤄지는 상황을 상상하기란 어렵다. 그러나 규모가 작고 단순한 경제라면, 개념적으로는 실제 현금을 전달하는 행위 없이도 살아갈 수 있다. 대신 누가 누구에게 무엇을 빚졌는지를 지속적으로 추적하고 기억해야 하며, 언젠가는 주고 받아야 할 채무들이 서로 상쇄될 것이라는 가정이 필요하다.

실제 현금의 이동 없이 모든 채무가 해소되는 가상의 사례를 상상해보자. 어느 작은 섬에 있는 호텔을 찾은 관광객이 100달러짜리 지폐로 호텔비를 선불로 결제한다. 호텔 주인은 관광객이 낸 100달러짜리 지폐로 정육점 주인에게 진 빚을 갚고, 정육점 주인은 다시 그 돈으로 농부에게 진 빚을 갚고, 농부는 정육점 주인에게서 받은 돈을 트랙터를 고쳐준 정비소 주인에게 주고, 정비소 주인은 지난달에 딸의 결혼식 장소를 빌려준 호텔 주인에게 그 돈을 준다. 이 모든 과정이 끝난 후 관광객이 호텔 프런트에 나타나 마음이 바뀌었다며 호텔에 투숙하지 않겠다고 이야기한다. 호텔 주인은 관광객에게 100달러를 돌려주고 관광객은 떠난다. 관광객이 등장하기 전과 달라진 것은 없다. 다만 섬에 존재했던 모든 빚이 청산됐다는 차이가 있을 뿐이다.

위와는 반대로 빚을 갚지 않고 그대로 두면 어떻게 될지 상상해보

자. 정육점 주인이 농부에게 진 빚을 갚지 않으면 농부는 정비소 주인에게 돈을 갚을 수 없고, 이런 식의 문제가 연달아 발생한다. 머지않아 섬 전체가 완전한 혼란 속에 빠지고 폭력 사태가 벌어질 수도 있다.

크건 작건 오늘날의 모든 경제는 다원적이고 복잡하며 서로 연결돼 있다(물론 북한은 예외일 수 있겠지만). 방금 언급한 섬의 시스템은 너무 단순해서 우리 사회에 통용되긴 어려울 테지만 결제 방식 자체는 우리 사회에도 얼마든지 적용된다.

사실상 결제는 현대 사회가 제대로 작동하는 데 있어 물, 전기, 에너지 못지않게 필수적인 요소다. 결제가 원활하게 이뤄지지 않으면 금융 시장, 상거래, 고용에 문제가 생기고 심지어 실업률에까지 영향을 미친다. 2020년 코로나19 팬데믹으로 봉쇄(록다운) 조치가 이뤄졌을 때 정부가 명시한 핵심 인력 목록에는 아마도 결제 담당자들도 포함돼 있었을 것이다. 완벽하게 자급자족할 수 있는 환경에서 독립적으로 살아가지 않는 한 우리는 언제든 대금을 결제할 수 있어야 하며 (우리 대다수가 최소한) 결제받을 수 있어야 한다.

결제 시스템의 접근성이 모두에게 매우 중요하다면 화폐 기반으로 돌아가는 현대 사회는 먼저 제대로 된 **결제 시스템을 마련해야 하고,** 두 번째로 **모든 사람이 그 시스템에 접근할 수 있도록 보장해야 한다.** 우리는 책의 후반부에서 이러한 결제 시스템의 작동원리와 역할을 살펴볼 것이다.

예금이나 대출과 같은 은행 서비스는 국가 발전에서 매우 중요한 부분이며 사람들이 빈곤을 극복하는 데 필요한 요소로 여겨진다. 그러나 따지고 보면 **결제야말로 경제 발전에 있어 더욱 기본이 되는 요소다.** 결제와 은행업이 반드시 붙어 있는 것은 아니지만, 은행 계좌가 없는 사람에게 유일한 결제 수단은 현금뿐이다. 은행 계좌가 없으면 자금이체도 어려워지고, 부정부패의 피해자가 될 가능성도 더욱 커지며(정부가 제공하는 수당을 중개인이 횡령할 수도 있다), 이자도 받지 못하고, 도난이나 인플레이션 등 현금을 보유한 데서 비롯되는 위험도 감수해야 한다.

개발도상국들은 최근 몇 년 동안 좀 더 많은 국민이 현금 기반 사회에서 벗어나 금융 시스템에 편입되도록 만들었다. 하지만 개발도상국이 이뤄낸 최대 성과는 가장 가난하고 외진 시골 지역에까지 디지털 결제 방식을 확대했다는 점이다.

그러나 디지털 결제의 확대에도 문제가 뒤따른다. 선진국에도 은행에 돈을 예치하지 않는 사람들이 있으며, 현금으로만 살아가는 부류가 있다. 이런 사람들이(그리고 잠재적인 다른 이들 또한) 가장 근본적인 금융 서비스인 결제 시스템에서 소외될 위험이 점차 커지는 것이다.

역설적이게도 개도국에서 금융 포용Financial inclusion을 위한 기술(전자결제)이 선진국에서는 금융 소외Financial exclusion의 위험을 높이기도 한다. 가령 똑같은 탈현금 트렌드가 잠비아의 수도 루사카 같은 곳에서는 빈곤층에 도움이 되지만, 미국 루이빌이나 영국 리버풀, 프랑스 리옹 같은 곳에서는 취약 계층에 오히려 해가 되기도 한다.

개개인이 오늘날 행하는 모든 결제 행위는 미래의 결제 방식에 영향을 미친다. 계산대에 직원을 배치하는 방식, 수표를 받을 것인지 여부 그리고 현금 사용과 관련한 여러 결정 등을 내릴 때 사람들의 결제 습관이 반영된다. 영국이나 스웨덴 같은 나라에서 탈현금 추세가 계속되면 상점들이 현금을 거부하고 ATM은 사라지게 될 것이며, 현금에만 의존해 살아가는 사람들은 자금을 결제할 수도, 결제받을 수도 없게 될 것이다.

결제에 접근할 수 없게 되면 사람들은 대안을 찾을 것이다. 극단적인 상황이라면 절도가 대안이 될 수도 있다. 하지만 구성원들의 합의에 따라 사회 질서가 유지되는 상황이라면 **무엇으로 지불할지, 어떤 지불 방법을 받아들일 것인지 채권자와 채무자가 결정하기 나름이다.** 서로 동의하기만 한다면 채무 청산에 무엇을 이용하는가는 전혀 중요하지 않다. 은행은 돈을 빌린 사람이 대출 이자를 갚지 못하면 집을 압류한다. 전쟁 중에는 물물교환이 활용된다. 나치에 점령당한 네덜란드에서는 레지스탕스에 자금을 대기 위해 거대한 지하경제가 생겨났다. 레지스탕스에 자금을 공급하는 역할을 맡았던 은행가 발라번 (발리) 판할Walraven(Wally) van Hall은 나치 정권의 감시에서 벗어나기 위해 두 가지 계책을 생각해냈다.

판할은 먼저 은행과 부유한 네덜란드 시민들로부터 돈을 빌릴 방법을 찾아냈다. 판할에게 돈을 빌려준 사람들은 투자했다는 증거로 아무 가치도 없는 구식 주식증서를 받았다. 판할은 전쟁이 끝나면 이 구식 주식증서(일종의 화폐)를 통해 투자한 돈을 되돌려 받을 수 있음을 약속했고, 판할에게 돈을 빌려준 이들 또한 그런 날이 오기를 희망했다. 그들의 합의는 성공적이었다. 전쟁이 끝나자 네덜란드 정부는 모든 은행 계좌를 동결하고 과거 나치 시절의 은행에서 발행한 지폐는 무효라고 선언했다. 판할에게 돈을 빌려준 사람들은 당시에는 유효했으나 전쟁 후에는 무가치해질 현금을 내어주고, 당시에는 무가치했으나 전쟁이 끝나면 유효해질 주식증서를 받은 셈이었다.

둘째, 판할은 네덜란드 망명 정부의 승인하에 네덜란드 역사상 최대 규모의 금융 사기를 저질렀다. 판할은 중앙은행 내부자의 도움을 받아 금고에서 5천만 길더(오늘날의 화폐 가치로 5억 달러에 달하는 금액) 상당의 약속어음을 빼낸 다음, 그 자리에 위조 어음을 가져다 뒀다. 그리고 진짜 어음을 팔아 마련한 현금으로 레지스탕스에 자금을 지원했다. 전쟁이 끝난 후 모든 대출은 제대로 상환됐다.[5]

1970년 아일랜드 은행이 파업에 돌입한 시기에는 주로 현금화할 수 없는 수표를 기반으로 아일랜드 경제가 돌아갔다. 6개월이 넘는 기간 동안 아일랜드 국민들이 사실상 직접 돈을 찍어낸 셈이었다. 코로나19 팬데믹이 터진 2020년 상반기에 파푸아뉴기니 일부 지역에서 현금이 동나자, 주민들은 바다 달팽이 껍데기를 기다랗게 엮어 팔 하나 길이를 기준으로 단위를 매기는 '터부Tabu'라는 전통 화폐를 사용했다. 파푸아뉴기니에서 갑자기 돈이 떨어진다면 팔 길이 하나 반만큼의 터부를 주면 쌀 한 통을 살 수 있다.

앞서 언급했던 가상의 섬에서 여러 사람의 손을 거치며 통화의 역할을 하는 것은 100달러 지폐지만 금이나 소금, 나무막대, 심지어

---

5 슬프게도 판할은 이 같은 행복한 결말을 직접 보지 못했다. 1945년, 판할은 동료의 배신으로 처형당했다.

담배도 그런 역할을 할 수 있다. 이들은 과거에 통화의 역할을 한 적이 있는 것들이기도 하다. 그런데 바로 이 대목에서 문제가 발생한다. 우리는 소비자의 입장에서 다양한 결제 방법 중 하나를 택할 수 있고, 상인과 기업도 마찬가지다. 그러나 우리의 선택은 나의 결제 방식뿐만 아니라 그 결제 방식으로 돈을 버는지, 누가 결제 권한을 행사하고, 누가 우리 결제 방식의 미래를 결정하는지와 같은 문제에도 광범위한 영향을 미친다. **우리의 결제 방식은 누군가를 결제 시스템에서 퇴출시킬 수도 있다.** 그리고 그 누군가는 바로 나 자신이 될지도 모른다.

결제가 어떻게 진화할지 이해하기 위해 애초에 결제가 어떻게 생겨났는지 살펴보자. 전통적인 경제 이론은 결제 수단인 통화가 구체적인 형태에서 추상적인 형태로 진화해왔다고 주장한다. 과거 부족 사회에서는 모든 재화를 거래할 때 기준점으로 삼을 만한 하나의 진귀하고 가치 있는 상품을 엄선해 물물교환의 방식을 단순화했다. 조개껍데기나 금과 같은 상품 화폐는 그 자체로 고유한 가치를 지닌다. 즉, 상품 화폐는 부채가 아니라는 뜻이다(바로 다음에서 설명하겠지만, 화폐를 부채의 일부로 간주하고 부채가 악의 근원이라 믿는 사람들은 상품 화폐의 장점을 옹호하기도 한다).

그러나 인류학자들은 화폐의 기원에 대해 전혀 다른 주장을 펼친다. 데이비드 그레이버David Graeber 같은 인류학자들은 부채가 화폐보다 먼저 생겨났으며 대부분의 화폐는 거래 가능한 부채에서 시작했다고 주장한다.[6] 상품 화폐에서 화폐가 진화했다고 주장하는 경제학자들의 이론이 그럴듯하게 들리긴 하지만, 계속해서 밝혀진 부족사회의 행동 양식 몇 가지는 인류학자들의 주장에 힘을 실어주는 듯하다. 인간은 에덴동산에서 조개껍데기를 거래하며 살지 않았다. 인간의 삶은 험악하고 야만적이었으며 짧았을 뿐 아니라 빚투성이였다.

수명이 옛날보다 길어졌을지는 모르지만 우리는 여전히 빚을 진 채 살아간다. 오늘날 우리가 가진 모든 돈은 '부채 화폐Debt money'다. 다시 말해서 **돈은 곧 다른 누군가의 변제 의무를 상징한다.** 예를 들어 씨티은행Citibank에 예치해둔 나의 돈은 씨티은행이 내게 진 빚, 그 이상도 이하도 아니다. 만약 내가 당신에게 얼마간의 돈을 지불하기 위해 씨티은행 계좌에 있던 내 돈을 당신의 HSBC 은행 계좌로 송금한다면, 그건 결국 씨티은행이 내게 진 빚을 HSBC가 당신에게 진 빚으로 바꾸는 것일 뿐이다.

화폐가 부채의 일종이라면 현금(중앙은행권)은 누구의 부채일까? 사실 우리 주머니에 든 현금(중앙은행권)은 발행 당사자인 중앙은행의 부채다. 그렇다면 만약 우리가 중앙은행에 중앙은행권을 갖다주면서 그만큼의 빚을 갚으라고 하면 중앙은행은 무엇으로 그 빚을 갚을까? 여기에는 조금 더 복잡한 문제가 있지만, 아무튼 지폐는 중앙은행 대차대조표에 기록된 중앙은행의 부채일 뿐이다. 그리고 이 중앙은행권은 시장에서 거래가 가능한 부채로, 우리가 결제할 때 사용

---

6 사실 부채 화폐 이론은 19세기 말과 20세기 초에 경제학자 헨리 더닝 매클라우드(Henry Dunning MacLeod)와 앨프리드 미첼-이네스(Alfred Mitchell-Innes)가 처음 만들어낸 것이다.

하는 것이기도 하고 결제받을 때 우리 손에 들어오는 것이기도 하다.

조개껍데기나 금 같은 상품 화폐와 달리 우리가 사용하는 부채 화폐에는 채무 불이행(디폴트)*이라는 본질적인 위험이 따른다. 하지만 **어떤 (선진) 경제도 부채 화폐 없이 돌아갈 수는 없다.** 10달러 지폐에 인쇄된 알렉산더 해밀턴Alexander Hamilton이 18세기 말 만연했던 주 정부의 채무IOU를 회수하기 위해 연방정부의 채권 발행을 주장한 것도 바로 이런 이유에서다. 통화 부족이 초기 미국 경제의 성장을 가로막던 모습을 지켜본 해밀턴은 유동성이 매우 높은 결제 수단인 부채 화폐를 만들어 상거래를 촉진하기 위해 이런 방안을 제안했다.[7]

지불하기 위해, 즉 부채를 갚기 위해서 더 많은 부채가 필요하다는 말은 모순적으로 들릴 수 있다. 부채 화폐 이론에 따르면 우리가 채권자에게 빚을 갚는 행위는 결국 그들에게 진 부채를 또 다른 형태의 부채인 '화폐'로 대체하는 것일 뿐이다. 그리고 이처럼 부채를 또 다른 부채로 대체하는 이유는 안정성(신뢰성) 때문이다. 채권자들은 일반 개인에 대한 채권보다는 부도 가능성이 없는 은행(혹은 중앙은행)에 대한 채권(즉, 중앙은행권)을 더 선호한다. 그래서 **결제와 화폐는 모두 신뢰에 기반한다**고 말할 수도 있다.

● 채무불이행이란 누군가 그 부채를 무효화시킬 가능성이다. 예컨대 한국은행이 더 이상 한국은행권(한국은행의 채무 증서)을 통용시키지 않는다고 선언하면 기존의 화폐들은 그 가치를 받지 못하고 무효화된다.

7 알렉산더 해밀턴은 브로드웨이 뮤지컬의 주인공으로 등장하는 인물일 뿐 아니라 미국 '건국의 아버지(Founding fathers)' 중 한 사람이자 미국의 초대 재무장관이기도 했다. 미국 금융 시스템의 상당 부분은 그가 기틀을 마련한 것이다.

다만 우리는 서로를 신뢰하기보다는 **시스템을 신뢰한다.** 경제학자 노부히로 기요타키Nobuhiro Kiyotaki와 존 무어John Moore는 이런 상황을 두고 '모든 악의 근원은 돈을 탐하는 마음이다.'라는 성경 구절을 비틀어 '모든 돈의 근원은 악이다Evil is the root of all money'라고 묘사했다.[8]

---

8 영국 국왕 제임스 1세의 명으로 탄생한 기독교 성경 영어 번역본인 킹 제임스 성경(King James Bible)에 나오는 구절은 'For the love of money is the root of all evil'이다. (디모데전서 6:10)

02

그러나 사실
돈은 움직이지 않는다

2018년 말 어느 오후 《파이낸셜타임스Financial Times》 기자 제미마 켈리Jemima Kelly는 아이폰으로 런던 버스 요금 1.5파운드를 결제했다. 15분 후 검표원이 나타나 버스표를 보여달라고 했지만 켈리의 아이폰은 배터리가 없었다. 결제 증거를 제출하라는 요구에 켈리는 간신히 은행 계좌 내역을 보여줬지만, 그녀의 은행 카드가 런던 교통국 시스템에 등록돼 있지 않았기 때문에 계좌 내역만으로는 켈리가 실제로 어디에서 버스를 탔는지 증명할 수 없었다. 관료주의가 만든 악몽이 뒤따랐다. 문제의 버스를 탑승한 날 켈리는 일일 버스 요금을 냈음에도 불구하고 476파운드의 벌금과 유죄 판결을 받았다(돈은 나중에 돌려받았고 유죄 판결도 철회됐다).[1]

이 사례는 오늘날의 **결제가 결국 정보Information와 밀접하게 연결돼 있음**을 잘 보여준다. 우리가 사용하는 말에는 오해의 소지가 담겨 있다. 사람들은 결제에 관한 이야기를 할 때 흔히 돈을 옮기거나 보내는 것을 떠올리며 흐름과 이동, 경로, 전달, 이송, 전송 등의 단어와 연관 짓는다. 이 모든 단어에는 무언가가 움직인다는 뜻이 내포돼 있다. 그러나 사실을 말하자면 대부분의 결제는 실제 돈이 움직이는 것이 아니라 그저 교묘한 손놀림에 불과하다. 즉 **돈은 그자리에 있고 장부에 기록된 내용만 바뀐다.** 그동안 기술은 몰라보게 발전했지만, 오늘날의 결제는 "경제적인 측면에서 18세기 은행원이 깃털 펜을 손에 쥐고서 한 계좌에서 돈을 인출해 다른 계좌로 넣어주기 위해 은행 원장을 수정했던 것과 다르지 않다."라는 존 컨리프John Cunliffe 영란은행Bank of England(영국 중앙은행) 부총재의 말이 여전히 정확하다.

하지만 모든 규칙에는 예외가 있기 마련이며, 여기서는 현금 결제가 그 예외다. 만약 은행 계좌를 갖고 있다면 현금 거래는 ATM에서 돈을 인출하고 당신의 계좌에서 그만큼의 액수가 줄어드는 데서 시작한다. 그리고 결제받은 상품 판매자가 그 돈을 은행에 맡기고 은행 계좌에 그 금액이 더해지면서 끝이 난다. 결국 현금 결제는 당신의 계좌에 있던 돈을 상품 판매자의 계좌로 옮기는 또 다른 방법이며, 그로 인해 은행 원장은 다시 한 번 수정된다. **현금 결제를 제외한 다른 결제 방식에서는 실제로 돈이 이동하지 않는다.** 그저 장부 기입에 따라 돈의 소유 기록만 바뀔 뿐이다.

---

1 런던 교통국은 비접촉식 결제의 경우, 하루 혹은 일주일 동안 결제할 수 있는 금액에 상한을 정해두고 있다. 일단 상한 금액만큼 결제하면 몇 번을 이용하건 추가 요금을 부과하지 않는다.

금도 마찬가지다. 금은 대부분 움직이지 않는다. 대신 각 금괴에는 고유의 일련번호가 찍혀 있다. 금을 사고팔 때 대부분은 금괴의 등록 서류를 거래할 뿐이지 금 실물이 오가지 않는다. 금본위 시대에도 대개 금은 장부상으로만 이동할 뿐이었다. 20세기 초에는 전 세계 금 보유량의 상당 부분이 영란은행의 금괴 보관함에 쌓여 있었으며, 그보다는 적은 양이 미국 연방준비은행(연준)Fed에 보관돼 있었다. 외국의 중앙은행들이 서로 금을 주고받는 상황이 벌어지면 영란은행이나 연준의 장부에 이동 내역이 기록될 뿐 실제로 금이 이동하지는 않았다(물론 가끔 하나의 보관함에서 다른 보관함으로 금괴를 옮기는 사례가 있긴 했다). 두 차례의 세계대전 이후 지금은 연준이 전 세계 금 보유고의 대부분을 차지하고 있으며 영란은행의 금 보유고는 훨씬 적다. 그러나 금을 관리하는 방식은 오늘날에도 동일하다.

금을 실제로 옮겨야만 하는 상황이 되면 면밀한 수송 계획을 수립해야 하고 **엄청난 비용도 감수해야 한다.** 2019년 폴란드 중앙은행은 제2차 세계대전 발발 당시 바르샤바에서 런던으로 옮겼던 약 40억 파운드어치의 금괴를 다시 폴란드로 가져오기로 결정했다. 극비로 진행된 금괴 수송 작전에는 최정예 경찰 병력, 여러 대의 전세기, 헬리콥터, 첨단 기술로 무장한 트럭이 동원됐으며 100톤에 달하는 8천 개의 금괴를 몇 달에 걸쳐 옮기기 위해 총 8회의 야간 비행을 해야만 했다. **장부 기입 방식이 효율적임을 확실히 증명하는 사례다.**

은행은 이러한 장부 수정을 통한 지불(자금이체) 과정에서 중요한 역할을 한다. 예를 들어 내가 당신에게 돈을 지불해야 한다고 가정해 보자. 만약 우리 모두가 동일한 은행의 계좌를 가지고 있으면 문제는 간단하다. 그 은행에서 내가 당신에게 줄 금액을 내 계좌에서 차감한 뒤 당신 계좌에 더하면 끝이다. 그 '이동'은 한 은행의 원장 안에서 일어난다. 만약 우리가 씨티은행이나 HSBC처럼 각자 다른 은행을 이용하고 있다면 어떻게 될까? 물론 이때도 두 은행은 각각의 계좌에서 돈을 빼고 더하는 일을 해야 한다. 그런 후에 이 은행들은 서로 간의 지급 금액을 정산Settle하는 과정을 거친다.*

우리가 지불하는 방법에 따라 은행(그리고 기타 결제 서비스 제공업체)은 다양한 방식으로 이러한 정산 과정Settlement을 수행하지만, **어떤 방식을 택하건 원장의 내용은 반드시 수정된다.** 중앙은행의 원장도 마찬가지다. 모든 시중 은행은 중앙은행에 자산 일부를 맡겨 놓기 때문에 **모든 장부들은 긴밀히 연결돼 있다.**

따라서 현금을 제외한 오늘날의 모든 지불은 수 세기 전에 발명된 원장 방식을 디지털 데이터로 바꾼 것에 불과하다. 컴퓨터 시스템 깊은 곳에서 춤을 추듯 움직이며 디지털 원장에 생기를 불어넣는 비트와 바이트로 이루어졌을 뿐 아주 오래된 관행인 것이다.

오늘날의 지불이나 대금 결제는 돈과 떼려야 뗄 수 없는 불가분한 관계를 맺고 있으며 결국 은행과 긴밀하게 연결돼 있다. 우리가 흔히 생각하는 돈은 우리가 매일 무언가를 지불하기 위해 은행에 예치해두는 예금에서 만들어진다. 바로 이런 수시입출금 계좌Payment account가 은행이 돈을 창출해내는 토대이며, 은행을 다른 비즈니스와

● 이렇게 두 은행이 서로의 채권 채무를 정산하는 과정을 학술적으로 '결제(Settlement)'라고 한다. 이하에서 결제를 학술적 의미로 사용할 때는 'Settlement'를 병기했다.

완전히 구분짓는 요인이다. 그렇다면 **은행은 어떻게 예금에서 돈을 만들어내는 것일까?** 이를 이해하기 위해 은행업의 역사를 간단히 살펴보자.

중세 말 이탈리아 시에나의 모습은 은행업의 기원을 설명하기 위해 자주 인용된다(실제로 근대적 은행은 14세기 이탈리아에서 탄생했다고 알려져 있다 - 감수자). 시에나 캄포 광장에 있는 은행에 총 100개의 금화를 예치해둔 중세 상인들을 상상해보자. 은행은 금화를 맡아두었다가 상인들이 원할 때 언제든 내어주겠다고 약속한다. 그뿐 아니라 동전을 맡긴 상인의 요청이 있을 시 장부에 기입된 내용을 수정해 한 상인에게서 다른 상인에게로 금화를 옮겨주겠다고 약속한다.

얼마 후 은행은 금화를 예금한 상인들이 100개를 한꺼번에 전부 인출할 가능성은 거의 없음을 깨닫는다. 금고에는 적어도 90개의 금화가 항상 남아 있는 것이다. 그래서 은행은 금화 일부를 다른 상인에게 빌려주고 대출 이자를 받아 돈을 벌기로 한다. 은행은 90개의 금화 중 75개를 빌려주고 대출자들에게 5%의 이자를 받는다. 이론상으로는 금화를 맡겨 놓은 상인들이 한꺼번에 나타나 금화를 내놓으라고 요구할 확률도 있지만, 실제 이런 일이 벌어질 가능성은 매우 낮다. 그러므로 은행 입장에서 추가로 발생하는 이자 수익은 당연히 대환영이다.

상인들은 여전히 은행에 예치해둔 금화 100개의 주인이다. 상인들의 관점에서 보면 금화는 언제든 지불에 사용할 수 있는 진짜 돈이다. 지갑에 금화를 넣고 다니는 것과 다를 바 없지만 실제로 무거운 돈을 들고 다녀야 하는 수고로움만 사라진 셈이다. 한편 은행에서 금화를 빌린 상인들 또한 필요할 때 사용 가능한 75개의 금화를 갖고 있다. 은행은 상인들이 맡겨 놓은 금화를 빌려주는 방식으로 75개의 금화를 만들어낸 것이다. 아브라카다브라!

현대 은행들도 같은 방식으로 돈을 '만들어낸다.' 고객이 은행에 돈을 예치하면 은행은 그 대부분을 다른 고객에게 대출해준다. 은행은 예금 인출을 원하는 고객의 요구를 충족하는데 필요한 현금만을 떼어내어 그 돈은 중앙은행에 예치한다. 은행은 대출자가 빌린 돈을 현금으로 내주거나 대출자의 계좌에 예치해줄 수 있다. 은행은 '마치 마법을 부리듯' 단 한 번 **펜을 휘두르는 것으로 무無에서 돈을 창조한다.** 아니, 대차대조표 양쪽에 모두 새로운 기록을 남겨야 하니 펜을 두 번 휘두른다고 볼 수도 있겠다. 예를 들어 자산 항목에는 기업에 빌려준 10만 달러의 대출을 추가하고, 부채 항목에는 해당 기업의 당좌예금 계좌Current or checking account에 동일한 금액을 입금해 해당 기업이 필요할 때 사용하게 한다. 현란하게 펜을 두 번 휘두르는 것만으로 은행은 10만 달러의 부채 화폐를 만들어냈다.

물론 이 마법은 **대혼란을 일으킬 수도 있다.** 미키 마우스가 마법사의 제자로 등장하는 디즈니 영화 〈환타지아Fantasia〉에서는 새로운 힘을 갖게 된 미키가 빗자루에 마법을 걸어 물 양동이를 옮기게 한다. 하지만 빗자루가 통제 불능으로 늘어나 쉴 새 없이 물을 길어오는 바람에 온 집 안이 물바다가 되고 만다. 돈을 만들어내는 은행이 제공하는 대출 없이는 현대 경제가 제대로 돌아갈 수 없다. 그러나 우리가 숱하게 경험했듯이 이러한 방식은 언제나 호황과 불황을 야기한다. 이에 대한 절충안은 마법을 허락하되 **철저하게 통제하는 것이다.**

은행업이 엄격하게 규제되고 중앙은행의 역할이 중요한 이유가 바로 여기에 있다. 금융 규제와 중앙은행은 조수(여기서는 시중 은행)가 모든 것을 망가뜨리지 못하도록 막는 마법사의 역할을 한다.

돈을 만들어내는 능력 덕에 은행은 지난 몇 세기 동안 결제의 중심에 서 있었다. 하지만 우리가 돈을 지불하는 방식은 나날이 변모하는 중이다. 신기술이 모든 것을 바꿔놓고 있으며 새로운 경쟁 상대들이 전통적인 은행업을 대체할 대안을 내놓는 데 혈안이 돼 있다. 은행이 살아남기 위해서는 결제라는 산업이 필요할지 모르지만, 우리가 결제를 하는 데 있어서도 은행이 반드시 필요할까?

03

결제가 당면한
세 가지 근본적인 과제

　이쯤에서 누군가는 돈을 만들어내는 은행의 마법이 은행가들의 존재를 정당화하고 그들의 고액 연봉을 합리화하기 위해 피운 연막이라는 결론을 내렸을 수도 있다.

　'어쨌든 결제가 디지털 원장에서 비트와 바이트의 변경에 불과한 일이라면, 결제 문제를 소프트웨어 엔지니어에게 맡기면 안 될까?' 이런 질문을 한 또 다른 기업이 있었다. 700억 달러 규모의 결제 서비스 스타트업인 스트라이프Stripe는 '결제는 금융이 아닌 코드에 뿌리를 둔 문제'라는 전제에서 시작한 회사다. 그리고 단 7줄의 코드로 이루어진 심플한 결제 프로그램을 만들어냈다(물론 언제나 그렇듯 실상은 좀 더 복잡하며, 스트라이프도 마찬가지다).

　현금 결제를 포함한 모든 결제 방식은 **'가치를 이전'하는 행위**다. 그리고 여기에는 **위험, 유동성, 합의된 결제 수단**이라는 세 가지 근본적인 과제가 내재해 있다. 당신이 **약속을 지킬 거라는 확신이 없으면** 나는 당신에게 돈을 지불하지 않을 것이고, 내게 **돈이 없으면** 나는 당신에게 지불하지 못하며, 서로가 **공통적으로 받아들이는 결제 방법이 없으면** 지불 자체가 불가능해진다. 이것이 바로 현금, 카드, 수표, 계좌이체 같은 표준화된 결제 수단이 필요한 이유다. 각 결제 수단은 앞서 언급한 3대 과제를 해결해야 한다. 지금부터 하나씩 살펴보자.

위험(Risk)

결제에는 본질적으로 위험이 뒤따른다. **모든 거래에는 누군가가 돈이나 상품을 받지 못할 위험이 있다.** 돈을 지불해야 하는 사람에게 돈이 없을 수도 있고 수표는 부도날 수도 있으며, 투자자는 이미 채권값을 냈으나 채권이 양도되기 전에 채권 판매자가 파산할 수도 있기 때문이다. 이것이 결제 위험Settlement risk이다.

출입구가 모든 건물 보안의 취약점이 될 수밖에 없듯이, 돈이 오고가는 결제 과정 역시 많은 취약점을 내포하고 있다. **돈을 훔치기 가장 쉬운 때와 장소는 돈이 들어가고 나오는 바로 그곳, 그 순간이다.** 해적들은 공해상에서 보물선을 공격했고 노상강도는 탁 트인 길에서 여행자들을 표적으로 삼았으며, 소매치기는 은행이나 ATM에서 돈을 갓 인출한 사람들을 목표로 삼는다. 마찬가지로 비트코인의 개인 키Private key는 결제를 위해 오프라인 저장장치Cold wallet에서 꺼낼 때 가장 위험하다.[1]

사기를 당할 위험Fraud risk도 있다. 돈을 내는 쪽뿐 아니라 거래에 참여하는 양측 모두에게 사기 위험이 있다. 가게 주인이 맞이한 고객이 훔친 신용카드나 위조지폐를 사용할 수도 있고, 가게 주인이 고객에게 진품 대신 모조품을 내놓을 수도 있다. 이따금 결제 위험과 사기 위험이 결합되기도 한다. 예를 들어 판매자가 물건을 발송했지만 구매자가 돈을 낼 생각이 없거나, 물건이 배송된 후 구매자가 결제를 철회할 수도 있다. 판매자의 입장에서는 황당하게도, 거래가 철회되고 계좌에 입금된 돈이 갑자기 빠져나가는 일도 이따금 발생한다. 수표발행인이 충분한 자금을 가졌는지 확인하기도 전에 수취인의 계좌에 수표를 입금하는 은행이 많다는 사실을 악용하는 사기도 흔하다. 수표발행인에게 충분한 자금이 없다는 사실이 발각되면 은행들은 거래를 취소해버릴 것이다. 그러나 이런 과정은 며칠이 걸릴 때도 많아서 이미 물건을 발송한 피해자가 물건도, 돈도 돌려받지 못하는 일이 발생한다.

유동성 (Liquidity)

결제를 하려면 돈이 필요하다. 적절한 장소에서 적절한 종류의 돈을 갖고 있어야 한다. 보트와 성은 매우 값비싼 물건이지만, 보트와 성으로 상점에서 결제할 수는 없다. 결제를 하기 위해서는 **유동성(현금)이 필요하다.** 1946년, 당시 네덜란드 재무장관 피트 리프팅크Piet Lieftinck도 유동성이 필요한 상황에 처했다. 1년 전 리프팅크는 인플레이션을 억제하고 전시에 폭리를 취한 이들에게 세금을 부과하기 위

---

1 개인 키는 사용자가 자신의 비트코인 및 다른 암호화폐에 접근할 수 있게 해주는 비밀 번호다.

해 시중에 유통되던 모든 지폐를 회수한 바 있었다.[2] 그러던 어느 날 그는 급히 전화를 걸어야 하는 상황에 처했고, 결국 행인을 붙들고 '친구에게 전화할 돈' 10센트만 빌려 달라고 부탁했다(공중전화가 있던 시절이었다). 당시 리프팅크는 당연히 지독하게 인기가 없었고 이에 행인은 "여기 동전 두 개를 드리지요. 친구도 별로 없어 보이는데 이 정도면 댁의 모든 친구에게 전화를 걸 수 있을 겁니다."라고 답했다고 한다.

아마도 여러분은 리프팅크보다 친구가 더 많겠지만, 어쨌든 리프팅크가 그랬듯이 누구나 지갑에 지폐와 동전 형태를 띤 유동성(현금)이 필요하다. 그리고 대다수 상점은 외화를 받지 않기 때문에 적절한 현지 화폐가 있어야 한다. 채권을 매수하려는 투자자는 충분한 돈이 있어야 할 뿐 아니라 채권을 사고자 하는 **바로 그곳에서 통용되는 돈을 갖고 있어야 한다.** 미국 은행에 달러를 많이 예치해뒀거나 영국 은행에 파운드를 많이 저축해뒀을 수는 있지만, 사고자 하는 채권이 일본에서 판매되는 것이라면 구매자 혹은 그 대리인은 일본 은행 계좌에 엔화 형태의 유동성을 갖고 있어야 한다.

그러나 **유동성을 보유하는 데는 비용이 따른다.** 지갑이나 수시입출

---

2 리프팅크는 시중에 유통되는 모든 지폐를 회수하고 지폐를 쥐고 있는 사람들의 은행 신용장을 막아버렸다. 뒤이어 사람들이 임금을 수령할 수 있도록 은행에 새로운 지폐를 공급했고, 이후 몇 달 동안 동결 계좌 해제 조치가 시작됐다. 하지만 1940년 5월부터 1945년 12월 사이에 축적된 모든 자산에 대해서는 90%의 세금이 부과됐다. 이 같은 정책에 다른 재정 조치들이 더해져 네덜란드는 마셜 플랜(Marshall Plan)을 통해 미국으로부터 원조를 받을 수 있는 자격요건을 갖추게 됐다. 관직을 떠난 리프팅크는 세계은행과 국제통화기금에서 일했다.

금 계좌에 돈을 넣어두면 이자를 거의 얻을 수 없다. 마이너스 금리로 이자 수익이 사라져 버린 일본에서는 특히 그렇다. 한편 은행은 다른 금융기관과의 원활한 거래를 위해 현금 형태의 준비금을 갖고 있어야 하지만, 준비금을 보유하는 데에도 일종의 비용이 든다. 은행은 현금을 포함한 모든 형태의 자산에 대해 그에 상응하는 (값비싼 비용이 드는) 자본금을 적립해야 하는 규제를 받기 때문이다.

사회적으로 합의된 결제 수단(Convention)

지불할 때마다 우리는 결제 수단을 선택하며, 개개인의 선택은 사회 전체에 영향을 미친다. 어떻게 결제하고 결제받는가는 내가 선호하는 결제 방법뿐 아니라, 다른 사람이 선호하는 결제 방법과도 매우 깊은 관련이 있다. 은행이든, 지갑이든, 카드든, 현금이든, 그 외 다른 무엇을 기반으로 하든 간에 결제 수단의 유용성은 얼마나 많은 사람이 그것을 이용하는가에 달렸다. 결국 **결제 메커니즘은 사회적 합의의 산물이다.**

결제 수단은 공유 규범, 공동의 규칙, 법체계, 그리고 (암묵적인) 합의 같은 보이지 않는 관습에 따라 결정되기도 한다. 이 중 일부는 '상대의 단말기가 내 카드를 읽을 수 있는가?' 같은 기술적인 문제와 연관이 있다. 그 외에 법규도 결제 메커니즘에 영향을 미친다(미국과 프랑스법은 잔고가 부족한 상태에서 수표를 사용하면 형벌을 부과한다). 그리고 사람들의 습관도 영향을 미친다. 사람들은 자신이 편안하게 느끼는 결제 수단을 선호한다.

훌륭한 결제 수단은 위험과 유동성을 최소화하는 동시에 사람들의 결제 관례에 잘 스며들어 세 가지 과제를 모두 잘 해결한다.

단, **위험과 유동성은 서로 상충되는 경우가 많다.** 예컨대 식료품을 구입한다든지, 아마존닷컴을 이용한다든지, 밤마다 넷플릭스에서 재미있는 볼거리를 찾아 헤맨다든지와 같이 일상적인 결제를 할 때도 그렇다. 은행은 마이너스 통장을 제공해 계좌에 돈(유동성)이 없는 상태에서도 결제가 가능하도록 만들 수 있다. 하지만 마이너스 통장을 많이 개설해준다면 은행은 돈을 받지 못할 위험, 즉 신용 위험이 커진다. 은행은 마이너스 통장에서 나오는 이자와 수수료를 통해 수익을 얻어야 한다. 그래서 은행은 마이너스 통장 규모를 우리의 상환 능력에 따라 면밀하게 산정한다. 그래야 우리들의 신용 위험을 최소화할 수 있기 때문이다.

하지만 일상적인 결제에서 가장 큰 역할을 하는 것은 사회적으로 합의된 결제 수단이다. 수백만 명의 소비자와 기업, 상점은 매일 서로에게 돈을 지불해야 하며 이를 위한 공동 시스템을 필요로 한다. 새로운 소매 결제 수단을 도입해야 한다고 말하기는 쉽지만 실제로 이뤄지기는 쉽지 않다. **결정적 다수**Critical mass**가 새로운 관례와 수단을 받아들여야만** 실제로 통용될 수 있기 때문이다. 고객들이 원치 않으면 가게에서 새로운 결제 수단을 받아들일 이유가 없고, 거꾸로 새로운 결제 수단을 받아들이는 소매 매장이 없다면 고객도 새로운 수단을 사용하지 않을 것이다.

사람들의 **결제 습관을 바꾸기는 쉽지 않다.** 대부분의 성공적인 결제 혁신이 기존의 관례에 기반하는 이유도 바로 이 때문이다. 예를 들어 애플페이Apple Pay는 직불카드와 신용카드를 기반으로 한다. 물론 예외는 있지만 대다수 결제 회사들은 처음에는 서로 정기적으로 돈을 주고받는 사람들이나 사업체로 구성된 소집단에 주력한다. 초창기 인터넷 상거래 사이트 이베이eBay에서 거래를 지원하며 덩치를 키운 페이팔이 대표적인 사례다. 1950년대에 뉴욕에 있는 몇몇 레스토랑의 단골이었던 소수의 고객에서 출발한 신용카드 역시 훌륭한 예다.

위험, 유동성, 사회적으로 합의된 결제 수단이라는 세 가지 과제는 결제 시장의 전체 판도에 심오한 영향을 미친다. 앞으로 이 책 전반에 걸쳐 이 문제들을 계속해서 파헤쳐볼 생각이다. 그러나 일단은, 세상에서 가장 오래된 결제 형태에 대해 좀 더 자세히 살펴보자.

HISTORY

"

카드회사들은 혁신을 거듭하며 새로운 아이디어를 채택하고, 현대화하기 위해 노력해왔다. 애플페이와 페이팔을 통해 확인했고 핀테크 광풍을 통해서도 다시 확인하겠지만 카드회사들이 지닌 위력은 엄청나다. 아무리 결제 시장의 새 도전자들이 혁신을 꾀하고 새로운 아이디어를 내더라도, 그 모든 것들은 카드회사를 중심으로 발전하고 그것이 결국 카드회사의 영향력을 더욱 강화하고 있다. 좋든 싫든 이제 카드회사가 없는 세상은 상상할 수 없다.

"

2부

역사

더 편리하게, 더 교묘하게
진화하는 결제 수단

04

현금을 둘러싼
수수께끼

현금은 단순하고 친숙하다. 가장 오래된 결제 방법인 현금은 가치이전을 위해 디지털 기술이나 이해하기 힘든 원장에 의존하지 않는다. 현금 결제는 쉽고, 익명성이 보장되며, 즉각적이고, 최종적이다. 예를 들어 누군가가 당신에게 현금을 준다면 결제는 그것으로 끝난다. 상대방이 차후에 돈을 갚지 않을 위험이 없다. 또한 현금은 추적할 수 없다. 현금이 손에 들어온 즉시 다른 거래에 그 돈을 사용할 수 있으며 현금을 주고받을 때는 중개자나 변호사도 필요 없다. 그래서 현금은 오랫동안 범죄 조직의 사랑을 받아왔다.

비단 암흑세계뿐만이 아니다. 거래 횟수로 따져도 현금은 여전히 세계에서 가장 널리 사용되는 결제 수단이다. 일반적으로 우리는 현금에 대해 잘 알고 있다고 생각한다. 하지만 다시 생각해보자. 우리가 **현금을 어떻게 사용하는지는 많은 부분이 수수께끼로 남아 있다.**

2020년 중반에 영국 감사원National Audit Office은 무려 500억 파운드에 달하는 영국 지폐의 **용도가 불분명하다는 사실**을 발견했다. 사람들이 얼마나 많은 횟수로 현금 거래를 하는지, 얼마만큼의 금액을 거래하는지 우리는 알지 못한다. 사람들이 ATM에서 얼마만큼의 돈을 뽑는지는 대략 알지만, 거기까지다. 좀 더 많은 정보를 알기 위해서는 설문조사 결과를 바탕으로 추론하는 수밖에 없다.

왜일까? ATM에서 인출한 20달러짜리 지폐를 한 번에 사용할 수도 있고 한 번에 1달러씩, 스무 번에 걸쳐 사용할 수도 있기 때문이다. 돈을 받은 사람은(한 명일 수도 있고 여럿일 수도 있다) 20달러 지폐를 은행 시스템 속에 다시 집어넣을 수도 있고 그냥 써버릴 수도 있다. 어쨌든 이런 조사로 알아낼 수 있는 내용은 일부에 불과하다. 유통 통화Cash in circulation의 대부분이 실제로는 전혀 유통되지 않기 때문이다. 유통 통화는 시중에서 거의 (혹은 전혀) 유통되지 않는 100달러 지폐나 200유로 지폐, 500유로 지폐 등으로 이뤄져 있다. 금융 부문에서 뒤처지는 것을 몹시 싫어하는 스위스에서는 약 1천 달러의 가치가 있는 1천 프랑짜리 고액권이 발행된다. 스위스 중앙은행은 이 지폐가 불순한 목적으로 사용되지 않으며 준법정신이 투철한 스위스 시민들이 우체국에서 공과금을 낼 때 이용한다고 주장한다.

현금의 상당 부분이 고액권 지폐로 구성되었다는 점은 현금의 수수께끼 중 하나다. 그중 몇몇은 거의 사용된 적이 없거나 일반 대중은 볼 수조차 없는 것도 있다. 심지어 500유로권 지폐는 '빈 라덴Bin Laden'이라는 별칭으로 불리기도 했다. 모든 사람이 그 존재 사실을 알며 어떻게 생겼는지도 알지만, 어디에 있는지 아무도 모르기 때문이다.

현재 유통되는 총 1조 8천억 달러어치의 미국 달러 지폐에서 100달러짜리는 무려 80%를 차지한다. 조지 워싱턴Geroge Washington(1달러 지폐에 인쇄된 미국의 초대 대통령)이 100달러 지폐의 주인공인 벤자민 프랭클린Benjamin Franklin에게 참패를 당한 셈이다.[1] 미국의 성인 인구를 고려해 달러 유통 현황을 분석하면, 미국 성인 1인당 유통 중인 10달러 지폐는 7장에 불과하다. 하지만 성인 1인당 유통 중인 100달러 지폐는 무려 55장이다.[2] 이처럼 고액권 지폐의 유통량이 훨씬 많다면 소매치기들의 수입이 매우 짭짤해야 하지만, 미국 소매치기의 평균적인 경험은 아마도 그렇지 않을 것이다. 설문조사에 따르면, 미국 소비자들은 지갑에 평균 75달러의 현금만 가지고 다닐 뿐이다. ATM과 은행, 계산대에 든 현금을 고려하더라도 그 액수는 그리 크지 않다. 그러니 **이 모든 돈이 다 어디로 간 것인지** 궁금하지 않을 수 없다.

미국 달러 대부분은 '휴가 중'이다. 전체 달러의 60%와 100달러 지폐의 75%는 미국 밖에 있다. 미국 정부는 다른 나라의 '요청이 있을 시' 달러화를 공급하는 정책을 시행해왔다. 다른 나라 사람들이 현지 은행과 환전소에서 달러를 사고 인출할 수 있도록 실물 달러(대개 100달러 지폐)를 국외로 실어 나른다는 뜻이다. 1990년대에는 전체 달러화에서 국외 유통 달러화가 차지하는 비중이 20%에 불과했

---

1 500달러짜리 지폐의 총가치가 1달러짜리 지폐의 총가치를 넘어설 뿐 아니라 발행된 지폐의 숫자 역시 500달러짜리 지폐가 더 많다. 미국 성인 1인당 발행된 지폐 수를 비교해 보면 100달러 지폐는 55장인 반면, 1달러 지폐는 50장에 불과하다.

2 50달러 지폐 7장, 20달러 지폐 37장, 5달러 지폐 13장, 1달러 지폐 50장.

으나 이후 그 비중이 꾸준히 늘고 있다. 아르헨티나와 구소련 국가들에서 외환 위기가 발생한 탓에 국외 유통 달러가 대폭 늘어나기도 했다. 미국은 1993년부터 2013년까지 이들 국가에만 매년 200억 달러어치의 현금을 실어 날랐다. 미국이 이라크 재건 비용을 대기 위해 약 120억 달러를 군용기에 실어 이라크로 수송한 사실도 잘 알려져 있다(미국이 이라크로 실어 나른 금액은 최대 400억 달러에 달할 수도 있다). 실제 규모가 어느 정도일지 짐작할 수 있도록 부연하자면, 100달러 지폐로 화물 운반용 파렛트 10개를 가득 채우면 10억 달러가 된다.

달러와 격차가 크긴 하나, 유로 역시 국외 유통 규모 2위의 주요 통화다. 유로에 관한 데이터와 연구 자료는 달러만큼 자세하지 않지만, 500유로권 지폐의 70%를 발행했던 독일 중앙은행 분데스방크 Bundesbank는 발행한 유로 지폐의 3분의 2가 국외로 갔을 것으로 추정했다. 독일에서 발행한 유로 지폐 상당수는 남유럽에 유입됐을 가능성이 크다. 남유럽 사람들은 X로 시작되는 일련번호가 찍힌 독일 발행 유로 지폐를 좀 더 신뢰하는 편이다(일련번호 Y로 시작하는 그리스 발행 유로 지폐보다). 유로화 현금의 3분의 1은 유로존 밖에서 유통되는 것으로 보이며, 그중 상당수가 러시아와 발칸 반도에서 유통된다고 알려져 있다.

국외 유통만으로는 막대한 현금의 행방을 충분히 설명하기 어렵다. 그마저도 미국 달러와 유로화에 대해서만 어느 정도 답이 될 뿐이며, 심지어 설문조사로 알 수 있는 것은 유통 통화 중 5~10%의 행방 정도다. 사실 **지폐의 행방을 찾는 데는 중앙은행의 역할이 중요하다.** 중앙은행은 낡은 지폐를 일일이 검수하고 새 지폐로 교환하는 작업을 하는데, 이 과정에서 우리는 지폐가 어떤 식으로 사용되는지 알 수 있다. 미국 통화 교육 프로그램US Currency Education Program은 1달러 지폐의 수명이 5년을 살짝 웃도는 반면, 100달러 지폐의 수명은 15년 정도로 추산한다. 고액권은 소액권보다 사용 빈도가 낮기 때문이다. 하지만 그렇다고 해서 금고나 매트리스 아래에서 평생을 보내지도 않는다. 그보다는 지하경제에서 사용되고, 그저 소액권 지폐보다 연준으로 되돌아오는 빈도가 낮을 뿐이다.

현금은 고유의 특성 때문에 **불법 활동을 하는 사람들에게 매우 매력적인 존재다**(표 1 참조). 일각에서는 고액권의 액수와 사용량을 근거로, 미국 같은 선진국의 지하경제 규모가 GDP의 최대 25%에 달할 것으로 추산한다. 여기에는 마약 거래, 인신매매 같은 범죄 활동뿐 아니라 탈세도 포함된다. 미국의 마약 경제는 연간 1,000~1,500억 달러 규모에 이를 것으로 추정되며 주로 현금으로 결제가 이뤄지고 그중 상당 부분은 고액권으로 결제되는 것으로 보인다. 흥미롭게도 모든 미국 지폐의 90%에는 코카인의 흔적이 남아 있지만, 코카인의 흔적이 있는 100달러 지폐의 비율은 현저히 낮다. 고액권이 마약 시장에서 사용되는 것은 분명하지만, 소액권도 불법적 용도로 널리 사용됨을 알 수 있다.

오래전부터 경제학자들은 정부가 고액권을 찍어내면서 다른 한편으로는 엄격한 자금세탁 방지 규정(정책)을 추구하는 것이 본질적으로 모순이라고 주장해왔다. **범죄자에게는 고액권이 확실히 사용하기 편하다.** 1달러 100만 장으로 100만 달러를 만들면 무게가 1톤이 넘고

	계좌이체	비은행 자금이체	비트코인	금	다이아 몬드	현금
익명성이 보장 되는가?	아니다	아니다	그렇다	그렇다	그렇다	그렇다
추적 가능한가?	그렇다	그렇다	제한적	아니다	아니다	아니다
어디서나 쉽게 사용할 수 있는가?	지불인과 수취인 모두 은행 계좌를 갖고 있어야 가능하다	중개인을 통해서 가능하다	매우 제한적이다	제한적이다	매우 제한적이다	어디에서나 가능하다
가치 이전이 신속한가?	당일 내 가치 이전이 증가하는 추세	실시간 가치 이전이 증가하는 추세	즉시	그렇다	그렇다	그렇다
되돌릴 수 없는가?	아니다	때에 따라 그렇다	그렇다	그렇다	그렇다	그렇다
가치의 안정성	높다	높다	극도로 불안정하다	불안정하다	불안정하다	높다
거래 비용	가변적이다	가변적이다	가변적이다	높다	매우 높다	낮다
물리적 편의성	좋다	좋다	좋다	무겁고 부피가 크다	부피가 매우 작다	거액이라면 무겁고 부피가 클 수도 있다

피터 샌즈의 논문 '범죄자들을 곤란하게 만드는 방법 : 고액권 지폐 폐지를 위한 논거(Making it Harder for the Bad Guys : The case for eliminating high-denomination notes)'를 각색. 논문 52호, 하버드 케네디스쿨(Harvard Kennedy School), 2016년.

부피는 1세제곱미터를 넘는다. 하지만 100달러 1만 장으로 100만 달러를 만들면 무게가 약 10킬로그램에 불과한 데다 서류 가방에 깔끔하게 들어간다. 액면가가 좀 더 높은 500유로 지폐로 100만 달러를 만들면 무게는 2킬로그램에 불과하고 작은 가방에도 들어간다. 조금 과장해서 위가 큰 사람이라면 뱃속에도 들어가는 양이다. 실제로 2004년에 한 마약 운반책이 20만 유로어치의 500유로짜리 지폐 다발을 삼킨 채 콜롬비아로 가다가 붙잡힌 일이 있었다.

물론 모든 범죄자가 고액권을 고집하는 것은 아니다. 콜롬비아인 마약 운반책이 400장의 빈 라덴(500유로권 지폐)을 삼키기 20년 전, 네덜란드 맥주왕 프레디 하이네켄Freddy Heineken 납치 사건이 벌어졌다. 사무실에서 나와 집으로 가던 하이네켄은 네덜란드 중앙은행에서 불과 200미터 떨어진 곳에서 운전기사와 함께 납치당했다. 납치범들은 몸값을 요구했는데, 추적이 쉽고 교환이 어렵다는 이유로 1천 길더 지폐(500달러를 웃도는 금액)를 거부했다. 대신 3,500만 네덜란드 길더(약 2천만 달러)라는 전례 없이 엄청난 몸값을 네 종류의 통화로 나눠 중간 금액의 지폐로 준비할 것을 요구했다.[3]

하지만 납치범들로서는 불행하게도, 자신들의 요구로 받은 돈의 무게가 무려 400킬로그램에 육박해 처리가 힘들어졌다. 자전거를 애용하는 네덜란드 사람답게 자전거를 타고 달아나기로 한 납치범들은

---

3 납치범들은 100네덜란드 길더 지폐, 100달러 지폐, 500프랑스 프랑 지폐, 100독일 마르크 지폐를 각각 5만 장씩 요구했다.

암스테르담 외곽 숲속에 돈을 묻어두었고, 전체 금액의 4분의 1만 회수한 시점에서 행인들에 의해 땅에 묻어둔 돈뭉치가 발견되고 말았다. 한편 납치 사건은 끔찍한 경험이었겠지만, 납치범들에게 붙잡혀 21일을 견딘 후 자유를 되찾은 하이네켄은 "그들은 나를 고문했어요. (중략) 제게 칼스버그Carlsberg를 먹였다니까요!"라는 말로 이야기꾼으로서의 명성을 너끈히 지켜냈다.

전 스탠다드차타드은행Standard Chartered 회장 피터 샌즈Peter Sands는 '범죄자들을 곤란하게 만드는 방법'에서 고액권을 '현대 경제의 시대착오적인 존재An anachronism in a modern economy'라고 묘사하며 이런 상황을 다음과 같이 간단명료하게 요약했다. '고액권 지폐는 합법적인 경제가 원활하게 돌아가는 데는 별다른 도움이 되지 않지만, 지하경제에서는 중요한 역할을 한다. 역설적이게도 범죄자들에게 고액권을 공급하는 것은 바로 국가다.'

그렇다면 일부 국가들이 은행에는 늘상 매우 엄격한 자금세탁 방지 규정을 적용하면서 다른 한편으로는 탈세, 범죄, 테러, 부패 등의 불법을 위해 고액권이 사용되는 현실을 못 본 체하는 이유는 무엇일까? 물론 **몇몇 나라의 정부는 고액권 문제를 재고하고 있다.** 하지만 현금이 됐든 다른 무엇이 됐든 **특정 결제 방식을 없애는 것은 말처럼 쉽지 않다.** 특정한 결제 방법을 없애겠다는 결정을 감정적으로 받아들이는 사람도 있을 테고, 기존의 결제 방법에 강한 애착을 느끼는 사람도 많을 것이며, 습관을 바꾸기도 쉽지 않다. 게다가 그러한 계획을 실제로 실행하는 것도 녹록지 않은 일이다.

캐나다는 2000년에 1천 캐나다 달러 지폐 발행을 중단했고 싱가포르는 2014년에 1만 싱가포르 달러 지폐 발행을 중단했지만, 유로존에서 고액권 발행을 중단하기는 그리 쉽지 않았다. 유로존의 19개 중앙은행 중 17개의 은행이 같은 해에 악명 높은 '빈 라덴' 발행을 중단했다. 현금 사용 빈도가 높은 독일과 오스트리아는 일부의 반대가 있었으나 2019년에 같은 결정을 했다. 이를 두고 당시 분데스방크 옌스 바이트만Jens Weidmann 총재는 500유로 지폐를 퇴출시키면 '범죄와의 전쟁에는 별다른 도움이 되지 않고 유로화에 대한 신뢰도만 떨어뜨릴 것'이라고 항변했다. 다른 유로존 국가나 영국은 더 이상 500유로 지폐를 받지도 않고 교환해주지도 않지만, 독일과 오스트리아에서는 500유로 지폐가 여전히 법정 통화로 통용되며 시중 은행들은 500유로짜리 지폐를 환전해준다. 다만 이론상으로는 독일과 오스트리아 두 게르만 국가가 신권 발행을 중단했으니 500유로 지폐는 결국 퇴출될 수밖에 없다.

이런 절충안으로 단번에 문제를 해결하지는 못하겠지만 현금에 대한 신뢰가 떨어지는 상황은 피할 수 있다. 이것이 바이트만 주장의 요지였다. 500유로 지폐가 더 이상 통용되지 않으면 다른 지폐에 대해서도 유사한 조치가 취해질지 모른다는 불안감을 심어줄 수 있으며, 그렇게 되면 불안감에 사로잡힌 사람들이 200유로 지폐 사용을 거부할 수도 있고, 나아가 100유로 지폐마저도 거부할 수 있다. 무엇보다 중요한 것은 이런 조치가 중앙은행에 얼마나 중요한지, 특히 독일어권 국가에서 **현금에 대한 절대적 신뢰를 유지**하는 것이 얼마나 중요한 일인지 보여준다는 점이다.

상대적으로 **고액권과 관련해 좀 더 극단적인 조치를 취하면 심각한 혼**

란이 벌어질 수 있다. 2016년 인도 정부는 '회색 돈Grey money'을[4] 양지로 끌어내기 위해 시중에 유통 중인 화폐 중 액면가가 가장 큰 500루피(7.5달러) 지폐와 1천 루피(15달러) 지폐 사용을 금지했다. 당시 500루피 지폐와 1천 루피 지폐가 유통 중인 전체 통화의 86%를 차지했지만, 일상적인 업무에서는 대개 전체 통화 유통량의 14%에 불과한 소액권이 사용됐다.

2016년 11월 8일 저녁, 인도 총리 나렌드라 모디Narendra Modi는 네 시간 후인 자정부터 문제가 되는 고액권 사용을 금지한다는 대국민 담화를 발표해 인도 전역을 충격에 빠뜨렸다. 그런 다음 인도 정부는 시민들이 은행을 방문해 사용 금지된 지폐를 신권으로 바꿀 수 있도록 몇 주의 계도 기간을 주었다. 하지만 필요한 만큼 빠른 속도로 신권을 찍어낼 수 없었다. 그 결과 화폐 부족 사태(통화 경색)Currency crunch가 발생해 수천만 명의 인도인들이 현금이 없는 신세가 되거나 매일 소액의 현금을 찾기 위해 몇 시간씩 줄을 서는 사태가 벌어졌다. 사태가 진정되기까지 몇 주의 시간이 걸렸고 인도 GDP도 상당한 타격을 입었다. 한편 인도인들이 선호하는 통화 대체재인 금 시세는 20~30% 급등했다.[5]

이 작전의 최종 성과는 변변치 못했다. 인도 정부는 회색 돈을 가진 사람들이 아무런 가치도 없는 지폐 말고는 아무것도 갖지 못하도

---

4 탈세를 통해 얻은 돈이나 조세 당국의 감시를 피해 숨겨둔 돈을 뜻한다.
5 인도 가계는 약 2만 5천 톤의 금을 보유하고 있다. 인도 가계가 보유한 금의 가치를 모두 더하면 1조 5천 달러 정도로 시중에 유통 중인 인도 루피화 총액의 4배에 달하는 규모다.

록 만들겠다는 목표하에, 현금 출처를 소명할 수 있는 사람에게만 구권을 신권으로 바꿔주는 정책을 추진했다. 하지만 인도준비은행 Reserve Bank of India(인도 중앙은행)은 2년에 걸친 고된 감사 끝에 사용 금지된 지폐 중 무려 99.3%가 은행 시스템으로 회수됐다고 발표했다. 회색 돈의 규모가 모디의 생각보다 적었던 것일 수도 있고 인도의 자금세탁 계략이 정부 정책보다 더욱 효과적이었을 수도 있다.

그리고 북한이 있다. 은둔의 왕국이라 불리는 북한 당국은 자국 사정에 대한 긍정적인 뉴스만 내보내는 반면, 국외 언론들은 부정적인 소식만 전하는 경향이 있다. 어느 쪽 관점이 됐건 신중하게 접근해야 하겠지만, 그럼에도 북한에서 가장 최근에 진행됐던 통화 개혁 사건에 관한 보도를 살펴보면 북한의 정책이 형편없었음을 확인할 수 있다.

김정은 국무위원장의 아버지인 김정일은 2009년 11월에 북한 원화 개혁을 갑작스럽게 지시했다. 북한 당국은 즉시 지폐에서 0을 2개씩 뺀 다음, 구권 지폐를 법정 통화에서 제외하고 신권으로 교환 가능한 구권의 수량을 제한했다. 그 결과 엄청난 액수의 저축이 사라졌을 뿐 아니라 구권 사용이 금지된 지 일주일 후에야 신권이 유통됐다. 즉 신권이 발행되기까지 일주일 동안 북한 경제 상당 부분이 멈춰 있었다는 말이다. 북한의 이 같은 결정은 사면초가에 몰린 원화를 강화하기는커녕 정부가 공급하는 통화에 대한 북한 주민들의 신뢰를 무너뜨려 순식간에 외화 수요가 급증하는 사태를 초래했다. 그 결과 북한에서는 보기 드문 폭동이 일어났고 환율이 달러당 30원에서 약 8,500원으로 치솟으며 통화 가치가 급락했다. 2013년이 되자, 215억 달러 규모의 북한 경제 내에서 유통되는 미국 달러 지폐의 규모가 무려 20억 달러에 이르게 됐다. 미국 정부에게는 잘된 일이지만 북한 지도부에는 그다지 좋은 일이 아니었을 것이다.

인도와 북한 정부의 노력은 현금과의 전쟁이라기보다 특정 형태의 물리적 화폐에 대한 공격이었다고 해석할 수 있다. 그러나 지금은 그것보다 훨씬 광범위한 전투가 벌어지고 있다. 그리고 어쩌면 현금은 이 공격을 견뎌내지 못할 수도 있다.

05

현금과의
전쟁

지난 20년 동안 탈현금 트렌드는 우리 사회의 커다란 흐름이 되어 왔다. 그러나 이는 동시에 막강한 힘을 가진 정부가 현금을 없애고 사람들의 거래를 낱낱이 추적할 수도 있다는 두려움을 낳았다. 그 결과 자유주의자, 빈곤퇴치론자, 음모론자 등이 이런 추세에 반대하는 입장을 내며 한 목소리를 내기 시작했다.

평론가 짐 리커즈Jim Rickards도 그중 한 사람이다. 탈현금이 미치는 해악에 대해 그만큼 부정적 입장을 견지하는 사람도 드물다. 리커즈는 2019년 10월에 다음과 같은 글을 썼다. '돼지를 도축하기 전에는 돼지들을 모두 우리로 몰아넣는다. 열심히 저축한 사람들을 마이너스 금리로 도륙하기 전에도 저축을 디지털 계좌로 몰아넣는다(현금과 달리 디지털 화폐는 모두 마이너스 금리의 직격탄을 받는다. 현금 보유만이 제로 금리라도 적용받을 수 있는 유일한 방법이다 - 감수자). 이런 순간이

찾아오면 돌이킬 수 없다. 현금과의 전쟁은 현실이 돼버렸고 사라지지 않을 것이다.'

짐 리커즈는 북한에라도 살고 있어서 이런 생각을 하는 것일까? 전혀 아니다. 리커즈는 미국에 산다. 그리고 미국은 전자결제의 선두 주자인 베터댄캐시얼라이언스BTCA, Better than Cash Alliance의 본거지이기도 하다. BTCA는 그 이름이 뜻하듯이 현금 없는 세상을 낙관적으로 기대하는 민간 기업, 정부, 개발 조직의 연합체다. BTCA는 빌앤멀린다 게이츠 재단Bill & Melinda Gates Foundation, 씨티은행, 포드 재단Ford Foundation, 마스터카드, 비자, 오미다이어 네트워크Omidyar Network, 미국 국제개발처USAID, US Agency for International Development로부터 많은 자금을 지원받으며 전자결제를 홍보한다. BTCA는 전자결제가 비용을 절감하고, 투명성과 책임성을 높이며, 보안 사고를 줄이고, 빈곤층의 금융 서비스 접근성이 개선되고, 포용적인 경제 성장에 도움이 된다고 주장한다.

탈현금화가 거스를 수 없는 대세라 할지라도, 현금을 없애는 과정에서 일어날 수 있는 정치적 이해 충돌에 대해 BTCA가 너무 가볍게 생각하는 것도 사실이다. 씨티은행의 수석 경제학자 윌렘 뷰이터Willem Buiter는 다음의 글을 기고한 적이 있다. '**현금을 없애는 정책은 세 부류 사람들의 저항에 직면할 것이다.** 첫째, 현금을 사용할 수밖에 없는 빈곤층과 노령층이다. 둘째, 현금의 익명성에 숨은 범죄자들이다. 셋째, 사상적으로 개인의 자유를 중시하는 자유주의자들이다. 그러나 첫 번째 그룹은 정부의 지원으로 충분히 도울 수 있고, 두 번째 그룹은 그냥 무시해도 좋을 것이다. 그리고 마지막 세 번째 그룹은 공

동의 이득을 위해 자신들의 뜻을 굽히는 것이 맞다.'

어느 쪽이 옳건(사실은 양측의 주장 모두 어느 정도 타당하다), **현금 사용이 줄어들고 있음은 분명하다.** 현금이 세상에서 가장 오래된 형태의 결제 방식일 수는 있지만, 서식지 감소와 침략해 들어오는 포식자들 때문에 많은 선진국에서 빠른 속도로 멸종 위기에 내몰리고 있다. 일부 입법자들은 현금을 멸종 위기에 처한 종으로 선언하고 현금을 보호하기 위한 법안을 통과시켰을 정도다.

그러나 **결제 방식은 나라와 문화마다 차이가 크다.** 현금 보존을 위한 법안을 마련해야 할 정도로 현금 사용이 급격하게 감소하는 국가도 있지만, 대부분의 국가에서는 현금 사용이 서서히 줄어드는 추세다.

유럽 남동부의 알바니아는 현금을 매우 선호한다. 세계은행World Bank은 알바니아의 기업과 상점에서 무려 99.2%의 대금 지급이 현금으로 이루어지고, 알바니아 소비자들의 전체 결제 중 96%가 현금 결제라고 추산한다. 심지어 연금을 현금으로 수령하는 사람도 절반이 넘는다. 이 같은 현금 사용으로 발생하는 비용을 합하면 알바니아 GDP의 1.7%에 달한다. 세계은행은 알바니아에서 현금으로 결제되는 공과금의 절반만 자동이체로 납부되어도 알바니아 소비자들이 연간 7억 5천만 레크(대략 650만 달러)를 절약할 수 있을 것이라 추산한다. 알바니아인 1인당 연간 2.2달러가 절약되는 셈이다. 최저 월급이 약 190달러 수준인 알바니아에서는 상당한 금액이다.

하지만 유럽 서북단에는 현금 없는 사회로 거듭나기 위한 변화의 선봉에 선 나라들이 있다. 스웨덴과 네덜란드, 영국에서는 전체 구매 건에서 현금 결제가 차지하는 비중이 절반 이하다. 그리고 이 비중은 빠른 속도로 줄고 있다. 유럽에서 가장 먼저 지폐를 도입한 나라는 스웨덴인데, 그 스웨덴이 지금 탈현금 트렌드의 선두에 서 있다.

스웨덴에서는 현금 결제 비중이 13%가 채 되지 않는다. 인구 상당수가 현금을 사용하지 않으며, 더 이상 현금을 소지하지도 않는다. 스웨덴에서 유통 중인 총통화는 2005년에는 GDP의 4% 수준이었으나 현재는 GDP의 약 1% 수준으로 감소했다. 범죄율도 낮아졌고 스웨덴 어디에서나 찾아볼 수 있는 이케아IKEA 매장부터 스톡홀름에 있는 아바Abba 박물관에 이르는 모든 곳에서 현금을 받지 않는다(그래도 아바의 히트곡 '머니, 머니, 머니Money, Money, Money'는 여전히 자주 흘러나온다).

그도 그럴 것이 돈Money과 현금Cash은 같지 않다. 사실 **현금에는 비용이 든다.** 지폐를 인쇄하고 동전을 찍어내는 비용은 일부에 불과하다. 현금을 수송하고 유통해야 할 뿐 아니라 ATM을 채우고 유지해야 하며, 상인들은 현금을 보관하고 계산하고 모은 다음 은행으로 갖고 가야 한다. 은행은 현금을 헤아리고 분류하고 다시 유통한다. 이런 과정이 끊임없이 반복된다.

이 과정에서 보안을 위해 은행 지점들은 특수 시설과 대형 금고를, 상인들은 CCTV와 금고를 마련한다. 그리고 수송 트럭은 도난을 막기 위한 보호 장비와 경호 인력으로 무장해야 한다. 현금 때문에 발생하는 총비용은 세계 GDP의 0.2~0.4% 정도로 추산된다. 현금 사용 비용이 GDP의 1.7%에 달하는 알바니아에 비해서는 훨씬 낮지만, 전체 결제 시스템 비용의 10~20%에 해당할 만큼 높다. 현금 거래 1회당 약 0.4달러의 비용, 또는 평균 15달러에 달하는 현금 거래액의

2.5%에 상당하는 비용이 발생한다.

이처럼 현금 사용 비용은 적지 않을 뿐 아니라 **상당 부분이 고정 비용이다.** 현금 사용이 감소해도 현금 사용 때문에 발생하는 제반 비용은 줄지 않으며, 현금이 완전히 사라져야만 이 비용들도 사라질 수 있다. 좋은 예로 ATM 유지 비용을 들 수 있다. 현금을 가득 채우건 반만 채우건, ATM을 한 번 채우는 비용은 결국 같다. 현금 거래가 전면적으로 중단돼야만 현금 사용에서 비롯된 제반 비용 중 상당 부분이 절감된다는 사실을 고려하면, 현금 없는 세상의 선두에 선 나라들의 입장도 이해가 된다.

실제로 현금이 사라진다면 어떻게 될까? 금융 시스템은 존속할 수 있을까? 대다수 경제학자와 은행가는 대체로 긍정적으로 답한다. 물리적 현금은 중앙은행 시스템을 떠받치는 결정적인 존재가 아니기 때문이다. 물리적 화폐가 사라지더라도 우리는 여전히 달러, 유로, 파운드, 엔, 레크 등 온갖 통화로 은행에 돈을 예치할 수 있다.

그렇다면 돈을 '찍어내는Printing' 행위는 존속할 수 있을까? 돈을 인쇄할 수 없게 되더라도 중앙은행은 여전히 돈을 만들어낼 수 있을까? 이 역시 간단하게 답하면 '그렇다.' 사실 오늘날의 중앙은행은 돈을 찍어내지 않고도 돈을 공급한다. 그러나 많은 경제 기사들은 아직도 헤드라인에 중앙은행이 돈을 '찍어낸다'라는 표현을 즐겨 쓴다. 이는 분명 오해의 소지가 있는 표현이다. 가령 코로나19 팬데믹을 극복하기 위해 각국 정부가 내놓은 지원 프로그램을 보도하는 기사 제목으로 지폐 인쇄와 관련된 표현이 많이 사용되었다. 연준이 '인쇄기'를 돌린다거나, 유럽중앙은행ECB, European Central Bank이 '돈을 찍어내는 총을 장전하고' 있다는 식이다. 혹은 디지털 방식에 친숙한 사람들을 겨냥해 '돈을 찍어내는 인쇄기가 부르르 떠는' 밈이 돌아다니기도 했다. 이런 표현들은 직관적이기는 하나 현실과는 동떨어져 있다. 은행이 계좌이체를 위해 돈을 실제로 '보내지' 않듯이 중앙은행 역시 돈을 만들어내기 위해 직접 돈을 '찍어내지' 않는다.

역설적이게도 중앙은행이 지폐를 인쇄하고 은행을 통해 유통한다고 해도 실제 통화 공급량이 늘어나지는 않는다. 중앙은행들은 준비금, 즉 시중 은행들이 중앙은행에 맡겨둔 예금을 늘려 돈을 만들어낸다. (중앙은행은 디지털 세상에서 돈을 찍어내기 위해 인쇄기를 돌릴 필요가 없다. 시중 은행이 중앙은행에 예치한 예금 잔고의 숫자만 고쳐주면 된다 - 감수자) 현금 없는 세상에서도 얼마든지 돈을 만들어낼 수 있다.

민간 부문은 탈현금 추세에 동참할 만한 충분한 동기가 있다. 은행은 비용을 줄일 수 있고, 상인들은 현금 수납에 따른 불편함을 줄일 수 있으며, 카드업계와 전자결제(간편결제) 기업들은 새로운 시장을 개척할 수 있다. 그리고 정부 역시 현금 없는 세상을 만들어나가는 데 많은 관심을 갖고 있다.

보통 사람들에게는 효율적이고 투명하고 편리하지만, 범죄자들에게는 다소 꺼려지는 수단인 **전자결제**Non-cash payment**가 요즘은 인기다.** 시스템이 튼튼하고 안정적으로 전력이 공급되고 통신망이 원활하게 작동한다면, (이론적으로는) 현금 없이도 세상은 문제없이 돌아갈 것이다. 하지만 탈현금 트렌드를 주도하는 사람들은 탈현금이 말처럼 쉽지 않음을 이행 과정에서 깨닫고 있다. **예상외로 사람들이 현금을 손에서 놓지 않기 때문이다.**

성급한 일반화의 오류일 수도 있지만 북유럽인들은 대체로 감상 주의보다 실용주의를 중요하게 여기는 편이다. 그런데 스웨덴, 영국, 네덜란드에서조차 장점이 많아 보이는 **탈현금 사회에 대한 많은 논쟁**이 있었다. 여기에는 그럴만한 이유가 있다. 앞서 언급한 장점 외에도 **현금은 '보편적인 결제 접근성'이라는 또 다른 중요한 특징을 갖고 있다.** 현금으로 결제할 때는 은행 계좌나 카드, 스마트폰, 컴퓨터, 인터넷 접속, 4G 이동통신, 전자지갑 등이 필요치 않다. 심지어 가죽지갑도 필요하지 않다. 그저 현금만 있으면 된다.

우리 경제가 원활하게 돌아가려면 효율적이고 안정적인 결제 시스템이 뒷받침되어야 한다. 하지만 그 결제 시스템이 누군가를 소외시킨다면 결코 좋다고 평가할 수는 없을 것이다. **결제 시스템은 우리 모두에게 도움이 되어야 한다.** 이런 이유로 스웨덴에서는 탈현금화를 저지하려는 움직임이 있었다. '현금 반란Kontantupproret'은 현금을 지키겠다는 공통의 목적을 가진 조직들로 구성된 네트워크다. 현금 반란은 현금 소멸이 민주적 가치와 사생활, 개인의 자유에 대한 중대한 위협이라고 주장한다.

흥미롭게도 현금 반란의 수장은 스웨덴 전 경찰청장이자 인터폴 총재를 지낸 비욘 에릭손Björn Eriksson이다. 그의 이력을 보면 자유보다 법질서를 더 중요하게 여길 것처럼 보이지만, 에릭손은 2018년에 영국 일간지《가디언The Guardian》과의 인터뷰에서 다음과 같은 견해를 밝혔다. **"시스템이 완전히 디지털화돼 버리면 어떻게 될까요?** 누군가가 그 시스템을 꺼버리면 나 자신을 방어할 방법이 없습니다. 가령 푸틴이 고틀란드(스웨덴에서 가장 큰 섬)를 침략하려 한다고 가정해봅

시다. 이때 푸틴은 그냥 결제 시스템을 차단해버리는 것만으로도 목적을 달성할 수 있습니다. 스웨덴이 아닌 그 어떤 나라도 이런 위험을 감수할 생각 같은 건 하지 않을 테고, 그들은 일종의 아날로그 시스템이 필요할 겁니다."

현금 반란이 노력을 기울인 직접적인 결과든, 침략에 대한 실질적인 공포 때문이든 스웨덴에서는 현금 보존을 위한 법률이 발효됐다.[1] 영국 재무성 장관 리시 수낙Rishi Sunak도 2020년 3월에 유사한 계획을 발표했다.[2] 스웨덴이 이런 조처를 한 데는 두 가지 중요한 목적이 있어서다. 첫 번째는 디지털 약자를 포함한 모든 사람이 결제하고 결제받을 수 있도록 하는 것이고, 두 번째 목표는 시스템에 중대한 문제가 생기더라도 지불이나 결제가 가능하도록 만드는 것이다. 두 가지 목표 모두 나름의 중요성을 지닌다.

현금을 사용하지 않는 경제 활동이 급증하는 추세 덕에 많은 이익을 얻어온 스웨덴과 영국, 네덜란드의 은행과 상인·공공 부문은 최근 문제에 직면했다. 탈현금화에 동참할 의향이 없거나 동참하지 못하는 사람들에게 **현금을 어떻게 공급할 것인지, 누가 그런 서비스를 제공할 것인지**를 모색해야 하는 상황에 놓였다. 스웨덴과 영국의 국민

---

[1] 2020년 1월 스웨덴에서 현금서비스의무제공(Obligation for Certain Credit Institutions to Provide Cash Services)법이 발효됐다. 이 법은 스웨덴의 일부 신용기관들과 국외 신용기관 스웨덴 지점들이 소비자와 기업에 현금 관련 서비스를 제공할 것을 의무화한다.

[2] 2020년 3월 영국 재무성 장관 리시 수낙은 첫 번째 예산안을 공개하며 영국 정부가 현금 접근성을 보호하고 영국 현금 인프라의 장기적인 지속 가능성을 보장하는 법안을 추진할 계획이라고 발표했다. 2020년 예산안. 1.53항.

상당수가 전자지갑과 인터넷 뱅킹만 사용하는 상황에 미뤄보면 전반적인 분위기는 대체로 현금 사용과 반대되는 쪽으로 흘러가고 있다.[3] 하지만 (다수의 사람들에게 편리함을 안겨주는 기술이 발전한 결과) 은행 지점이 사라지고, 수표가 자취를 감추고, 현금을 받지 않는 곳이 늘어나고, 무료 ATM이 줄어드는 등의 변화로 인해 결제 수단을 빼앗긴 주요 소수 집단의 요구도 쉽게 충족되지 못하고 있는 것이 현실이다.

영국 브리스톨대학교가 2019년 실시한 조사·연구에 따르면, 주민들의 현금 의존도가 상대적으로 높은 빈곤 지역에서 무료로 현금을 찾을 수 있는 곳이 빠르게 사라지고 있다. 경제 활동이 활발한 좀 더 부유한 지역은 정반대다. 연구진은 부유한 동네와 빈곤한 동네에 위치한 ATM을 비교 분석했다. 그 결과 브리스톨에서 상대적으로 부유한 동네인 클리프턴의 어느 구역에 위치한 ATM의 71%는 은행이 직접 무료로 운영하는 반면, 클리프턴보다 덜 부유한 이스턴의 비슷한 구역에 위치한 ATM 중 은행 소유는 11%에 불과했다.

현금 관리에 들어가는 비용과 현금 접근성에 관한 문제를 넘어, 자연재해와 같은 비상상황은 또 다른 문제다. 2017년 허리케인 마리아가 강타한 푸에르토리코에서 여전히 유효했던 결제 수단은 현금뿐이었다. 하지만 다른 기기와 마찬가지로 ATM도 당연히 작동하

---

3 전자지갑은 실제 지갑을 전자 방식으로 바꿔놓은 것이다. 전자지갑에는 은행 카드를 보관할 수 있고 현금 잔고도 넣어둘 수 있다. 예를 들면 애플페이, 페이팔, 중국의 알리페이, 텐페이 등이 있다.

지 않았다. 급증한 현금 수요를 감당하기 위해 미 연준은 하루에 두 차례 달러 지폐를 싣고 푸에르토리코로 날아가 장갑차에 현금을 나눠 담고 섬 곳곳에서 사람들에게 나눠줬다. 일부 암호화폐 옹호론자들은 암호화폐의 타당성을 주장하기 위해 푸에르토리코 사례를 언급하기도 한다.4 그러나 암호화폐 역시 ATM이나 디지털 결제와 똑같은 통신망과 전력망을 사용한다는 사실을 감안하면, 암호화폐 옹호론자들의 주장도 설득력을 잃는다.

재난은 갖은 형태와 규모로 나타난다. 미국이 코로나19 팬데믹으로 봉쇄 정책을 택하기 한참 전이었던 2020년 2월에 미 연준은 아시아에서 온 달러를 격리하기 시작했다. 아시아에서 가져온 지폐를 7~10일 정도 보관해두었다가 시중에 푸는 식이었다. 한국과 중국의 중앙은행은 한 걸음 더 나가 병원처럼 코로나바이러스 노출 위험성이 큰 곳에서 온 지폐를 자외선으로 소독하거나 아예 폐기하도록 지시했다. 코로나19 팬데믹의 공포와 고통이 심화되는 가운데 돈을 주고받는 과정에서 바이러스가 퍼질 수 있다는 보도가 잇따르자 그 여파로 소비자와 상인들이 지폐나 동전 사용을 기피했고, 대신 **물리적으로 무언가를 교환하는 과정이 배제된 결제 방식**이 갑작스레 인기를 얻기 시작했다. 코로나19 팬데믹이 현금 없는 미래로 나아가는 변곡점이 될지도 모른다는 예측이 쏟아지는 가운데 디지털 결제가 급증했다.

---

4 비트코인 같은 암호화폐는 오직 디지털 방식으로만 존재하며, 안전한 기술을 사용하고, 중앙에서 통제하는 세력이 없는 P2P 시스템, 혹은 분산 시스템을 기반으로 한다.

그러나 모순되게도 거대 디지털 결제 서비스 공급업체 와이어카드 Wirecard는 기회를 잘 이용해야 할 바로 그 순간 무너져 내렸다. 와이어카드는 영국의 선불카드 발행기업들이 서비스를 제공하기 위해 이용하는 독일의 유명 핀테크 기업이었다. 사실 선불카드는 현금을 대신할 '신기술' 대체재이자 은행 계좌가 없는 사람들을 위한 은행과 같다는 평가를 종종 받았다.

'단순하고 편리한 입출금 계좌 서비스'를 내세우던 모바일뱅킹 서비스 포킷Pockit은 와이어카드를 통해 서비스를 제공했다. 당시 약 50만 명의 영국 고객들이 포킷을 이용해 월급을 수령하고 있었다. 그러나 2020년 6월 말 어느 아침, 이들은 다음과 같은 알림을 받았다. '중요 업데이트 : 포킷 계좌 사용이 일시적으로 중단됩니다'. 이들 외에 수백만 명에 달하는 다른 선불카드 사용 고객들도 계좌 접근이 막혔다. 왜 이런 일이 발생했을까?

감사관들이 와이어카드 대차대조표에서 19억 유로 누락이라는 회계 부정의 징후를 포착했고, 그동안 포킷의 결제를 처리해왔던 와이어카드가 파산을 신청했기 때문이다. 영국 금융감독청FCA, Financial Conduct Authority은 와이어카드 영국 지사에 '규제 대상에 해당하는 모든 활동'을 중단하라고 명령했다. 한때는 선불카드가 웨일스 페니와운(1장 참고) 같은 외딴 마을의 현금 확보 문제를 해결할 수 있는 묘안처럼 들렸을지도 모른다. 하지만 20억가량의 유로가 사라지자 선불카드가 효과적인 해결책이라는 주장도 힘을 잃었다.

며칠 후 포킷 계좌 접근이 다시 정상화되긴 했지만, 이 사건으로 **은행 계좌가 없는 사람들이 어떤 곤경을 겪을 수 있는지** 널리 알려졌다.

그리고 이와 관련해 '은행 계좌가 없는 사람들'과 그렇지 않은 사람들 간의 결제 격차를 메우고, 여태 은행 서비스가 제공되지 않았던 지역에 **다양한 결제 방안을 제공하는 핀테크**FinTech(기술을 이용한 혁신적인 방식으로 금융 서비스를 제공하는 스타트업, 18장 참조)에 많은 사람이 기대를 걸고 있다.

하지만 사람들이 미처 알지 못하는 진실이 있다. 신기술 덕에 아프리카, 인도, 중국 등에서 결제가 활성화되고 더 많은 사람과 좀 더 많은 활동이 제도권 경제의 범주 속에 들어오게 됐지만 **신기술은 또 다른 과제도 동반한다.** 특히 스마트폰이나 인터넷에 접근할 수 없는 사람들에게는 **오히려 금융 접근성을 떨어뜨릴 수 있다.** 게다가 상당수의 서비스 제공업체들은 아예 규제를 받지 않거나 은행보다 상대적으로 약한 규제를 받는다. 핀테크에 맡긴 예금은 예금자보호법의 보호를 받지 못할 가능성도 있기 때문에 서비스 제공업체가 재무적 어려움에 직면하면 고객들은 돈을 돌려받지 못할 수도 있다.

현금의 종말에 관한 다른 우려도 있다. 사람들은 일반적으로 물리적 형태의 화폐에 정서적인 애착을 느끼며, 현금은 우리 삶에서 교육적으로도 중요한 역할을 한다. 유형의 통화가 없으면 돈은 추상적인 개념에 불과하다. 지폐와 동전은 직접 만지고 느낄 수 있을 뿐 아니라 냄새도 맡을 수 있다(화폐마다 고유한 특징이 있다). 게다가 현금을 사용하면 자연스럽게 제한적인 소비를 하게 된다.

실제로 화폐를 접하지 못하면 아이들이 어떻게 돈에 대해 배울 수 있을까? 인앱In-app 구매, 화면에 뜬 숫자, 원클릭 결제 등을 통해서만 돈을 이해하게 되면 아이들은 돈을 어떻게 받아들일까?

현금의 종말에 대한 보고는 과장되었을 수도 있지만, 지급결제를 둘러싼 확고한 메가 트렌드는 현금이 설 자리가 점점 사라지고 있다는 것이다. 지금은 디지털 방식이 현금을 대체하고 있지만, 1950년대의 레스토랑에서는 아날로그 방식이 현금을 대체하기 시작했다.

판타스틱 플라스틱
: 카드의 등장

세 가지 종류가 있지만 크기는 동일하다. 정확히 가로 85.60밀리미터, 세로 53.98밀리미터이며 모서리는 반지름 2.88~3.48밀리미터인 원의 곡선을 띤다. 그리고 ISO/IEC 7810 ID-1 표준을 따르는 것은 무엇일까?

질문은 다소 엉뚱하지만, 사실 답은 간단하다. 바로 카드다. 카드는 현금 다음으로 많이 사용되는 결제 수단이자 가장 세계적인 결제 수단이며 **표준화에 성공한 대표적 사례다.** 이탈리아 콘센트에 미국 전자제품 플러그를 꽂을 수 없고, 스페인 철로에서 프랑스 열차를 운행할 수 없으며, 삼성 스마트폰에서 애플의 운영체제 iOS를 구동시킬 수 없고, 미국 도심에서 유로를 이용할 수는 없다. 하지만 브라질에서 발행한 직불카드나 신용카드는 전 세계 어디에 있는 ATM에든 넣을 수 있다.

카드의 성공은 놀라울 정도다. 50여 년 전에 도입된 카드는 이제 상점에서 이뤄지는 모든 결제의 3분의 2를 차지한다. 매초마다 1만여 건의 카드 결제가 이뤄지며 카드 사용은 매년 10% 이상 꾸준히 증가하고 있다. 현금과 달리 **카드는 가장 세계화된 결제 수단**이다.

일반 사람들에게 카드는 단말기에 긋기만 하면 매달 월말에 청구서가 돌아오는 결제 방식 정도로 이해될 것이다. 그러나 카드라는 '연금술'의 이면에는 훨씬 많은 이야기가 숨어 있다. 이제 우리는 물리적 플라스틱 카드 없이도 온라인에서 카드 결제를 할 수 있는 단계까지 왔다. 이 연금술은 시행착오와 사고, 그리고 엄청난 협업을 통해 만들어졌다. 사기꾼들 때문에 카드 산업은 혁신할 수 있었고, 카드 공급업체 간의 경쟁이 도리어 엉뚱하게도 가맹점이 부담하는 수수료를 높이기도 했다. 그러나 카드 산업은 이러한 실패를 바탕으로 진보했고 많은 연관 산업들을 낳았다. 그리고 그 연관 산업들은 카드 산업만큼이나 큰 규모로 성장했다. 카드 산업의 성공은 카드업계 스스로 노력하고 혁신한 덕분이지만, 카드업계 외부로부터의 도움도 컸다. 이를 좀 더 자세히 알기 위해 카드 산업의 기원부터 다시 들여다보자.

전해지는 바에 따르면, 현재 어디에서나 사용되는 신용카드는 말 그대로 '냅킨 위에 적어 내려간' 아이디어에서 시작되었다. 다이너스 클럽Diners Club 설립자인 사업가 프랭크 맥나마라Frank McNamara는 뉴욕의 어느 레스토랑에서 점심을 먹다 지갑을 가져오지 않았다는 사실을 깨닫고, 아내가 지갑을 가져다 주기를 기다리다가 신용카드에 대한 아이디어를 떠올렸다. 이것이 우리가 흔히 아는 카드의 탄생 스토리다. 그럴듯한 이야기지만 다이너스 클럽의 초기 홍보담당자였던 매티 시먼스Matty Simmons는 레스토랑 일화는 생동감을 더하기 위해 자신이 꾸며낸 이야기라고 털어놓았다. 그에 따르면 사실 맥나마라는 레스토랑이 아니라 롱아일랜드로 가는 통근 기차에서 신용카드의 개념을 떠올렸다고 한다.

이보다 좀 더 구체적인 이야기도 있다. 맥나마라가 공동설립자 랠프 슈나이더Ralph Schneider, 시먼스와 함께 1950년 2월 9일에 뉴욕에 있는 메이저스 캐빈 그릴Major's Cabin Grill에서 점심을 먹고 세계 최초로 신용카드 거래를 했다는 것이다. 맥나마라는 '1000'이라는 카드번호가 적힌 다이너스 클럽 카드를 웨이터에게 건넸고, 웨이터는 3중으로 된 먹지를 갖고 돌아왔다. 맥나마라가 밥값을 치르기 위해 서명을 하자 웨이터는 맨 아래에 있는 종이를 뜯어 맥나마라에게 건넸다. 맨 위의 종이(카드회사 제출용 영수증)는 다이너스 클럽에 전달됐고 가운데 종이(매장용 영수증)는 레스토랑에서 보관했다.

최초의 신용카드는 매우 단순했다. 맥나마라와 슈나이더는 뉴욕의 레스토랑에서 사용할 수 있는 차지카드Charge card(할부 결제를 제외한 일시불 결제만 가능한 신용카드 - 감수자)를 발행했다. 판지로 만들어진 초창기 차지카드 뒷면에는 다이너스 클럽 카드의 가맹점인 14개 레스토랑의 상호가 적혀 있었다. 다이너스 클럽은 매달 카드 사용자들이 지난 30일 동안 사용한 비용에 대한 청구서를 보냈다. 레스토랑이 전체 지불액의 93%를 챙겼고 나머지는 다이너스 클럽이 수수료로 가져갔다. 이후 카드 소지자들도 비용을 부담하는 연회비 제도가 생겨났다.

맥나마라가 1952년에 매각하긴 했지만 다이너스 클럽 카드는 가맹점을 확보하고 지불 수단으로서 카드가 무엇인지를 대중에게 확실히 각인시켰다. 첫 출시 후 10년이 채 되기도 전에 다이너스 클럽 카드 소지자가 100만 명을 넘어섰다. 그 무렵 다이너스 클럽의 최대 경쟁업체는 탄탄한 재원을 기반으로 카드 시장에 진출한 아메리칸 익스프레스Amex, American Express였다. 아멕스는 지금의 DHL 같은 속달 우편 서비스에서 출발했으나, 1850년대 말에 우편환을 발판 삼아 금융 서비스에 진출했으며 그로부터 30여 년 후 당시 사장이 여행자 수표라는 아이디어를 떠올리며 대성공을 거뒀다. 카드 시장에 진출할 무렵 아멕스는 충분한 자금뿐 아니라 이미 성공 가도를 달리던 여행자 수표 비즈니스를 통해 엄청난 규모의 고객층과 높은 브랜드 인지도를 확보하고 있었다.

다이너스 클럽과 아멕스를 비롯해 다른 소규모 경쟁업체는 모두 사용자가 **매달 말 사용금액 전액을 갚아야 하는 차지카드였다**(여전히 아멕스는 대부분 차지카드 방식을 고수한다). 그때까지도 차지카드는 종이(판지)로 제작됐다. 그리고 1959년 아멕스가 세계 최초의 플라스틱 신용카드를 선보였지만, 진정한 혁신은 비자Visa의 전신인 뱅크아메리카드BankAmericard에서 시작되었다.

뱅크오브아메리카Bank of America, 그리고 뱅크오브아메리카와 경쟁 관계에 있었으며 이후 마스터카드Mastercard로 변신하게 되는 은행간 카드협회Interbank Card Association는 세 가지 구조 변경을 통해 신용카드를 결제 시장의 완전한 '대세'로 만들어 버렸다. 첫째, 뱅크오브아메리카는 1950년대 말에 **할부 결제가 허용되는 진정한 '신용' 카드를 도입**

했다(이 자체로도 하나의 주제가 되는 만큼 7장에서 관련 내용을 좀 더 자세히 살펴볼 것이다). 이런 방식의 신용카드가 있으면 그달 말에 사용 금액 전부를 상환할 돈이 없는 고객들도 카드를 사용할 수 있게 된다. 가맹점들은 당연히 새로운 신용카드를 열렬히 환영했다.

둘째, 1960년대 말 뱅크오브아메리카는 캘리포니아주 외의 지역에서의 카드 발급에 장애물이 되던 '주간 은행업무 금지Restrictions on interstate banking' 규제를 교묘히 피할 방법을 찾아냈다. 그 방법은 **자사 시스템을 개방하고 다른 은행에 뱅크아메리카드를 발행할 수 있는 권한을 제공하는 것**이었다. 이는 차후 '4당사자 모델Four-corner model'이라는 이름으로 알려진 결제 모델이자 현대 결제 시스템의 토대가 된 모델이다. 이로 인해 카드 산업을 설명하는 게 훨씬 복잡해졌지만 이러한 선택은 뱅크오브아메리카와 마스터카드의 성공에 주요한 역할을 했다.

4당사자의 첫 번째는 **카드 소지자**이고, 두 번째는 **가맹점**, 세 번째는 카드를 발행하는 **발행은행**Issuing bank(카드 소지자들의 은행), 네 번째는 '**매입은행**Acquiring bank'이라고 알려진 가맹점 측 은행이다(그림 1 참조). 모델은 다음과 같이 작동한다. 먼저 카드 소지자가 가맹점에 카드를 제시하면, 가맹점이 매입은행에 해당 정보를 제공한다. 매입은행은 관련 내용을 다시 발행은행에 전달한다. 발행은행은 카드 소지자가 충분한 신용 혹은 잔액이 있는지 확인하고, 이를 충족하면 계좌에서 필요한 금액을 인출해 매입은행에 변제한다. 그리고 발행은행으로부터 돈을 받은 매입은행은 가맹점 계좌에 해당 금액을 입금한다.

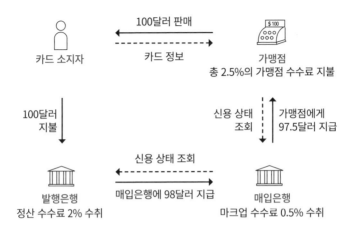

그림 1 **4당사자 모델**

뱅크아메리카드의 세 번째 혁신은 **정산 수수료**Interchange fees였다. **소비자들은 결제를 하더라도 카드의 정산 수수료를 부담하지 않는다.** (이는 오늘날 한국에서도 여전히 유효하다. 소비자는 별도의 카드수수료를 내지 않는다 - 감수자) 이 구조는 소비자들에게 카드가 더욱 매력적으로 보이게 만들어 더 많은 소비자들을 유인하고, 카드 산업 전체가 원활하게 성장하도록 만든다. 매입은행이 발행은행에 수수료를 지급하는 구조가 아니었다면 발행은행은 소비자 측에 카드 사용에 대한 수수료를 부과했을지도 모른다. 이 경우 카드 소지자와 가맹점 둘 다 수수료를 내야 하며, 결국 카드는 사용자들에게 훨씬 덜 매력적인 상품이 될 수밖에 없다.

대신, 가맹점 측 은행(매입은행)이 카드 소지자 측 은행(발행은행)에

그림 2 **가맹점 수수료와 정산 수수료**

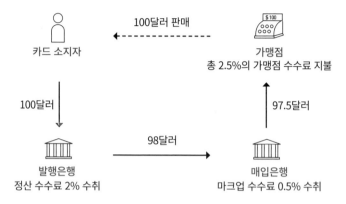

정산 수수료를 지불한다. 이 수수료는 카드회사The card networks(비자나 마스터카드 등)가 요율을 결정하며, 지역과 카드 유형(신용카드인가 직불카드인가), 가맹점 유형(슈퍼마켓인가 호텔인가 등등)에 따라 달라진다. 일반적으로 거래 가격의 1~3% 정도로 설정되며, 한 은행이 다른 은행에 지불하는 비용이지만 가맹점과 카드 소지자의 카드 거래 비용에 큰 영향을 미친다.

카드 결제가 어떤 식으로 진행되는지 살펴보자. 먼저 정산 수수료가 2%, 마크업Mark-up 수수료가 0.5%라고 가정해보자. 카드 소지자가 100달러어치를 구매하면 발행은행이 '정산 수수료'를 떼고, 98달러를 매입은행에 전달한다. 매입은행은 처리 비용을 충당하기 위한 0.5달러의 마크업 수수료를 떼고, 가맹점에 97.5달러를 상환한다. 이런 과정을 통해 가맹점은 2.5달러의 '가맹점 수수료Merchant discount fees'를 제외한 나머지 금액을 받게 된다. [그림 2]를 참조해보자.

즉, 발행은행은 이 거래를 처리한 대가로 2%의 정산 수수료를 받는다. 그런데 정확히 무슨 명목으로 이 돈을 받는 것일까? 가장 간단한 답은 결제 처리 과정에서 발생하는 비용을 충당하기 위함이다. 그러나 이는 부분적인 답에 불과하다. 실제 결제를 처리하는 데 드는 비용은 대개 정산 수수료보다 훨씬 낮다. 사실 발행은행은 비용보다 많은 수수료를 수취하는 대신, 카드 고객에게 공항 라운지 이용이나 구매 금액에 상응하는 캐쉬백, 항공사 마일리지 같은 혜택을 제공함으로써 고객을 유치하는 역할을 맡고 있다. 소비자들은 결제 수수료 없이 공짜로 카드를 이용하는 것인 양 착각할 수 있다. 그러나 세상에 공짜 점심 같은 것은 없으며 결제 부문도 마찬가지다.

표면적으로 가맹점에게만 카드 수수료가 청구되는 방식은 카드 소지자에게 카드 거래가 무료라는 느낌을 주고, 심지어 카드 거래를 할수록 이익이라는 인상을 주는 동시에 가맹점들에게 모든 명시적 비용을 떠안기는 것이다. 카드 수수료를 한쪽에만 부과하는 방식이 어떻게 합리화될 수 있을까? 카드 거래는 **어떤 결제 방안을 사용할지 결정하는 것은 판매자가 아니라 구매자**라는 사실을 기본 전제로 두고 있다. 가맹점은 물건을 팔기 위해서는 카드를 받을 수밖에 없는 처지인 경우가 대부분이다. 그러나 소비자는 그렇지 않다. 어떤 결제 방법을 사용할지 선택할 수 있는 카드 소지자에게는 보상이나 혜택을 제공할 필요가 있다.

하지만 **사실 소비자도 비용을 내고 있다.** 정산과 처리 수수료 같은 비용이 표면적으로는 카드 소지자가 아닌 가맹점에 부과될지 모르지만, 가맹점들은 대개 상품 가격을 높이는 방법으로 이런 비용을 고객에게 전가한다. 항공사 마일리지, 적립 포인트, 캐쉬백 등 신용카드가 제공하는 많은 혜택 때문에 신용카드를 사용하면 이익이라는 생각이 들 수도 있겠지만 그건 절대 공짜가 아니다.

한 가지 흥미로운 사실은 **수수료 수준이 가맹점의 유형에 따라 크게 차이가 난다는 점이다.** 가맹점의 규모와 영향력에 따라 달라질 뿐 아니라 특정 가맹점의 위험도에 따라서도 수수료가 달라진다. 대형 슈퍼마켓은 구멍가게보다 수수료를 적게 내며, 나이트클럽과 윤락업소는 가장 높은 요율의 가맹점 수수료를 낸다. 나이트클럽과 윤락업소에 가장 높은 요율이 부과되는 까닭은 카드업계가 점잔을 떨며 그들을 못마땅하게 여겨서가 아니라, 이런 가맹점에서 거래한 고객들이 다음 날 아침 **거래를 부인할 가능성이 크기 때문이다**(가령 어제 카드를 분실했으며 누군가가 내 카드로 부정 결제를 했다고 주장할 수 있다 - 감수자).

다음으로 높은 수수료를 내는 곳은 휴대전화, 노트북, 카메라 등 쉽게 재판매할 수 있는 제품을 취급하는 전자제품 판매업체들이다(우리나라에서는 속칭 '카드깡'으로 불린다. 카드깡 목적으로 카드를 사용하는 소비자는 대금을 갚지 못할 가능성이 커서 높은 수수료를 부과한다 - 감수자). 혹시 궁금해할 독자들을 위해 조금 더 부연하자면 온라인 세상도 비슷하다. 포르노나 도박 사이트, 전자제품 판매사이트는 온라인 식료품 매장보다 훨씬 높은 수수료를 낸다.

흥청망청 돈을 쓴 어느 석유업계 고위직 인사가 연루된 사건을 해결해야 했던 카드회사 임원이 이런 일이 어떤 식으로 돌아가는지 설명해준 적이 있다. 사건의 주인공인 석유업계 인사는 전용기를 타고 독일의 4개 도시로 날아가 여러 윤락업소를 방문했다. 그는 한도가 없는 신용카드인 블랙카드를 이용해 10만 달러 상당의 금액을 결제했는데, 신용카드 청구서가 도착하자 모든 거래를 부인했다. 카드회사 임원은 하는 수 없이 각 윤락업소에 연락을 취했고, 업소 주인들은 기꺼이 그 석유 재벌의 업소 방문을 확인해주고 그가 어떤 서비스를 받았는지 상세히 알려줬다. 게다가 업소 주인들은 어쩌면 비용을 다소 과하게 청구했을지도 모른다는 사실도 인정했다. 결국 해당 고객과 '가맹점들', 카드회사가 3자 합의를 했다.

07

카드, 새로운 기술과 만나다
: 카드의 진화

1950년대 초 미국 소비자의 개인 부채는 평균 2천 달러(현재 물가를 반영한 금액) 미만이었다. 그러나 오늘날 평균적인 미국 소비자는 신용카드 빚만 1만 달러가 넘는다. 이 모든 것은 뱅크오브아메리카가 매달 말 가입자가 사용금액을 전액 청산해야 하는 차지카드(예를 들면 다이너스 클럽 카드)를 가맹점이 제공하는 리볼빙 결제 방식RCF, Revolving Credit Facility과 결합하는 혁신적인 아이디어를 떠올렸기 때문이다.•

편의와 대출을 통합하는 아이디어를 제안한 것은 제2차 세계대전 당

• 리볼빙 결제 방식은 카드 대금을 갚지 않으면 자동적으로 카드사로부터 대출받은 것으로 처리되는 서비스다. 이 방식은 카드 대금 연체를 막을 수 있지만, 보통 고리의 이자를 내게 되는 문제가 있다.

시 보병으로 참전했던 조 윌리엄스Joe Williams가 이끄는 뱅크오브아메리카의 고객 서비스 연구 부서였다. 군 복무를 마친 윌리엄스는 일자리를 찾기 위해 샌프란시스코로 차를 몰았다. 뱅크오브아메리카 설립자 아마데오 P. 지아니니A. P. Giannini의 창의적이고 공격적인 은행 비즈니스 접근 방식에 매료됐던 그는 지아니니를 찾아갔다. 그리고 얼마 지나지 않아 신용카드를 출시하자는 윌리엄스의 아이디어를 받아들여 뱅크오브아메리카가 첫 번째 투자 대상으로 캘리포니아 중남부의 도시 프레즈노를 선택한 것을 보면, 지아니니가 윌리엄스에게서 자신과 비슷한 면을 발견했던 것 같다.

프레즈노의 인구는 약 25만 명이었으며 전체 가구 중 45%가 기존 은행의 고객이었다. 1958년 9월 18일, 뱅크오브아메리카는 사람들이 신청한 적도 없는 뱅크아메리카드 신용카드 6만 장을 사전 승인해 발송했다. 가맹점이 내야 하는 수수료는 무려 6%로 책정됐지만, 지역 소비자들을 대거 고객으로 확보한 덕에 뱅크오브아메리카는 프레즈노에서 300개가 넘는 가맹점을 빠르게 모집할 수 있었다.

첫 진출은 신중한 편이었지만, 이후 뱅크오브아메리카는 카드 비즈니스에 사활을 걸고 사업 확장에 박차를 가했다. 단 3개월 만에 캘리포니아 중부 도시 머데스토와 베이커즈필드로 시장을 넓혔으며 1년이 채 되기도 전에 샌프란시스코, 새크라멘토, 로스앤젤레스에도 진출했다. 1959년 말까지 뱅크오브아메리카는 캘리포니아에서 약 200만 장의 카드를 발행했고 2만여 개의 가맹점을 확보했다. 그러나 문제가 터져 나왔다.

조 윌리엄스는 연체율이 4%를 넘지 않을 것이고 그 정도 수준이면 기존의 은행 신용 시스템으로도 얼마든지 감당할 수 있으리라 예측했다. 그래서 윌리엄스는 대금 추심 부서를 따로 만들지 않았으나 이는 큰 오산이었다. 얼마 지나지 않아 연체 고객이 무려 22%에 달했다. 캘리포니아 전역의 경찰서에는 전에 없었던 새로운 범죄 유형인 신용카드 사기 사건이 넘쳐났고, 정치적인 문제와 부정적인 언론 보도가 쇄도했다. 로스앤젤레스에서는 매춘부들이 고객의 카드를 훔치는 일이 빈번했고 사기꾼들은 훔친 여러 개의 카드로 소액을 결제해 카드사의 감시Approval를 피하는 요령을 익혔다. 뱅크오브아메리카의 창고에 도둑이 침입해 아직 번호를 새기지 않은 카드를 훔친 다음 이를 되사가지 않으면 카드번호를 새겨 마구 써버리겠다고 협박해 돈을 뜯어낸 사건도 있었다.

윌리엄스는 곧 뱅크오브아메리카를 떠났다. 그는 LA 은행 지점들의 잘못이 크다고 주장했다. 카드를 아무에게나 발급했기 때문에 이러한 문제들이 생겨났다는 주장이었다. 다른 문제도 터져 나왔다. 뱅크오브아메리카 본사는 각 지점에 절대 신용카드가 발급되어서는 안되는 불량 고객 목록을 작성하도록 요구한 적이 있었다. 그런데 혼선이 빚어져 이 불량 고객들에게도 신용카드를 발급해버린 악명 높은 사건이 벌어졌다.

그렇게 모든 것이 끝나버렸을 수도 있지만 뱅크오브아메리카는 포기하지 않고 꿋꿋하게 버텼다. 적절한 재무 관리 및 규제기관과 정치인, 카드 소지자들에게 거듭 사과하는 등 상황을 바로잡기 위한 대대적인 정화 작업에 돌입했다. 결국 뱅크오브아메리카는 갖은 역경을 딛고 신용카드 비즈니스를 지켜냈고 그로부터 몇 년 후 이익을 내기 시작했다. 그 이후는 우리가 익히 알고 있는 대로 신용카드 부문에서 커다란 성공을 거두었다.

뱅크오브아메리카의 역사는 **발명과 재발명, 그리고** (이런 시도가 실패했을 때) **학습의 역사다.** 이 이야기가 그리 특별하지는 않을 수 있지만 몇 가지 흥미로운 질문을 던질 수 있다. 먼저, 뱅크오브아메리카의 역사에서 시스템을 전복하려 했던 사기꾼 같은 외부 세력이 주도한 부분이 얼마나 될까? 둘째, 카드회사는 신용카드의 성공에 얼마나 많은 기여를 했을까? 셋째, 우리 소비자들이 미처 알아차리지 못한 부분은 얼마나 될까?

판지로 만든 카드가 처음 등장했을 때는 카드를 쓸 때마다 모든 세부 정보를 직접 손으로 기록해야만 했다. 일일이 정보를 기록하는 방식은 시간 소모가 크고, 안전하지 않고, 신뢰할 수 없고, 보안에도 취약했다. 그러나 아멕스가 **플라스틱 카드를 만드는 방법을 생각해내자 상황은 바뀌었다.** 이 진전은 소위 '집잽Zip-Zap'이나 '클릭클랙Click-Clack'이라고 불리는 수동 각인기의 등장으로 이어졌다. 이것으로 카드 위에 양각된 세부 내용에서 정보를 추출해, 먹지를 이용해 다른 종이로 정보를 옮길 수 있게 됐다. 카드 소지자는 거래 내역이 적힌 종이에 서명한 다음 먹지로 뜬 복사본을 가져가고(그 덕에 손가락이 지저분해지고 지갑이 불룩해졌다), 가맹점은 거래 명세서 원본을 은행에 보내 대금 처리를 요청했다. 결제 금액이 클 때는 가맹점이 직접 발행은행에 전화를 걸어 승인을 요청하기도 했다. 승인이 떨어질 때까지 대개 5분 정도 고통스러운 기다림의 시간을 견뎌야 했다!

1970년대에도 신용카드 업계는 효과적이고 비용 효율적인 승인 방법을 마련하고자 노력했다. 신청도 하지 않은 사람에게 카드를 발송한 초창기 사건이나 지속적으로 일어나는 **사기 문제를 고려할 때 실시간 승인**Real-time authorisation**의 필요성**은 너무도 자명했다. 1973년 한 해에만 신용카드 손실액은 약 3억 달러, 전체 매출의 1.15%로 추정되었다. 그런데 알고 보니 이런 문제를 해결할 기술이 이미 마련돼 있었다.

1960년대 초 IBM 엔지니어 포러스트 패리Forrest Parry는 퇴근 후 집에 돌아와 집안일로 분주하던 아내 도로시에게 직장에서 겪고 있는 문제를 털어놓았다. 당시 포러스트는 CIA의 요청으로 기계가 판독할 수 있는 신분증을 만드는 중이었다. 포러스트는 플라스틱 카드에 자성을 띤 테이프를 붙여봤지만 접착제 때문에 테이프가 뒤틀어지는 문제가 발생했다. 이때 패리 부인이 다리미를 이용해 카드 위에 테이프를 붙이는 방법을 제안했다. 방법은 효과가 있었고, 그렇게 '**마그네틱선**Magstripe'이라고 불리는 자성을 띤 **데이터 띠**가 탄생했다.

신용카드에 마그네틱선을 사용하는 방식에 대해 신용카드 업계가 합의를 한 것은 아니었다. 하지만 1979년 당시 비자 CEO였던 디 혹 Dee Hock이 1980년 4월 이후 발행되는 모든 비자 카드 뒷면에는 마그네틱선이 부착될 것이라고 발표했다. 패리 부부의 발명품은 현재 전 세계에서 매년 500억 회 이상 카드 단말기를 통과한다.

마그네틱선에는 카드 소지자의 이름, 카드번호, 승인번호, 유효기간 등 **결제 승인을 위해 필요한 모든 정보**가 담겨 있다. 또한 마그네틱선 덕분에 최초로 카드 정보를 **디지털 방식으로 수집**할 수 있게 됐고,

이는 시장의 판도를 바꿔놓은 또 다른 발명품인 **포스**POS, Point of Sale **결제 단말기의 개발**로 이어졌다. 1981년이 되자 신용카드 회사들은 50달러 이상의 모든 신용카드 거래에 포스 단말기를 사용하는 가맹점에 할인을 제공하기 시작했다. 문제는 기기의 가격이었다. 초창기 포스 단말기 가격은 1천 달러가량으로 대다수의 가맹점이 감당하기 어려운 수준이었다.

1982년, 미국의 결제 기술회사 베리폰Verifone이 단말기를 설계하고 생산하는 방법을 개발했고 500달러에 시장에 선보였다. 그리고 2년 후 베리폰 CEO 빌 멜턴Bill Melton은 존ZON이라는 125달러짜리 신용카드 승인 시스템을 출시했다. 멜턴이 은퇴한 1989년까지 베리폰은 100만 대의 존 시스템을 판매했다. 포스 단말기 덕에 점점 더 안전한 방식으로 거래하고 고객의 계좌 잔액 상황을 확인할 수 있게 되었으며 발행은행이 거래를 승인하거나 거절할 수 있게 됐는데, 특히 사기꾼들의 거래를 단속하기가 쉬워졌다.

그다음으로 **카드 기술의 혁신**을 가져온 인물은 이집트 태생 프랑스인 롤랑 모레노Roland Moreno였다. 모레노는 언론인, 창업 전문가, 엔지니어, 발명가, 미식가, 유머 감각이 넘치는 사람, 작가, 가정적인 남자 등 많은 수식어를 갖고 있을 뿐 아니라 잠시 방송을 진행한 경험도 있는 진정한 르네상스인이지만, **스마트카드를 탄생케 한 칩**을 발명한 사람으로 가장 잘 알려져 있다(적어도 프랑스에서는 그렇다).

자칭 '게으름뱅이', '하루종일 소파에서 빈둥거리는 놈팡이'라고 말하는 모레노는 잠결에 스마트카드의 개념을 떠올렸다고 한다. 그리고 우디 앨런Woody Allen이 1969년에 선보인 영화 〈돈을 갖고 튀어라

Take the Money and Run〉의 제목에서 첫머리글자를 따 스마트카드 개발 프로젝트에 'TMR'이라는 암호명을 붙였다.

모레노가 처음 떠올린 아이디어는 도장이 새겨진 반지에 '마이크로칩(전자 데이터를 저장할 수 있으며 스캐너로 판독 및 수정 가능한 미니 회로)'을 집어넣는 것이었다. 당시는 웨어러블 기기가 '화두'가 되기 훨씬 전이었다. 최종적으로 모레노는 좀 더 평범한 플라스틱 카드로 목표를 수정했다. 카드에 내장된 아주 작은 칩에 착안해 '벼룩 카드La carte à puce'라는 이름을 붙인 모레노는 1976년에 조립 장난감 메카노 Meccano로 만든 기계로 스마트카드를 시연해보였다. 아이들 장난처럼 쉽고 간단하게 들릴 수도 있겠지만 천재적인 발상이었다. 모레노가 발명한 칩은 **신용카드에 마이크로칩을 내장해 사용자의 신분을 증명하는 방식인 '칩 앤 핀**Chip and PIN' **승인 방식의 기반이 됐다.** 모레노의 칩은 프랑스의 카르트 블루Carte Bleue 카드에 가장 먼저 사용됐으며, 현재 전 세계의 직불카드와 신용카드에 들어간다.

마그네틱선, 전자 포스 단말기, 모레노의 칩이 있었기에 **'온라인' 승인 과정을 전제로 하는 직불카드가 등장할 수 있었다.** 직불카드를 사용하면 카드 소지자의 은행 계좌에서 거래 대금이 즉시 빠져나가기 때문에 매달 말 결제 대금을 상환하거나 다음 달로 이월할 필요가 없다. 다시 말해서 신용카드는 추가 지출을 쉽게 만드는 반면, 직불카드는 '예산 범위 내에서' 소비하기에 적절한 수단이다.

직불카드는 처음부터 신용카드가 아닌 현금을 대체하기 위해 생겨난 것이었다. 직불카드를 사용하면 돈을 찾으러 은행에 가거나 지갑에 돈뭉치를 넣고 다니지 않아도 되기에 현금보다 편리하다. 유동성

측면에서도 현금보다 낫다. 실제로 돈을 지출하는 그 순간 계좌에서 돈이 빠져나가므로 미리 현금을 인출해 '사전에 구매 자금을 확보할' 필요가 없다. 그런데 여기서 중요한 점이 있다. 이러한 **직불카드를 만든 것은 신용카드 회사가 아닌 은행**이라는 점이다.

은행은 두 가지 방식으로 직불카드를 시장에 보급하기 시작했다. 첫째, 은행은 고객들이 상점에서도 ATM 카드를 사용할 수 있도록 허용했다. 1967년에 처음 등장한 ATM은 1980년대 말에 대중화되었다. 은행은 고객이 ATM을 이용할 수 있도록 ATM 카드와 PIN 번호(카드 비밀번호)를 부여했다(역설적이게도 ATM 덕에 현금 사용이 더욱 편리해졌지만, 동시에 다른 어떤 결제 수단보다 현금을 몰아내는 데 큰 역할을 한 직불카드 사용도 한층 편리해졌다).

둘째, 은행은 (상점이 고객의 ATM 카드를 받을 수 있도록) PIN 번호 입력패드를 갖춘 단말기, 사실상 미니 ATM이라고 봐도 무방한 기기를 상점에 제공했다. 이런 방식으로 은행은 고객의 지갑 속에 직불카드를 밀어 넣었다. 고객들이 ATM에서 사용하던 그 카드를 상점에서도 사용할 수 있게 만든 것이다.

중요한 사실은 이처럼 PIN을 이용한 직불카드 거래가 **가맹점 입장에서도 이로웠다는 점**이다. 신용카드 거래는 건당 1~2달러의 수수료를 내는 반면, 직불카드 거래는 수수료가 건당 10센트가량으로 훨씬 저렴했다. 규모가 작은 식료품 잡화점, 구멍가게, 독립 부티크 등 신용카드를 받지 않았던 가게들도 직불카드는 받기 시작했다.

신용카드사들이 이런 시장 잠식을 가만히 지켜보지만은 않았다. 비자와 관련 은행들은 정체를 숨긴 신용카드, 혹은 변장한 직불카드라고 볼 수 있는 '시그너처Signature' 카드를 도입했다. **가맹점 입장에서 시그너처 카드는 신용카드와 완전히 동일했다.** 카드에는 카드회사의 로고가 그려져 있었고 고객들은 신용카드를 사용할 때와 같은 방식으로 구매 내역을 확인하고 서명했다. 새로 등장한 카드가 '서명'이라는 뜻의 이름을 갖게 된 것은 이런 이유에서다.

하지만 카드 소지자들의 관점에서는 커다란 차이가 있었다. 시그너처 카드를 이용하면 월별 결제나 리볼빙 결제 방식이 이뤄지지 않고, 대신 자신의 계좌에서 바로 거래 대금이 차감됐다. **직불카드와 비교해 가장 큰 강점은, 시그너처 카드는 좀 더 널리 사용될 수 있다는 점이었다.** PIN을 이용하는 직불카드는 가맹점에 PIN 패드가 장착된 단말기가 있어야만 사용 가능했지만, 시그너처 카드는 신용카드를 받는 모든 곳에서 사용할 수 있었다.[1]

어떤 면에서는 시그너처 카드와 PIN 방식의 직불카드 모두 은근슬쩍 도입된 셈이다. 아마도 신용카드와 비교해 시그너처 카드나 직불카드는 사용자들이 즉각적으로 매력을 느낄 만한 요소가 부족했기 때문이 아니었을까 한다. 은행은 기존 ATM 카드에 PIN 방식의 결제 기능을 추가해 지갑 속에 직불카드를 슬쩍 밀어 넣었고, 신용카드 회사들은 가맹점 단말기에 시그너처 직불카드를 처리할 수 있는 기능을 슬쩍 집어넣었다.

---

1 맨 처음부터 시그너처 직불카드는 비자 로고가 붙어 있는 모든 가맹점에서 사용 가능했다. 마스터카드도 같은 전략을 택했지만 비자보다 직불카드 비즈니스에 늦게 뛰어들었고, 그 결과 비자가 지금껏 직불카드 부문에서 마스터카드보다 좀 더 커다란 영향력을 갖게 됐다.

여기까지도 꽤 기발한 전략이었다고 평가된다. 하지만 인터넷이 등장하자 더욱 뛰어난 독창성이 필요했다. 완전한 변신이 필요했다. 만약 우리가 아무 것도 없는 상태에서 가상 세계에서 사용할 결제 수단을 상상해본다고 할 때 물리적 플라스틱 카드를 떠올릴 가능성은 매우 낮을 것이다. 하지만 **신용카드는 매우 성공적으로 온라인 결제 부문으로 옮겨가 전자상거래의 중심을 차지하게 됐다.** 어떻게 이런 일이 가능했을까?

신용카드 업계는 일찍부터 원격 결제에 관심을 보였다. 인터넷이 등장하기 한참 전에도, 미국인과 영국인들은 카탈로그를 보고 전화로 물건을 주문해 택배로 물건을 받는 데 익숙했다. 그다음으로 QVC 같은 홈쇼핑 채널과 다른 전화 주문 소매업체가 등장했다. 긴 광고 영상이 나오는 동안 화면에는 전화번호가 떠 있고 진행자는 시청자들에게 '특별 할인이 끝나기 전에 서둘러 전화를 걸라'고 부추겼다. 쇼는 언제나 '모든 주요 신용카드를 받는다'라는 멘트와 함께 끝났다. 구매자들은 전화를 걸어 이름과 카드번호만 알려주면 그것으로 충분했다.

그러나 이런 식의 '**무카드**CNP, Card-Not-Present' **결제는 본질적으로 사기에 좀 더 취약할 수밖에 없다.** 소유주 확인을 위한 실물 카드나 서명을 받을 수 없기 때문이다. 게다가 카드 소지자들이 주문한 상품을 받지 못했다거나 배송된 상품이 마음에 들지 않는다고 주장하는 경우가 잦았고, 그 결과 소비자들이 결제 취소를 요청하는 사례가 많았다.[2] 이런 이유로 무카드 결제에는 상당히 높은 정산 수수료가 부과되었고, 매입은행 역시 무카드 결제에 좀 더 높은 마크업 수수료를 적용했다. 이처럼 무카드 결제는 마진이 높은 덕에 손실을 감당할 여력이 있었으며, 전화로 판매되는 상품은 애초부터 마진이 높은 편이었기에 무카드 판매 방식을 채택할 수 있었던 것이다.

1990년대에 접어들어 온라인 쇼핑 시대가 열리자 신용카드 업계의 전화 쇼핑 결제 경험이 큰 도움이 됐다. 소비자들은 이미 원격 카드 결제에 익숙했고 카드회사 역시 무카드 구매 결제를 처리하는 데 능숙했다.

그러나 **온라인 가맹점을 확보하는 일은 그보다 훨씬 까다로웠다.** 전화로 물건을 판매하는 사업은 대개 규모가 컸지만, 인터넷에서는 수없이 많은 소규모 사업이 존재했다. 예를 들어 이베이에는 손수 만든 자수작품부터 자동차, 소파 등 온갖 물건을 판매하는 다양한 판매자가 등록돼 있었다.

온라인 쇼핑몰은 **두 가지 중요한 문제**를 제기했다. 첫 번째 문제는 영세 판매업자가 대금은 받았지만 제품을 배송하지 않을 위험이 있다는 점이고, 두 번째 문제는 카드를 받지 않는 판매업자에게는 결제하기가 쉽지 않다는 점이다(당시는 온라인 뱅킹이 등장하기 전이었다는 사실을 잊지 말자). 이 무렵에는 카드를 받는 가맹점이 사전에 은행과 계약을 맺어야만 했는데, 당시 은행들은 온라인 쇼핑몰에 등장한 새로운 부류의 영세 판매업자들에게 서비스를 제공할 준비가 제대로 돼 있지 않았다. 그리고 카드회사는 영세 판매업자들과 접촉할 방법

---

2 결제 취소(Chargeback)란 카드 소지자가 거래의 부당함을 입증할 시 결제가 취소되는 것을 뜻한다. 예를 들어 카드가 부정 사용됐을 경우 결제 취소가 가능하다.

을 찾지 못했다. 그러던 차에 페이팔이 등장했다.

페이팔은 이 모든 문제를 해결하는 데서 그치지 않고 더 많은 일을 해냈다. 페이팔은 **소비자가 물건을 받을 때까지 결제 대금을 보관하는 '에스크로**Escrow**' 계좌 시스템**을 도입해 카드 결제를 지원했다. 전문적인 알고리즘과 점수 시스템을 토대로 사기성 거래 및 판매자를 적발하는 사기 관리Fraud management는 페이팔의 핵심 역량 중 하나가 되었다. 한때 이베이에서 진행된 모든 결제 중 70% 이상이 페이팔을 통해 이뤄지기도 했으며, 이후 이베이는 페이팔 덕에 온라인 판매 부문에서 폭발적인 성장세를 누리게 됐다.

페이팔이 떠난 자리는 애플페이와 같은 **모바일지갑(간편결제)**이 차지했다. 이런 '지갑'들은 카드를 대체하기 위해 생겨난 것이 아니었다. 전자지갑의 등장으로 휴대전화에 카드 데이터를 저장할 수 있게 되자, 플라스틱 카드를 들고 다닐 필요성 자체가 없어졌다. 휴대전화를 단말기 옆에 갖다 대기만 하면 그걸로 끝이다. 휴대전화를 갖다 대기만 하면 결제가 이뤄지고 커피는 내 것이 된다. 이뿐만 아니라 무언가를 구매할 때 휴대전화에서 카드 데이터를 손쉽게 꺼내 쓸 수 있게 됐고 그 덕에 온라인 구매가 한층 수월해졌다. 전자지갑은 게으른 소비자들에게 편리함을 안겨주고 카드회사의 눈부신 발전에 이바지했다. 비록 카드 발행기관들은 약간의 수수료를 지불하게 됐지만, 전자지갑 덕에 카드회사는 손가락 하나 까딱하지 않고 **디지털 변신**을 이뤄냈다.

그렇다고 카드회사들이 그저 뒷짐만 지고 있었다는 뜻은 아니다. 카드회사는 다른 결제 수단을 통해서는 받을 수 없는 특별 서비스

Exclusivity를 제공하기 시작했다. 예를 들어 카드회사가 정한 기준을 충족하면 '세상에서 가장 갖기 어려운' 특권층 전용 카드인 두바이 퍼스트 로열 마스터카드Dubai First Royale Mastercard를 발급받을 수도 있다. 0.325캐럿 다이아몬드가 금박 위에 박힌 이 카드에는 한도를 비롯한 그 어떤 제한도 없을 뿐 아니라 카드사의 초청이 있어야만 카드를 발급받을 수 있고 각 고객에게는 전담 관리자가 배정된다.

슈퍼 리치를 위한 카드로 잘 알려져 있으며 산화 처리된 티타늄으로 만들어진 센추리온 아메리칸 익스프레스Centurion American Express는 카드 소지자의 요구에 따라 특별한 사항까지 처리해주는 '맞춤 서비스'가 제공된다. 영화 〈늑대와 춤을Dances with Wolves〉에서 케빈 코스트너Kevin Costner가 탔던 말을 갖길 원한 카드 고객의 이야기 같은 일화들이 모여 카드의 명성이 잘 유지되고 있다. 센추리온 아메리칸 익스프레스의 담당 관리자는 방금 전 이야기에 등장하는 고객을 위해 해당 말의 소재를 추적해 직접 배송했다.

'오직 카드사의 초청을 받은 사람에게만 카드를 발급하는' 식의 접근방법은 극소수 계층을 위해서 생겨난 것이다. 그 외 나머지 사람들은 좀 더 '평범한' 카드를 신청하는 것에 만족할 수밖에 없다. 그마저도 모든 이가 카드 신청 기준을 충족할 수 있는 것은 아니다. 물론 카드 없이도 살아갈 수는 있지만, 오늘날 결코 쉽지는 않은 일이다. 바로 이 점이 비자와 마스터카드가 선불카드 시장에 뛰어든 이유다. 그리고 이들이 출시한 **선불카드는 결제 시장의 규모와 범위를 완전히 바꾸어 놓았다.**

선불카드는 전혀 새롭거나 독창적이지 않다. 상점에서 쓰는 상품권과 전혀 다를 바가 없다. 20달러, 50유로, 100파운드 등의 가치가 있는 다목적 상품권을 구매해 다른 사람에게 선물하는 것은 오랫동안 이용되어 온 방식이다. 하지만 비자와 마스터카드가 선불카드 비즈니스에 뛰어들자 **선불카드의 사용처가 엄청나게 확대되었다.** 온라인을 비롯해 비자나 마스터카드를 받는 모든 상점에서 선불카드를 사용할 수 있게 되었으며 ATM에서도 선불카드를 이용할 수 있게 됐다. 심지어 월급을 선불카드에 입금할 수도 있었다. **사실상 선불카드를 은행 계좌로 바꿔놓는 방법**이었다. 물론 은행 계좌와 달리 예금자 보호법의 혜택을 받는 것은 아니지만 말이다. 그 결과 완전히 새로운 부류의 카드 소지자들이 생겨났고 거의 완전한 카드 민주화가 이루어졌다.

많은 미국인이 선불카드를 계좌로 사용하고 있으며, 현재 미국인들은 이런 종류의 '다목적 재충전 카드'에 매년 5천억 달러가 넘는 돈을 지출한다. 선불카드는 다른 나라로도 퍼져 나갔다. 신용카드 사용자가 상대적으로 적은 유럽에서 선불카드는 여행 카드로 인기를 끌었다. 호텔 예약과 차량 렌트도 가능했으며, 충전 한도가 정해져 있다는 장점 덕에 자녀들에 대한 용돈 지급 용도로 사용되기도 했다. 선불카드는 특히 자본시장 부문에서 급성장하는 신흥 시장 Emerging market에서도 인기를 끌고 있다. 여기서는 선불카드가 접근성이 뛰어난 은행 계좌로 홍보된다. 선불카드는 선불 휴대전화카드 같은 **다른 용도와 결합될 수도 있다.** 나이지리아에서는 개인 신분증과 선불카드(마스터카드)가 결합되어 사용되기도 한다. 정말 '흥미로운' 아이디어다.

선불카드의 성공은 **카드 네트워크의 위력**을 보여주는 또 다른 증거다. 그렇다. 카드회사들은 혁신을 거듭하고, 새로운 아이디어를 채택하고, 현대화하기 위해 노력해왔다. 이 사실만으로도 카드회사는 오늘날의 성공을 누릴 자격이 있다. 하지만 더 중요한 사실은 카드회사들은 그 자체로 대량 채택Mass adoption, 즉 상용화를 가능케 할 규모와 영향력을 지녔다는 점이다.

지금껏 애플페이와 페이팔을 통해 확인했고 앞으로 핀테크 광풍을 통해 다시 확인하겠지만 이 카드회사들이 지닌 위력은 엄청나다. 아무리 결제 시장의 새 도전자들이 혁신을 꾀하고 새로운 아이디어를 내더라도, 그 모든 것들은 카드회사를 중심으로 발전하고 그것이 결국 카드회사의 영향력을 더욱 강화하고 있다. 좋든 싫든 이제 카드회사가 없는 세상은 상상할 수 없다.

08

카드사는 어떻게 결제 시장을 장악했는가
: 신용카드에서 직불카드까지

1966년 미국의 저명한 외교관이었던 조지 W. 볼George W. Ball이 국무부를 떠나 미국의 투자은행 리먼 브라더스Lehman Brothers로 갔다. 은행에 들어가자마자 볼은 넘쳐나는 돈을 보고 놀라움을 금치 못했다고 한다. "왜 지금껏 아무도 나에게 은행에 대한 그 어떤 이야기도 해주지 않은 겁니까?"

지금이라면 볼이 리먼 브라더스를 직장으로 선택하지 않을 것이다.[1] 아니, 아예 은행업계에서 일하고 싶지 않을 것이다. 지금은 **카드 비즈니스가 훨씬 수익성이 높기 때문이다.** 실제로 2020년 3월에《이코노미스트The Economist》는 주가가 급락했음에도 불구하고 그다지 특별한 것 없는 결제 처리기업Payments processor이 세상에서 가장 값비싼 금

---

1 리먼 브라더스는 2008년 9월에 파산했다.

융 서비스 기업이 됐다고 보도했다. 비자는 미국의 4대 은행 중 하나인 JP모건체이스JP Morgan Chase까지 앞질러 유럽 10대 은행을 모두 더한 것보다 비싼 몸값을 자랑하게 됐다(물론 이는 유럽 은행들의 부진한 실적 탓도 크다). 비자가 카드계의 코카콜라라면, 카드계의 펩시라고 볼 수 있는 마스터카드 역시 실적이 나쁘지 않았다. 마스터카드의 시장 점유율은 비자 시장 점유율의 70%에 불과하지만 씨티은행과 뱅크오브아메리카의 시장 점유율을 더한 것과 맞먹는다.

서구의 비자와 마스터카드, 중국의 유니온페이Union Pay, 일본의 JCB 같은 대부분의 카드 네트워크(카드회사)는 전 세계에서 약 2만 5천 개에 달하는 발행은행과 매입은행을 연결한다. 말하자면 **카드 네트워크는 역과 역을 잇는 철로다.** 가맹점과 은행 사이에서 정보를 전송하며 발행은행에서 매입은행으로 '돈을 이동시킨다.' 물론 **그 과정에서 많은 돈도 벌어들인다.**

비자를 비롯한 여타의 카드회사는 주로 카드 결제 처리 업무뿐 아니라 환전 수수료, 카드 발행사에 부과하는 연간 수수료를 통해 수익을 올린다. 각각의 액면가는 얼마 되지 않지만 모든 수익을 더하면 엄청난 금액이다. 또한 부정행위 적발 서비스와 그 외의 추가적인 서비스를 제공함으로써 카드 비즈니스의 수익성을 더욱 높이고 있다.

카드 발행사는 두둑한 이자 수익과 정산 수수료를 챙긴다(제반 비용을 모두 제하더라도 카드 발행사에 돌아가는 수익은 상당하다). '매입사(은행, 독립적인 결제 처리 조직, 포스 단말기와 시스템을 제작하고 임대하는 업체 등)' 역시 가맹점에게 수수료를 받는다. 이들이 받는 수수료는 가맹점이 어떤 서비스를 이용하는가에 따라 달라진다.

지금은 비자와 마스터카드의 기업 가치가 은행보다 더 높을지 모르지만, 원래 이들 두 회사는 JP모건, 씨티은행, 뱅크오브아메리카를 비롯한 2만여 개 은행들의 소유였다. 비자와 마스터카드의 기업 가치가 자사를 뛰어넘는 모습을 지켜본 은행들은 틀림없이 자책했을 것이다. 은행들은 왜 이런 상황을 속수무책으로 지켜볼 수밖에 없었을까?

전말은 이랬다. 1996년 월마트Wal-Mart와 시어스Sears, 세이프웨이Safeway 등은 비자와 마스터카드의 신용카드와 직불카드를 받는 미국의 모든 소매업체를 대표해 소송을 제기했다. 400만 개의 소매업체들이 사실상 1천억 달러에 달하는 전례 없는 규모의 손해 배상을 청구했다. 현재 비자와 마스터카드의 기업 가치가 총 5조 달러를 상회하는 것을 고려하면 소매업체들이 요구한 손해 배상액이 크지 않다고 생각할 수도 있다. 하지만 당시는 그렇지 않았다. 두 회사를 소유하고 있던 은행들은 법적 책임을 지게 될지도 모른다는 두려움에 사로잡혔고, 이런 두려움이 카드회사의 매각 결정에 중요한 영향을 미쳤음이 틀림없다.

당시 소매업체들은 비자와 마스터카드가 신용카드 시장에서의 독과점적 지위를 이용해 직불카드 시장을 장악했다고 고발했다. 소매업체들이 부당함을 제기한 소송의 핵심에는 가맹점이 특정 카드사의 **카드 중 어느 하나를 받는다면 해당 카드사의 모든 카드를 받아야만 하는** '**카드 의무수납**Honour all cards' **규정**이 있었다. 즉 가맹점이 비자 신용카드를 받으면 비자의 시그너처 직불카드도 받아야 했다. 당연히 마스터카드도 마찬가지였다. 그렇다면 카드 의무수납 규정은 소매업체에게 왜 맹비난을 받았을까?

가맹점이 지불해야 하는 정산 수수료와 가맹점 수수료는 시그너처 직불카드건 신용카드건 동일하다. 하지만 직불카드는 가맹점 측에 불리한 점이 있었다. 시그너처 직불카드는 고객의 소비를 부추기는 효과가 크지 않다. 월마트 같은 소매업체에서 바비큐 그릴이나 돌격용 반자동 소총 같은 고가의 상품은 대부분 신용카드로 결제되었다. 그런데 이제 고객들은 식료품, 청소용품 등 마진이 거의 남지 않는 생활용품을 구매할 때도 시그너처 직불카드를 사용하기 시작했다. 그렇지만 소매업체들은 카드 의무수납 제도 때문에 직불카드를 거부할 수 없었다. 소매업체가 계속 신용카드를 받으려면 매출에는 별 도움이 되지 않는 시그너처 직불카드도 받아야만 했다. 월마트를 비롯한 소매업체들은 카드회사가 채택한 의무수납 규정이 일종의 갑질이라고 느꼈다.

비자와 마스터카드는 결국 2003년에 약 30억 달러를 주고 소매업체들과 합의를 봤다. 그리고 시그너처 직불카드에 부과되는 정산 수수료도 신용카드 수수료의 절반 수준으로 낮췄다. 또한 카드 의무수납 규정을 폐지함으로써 가맹점들이 원하는 카드만 받을 수 있도록 선택권을 주었다.

위 내용만 떼어놓고 보면 카드회사들이 완전히 백기를 든 것처럼 보이지만, 이후 그들은 소매업체의 허를 찔렀다. 비자와 마스터카드는 비밀번호 방식(PIN 방식)의 직불 거래를 처리하는 미국의 ATM 네트워크 회사를 인수했다. 그리고 PIN 방식의 직불카드에 부과되는 정산 수수료를 시그너처 직불카드와 동일하게 약 1% 수준으로 인상했다. 가맹점들이 PIN 방식 직불카드 결제에 대해서도 시그너처 직불카드 결제와 같은 수수료를 내게 된 것이다. 카드회사와 소매업체의 합의로 가맹점들은 PIN 방식 직불카드만 받고 시그너처 직불카드는 거부할 수 있게 됐지만, **두 카드의 수수료가 같아졌기 때문에 가맹점의 선택권은 사실상 의미가 없어졌다.**

이렇게 좋은 패를 손에 쥔 카드 네트워크는 우쭐대다가 하마터면 큰코다칠 뻔하기도 했다. 2010년 미 의회는 이들이 부과하는 수수료를 문제 삼아 직불카드 정산 수수료를 제한하는 더빈 개정안Durbin Amendment을 통과시켰다. 방금 '하마터면'이라고 표현한 것은 규제 자체가 그리 가혹하지 않았기 때문이다. 더빈 개정안은 평균 40달러 정도의 직불카드 거래에 적용되는 수수료를 약 0.6%로 제한했다. 이전보다는 낮은 수준이지만 직불카드에 정산 수수료가 거의 붙지 않는 유럽에 비하면 훨씬 높았다. 유럽 국가 대부분은 직불카드에 수수료를 부과하지 않으며, 부과하더라도 미국 직불카드 수수료의 3분의 1 수준에 불과하다.

수익성은 다소 낮지만 **직불카드는 완전히 세계화되었다.** 미국이 여전히 모든 신용카드 거래의 50%를 차지하는 반면, 모든 직불카드 결제의 3분의 2는 미국 밖에서 이뤄진다. 직불카드 결제는 매년 두 자릿수의 성장률을 자랑한다. 직불카드의 연간 성장률은 12%로, 연간 성장률이 8%인 신용카드에 비해 상당히 높은 편이다.

이 모든 것이 비자와 마스터카드에게는 좋은 일이다. 두 회사 모두 중국의 관료주의를 뚫지는 못했지만(시도하지 않았던 게 아니다), 나머지 세상을 거의 지배하고 있다. 유럽은 신용카드 사용이 미국에 비해 훨씬 제한적이다. 관광업계나 엔터테인먼트업계 말고는 신용카드를 받는 곳이 거의 없을 정도다. 하지만 직불카드 사용은 그 부진을 만회할 만큼 활성화되었으며 비자와 마스터카드도 자사의 몫을 챙기고 있다.

미국보다 몇 년 늦었지만, 1980년대가 되자 유럽도 본격적으로 ATM을 설치하기 시작했다. 대부분의 유럽 국가에서 신용카드가 널리 사용되지 않았기 때문에 시그너처 직불카드는 아예 발행되지 않았다. 대신 PIN 방식 직불카드가 소비자와 가맹점들에게 각광을 받았다. 소비자에게는 별도의 수수료가 부과되지 않았고 가맹점 수수료도 저렴했기 때문이다. 2019년 미국에서는 1인당 평균 240여 건의 직불카드 거래를 한 반면, 네덜란드에서는 1인당 280건 이상, 스웨덴에서는 1인당 거의 300건의 거래가 이뤄졌다. 일각의 반대에도 불구하고 스웨덴이 현금 없는 미래의 아이콘이 된 것은 대부분 직불카드 덕분이다.

1990년대 말과 2000년대 초에 직불카드가 유럽에서 인기를 얻자, **각국에서 각기 다른 제도가 만들어졌다.** 이처럼 국가별로 다른 제도로 인해 유럽인들은 초창기에는 직불카드를 국외에서 사용할 수 없었다. 유피서브Eufiserv(유럽저축은행), 시러스/마에스트로Cirrus/Maestro(마스터카드), V페이(비자) 같은 네트워크가 **마침내 각국의 결제망을 연결하자,** 고객들은 먼저 유럽 전역의 ATM에서 현금을 인출할 수 있게 됐고 다음으로 유럽 대륙 어디에서건 매장 내에서 카드를 사용할 수 있게 됐다.

비자와 마스터카드는 유럽에서 꾸준히 존재감을 높였다. 미국에 본사를 둔 비자는 2016년에 212억 유로를 주고 유럽 은행들로부터 비자 유럽Visa Europe을 인수했고, 마스터카드는 2001년에 유로페이Europay와 합병한 다음 2017년에는 7억 파운드를 주고 영국의 링크Link 네트워크까지 인수했다. 그 결과 현재 유럽에서 이뤄지는 거의 모든 국외 직불카드 결제와 많은 국내 결제가 이들의 망을 통해 이루어진다.

이런 상황은 다소 흥미롭다. EU 관료들은 자신들이 **통일된 결제 시스템**을 만들겠다는 꿈을 가지고 있었기 때문이다. 그러나 사실상 EU의 꿈은 미국의 두 카드회사를 통해 실현되었다. 그런데 'SEPASingle Euro Payment Area(단일 유로 결제 지역)'2를 강하게 밀어붙였던 EU 당국은 이러한 상황에 전혀 신경을 쓰지 않는다. EU 당국은 모레노가 발명한 놀라운 마이크로칩이 카드 산업에서 핵심적인 역할을 해왔다는 점 정도를 언급하고 있다.

중국은 카드 부문에서 혁신을 이루지는 못했지만 그렇다고 해서 좌절을 겪지도 않았다. 사실상 비자와 마스터카드의 중국 시장 진출을 차단한 **중국은 유니온페이라는 별도의 시스템을 개발했다.** 2002년에 등장한 유니온페이는 이제 어느 기준으로 보더라도 대규모 결제 업체가 되었다. 시중에 유통 중인 유니온페이 카드가 수십억 장에 이

---

2 SEPA로 인해 유럽 전역에서 현금 없는 유로 결제 방식은 통일되고 있다. SEPA 덕에 유럽의 소비자, 기업, 공공기관들은 똑같은 기본 조건 아래 결제 거래를 할 수 있게 됐다. 산업 전반에 걸친 협업 이니셔티브(추진 계획)로, EU 집행위원회가 추진했으며 프로그램의 타당성을 뒷받침하는 EU 규정이 있다. (지침 2007/64/EC, EU 규정 924/2009 및 260/2012).

르며 전 세계 수백만 가맹점이 유니온페이 카드를 받는다.[3] 유니온 페이 결제는 대개 중국에서 이뤄지지만 중국 외에서 발급된 국외 사용 가능 카드도 약 1억 장에 달한다. 물론 대개 중국인이 많이 거주하는 지역에서 발급된 것이기는 하다. 신용카드로 빚지며 살아가는 사람이 미국인만은 아니다. 중국의 신용카드 부채 역시 미국과 비슷하게 1조 달러에 달한다. GDP를 기준으로 봤을 때 미국의 카드 부채는 GDP 대비 4.8%인 반면, 중국은 7.5%다. 중국의 카드 빚이 미국보다 큰 편이다.

유럽은 EU 시민들이 더 많은 카드 빚을 지기를 바라지는 않을 것이다. 하지만 **EU 역시 EU만의 카드 네트워크를 원한다.** 자체적인 카드 네트워크를 구축하려는 유럽의 시도는 여러 차례 실패로 돌아갔지만 EU 집행위원회European Commission는 굴하지 않고 계속해서 더 많은 것을 요구했다.

그러던 중 아마도 비자와 마스터카드의 엄청난 기업 가치에 고무된 탓인지(혹은 화가 난 탓인지), 2020년 중반 유럽의 주요 은행들이 갑작스럽게 유럽 결제 이니셔티브EPI, European Payments Initiative라는 프로젝트를 추진하기 시작했다. '유럽 전역의 소비자와 가맹점을 위한 통합 결제 솔루션'을 만들어내겠다는 EPI의 포부는 인상적이다. **쪼개어진 결제 네트워크를 통일해보겠다는 야심 찬 시도임은 틀림없다.** 그러나

---

3 신용카드 정보 사이트 크레딧카드닷컴(creditcards.com)에 나온 수치를 기준으로 비교하자면 시중에서 약 12억 장 정도의 비자카드와 10억 장을 약간 밑도는 마스터카드 카드가 사용되고 있다.

유럽 사람들은 유럽 전체가 아닌 **자국에 특화된 결제 시스템을 선호하는 습관**을 갖고 있으며, 비자와 마스터카드는 오랫동안 그 부문을 장악해 왔다. 둘 중 어느 쪽도 바꾸기가 쉽지 않을 것이다.

GEOGRAPHY

> 경로의존성이 별 것 아니게 들릴지도 모르지만 그 영향은 '록인'이라는 용어로 표현되기도 한다. 소비자는 페이스북이나 알리페이 같은 시스템에 갇혀 벗어나기 어렵다. 나라 전체도 특정한 결제 방식에 갇혀 있으며, 개별 소비자에게는 선택권이 거의 주어지지 않을 수도 있다. 소비자들은 지리의 포로다. 각국에서 통용되는 관습을 벗어날 수 없다.

3부

지리

결제 습관이 국경을 넘지 못하는 이유

지리의 포로
: 왜 각국은 서로 다른 결제 방식을 선호하는가

카드가 이렇게 훌륭한 결제 수단이라고 한다면, 왜 아직도 **각 나라들은 제각기 다른 결제 수단을 사용할까?** 가령 미국인들은 왜 그토록 수표를 많이 쓰는 것일까?

가장 오래된 결제 수단 중 하나인 수표는 쉽게 훼손되고 다루기 번거로우며 처리 속도도 느리다. 또 제한된 시간 동안에만 유효하다. 수표는 현금과 동일한 단점이 있지만 신속성, 확실성, 익명성, 보편성 같은 현금의 장점은 갖고 있지 않다.

만약 내가 누군가에게 수표로 결제했다고 생각해보자. 이때 수표를 받은 사람은 그 수표를 들고 직접 은행에 가거나 자신들이 거래하는 은행으로 수표를 보내야 하고, 또 거기서부터 수표가 다시 나의 주거래 은행으로 되돌아오기까지 긴 과정이 필요하다. **수표 처리는 많은 과정을 거쳐야 한다.** 수취인이 수표를 유효한 **기한 내에 처리하고,**

수표의 **상태도 좋아야 하며,** 지급인(수표로 결제한 사람)이 수표에 주소를 **정확히 기재했고,** 그 지급인의 계좌에 **자금이 충분하면,** 그제야 수취인은 돈을 받을 수 있다. 거쳐야 할 과정이 너무도 많다.

하지만 미국인들은 카드를 사용하면 훨씬 간단하게 결제할 수 있는 계산대에서도 여전히 수표를 쓰고 있다. 그뿐 아니라 매월 돌아오는 청구서 등의 대금 결제를 위해 대부분의 나라가 계좌이체(자동이체)를 사용하지만, 미국인들은 여전히 수표를 통해 결제한다. 미국인들은 매년 약 150억 장의 수표를 쓴다. 모든 미국인이 매주 1장의 수표를 쓰는 셈이다! 카드를 발명하고, 페이팔과 애플페이를 탄생시키고, 페이스북Facebook의 암호화폐 프로젝트 리브라Libra(현재는 디엠Diem으로 이름이 바뀌었다)를 꿈꿨던 나라에서 가장 널리 사용되는 결제 수단이 수표라는 점은 매우 역설적이다.[1] 전 세계에서 사용되는 수표의 75%가 미국에서 발행된다. 수표 사용에 있어서는 미국에 견줄 나라가 없을 정도다(세계에서 두 번째로 수표를 많이 쓰는 나라인 프랑스는 전 세계 수표 발행의 10%를 차지한다).

이론적으로 말하면, 사람들의 **결제 방식은 편익에 따라 결정된다.** 다시 말해서 어떠한 결제 방식을 사용할지는 그 결제 방식으로 얻는 편익에서 해당 방식의 단점이나 비용을 뺀 값에 따라 결정되는 것이다. 수표에도 장점이 있긴 하다. 수표가 처리되기까지는 대개 며칠이 걸

---

[1] 페이스북은 2019년 6월에 리브라 암호화폐 프로젝트를 발표했으며, 2020년 12월에 프로젝트명을 디엠으로 바꿨다. (페이스북의 사명도 2021년 10월 메타 플랫폼스로 바뀌었다 - 옮긴이)

리고, 수표 처리 기간에는 계좌에서 돈이 빠져나가지 않는다. 게다가 수표를 우편으로 보내거나 수표 수취인이 시간이 좀 지난 후에 수표를 현금화하면 좀 더 오랫동안 돈을 쥐고 있을 수 있다. 그리고 결제 지연이 발생하더라도 '수표가 처리 중'이라고 변명할 수도 있다. 수취인이 얻는 혜택은 그보다 적을 수 있지만 시간이 걸리더라도 돈을 받을 것이라는 기대를 품을 수 있다(물론 수표가 최종적으로 부도 처리되지 않으려면 수표를 쓴 사람의 계좌에 충분한 돈이 있어야 한다).

사람들은 잘 알지 못하지만, 수표가 지닌 또 다른 장점은 디지털 방식으로 결제할 때 **금액이나 통화를 잘못 입력하는 '팻 핑거**Fat finger' **오류**로부터 자유롭다는 것이다.[2] 팻 핑거 오류는 생각보다 자주 발생한다. 그리고 우리 같은 일반인만 이런 일을 겪는 것도 아니다. 2020년 중반 씨티은행은 고객에게 보내야 할 금액의 100배에 달하는 돈을 송금하는 실수를 저질렀다. 약 9억 달러 규모의 송금 실수였다. 2018년에는 도이체방크Deutsche Bank에서도 같은 일이 벌어졌다. 해당 직원은 당시 도이체방크 전체의 시장 가치보다 50억 달러 많은 금액인 350억 달러를 잘못 송금하는 실수를 저질렀다.

마찬가지로, 자동이체를 할 때 계좌번호를 잘못 적는 일도 무척 흔하게 일어난다. 미국 국가안전보장회의US National Security Council 소속

---

2 그러나 수표를 사용할 때도 수표를 쓰는 사람이 금액을 잘못 기입하는 '미끄러지는 펜 (Slipping pen)' 오류가 발생할 위험이 있다. 오류 발생 빈도 자체가 낮은 것일 수도 있고 언론이 수표 사용 시 발생 가능한 오류에는 송금 오류만큼 많은 관심을 갖지 않는 것일 수도 있다.

미군 장교였던 올리버 노스Oliver North에게도 이런 일이 벌어졌다. 그는 아야톨라 호메이니Ayatollah Khomenei가 통치하는 이란과 노리에가 장군General Noriega이 이끄는 니카라과 반군을 상대로 첩보 작전을 담당하고 있었다.[3]

노스는 이란에 불법으로 무기를 판매하고 받은 돈을 스위스 비밀 계좌를 이용해 당시 니카라과를 통치하던 산디니스타 정부에 맞서 싸우는 반군을 지원했다.[4] 이 과정에서 노스는 브루나이의 술탄이 내놓은 1천만 달러의 '인도주의적' 기부금을 크레딧 스위스Credit Suisse에 있는 자신의 (비밀) 계좌가 아닌 어느 스위스 사업가의 계좌로 송금하는 실수를 저지르고 말았다. 계좌번호를 입력하던 중 무심코 숫자 두 개를 바꿔 적었던 것이다. 그 뒤 이란 - 콘트라 스캔들로 미국 정부의 행각이 밝혀지자 노스는 더욱 곤란한 상황에 처했다. 결국 노스는 국

---

3 서방 세계에서 아야톨라 호메이니라는 이름으로 알려진 루홀라 무사비 호메이니 (Ruhollah Musavi Khomeini)는 이란의 정치인이자 혁명가, 종교 지도자였다. 호메이니는 이란의 마지막 왕을 끌어내린 1979년 이란 혁명을 주도한 인물이자 이란 이슬람공화국을 세운 인물이다. 이란의 최고 지도자를 지내는 동안 반(反)서방 정책을 추진하고 미국과 불화를 겪었던 그는 주이란 미국 대사관 인질 사건이 벌어졌을 때 인질범들을 지지했다. 당시의 인질 사태로 미국은 이란에 각종 경제 제재를 가했고 이로 인해 노스는 애당초 공공연하게 이란에 무기를 팔 수 없는 상황이었다.

4 산디니스타 민족해방전선(Sandinista National Liberation Front, SNLF)은 1979년에 집권한 니카라과의 사회주의 정당이다. SNLF 당원들은 1930년대에 미국의 니카라과 점령에 반대해 반미 운동을 주도했던 니카라과 저항 세력을 이끈 아우구스토 세사르 산디노(Augusto César Sandino)의 이름을 따 산디니스타라고 불린다. 레이건 행정부 시절, CIA는 산디니스타들이 '반혁명주의자(Counter-revolutionary)' 혹은 줄여서 '콘트라(Contra)'라고 낙인찍은 반군 게릴라 세력에 은밀하게 자금, 무기, 군사 훈련을 지원하기 시작했다.

가안전보장회의에서 쫓겨났으며, 이후 TV쇼에 출연하거나 전미총
기협회 회장National Rifle Association을 지낸 것으로 알려져 있다.

이론적으로는 이런 **실수를 막기 위한 시스템**이 마련돼 있다. 은행
계좌번호를 입력할 때는 팻 핑거 오류를 막기 위한 '**패리티 코드 검사**
Parity code check'**가 이뤄져야 한다.** 예를 들면 계좌번호의 마지막 숫자는
앞쪽 계좌번호 숫자들에 따라서 자동적으로 결정되는 식이다. 이때
계좌번호를 잘못 쓰거나 두 숫자를 바꾸어 입력하면 마지막 숫자(패
리티 숫자)도 달라져 결제가 진행되지 않는다. 앞서 말한 1986년 올리
버 노스 사건 당시에는 크레딧 스위스의 계좌번호에 이런 패리티 숫
자가 없었거나, 노스가 단순히 숫자를 뒤바꾸는 수준을 넘어선 좀 더
복잡한 실수를 저질렀다고 봐야 한다. 상황을 보면 알려지지 않은 뒷
이야기가 있을 가능성도 매우 크다.

하지만 패리티 숫자가 완벽하게 안전한 방법도 아니다. 2019년에
어떤 영국인의 유산을 관리하던 변호사가 지점 식별번호Sort code를
잘못 적어서 의뢰인의 자금이 엉뚱한 곳으로 돈이 송금된 일이 있었
다. 변호사는 의뢰인이 제공한 계좌번호로 19만 3천 파운드를 송금
할 것을 은행 측에 요청했다. 그러나 은행은 엉뚱한 사람의 계좌로
돈을 보냈다. 어떻게 계좌번호를 정확하게 썼음에도 이런 일이 벌어
졌을까? 정말 우연히도 영국 투자은행 바클레이즈Barclays는 두 고객
에게 은행 지점 식별번호만 다를 뿐 나머지는 똑같은 계좌번호를 제
공한 것이다. 지점 식별번호에는 이런 실수를 막아주는 패리티 숫자
가 없었기 때문에 변호사 측의 실수를 걸러낼 수 없었다. 아무튼 바
클레이즈는 변호사 측의 과실을 이유로 문제의 자금을 진짜 주인에

게 돌려주지 않고 25파운드의 보상금을 제시하는 데 그쳤다.

이런 문제를 가진 금융기관이 바클레이즈만은 아니다. 미국 정부가 2조 달러에 달하는 재난지원금을 뿌렸던 2020년 4월, 미국 국세청 IRS, Internal Revenue Service이 각 수령인의 계좌에 지원금을 송금하는 역할을 맡았다.[5] 온라인에서 계좌이체 방식으로 지원금을 지급하자 엉뚱한 계좌로 돈이 들어가는 사례가 빈발했고 미 국세청은 결국 수표를 보낼 수밖에 없었다.

많은 영화에서 스위스의 은행 계좌는 거래 당사자의 실명 없이 '숫자만으로도' 얼마든지 거래가 가능한 것으로 묘사되었다. 하지만 올리버 노스의 송금 실수로 이 같은 스위스 은행 거래 방식의 실체가 드러났다. 사실 많은 사람의 생각과 달리 이런 계좌들은 익명으로 관리되지 않는다. 은행은 계좌 소유주의 실명을 더할 나위 없이 잘 알고 있다. 수취인의 이름을 기입하지 않고도(심지어 수취인의 이름을 알지 못해도) 스위스 계좌로 돈을 보낼 수 있다는 '차이'가 있을 뿐이다.

스위스 비밀계좌가 많은 관심을 끌긴 했지만 사실 수취인의 이름을 확인하지 않는 방식은 스위스 은행만의 고유한 특징이 아니다. 최근까지도 영국 은행들은 송금신청서의 이름을 확인하지 않았다. 가령 친구의 계좌에 돈을 보낼 때 계좌번호와 은행 식별기호만 정확히 입력하면 수취인 이름을 '미키 마우스'라고 적어도 아무 문제 없이

---

5 미국 국세청은 IRS, 영국 국세청은 HMRC(Her Majesty's Revenue & Customs)라고 불린다.

송금이 이뤄진다. 믿기 어렵겠지만 영국에서는 2020년 초가 돼서야 '수취인 확인' 절차가 도입됐다. 영국 소비자 단체 'Which?(위치?)'는 수취인 확인 절차가 3년만 일찍 도입됐더라면 약 3억 2천만 파운드의 착오 송금(및 사기)를 막을 수 있었을 것이라 추산했다.

다시 평범한 수표 이야기로 돌아가 보자. 기본 원리는 예나 지금이나 같을지 몰라도 수표가 결제되는 과정은 시대에 따라 변해 왔다. 150년 전 영국에서는 수표를 발행한 은행에서 10마일 이내에서만 수표 날짜를 기입하고 수표를 현금으로 바꿀 수 있었다. 20년 전만 하더라도 미국 은행들은 수표가 가득 담긴 자루를 전국 곳곳으로 실어 나르곤 했다. 2001년 9·11 테러로 일주일간 모든 항공편 운항이 중단되고 미국의 수표 처리 시스템이 갑작스레 멈춰선 후에야 이미지 스캔 방식으로 전환하려는 움직임이 본격적으로 나타났다. 미국에서는 2004년부터 수표를 받는 은행들이 수표를 스캔해서 수표 발행 은행에 해당 이미지를 전자적으로 전송하기 시작했다. 그 결과 수표 사용이 쉬워지고 수표 처리 비용도 저렴해졌다.

그렇다 하더라도 이런 변화만으로는 '미국에서만 유독 수표가 대중적으로 사용되고, 그 외 다른 나라에서는 인기가 없는 이유가 무엇인가?'라는 질문에 대한 답이 되지 못한다. 사실 이런 현상이 나타나는 이유는 **사람들이 선호하는 결제 방식이 나라마다 명확하게 다르기 때문이다.** 독일, 오스트리아, 스위스 등 독일어권 국가에서는 현금 사용률이 여전히 높은 반면 프랑스, 베네룩스 3국, 북유럽 같은 인접국에서는 현금 사용률이 월등히 낮다.

독일 사람들은 수도 회사나 전기 회사, 통신 회사 같은 곳에 자신의 은행 계좌에서 매달 사용 요금을 인출할 수 있는 권한을 주는 자동이체 방식도 좋아한다. 독일인 1인당 평균 주 2회 이상 자동이체가 이뤄질 정도다! 독일만큼 자동이체를 많이 하는 나라는 없는 반면, 스위스는 자동이체를 선호하지 않는 대표적인 국가다. 스위스 사람들의 자동이체 횟수는 1인당 월 1회 미만일 정도다(어쩌면 준법정신이 뛰어난 스위스 시민들이 요금 납부를 위해 1천 스위스 프랑 지폐를 들고 우체국 앞에 줄을 선다는 스위스 중앙은행의 주장이 사실일 수도 있겠다). 그나마 독일과 비슷한 수준으로 자동이체를 선호하는 나라는 네덜란드뿐이다. 네덜란드 국민들은 평균적으로 1인당 일주일에 1.5회 정도 자동이체를 한다. 아마도 독일 사람들과 마찬가지로 정해진 일정과 체계를 중요하게 여기는 성향 때문일 수 있다. 하지만 네덜란드 사람들은 독일과 달리 현금 사용을 선호하지는 않는다. 이처럼 각 나라가 선호하는 **결제 방식의 조합**은 저마다 다르다.

'사람들이 결제하는 방식'은 오랫동안 경제학자들과 연구자들을 당혹스럽게 만들었다. 그동안 연구자들은 범죄율(절도 빈도가 낮으면 현금 사용을 선호할 수도 있다), 이자율(이자율이 높으면 수표를 비롯해 결제 처리에 오랜 시간이 걸리는 방법을 선호할 수도 있다) 같은 설명변수를 이용해 여러 나라에서 나타나는 다양한 결제 방식을 보여주는 모델을 구축하려고 노력해왔다. 하지만 이런 변수들은 우리가 특정한 결제 방식을 선택하는 이유를 충분히 설명하지 못하는 것으로 드러났다.

대신, 연구자들은 저조한 카드 사용률이 카드를 받는 상점 비율이 낮게 나타나는 현상과 연관 있음을 발견했다. 그러나 여전히 무엇이 원인이고 무엇이 결과인지를 설명하기는 어려워보인다. 카드를 받는 상점이 많지 않은 탓에 카드 사용 빈도가 낮은 것일까, 아니면 사람들이 카드 사용을 선호하지 않기 때문에 상점이 카드를 덜 받는 것일까? 또한 위에서 언급한 설명변수들은 국가 간에 나타나는 결제 습관의 차이도 설명하지 못한다. 수표가 다른 결제 수단보다 좀 더 우수해서 미국인들이 수표를 선호하는 것이라면 똑같은 결제 수단이 존재하는 다른 나라에서는 왜 수표가 널리 사용되지 않는 것일까?

이는 우리의 결제 뒤에 숨어 있는 관습Convention 때문이라고 설명할 수도 있다. 우리는 결제할 때마다 결제 수단을 선택한다. 그리고 그 선택에는 '우리가 어떤 수단을 이용할 것인가'뿐 아니라 '상대방이 어떤 수단으로 결제받기를 원하는가'도 영향을 미친다. 은행 계좌를 이용하건, 카드를 이용하건, 현금을 이용하건, 다른 어떤 수단을 이용하건 **결제 메커니즘은 상대가 그 방식을 받아들일 때만 쓸모가 있다.** 그리고 어떤 결제 수단을 받아들일지는 **관례와 관습**에 따라 결정된다. 결제에 영향을 미치는 관례와 관습에는 문화적 선호처럼 측정이 어려운 '소프트Soft' 요인도 있고 얼마나 많은 상점 주인이 카드를 읽을 수 있는 단말기를 갖고 있는가와 같이 측정 가능한 '하드Hard' 요인도 있다. 두 가지 모두 바꾸기는 어렵다.

관습을 변화시키기가 왜 이렇게 힘든지, 그리고 미국인들이 그토록 수표를 많이 사용하는 이유가 무엇인지 이해하려면 **결제의 가장 중요한**(그리고 흥미로운) **두 요소**를 살펴볼 필요가 있다. 바로 **유산**Legacy과 **네트워크**Network다.

약 200년 전에 명석한 엔지니어였던 이점바드 킹덤 브루넬Isambard Kingdom Brunel은 런던과 브리스톨을 잇는 영국 대서부 철도Great Western Railway를 건설하는 임무를 맡게 됐다. 당시는 맨체스터와 리버풀을 잇는 철도가 건설된 지 8년이 지난 후였다. 그리고 두 레일 사이의 간격은 1,435밀리미터(4피트 8.5인치)로 정해져 있었다. 철도의 아버지였던 조지 스티븐슨George Stephenson이 그렇게 정해 두었기 때문이다. 하지만 브루넬은 흔히 표준궤라고도 불리는 스티븐슨 궤Stephenson gauge가 너무 좁다고 일축한 뒤 2,134밀리미터(7피트)의 보다 넓은 광폭궤 방식을 택했다. 대부분의 철도 엔지니어들도 브루넬의 의견에 동의했을 것이고, 이에 따라 영국 대서부 철도는 더 넓은 간격으로 만들어졌다. 레일 간격이 넓은 브루넬의 방식은 영국 기차의 속도와 안정성, 수송 능력 면에서 우수했을지도 모른다.

하지만 브루넬이 새로운 방안을 내놓았을 무렵에는 이미 스티븐슨 궤가 널리 사용되고 있었다는 점이 문제였다. **이미 표준이 있는 상황에서** 브루넬의 방식은 **폭넓게 통용되기가 어려웠고,** 영국 대서부 철도는 결국 표준궤로 바뀌게 된다. (철도의 역사에 관심이 있는 독자를 위해 설명하자면, 브리스톨로 가는 마지막 광폭궤 열차는 1892년 5월 29일에 최종 임무를 끝낸 플라잉 더치맨Flying Dutchman이었다. 플라잉 더치맨의 뒤를 이은 열차는 바로 다음 날 11시 45분에 패딩턴을 떠나 표준궤를 따라 달렸으며 특별한 이름으로 불리지는 않았다.)

브루넬의 방식이 존치되지 못한 것은 '네트워크 효과Network effect' 때문이다. 이 용어는 **네트워크의 '가치'는 사용자 수에 따라 달라진다는** 관찰 결과에서 유래했다. 최초의 전화기와 팩스 기기의 **가격은 높았**

을 수도 있지만, 전화를 걸거나 팩스를 보낼 대상이 없었기 때문에 이 기기의 **가치는 제한적이었다.** 점차 많은 사람이 전화기와 팩스 기기를 사용하기 시작하자 이들의 가치 역시 덩달아 높아졌다. 마찬가지로 페이스북의 가치가 커진 것도 사용자가 늘어난 덕이었다. 이런 효과는 네트워크에만 국한되지 않는다. 표준, 법 체제, 언어 같은 관습에도 적용된다. **얼마나 널리 사용되는가**가 중요한 요인Utility이다.

경제적인 의미에서 결제 메커니즘도 이런 네트워크와 동일하게 작동한다. 다시 말해서 각 개인이 특정 결제 수단을 선택해서 얻을 수 있는 효용은, 해당 방식을 택하는 사용자가 얼마나 많은가에 따라 달라진다. 카드의 가치는 그 카드를 얼마나 자유롭게 사용할 수 있는가에 달려 있다. 미국에서 수표가 유용한 이유는 많은 사람이 수표를 받고 수표를 관리하는 법적 제도가 있기 때문이며, 결정적으로 그것이 미국 문화의 일부이기 때문이다.

결제 시스템의 모든 곳에 네트워크 효과가 존재한다. 이런 주제로 박사 논문을 쓸 수 있을 정도다.[6] 결제 네트워크에 대해 가장 먼저 알아둬야 할 것은 초기에 광범위한 네트워크를 구축하기 힘들다는 점이다. 결제 네트워크가 살아남으려면 **특정한 임계점**을 넘어서야 하지만, 일단 구축되면 나면 엄청난 가치를 지니게 된다. 이는 '닭이 먼저냐 달걀이 먼저냐' 하는 문제이기도 하다. 상인들은 고객들이 카드

---

6   실제로 필자인 고트프리트는 다음의 박사논문을 발표했다. '결제 시스템과 네트워크 효과 : 여러 국가의 현황 분석을 통해 살펴본 네트워크 기술의 채택, 조화 및 계승(Payment systems and network effects : Adoption, harmonization and succession of network technologies across countries)'. 네덜란드, 마스트리히트대학교, 2004년.

를 갖고 있어야만 단말기를 설치할 테고, 고객은 가게에서 카드를 사용할 수 있어야 카드를 발급받을 테니 말이다. 앞서 말한 직불카드가 어떻게 도입됐는지 그 이야기를 떠올려보자. PIN 방식 직불카드는 카드 보급이 먼저였다. 기존 카드에 기능이 추가됐기 때문이다. 반면 시그너처 직불카드는 단말기의 보급이 먼저였다. 기존 가맹점에 깔린 단말기를 사용할 수 있었기 때문이다(7장 참조). 방식은 달랐지만 두 카드 모두 '무엇이 먼저인가'라는 난제를 잘 해결했다.

1950년대에 카드가 등장한 방식과 50년이 흐른 후 페이스북과 페이팔이 인기를 얻은 방식은 매우 유사하다. 카드는 소수의 고객과 이들이 정기적으로 방문하는 몇몇 뉴욕 레스토랑 간의 합의에서 발전한 것이었고, 페이스북은 하버드생들 사이에서 시작되었으며, 페이팔은 미국 내 이베이 구매자와 판매자들 사이에서 출발했다. 그런 다음 카드와 페이스북, 페이팔은 비슷한 방식으로 틈새 커뮤니티를 파고들었다. 카드는 캘리포니아에서 레스토랑을 즐겨 찾는 사람들을, 페이스북은 스탠퍼드 학생들을, 페이팔은 미국 외의 국가에서 이베이를 사용하는 고객들을 공략했다. 셋 모두 유사한 관심사를 가진 소규모 커뮤니티에서 필요한 만큼의 회원을 확보한 다음, 수평적인 확장을 추진할 수 있는 분기점에 다다를 때까지 특정 유형의 활동에 집중했다.

네트워크는 커다란 가치를 지닌다. 세계에서 규모가 가장 크고 현대적인 거대 결제 기업 알리페이Alipay의 모기업인 앤트그룹Ant Group은 2017년에 국제적인 송금 서비스 기업인 머니그램MoneyGram을 12억 달러에 인수하려고 했다. 굳이 인수하지 않아도 전통적인 자금이체

시장을 완전히 파괴할 수 있을 만한 위력을 가진 앤트가 왜 그토록 많은 돈을 주고 머니그램을 인수하려고 했던 것일까? 머니그램은 대부분 아날로그 방식으로 운영되는 데다 업계 1위 기업인 웨스턴유니온Western Union보다 한참 뒤처진 2위 기업에 불과했지만, 진정한 매력은 머니그램이 보유한 네트워크와 머니그램을 이용하는 데 익숙한 고객층에 있었다.

네트워크는 일단 구축되면 매우 막강한 위력을 갖게 되고 몰아내기가 쉽지 않다. 네트워크 효과에 관한 그간의 과학적 연구에 따르면, 사람들이 당연하게 생각하거나 직관적으로 옳다고 느끼는 것과 상반된 결과가 나타나기도 한다. 최상의 표준이 항상 최후의 승자가 되지는 않는다는 사실도 그중 하나였다. 그리고 네트워크 효과는 '**승자독식**' **상황을 가능하게 만든다.** 가장 큰 네트워크는 설사 기능적인 매력이 떨어지더라도, 다른 어떤 네트워크보다 대다수 잠재적 사용자들에게 본질적으로 더 매력적일 수밖에 없다. 다음부터 무언가를 구매하고 지불할 때는, 우리가 내리는 하나하나의 결정으로 특정 결제 네트워크의 영향력은 커지는 반면 다른 결제 네트워크의 위력은 약해진다는 사실을 기억하기 바란다.

이 같은 현상 덕에, **확실하게 자리를 잡은 네트워크는 기술 혁신조차도 이겨낼 수 있다.** 물론 기술 혁신이 시작될 초반에는 기존의 네트워크들이 뒤처진 것처럼 보일지 몰라도 이들은 얼마든지 앞서 나갈 수 있다. 스마트폰을 기반으로 하는 경쟁 기업들이 승승장구할 때 페이스북이 시장에서 쫓겨나기는커녕 얼마나 자연스럽게 컴퓨터에서 모바일로 옮겨갔는지 기억하는가? 또 카드의 사례에서 확인했듯이 카드회사들은 수차례에 걸쳐 어떻게 성공적으로 새로운 기술을 받아들였는가? 기존의 네트워크가 아무리 진부해 보일지라도, 대개 맨땅에서 새롭게 시작하는 것보다는 기존 네트워크를 발전시키는 것이 훨씬 성공할 가능성이 더 높다.

표준이 기술 위에 있음을 보여주는 흥미로운 예는 말의 엉덩이 너비가 우주왕복선 설계에 영향을 미친 이야기일 것이다. 우주왕복선 추진 로켓의 너비는 우주왕복선이 발사대로 오는 동안 통과해야 하는 터널의 너비보다 넓을 수는 없을 것이다. 그리고 터널의 크기는 철도 선로의 너비 혹은 궤에 따라 결정되었다.[7] 스티븐슨이 맨체스터와 리버풀을 잇는 세계 최초의 철도를 설계했을 때 그가 고안한 선로 너비는 광산과 전차에서 사용되는 선로 너비에 따라 정해졌으며, 광산과 전차의 선로 너비는 마차를 끌던 말 두 필이 나란히 섰을 때의 엉덩이 너비에 따라 결정됐다. 마차를 설계한 사람들은 아마도 로마 시대로 거슬러 올라간 경주용 마차의 표준 너비를 따랐을 가능성이 크다. 그렇다! 로마인들이 우주왕복선 설계에 영향을 미친 것이다.

이것이 바로 경제학자들이 '**경로의존성**Path dependence'이라고 부르는 현상이다. 브루넬이 좀 더 일찍 철로를 건설했더라면 지금 우리가 이용하는 철로의 너비가 좀 더 넓어지고, 영국의 기차 이용객들에게 좀 더 많은 좌석이 제공되고, 우주왕복선에 좀 더 커다란 추진 로켓이 설치됐을 수도 있다. 영어가 미국의 공식 언어가 된 것은 미국에 가

---

7 스티븐슨은 4피트 8인치라는 어림치에서 출발했다. 바퀴와 철로 사이의 공간을 늘리기 위해 이후에 0.5인치가 추가됐다.

장 먼저 도착한 이민자들이 영국인이었기 때문이다. 이후 독일인들이 대거 미국에 도착했지만 그렇다고 해서 미국의 공식 언어가 바뀌진 않았다. 독일인들이 미국에 먼저 도착했더라면 필자는 독일어로 이 글을 썼을 것이다.

따라서 '미국인들은 왜 수표를 쓰는가?'라는 질문은 '영국에서는 왜 자동차들이 좌측으로 통행하는가?'라거나 '우리는 왜 비디오테이프로 베타맥스Betamax가 아닌 VHS를 사용하는가?' 혹은 '왜 미국인들은 (거의 유일무이하게도) 화씨로 온도를 측정하는가?'라는 질문과 다를 바 없다. **그저 그렇게 해왔으며, 설사 그 방식을 바꾸길 원하더라도 지금 바꾸기는 어려울지 모른다.**

경로의존성이 별 것 아니게 들릴지도 모르지만, 그 영향은 '록인 Lock-in'이라는 용어로 표현되기도 한다. 소비자나 규제기관은 사실상 답답한 상태에 갇힌 셈이다. 소비자들은 페이스북이나 알리페이 같은 시스템에 갇혀 벗어나기가 어렵다. 나라 전체도 특정한 결제 방식에 갇혀 있으며, 개별 소비자에게는 선택권이 거의 주어지지 않을 수도 있다. **소비자들은 지리의 포로**Prisoner of geography다. 사람들의 결제 방식은 각국에서 통용되는 관습을 벗어날 수 없다.

답답함이라는 주제는 차치하더라도 네트워크는 무궁무진하게 흥미로운 주제다. 네트워크는 결제 시스템을 과거와 연계시켜, 이미 존재하는 것을 기반으로 하는 해결 방안을 선호한다. 하지만 여기에도 또 다른 면이 있다. 만약 어떤 사회가 **물려받은 과거의 유산이 없다면 상황은 매우 빠르게 변할 수 있다.** 대부분 개인용 컴퓨터를 갖고 있고 인터넷에 접근할 수 있었던 인구 3억 명의 커다란 나라에 소셜미디어가 처음 등장했던 시절을 떠올려보면, 페이스북의 가파른 성장세를 좀 더 쉽게 이해할 수 있다. 그럼 이제 상대적으로 전통적인 결제 시스템은 덜 발달했지만, 14억 명의 국민 모두가 스마트폰을 가진 또 다른 대국에서 어떤 일이 벌어질 수 있는지 상상해보자.

10

무에서 유를 창조하다
: 중국과 케냐의 모바일 결제

2019년에 사람들은 평균적으로 100건 이상 카드 결제를 했다. 이 수치를 모두 더하면 연간 총 5천억 건의 카드 거래가 이뤄진 셈이다. 반세기가 넘는 기간 동안 꾸준한 확장과 혁신이 이뤄진 결과로, 인상적인 수치라는 생각이 들 수 있다. 그러나 같은 해에 중국에서만 약 **5천억 건의 모바일 결제**가 이뤄졌다. 중국인 1인당 거의 350건씩 모바일 결제를 한 셈이다. 모바일 결제는 대부분 알리페이와 텐페이Tenpay 라는 두 개의 앱을 통해 이뤄졌다. 약 5년에 걸쳐 입소문이 퍼져 나가면서 두 앱의 인기가 높아진 결과였다.

중국에서 집계된 이 같은 수치가 얼마나 엄청난지 이해를 돕기 위해 2019년 25개 주요 국가의 비현금 결제 현황을 국가별로 표시했다(그림 3). 중국 인구가 25개국 전체 인구에서 차지하는 비중은 30%다. 하지만 비현금 결제에서 중국이 차지하는 비중은 대략 60%에 달하

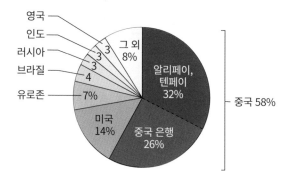

그림 3 **국가별 비현금 결제 점유율(2019년)**

영국
인도
러시아
브라질
유로존
그 외 8%
알리페이, 텐페이 32%
3
3
4
7%
미국 14%
중국 은행 26%
중국 58%

며 중국인들은 연간 1조 2천억 건의 비현금 결제를 한다. 중국 시장을 휩쓸고 있는 두 '슈퍼 앱'이 비현금 결제에서 차지하는 비중은 3분의 1에 육박한다. 알리페이와 텐페이가 계속해서 다른 결제 수단보다 높은 성장세를 보이는 만큼 이들의 시장 점유율은 앞으로도 계속 높아질 전망이다.

알리페이와 텐페이는 단 몇 년 만에 중국을 현금 기반 사회에서 **세계적인 전자결제 선도국가**로 변신시켰다. 하지만 중국이 모바일 결제의 경이적인 성장을 경험한 최초의 국가는 아니다.

2019년 케냐 전역에는 전화 회선이 7만여 개뿐이었다. 케냐 주민 100명당 유선전화 회선이 하나가 채 되지 않았던 셈이다. 그 무렵 케냐의 휴대전화 가입 건수는 거의 5,500만 건에 달했다. 케냐 주민 1인당 휴대전화 회선이 1개가 약간 넘는다. 케냐는 유선전화 방식을 뛰어넘어 곧장 휴대전화로 옮겨갔다. **거의 모든 사람이 기본 휴대전화**

를 보유한 데다 이전에 사용된 결제 네트워크가 없었던 덕에 케냐는 놀랄 만큼 단순한 기술을 사용해 단숨에 효과적인 결제 시스템을 구축했다.

엠페사M-Pesa는 영국 통신업체 보다폰Vodafone의 케냐 자회사 사파리콤Safaricom이 2007년부터 서비스한 모바일 송금 시스템이다. 간단한 문자 메시지를 이용해 선불 충전된 잔액에서 원하는 만큼의 돈을 송금할 수 있도록 지원하는데, 이 시스템에서의 통화Currency는 분 단위의 잔여 전화 통화시간이다. 이 시스템은 어떤 휴대전화에서건 사용할 수 있다. 심지어 스마트폰 기능이 없는 단순한 전화기만으로도 엠페사 서비스를 이용할 수 있다. 엠페사는 고객들이 미리 충전한 전화 통화시간을 현금으로 전환할 수 있도록 선불 전화카드 판매자 네트워크를 활용했다. 선불 전화카드 판매자들은 이미 선불카드 구매 고객들에게 현금을 받고 있었다. 이제 이 판매자들은 엠페사 계좌에서 인출한 돈을 고객에게 현금으로 내어주는 인간 ATM의 역할도 한다.

엠페사 시스템의 성장세는 실로 놀라운 수준이다. 출시 10년 만에 사실상 케냐의 전 국민이 엠페사 계좌를 갖게 됐으며 엠페사 시스템이 케냐 GDP의 50%에 육박하는 금액을 처리하기에 이르렀다. 새로운 결제 기술이 완전히 채택되기까지 대개 20년 이상 걸리는 서구 국가들과 비교하면 엠페사의 성장세가 얼마나 놀라운지 이해하기 쉬울 것이다. 출시 후 10년 만에 케냐에서 주민 1인당 엠페사를 이용한 연간 거래 횟수가 35회에 다다랐다.

알리페이는 엠페사보다 3년 앞서 출시됐다. 알리페이는 PC를 기반으로 하는 온라인 결제 서비스에서 출발했지만 본격적으로 인기를 끌기 시작한 것은 2013년 무렵이다. 인구가 무려 14억에 달하는 나라에서 **거의 모든 사람이 스마트폰을 갖는 시대가 온 덕분에** 알리페이는 성장 가도를 달리게 되었다(반면 케냐의 인구는 5,100만 명에 불과하다).

엠페사와 중국의 두 모바일지갑(간편결제)은 사용자가 다른 사용자에게 손쉽게 송금할 수 있는 **폐쇄형 시스템**이다. 고객들은 다른 사람에게 돈을 받거나, 은행 계좌에서 모바일지갑으로 돈을 옮기거나, 케냐처럼 지정된 공급자를 통해 현금을 넣어두는 방식으로 자신이 사용하는 시스템 내의 계좌 잔고를 유지해야 한다. 그런 다음 상대방의 전화번호나 이메일만 알면 같은 시스템을 사용하는 누구에게나 돈을 보낼 수 있다. 스마트폰에 QR코드를 생성해 상대가 QR코드를 스캔하게 하는 방법도 가능하다. QR코드를 이용하면 실시간으로 돈을 보낼 수 있다.

알리페이와 텐페이는 사용자들이 **자사 시스템 내에 돈을 보관하도록 조장한다.** 같은 시스템 내의 사용자 간 거래는 무료지만, 시스템 외부의 누군가에게 돈을 보내려면 0.1위안(1.5센트)의 기본료와 송금액의 0.1%에 해당하는 수수료를 지불해야 한다.

중국의 두 결제 시스템은 본질적으로 당사자끼리 직접 연결되는 P2P 방식이다. 소비자든 상인이든 누구나 다른 누군가와 송금 거래를 할 수 있다. 마찬가지로 누구나 상인의 입장이 되어 결제받을 수 있다. 구매자들이 손쉽게 스캔해 결제할 수 있도록 노점상들이 가판대에 QR코드를 인쇄해 붙여두는 사례도 많다. 심지어는 거지들도 QR코드를 갖고 있다.

QR코드는 전통적인 카드 모델을 완전히 뒤집어 놓았다. 카드를 사용할 때 소비자는 오프라인 상태여도 상관이 없다. 카드를 제시하기만 하면 되기 때문이다. 반면 상인은 결제받기 위해 항상 전화선이나 인터넷에 연결된 단말기(온라인 상태)가 있어야 한다. 그러나 QR 코드는 완전히 반대다. QR코드를 이용하면 소비자는 QR코드를 스마트폰으로 찍어야 하므로 온라인 상태가 되지만(전화기를 통해), 상인은 QR코드만 보여주면 되므로 오프라인 상태에서도 얼마든지 결제받을 수 있다.

상인의 입장에서는 카드 결제보다는 알리페이나 텐페이를 통해 결제받는 편이 훨씬 쉽다. 또한 그 편이 훨씬 싸다. 적어도 지금은 그렇다. 그러니 중국 상인들이 **카드를 포기하고 전자지갑을 받아들이는 것**도 전혀 놀라운 일이 아니다. 2018년부터 2019년까지 중국에서는 카드를 받는 상점과 카드 단말기의 수가 15%가량 감소했다. 중국에서 **하락세를 보인 몇 안 되는 결제 관련 통계 수치** 중 하나였다(다른 하나는 훨씬 완만한 1%의 하락률을 보인 ATM이었다).[1]

QR코드는 중국 전역에 널리 퍼져 있다. 2019년에 진행된 중화인민공화국 건국 70주년 기념 군사 퍼레이드에도 QR코드가 등장했다. 퍼레이드가 진행되는 동안 중국 인민 해방군 최정예 부대는 QR코드

---

1 카드를 받는 상인의 수는 2,730만 명에서 2,360만 명으로 감소했다. POS 단말기 수 역시 3,410만 개에서 3,080만 개로 약 350만 개 감소했다. 이 같은 수치 변화를 통해 '단일 단말기를 이용하는 상인'들이 POS 단말기 사용을 포기했다는 사실을 알 수 있다. 2019년에 공개된 '3분기 결제 시스템 운영에 관한 종합 정보 보고서(Third Quarter Payments System Operations General Information Report)'에서 발췌한 데이터.

가 표시된 방탄복을 입고 등장했다. 아마도 기부가 아니라 신원 확인을 위한 QR코드, 즉 디지털 '인식표'였던 것으로 보인다.

알리페이와 텐페이는 중국에서 최단 기간 내에 소매 결제 시장을 장악했다. 중국인의 알리페이와 텐페이의 평균 결제 횟수가 미국인의 평균 카드 결제 횟수와 맞먹을 정도다.

초당 1만 5천 건이 넘는 거래를 처리할 수 있는 중국의 두 결제 앱은 전자공학적인 면에서 우수할 뿐 아니라 **앱을 홍보하고 사용자를 확보하는 역량 또한 뛰어나다.** 2009년 알리바바Alibaba(중국판 아마존에 비견되며 알리페이를 운영하는 앤트의 자매 회사)[2]는 독신자를 위한 중국의 비공식 기념일인 광군제光棍節를 엄청난 규모의 쇼핑 축제로 변신시켰다. 한편 텐페이를 소유한 중국의 거대 기술 기업 텐센트Tencent는 결혼식이나 명절, 특별한 행사 등에서 돈이 담긴 빨간 봉투를 주는 중국 전통을 디지털 '홍바오紅包, Red Packet' 방식으로 완전히 바꿔놓았다.

둘의 전략은 매우 성공적이었다. 알리바바의 전략 덕에 광군제는 세계 최대 쇼핑 축제가 됐다. 광군제는 알리바바뿐 아니라 알리페이에도 큰 도움이 됐는데, 알리페이는 2019년 광군제 행사가 시작된 지 1시간 만에 120억 달러를, 행사 시작 첫 68초 동안 10억 달러를 처리했다고 밝혔다.

텐센트가 홍바오 서비스라는 소비자 친화적인 접근 방식을 선보이자, 2014년 초 설 연휴 기간인 한 달여 동안 텐페이 사용자는 3천만

---

2 알리바바는 설립자 마윈과 함께 알리페이의 모기업인 앤트 그룹의 최대 주주다.

명에서 1억 명으로 3배 이상 폭증했다. 이듬해 텐센트는 중국 관영방송 CCTVChina Central Television와 함께 춘절연환만회Spring Festival Gala(시청자 수로만 따지면 중국판 슈퍼볼에 해당하며 춘절을 경축하기 위해 생방송으로 방영되는 설 특집 프로그램)를 진행해 대성공을 거뒀다. 무려 7억 명이 시청한 춘절연환만회로 모든 것이 바뀌었다. 2016년 설 연휴 기간 동안 5억 1,600만 명에 달하는 텐페이 사용자가 320억 개의 홍바오를 보냈다.

중국에 거주하는 거의 모든 사람이 알리페이나 텐페이의 계정을 갖고 있다. 두 시스템의 계정을 모두 가진 사람도 많다. 알리페이와 텐페이를 통해 매년 처리되는 금액은 **중국 GDP의 3배에 달한다.** 실로 굉장한 수치다. 특히 서구 국가의 결제기관Clearing house과 비교해보면 알리페이와 텐페이가 처리하는 금액은 엄청나게 느껴진다. 서구 국가의 결제기관은 매년 GDP의 8~10배 정도 되는 금액을 처리하지만, 거기에는 소매 청구 금액만이 아니라 각국 경제 내에서 발생하는 모든 청구서 결제 대금이 포함돼 있다.

이런 수치를 보다 보면 중국의 은행들이 최악의 상황을 겪고 있는 게 아닌가 하는 생각이 들 수도 있을 것이다. 하지만 중국 은행 시스템을 통해 이뤄지는 거래 역시 상당한 증가세를 보이고 있다(물론 중국 은행들로서는 만족스럽지 않을 수도 있다). 중국 은행들의 거래 처리량은 2년 새 2배 이상 증가해 2017년에는 1,500억 건이었던 거래량이 2019년에는 3,200억 건으로 늘어났다. 전년동기대비 47%의 성장률이었다. 물론 은행 거래량 증가분 일부는 은행에서 전자지갑으로 혹은 전자지갑에서 은행으로 사람들이 돈을 옮긴 데서 비롯된 것이다. 중국인들의 전자 거래가 더 많이 늘어난 것은 틀림없는 듯하다. 전자지갑 거래는 무료이고 매끄럽게 진행되기 때문에 가능성이 무궁무진해 보인다.

중국의 두 모바일지갑 제공업체는 **결제 서비스를 도약판 삼아 다른 투자 상품들을 내놓으며 확장하기 시작했다.** 투자 상품 판매 실적도 나쁘지 않았다. 알리페이가 선보인 뮤추얼 펀드 위어바오余額寶는 출시하자마자 단숨에 3억 2,500만 명의 개인 투자자들로부터 3천억 달러의 투자를 유치했다. 한동안 위어바오는 세계 최대 규모를 자랑했고 알리페이는 엄청난 금액의 저축을 빨아들인다는 이유로 '흡혈 뱀파이어Blood-sucking vampire'라는 별명을 얻었다. 알리페이와 텐페이 모두 **고객 결제 데이터를 바탕으로** 고객 신용도를 판단하고, 각 고객이 대출을 상환하지 않거나 상환하지 못할 가능성이 얼마나 되는지 평가해 소비자에게 소액 대출Consumer loans을 제공한다.

케냐와 중국은 기회와 도전을 동시에 맞닥뜨렸다. 확립된 시스템이 없는 상태였기에 과거의 유산과 경쟁할 필요가 없었을 뿐 아니라 결제를 처리해온 기존의 '경로'도 없었다. 대신 두 나라는 **높은 휴대전화 보급률을 활용했다는 공통점**이 있다. 하지만 지금 현재, **두 나라는 완전히 다른 결제 방식**을 가지게 되었다. 왜 그럴까? 이는 두 나라 모두 완전히 맨땅에서 시작한 것은 아니기 때문이다. 케냐와 중국 모두 이미 존재하는 기반을 어느 정도 활용했고, 이전부터 존재해온 그 기반이 결제 시스템의 발전에 영향을 미쳤다.

케냐의 엠페사는 문자 메시지만 보낼 수 있는 기본 기능의 휴대전화로 사용할 수 있게 설계된 결제 서비스다. 그에 더해 엠페사는 대다수의 케냐인들이 선불식 전화요금을 이용하며 충전된 선불식 전화요금을 손쉽게 환불받을 수 있다는 사실을 영리하게 활용했다. 중국의 시스템은 나온 지 조금 시간이 흐른 뒤에, 거의 모든 사람이 스마트폰을 보유하고 해당 기기가 제공하는 기능을 이용할 수 있는 시점이 되었을 때 본격적으로 성장했다.

진정 아무것도 없는 무의 상태에서 출발하는 나라는 없으며 **모든 나라가 똑같이 발전하지도 않는다.** 영어라는 언어를 떠올려보자. 영국인과 미국인이 공통의 언어를 쓰면서도 어떻게 서로 다른 두 개의 국가가 됐는지를. 두 나라가 동시에 똑같은 기술을 갖게 되더라도 결국 각국의 특성이 반영된 서로 다른 결제 방식을 갖게 될 가능성이 크다. 경로의존성은 끊임없이 지속되지 않으면 사실 아무것도 아니다.

어쩌면 이런 경로의존성이 중국과 케냐의 모바일지갑이 아직 다른 시장에서는 별다른 성공을 거두지 못하는 이유를 설명하는 데 도움이 될 수 있다. 결제는 규모가 큰 사업일 수 있으나, **그렇게까지 확장성이 큰 사업은 아니다.** 엠페사는 인도와 동유럽에 진출했다가 실패했으며 남아프리카 공화국에서도 고전 중이다. 그래도 탄자니아, 모잠비크, 콩고민주공화국 등 아마도 경쟁이 덜하고 발전이 더딘 나라에서는 좀 더 나은 성과를 내는 것으로 보인다.

알리페이와 텐페이는 해외로 비즈니스를 확대해나가고 있지만, 주로 중국 관광객을 상대하는 가맹점을 모집하는 방식을 활용한다. 즉, 비즈니스 범위가 넓어지고 있지만 고객층은 아직 그렇지 못하다. 예를 들어 현금 선호도가 높은 독일에서 일부 매장이 알리페이와 텐페이를 받는다(일본 관광객을 상대하는 많은 상점들이 JCB 카드를 받는 것과 매우 유사하다). 왜냐하면 중국에 있는 친척들과 돈을 주고받기 위해 중국계 독일 시민이 알리페이와 텐페이에 가입하기 때문이다.

알리페이와 텐페이가 독일 결제 시장을 좀 더 깊숙이 파고들 수 있을까? 독일 결제 시장을 제대로 공략하기 위해서는 해야 할 일이 많다. 먼저 현금을 선호하고 사생활을 중요하게 여기는 독일인의 성향을 극복해야 할 뿐 아니라 기존 결제 수단들과 경쟁을 벌여야 한다. 게다가 알리페이와 텐페이 모두 폐쇄형 시스템이기 때문에 **충분한 사용자**Critical mass **확보**가 관건이 될 것이다. 하지만 이런 문제는 작은 편에 속한다. 일단 독일과 EU **당국의 허가를 받을 수 있는지**부터가 문제다.

결제(및 개인 정보 보호)**에 대한 철학의 차이**를 고려할 때 EU가 중국의 비은행 기업이 제공하는 모바일지갑 서비스를 섣불리 받아들일 것 같지는 않다. 적어도 현재 조건으로는 가능성이 낮다. 그렇다면 유럽은 카드를 중심으로 이루어진 미국형 결제 방식을 택하게 될까? 혹은 지금부터 살펴볼 인도의 선례를 따라 결제 현대화를 추구하게 될까?

금융을 혁신하다
: 인도의 실시간 결제 혁명

여기에 10억 명 이상의 인구를 자랑하는 또 다른 나라가 있다. 바로 인도다. 인도 역시 중국, 케냐, 미국과는 완전히 다른 접근법을 취하고 있다. 인도에는 여러 간편결제(모바일지갑) 제공업체가 있으며 이들은 지금껏 적당한 성공을 누려왔다. 그러나 이제 이들 기업은 새로운 도전을 맞이하고 있다. 은행의 자금이체 속도를 높이고, 자금이체의 접근성과 편의성을 높이는 정책이 추진되고 있기 때문이다. 이 정책들은 은행을 결제 시장의 주인공으로 만들지도 모른다. 이는 보통 뛰어난 성과가 아니다. 인도가 진행 중인 이러한 정책이 얼마나 놀라운지 이해하려면 은행 중심의 빠른 결제 방식이 자리 잡은 다른 나라들의 사례를 살펴봐야 한다.

영국 같은 나라들은 **속도 문제를 해결하기 위해 '즉시 지급 시스템 Instant payment system'을 도입했다.** 즉시 지급 시스템이란 영국의 BACS

Bankers' Automated Clearing System(은행 자동 청산 시스템), 스페인의 이버페이Iberpay 등과 같이 고객 간의 지급Payment을 정산Settle하기 위해 은행이 사용하는 전통적인 시스템의 처리 속도를 높인 버전이다.* 전통적인 시스템과 즉시 지급 시스템 둘 다 **타행 계좌 간 정산 거래를 지원**한다는 공통점이 있다. 다만 BACS를 비롯한 전통적인 시스템은 수천 건의 지급 거래를 하나로 묶어 대개 하루에 한 번 **정해진 시간에 일괄 처리**한다. 반면 즉시 지급 시스템은 몇 초 내에 돈이 오갈 수 있도록 **실시간으로 거래를 처리**하며 저녁이나 야간, 주말을 가리지 않고 하루 24시간, 연중무휴로 언제든 이용할 수 있다.[1]

가장 먼저 즉시 지급 시스템을 선보인 곳은 자칭 '세계적인 지급 선도국가'인 영국이었다. 2008년 FPSFaster Payments Service(신속 지급 서비스)가 출시되기 전에는 영국 은행 계좌 간의 송금 거래에 최대 3일이 걸렸다. 그럼에도 FPS가 처음 등장했을 때 사람들이 이를 받아들이는 속도는 더뎠다. 소비자들은 돈이 좀 더 빠르게 움직이는 데 별다

---

* 이 장에서는 지급 · 지불(Payment)과 결제(Settlement) 개념이 동시에 등장하기 때문에 양자를 엄밀히 구분해 표기했다.

1 하지만 고객 편의 증진을 위한 이 같은 서비스가 중앙은행에 걱정의 원천이 되고 있다. 그런 탓에 세계 각국 중앙은행들은 즉시 지급 규모를 제한한다. 중앙은행들은 부실 은행과의 문제를 해결하기 위해 항상 은행이 영업하지 않는 주말 시간을 활용해왔다. 전통적인 시스템에서는 주말에 고객들이 돈을 인출할 수 없으므로 난관에 봉착한 은행들에게 주말은 일종의 유예 기간이 된다. 물론 ATM에서 현금을 찾을 수는 있지만 하루 인출 한도가 있고, 기계에서 실제로 내놓을 수 있는 금액에도 한도가 있다. 그러나 즉시 지급 시스템은 이러한 한도, 즉 '안전 장치'가 없으므로 고객들 특히 기업 고객이 주말 동안 은행에서 엄청난 유동성을 얼마든지 빼낼 수 있다. 이런 일이 벌어지면 사실상 이미 어려움을 겪고 있는 은행의 부실 문제가 더욱 빠른 속도로 악화 일로를 걷게 된다.

른 관심이 없는 듯이 보였다. 기존의 자동이체를 새 플랫폼으로 옮기도록 강제하는 새로운 규정이 은행에 도입됐지만, 이 같은 정책이 시행된 지 7년 후에도 영국의 전체 송금 거래 및 자동이체에서 FPS가 차지하는 비중은 25%에 불과했다.

새로운 시스템이 받아들여지기에는 시기상조였던 것으로 보인다. 이후 출시된 즉시 지급 서비스 중 상당수는 하루 24시간, 연중무휴로 언제든 실시간으로 이체 서비스를 제공하는 것 외에 여러 기능이 추가되었다. 길고 외우기 힘든 은행 계좌번호보다 훨씬 간편한 이메일 주소, 휴대전화 번호 같은 '별칭Alias'을 사용할 수 있게 만들어 송금 편의성을 높이고, 고객이 모바일 플랫폼과 웹사이트에서도 즉시 지급을 이용할 수 있게 했다.

현재 50개가 넘는 국가가 이 같은 즉시 지급 시스템을 출시했거나 개발 중이다. 하지만 각국은 자신들만의 접근법을 취했고, 새롭게 등장한 즉시 지급 시스템이 전통적 지급 시스템보다 항상 우월하다고 말하기 어려운 경우도 존재한다.

다시 인도로 돌아가 보자. 인도가 선택한 해결책은 누구나 사용할 수 있는 상위 지급결제 인프라UPI를 구축하고 즉시 지급 시스템들을 연결하는 방식이었다. 시스템에 참여하는 인도 은행의 고객은 하루 24시간, 연중무휴로 언제든 원할 때 즉시 이체할 수 있는 한편, **UPI**Unified Payment Interface**(통합 지급 인터페이스)라고 알려진 상위 지급결제 인프라는 은행 이외의 제3자(써드파티)도 참여해 송금 업무를 처리할 수 있게 한다.** 우버, 딜리버루Deliveroo, 구글 같은 기업들도 인도 고객이 지급·지불한 내역을 곧장 인도 은행 시스템 속으로 '집어넣는'

이 같은 단순한 방식을 채택했다.

기술적으로 영국의 FPS, 호주의 NPPNew Payments Platform(신결제 플랫폼)와 구조는 비슷하지만, 인도의 UPI는 빠르게 성장하고 있으며 다양하게 활용되고 있다.

이유가 무엇일까? 첫째, 인도의 UPI는 **사용자가 훨씬 쉽게 결제할 수 있도록 설계되어 있다.** 고객은 계좌번호와 은행 식별번호 대신 휴대전화 번호 같은 별칭을 사용할 수 있다. 호주 사람들도 휴대전화 번호로 NPP를 이용할 수 있긴 하나, 인도의 시스템이 좀 더 뛰어난 성과를 내는 이유는 UPI가 인도 정부가 새롭게 도입한 '아다하르Aadhaar' 전자 주민등록증 시스템에 기반하기 때문이다. 인도 은행들은 이미 모든 고객의 아다하르 번호를 갖고 있는 반면, 휴대전화 번호를 이용해 거래하는 호주의 NPP 사용자들은 먼저 은행에 전화번호를 등록해야 한다.[2]

둘째, 인도의 UPI는 **은행이 아닌 다른 기업들의 참여도 허용한다.** 이들이 사용자를 대신해 결제를 개시할 수 있게 지원하는 개방형 APIApplication Programing linterface(응용 프로그램 인터페이스)를 제공하는 것이다. EU 집행위원회는 유럽 은행들이 UPI와 유사한 것을 만들어 낼 수 있도록 노력하는 중이다. 물론 은행들의 동의를 얻어내기까지 몇 해가 걸렸으며 관련 규정이 완전히 시행되기까지는 훨씬 오랜 시

---

2 아다하르 번호는 인도의 신분증 발급기관 고유식별청(Unique Identification Authority of India)이 검증 과정을 통과한 인도 거주자에게 발급하는 12자리의 난수(Random number)다. 남녀노소를 막론하고 인도에 거주하는 사람이라면 누구나 자진해서 자신의 정보를 등록하고 아다하르 번호를 발급받을 수 있다.

간이 걸릴 것이다.[3]

API는 금융 서비스에 혁명을 일으키고 있다(뿐만 아니라 다른 산업에서도 마찬가지다). 그렇다면 API가 무엇이며, 어떻게 작동하는 것일까?

API는 두 개의 컴퓨터 응용 프로그램이 서로 원활하게 소통할 수 있도록 지원하는 소프트웨어다. 우리 대다수는 이미 일상에서 API를 사용하고 있다. 예를 들어 온라인 스토어에서 마음에 드는 제품을 발견한 후 페이스북에서 공유하거나, 특정한 앱이나 웹사이트에 위치 정보 확인 권한이나 카메라 사용 권한을 허용할 때 API가 적용된다.

API 기술서는 'API 콜API call'이라고 불리는 상대방의 요청을 어떻게 구조화Formatted하고 처리Return할 것인지를 정한다. API 기술서에는 '나한테 계좌번호를 알려주면 내가 잔액을 송금할 것이다'라는 식의 간단한 내용이 담겨 있을 수도 있다. API의 진정한 위력은 조직의 **네트워크 밖에 있는 컴퓨터들도 원하는 것을 요청할 수 있도록 허용**한다는 데 있다. 조직은 자사 API의 사양을 공개해 외부 개발자들이 좀 더 쉽게 이런 API 콜을 만들고 실행할 수 있도록 지원한다.

API는 정보를 검색할 수 있을 뿐 아니라 지급·지불 같은 다양한 프로세스를 개시할 수도 있다. API 콜은 계좌번호, 금액 같은 송금 거래의 세부 사항을 명시할 수 있으며, 호출자는 지불되었다는 답신을 받게 된다.

---

3 이것이 결제를 개시하고 잔고나 거래 내역 같은 계좌 데이터를 찾아볼 수 있도록 은행들이 제3자 서비스 공급자(고객의 동의를 받은 공급자)에게 API를 통한 접근을 허용하도록 규정하는 결제 서비스 지침 2(PSD2, Payment Services Directive 2) 혹은 EU 지침 2015/2366이다.

의식하지 못한 사이에 API는 이미 우리가 인터넷과 휴대전화를 사용하는 방식을 바꿔놓았으며, 결제하는 방식에 일대 혁신을 일으키고 있다. 게다가 블록체인 기술에 대한 굳은 믿음을 가진 사람들에게는 신성모독 같은 발언일 수도 있겠지만, 비트코인 같은 암호화폐의 기반이 되며 많이 내세워지는 블록체인 기술이 약속하는 장점 중 상당수는 API를 통해서도 얼마든지 구현할 수 있다(관련 내용은 22장에서 자세히 살펴볼 예정이다).

이러한 API를 통해 아마존이나 구글 같은 외국의 거대 기업과 인도의 서비스 제공업체 등은 **자사 모바일 앱 속에 UPI를 내장할 수 있다.** 그 결과 '매끄러운 지불 경험Seamless payment experience'이 가능해졌다. API를 기반으로 만들어진 앱 덕분에 소비자는 판매자와 QR코드를 교환하기도 하고, 판매자는 계산서Electronic invoices를 소비자에게 전달할 수도 있다. 그리고 궁극적으로 실제 돈의 지불은 그 앱과 API를 통해 연결된 UPI를 통해 처리된다.

UPI 덕분에 인도의 즉시 지급 시스템은 현재 세계에서 가장 성공적인 결제 시스템으로 발돋움했다. 2016년 중반에 도입된 UPI는 이미 매달 10억 건의 거래를 처리한다. 거의 10년이나 일찍 등장했음에도 매달 처리하는 거래 건수가 2억 5천만 건이 채 되지 않는 영국의 FPS와 비교하면 가히 놀라운 수치다. UPI 사용량은 매달 10%씩 늘고 있으며 매년 2배 이상 증가하는 추세다. UPI가 더 늦게 출시됐고 수용 단계Stage of adoption 역시 훨씬 초기이긴 하나, UPI의 성장률은 알리페이와 텐페이보다도 월등히 빠르다.

어째서 세계 각국은 **지급·지불 속도를 개선하기 위해 이토록 엄청난**

노력을 기울일까? 우리는 주로 돈을 내는 입장이기에 누가 얼마나 빨리 돈을 받는지에 대해서는 잘 생각하지 않는다. 우리가 거래하고자 하는 상대방이 실제로 대금을 받기 전까지는 물건이나 서비스를 제공할 수 없다고 하는 경우에만 속도가 문제가 된다. **그렇다면 지불받는 사람은 어떨까?** 수령인의 입장은 조금 다르다.

즉시 지급 시스템이 등장하기 전 카드로 지불하던 시절에는 언젠가는 대금 지급이 이뤄진다는 사실은 확실했지만, 언제 돈이 들어올지는 알 수 없었다. 가맹점은 돈이 들어오리라는 것은 알지만 하루에서 일주일 혹은 그 이상 기다릴 수밖에 없었다. 이 기간에는 진열대에 상품을 다시 채울 수도, 직원들에게 급료를 줄 수도 없고 수익을 재투자할 수도 없었다. 만약 이런 문제를 해결하기 위해 돈을 빌리면 그에 상응하는 비용이 들고, 그것은 결국 물건을 채우고 더 많은 직원에게 급여를 주고 비즈니스를 확장하는 데 제약 요인이 될 수밖에 없었다. 더 심각한 문제는 수표나 은행 이체로 지불이 이뤄지면 수령인은 얼마나 빨리 받을 수 있느냐를 떠나 돈을 제대로 받을 수 있는지조차 확신할 수 없었다. 돈이 계좌로 들어올 때까지 그 무엇도 확신도 할 수 없었다.

지급 속도는 금융권에도 중요한 이슈다. 어떤 기업이나 은행에서 다른 곳으로 **돈이 이동하는 시간이 길어질수록 시스템 내에 누적되는 신용 위험도 커진다.** 신용 위험의 누적은 위험할 뿐 아니라 경제적으로도 바람직하지 않다. 우리가 원하는 것은 돈이 정확히 움직이는 것이기도 하지만, 사실 빠르게 움직이는 것이기도 하다.

이렇듯 돈이 움직이는 속도는 매우 중요한 문제이며, 세계 각국은 즉시 지급 부문의 선두주자가 되기 위해 치열하게 겨루고 있다. 하지만 이게 국가 간의 경쟁할 거리가 되는가에 대해 의문을 품는 사람도 있다. 지불 습관은 국가별로 차이가 있고 이런 특성은 바꾸기 쉽지 않다. 따라서 이웃 국가가 좀 더 멀리, 좀 더 빨리 나아가더라도 차이가 생기지는 않는다고 말할 수도 있다. 물론, 이렇게 주장할 수는 있지만 어떤 경제건 제대로 돌아가려면 **돈이 효율적으로 움직여야 한다.** 특정한 이웃 국가에 뒤지지 않으려고 애쓸 필요는 없다고 생각할 수 있겠지만, 다른 나라에 비해 자국의 상태가 어떤지 파악하고 다른 나라의 실수를 통해 교훈을 얻기 위해서라도 다른 나라에서 어떤 일이 벌어지고 있는지 유심히 지켜볼 필요가 있다.

그리고 몇 가지 다른 중요한 의미에서도 **즉시 지급·지불이 국가 간 경쟁이라는 사실**을 잊지 말아야 한다. 예를 들어 2020년 중반에 EU 집행위원회와 영국 재무성HM Treasury이 지급 전략을 재검토하기 시작한 데는 이유가 있다. 표준을 선도해 지급 수단을 해외로 수출하고 지급 시장을 선도하려는 국가 간 경쟁은 분명 진행 중이다. 그러나 **어디를 통해 지급이 이루어져야 하고**(은행 중심이어야 하는지 기술 중심이어야 하는지), **누구에 의해 진행돼야 하는지**(이윤 극대화를 추구하는 조직인지 공익적 기업인지 혹은 그 중간쯤에 있는 존재인지)를 정하기 위한 다소 철학적인 경쟁은 덜 두드러진다.

지급에 대한 유럽의 생각은 다른 어떤 나라보다 인도와 가까워 보인다. 영국의 FPS는 민간 부문에서 자금을 조달해 공공 부문이 주도한 정책이다. 유로존에서는 2017년에 은행 주도의 프로젝트가 시작됐지만, 그로부터 1년 후 유럽중앙은행이 TIPSTARGET Instant Payment

Settlement(타깃 즉시 지급결제) 시스템을 출범해 보완했다.⁴ 인도의 UPI
역시 유사한 **개입주의적 접근**에서 탄생한 것으로, 인도 정부와 중앙
은행이 장려한 민간-공공 파트너십이 기반이 되었다.

물론 유럽에는 인도의 아다하르 같은 전자 주민등록증 시스템은
없다. 하지만 유럽은 비슷한 모델을 성공적으로 발전시키는 데 필요
한 그 밖의 모든 요소를 갖고 있다. 즉시 지급에 필요한 인프라를 갖
췄을 뿐 아니라, 영국의 오픈뱅킹Open Banking, EU의 개정된 지급 서비
스 지침PSD, Payment Services Directive(21장에서 더 자세히 살펴볼 것이다) 같
은 정책을 가지고 있다. 지급결제 인프라와 법규 둘 다 API 사용을
촉진하고 계좌 간 송금 과정을 쉽게 만드는 데 도움이 된다.

인도가 해냈듯이 유럽이 이 같은 두 요소를 결합시킬 수 있을까?
만약 그렇게 된다면 사면초가에 몰린 유럽 은행들에게 꼭 필요한 도
움의 손길을 줄 수 있을까?

---

4 민간 부문에서 진행한 프로젝트는 유럽의 주요 은행들이 소유한 범유럽 결제 인프라인
  EBA 클리어링의 RT1이다. 유럽중앙은행의 즉시 지급 서비스는 TIPS다.

ECONOMICS

" 어떤 나라의 은행은 다른 나라의 은행보다 결제 서비스로 훨씬 많은 돈을 벌어들인다. 주된 원인은 지역마다 사람들이 선택하는 결제 방식과 금리 환경이 다르기 때문이며 이 두 요소는 얼마든지 변할 수 있는 것이기도 하다. 그러나 지역적인 차이를 초래하는 원인 중 좀처럼 바뀌지 않는 것이 있다. 바로 결제를 위한 비용 지불을 받아들이는 각 나라의 태도다. "

4부

돈의 경제학

결제 비용을 내는 자와 결제로 돈을 버는 자

12

결제를 위한 결제
: 결제에 숨은 간접 비용

러시아의 노동 인구는 7,200만 명이며 연간 GDP는 약 1조 7천억 달러. 결제산업의 비용Financial 측면만 보면 결제산업의 규모는 러시아의 GDP와 비슷하다. 전 세계에서 우리가 행하는 결제로 발생하는 총비용은 연간 1.5~2조 달러에 달한다.

우리가 결제를 하면, 상대방이 우리가 보낸 돈을 수령한다. 하지만 결제산업은 그 사이에서 실속을 챙기며 **상당한 몫을 가져간다.** 선진국에서는 그 금액이 사용자 1인당 연간 1천 달러에 이른다.

꼼꼼하게 정보를 확인하는 소비자들은 이 이야기를 듣고 깜짝 놀라며 이런 생각을 할 수 있다. **'결제 수수료라고 명시된 것을 거의 본 적이 없는데?** 나는 내 신용카드에 적힌 깨알 같은 글자들을 모조리 읽는데? 게다가 신용카드로 현금을 찾지도 않는데? 난 수표가 부도 처리되지 않도록 신경 쓰는데(수표 이야기는 특히 미국과 프랑스 독자에게 해당된다)? ATM에서 돈을 뽑으려다가도 인출 수수료가 있다는 사실을 알면 한두 블록쯤 돌아다니면서 무료 ATM을 찾아내는데? 게다가 해외에 있는 누군가에게 돈을 줘야 할 때는 레볼루트Revolut(영국의 환전, 송금 전문 핀테크 기업 - 옮긴이)나 트랜스퍼와이즈TransferWise(수수료가 저렴한 국외 송금 서비스 - 옮긴이)를 쓰는데?!'[1]

그럼에도 우리 소비자들은 **어떤 식으로건 결제를 위한 비용을 지불한다.** 소비자들이 내는 결제 비용은 총 1조 달러가량이며, 이는 결제 회사들이 벌어들이는 전체 수입의 50~70%를 차지한다. 결제 회사들에게 소비자는 매우 고마운 존재일 수밖에 없다. 그렇다면 결제 회사는 어떻게 우리도 모르게 그리 쉽게 주머니를 털어가는 걸까?

이에 대한 답은 복잡하다. 그런 이유로 1세대 가격 비교 사이트(미국의 컨슈머 리포트Consumer Reports, 영국의 위치?, 프랑스의 UFC-크슈아지르UFC-Que Choisir, 독일의 슈티프퉁 바렌테스트Stiftung Warentest 등)나, 신규 온라인 가격 비교 사이트(머니슈퍼마켓닷컴MoneySupermarket.com 등)는 결제 수단별 수수료를 비교하려는 시도조차 하지 않는다.

소비자들은 미처 깨닫지도 못한 사이 다양한 방식으로 결제 비용을 지불한다. 카드 수수료는 대개 가맹점이 지불하기 때문에 일반 소비자의 눈에는 잘 보이지 않는다. 하지만 앞서 6장에서 살펴봤듯이 소비자는 결국 **더 높은 상품 가격을 지불하는 형태**로 이러한 수수료를 부담한다.

---

1 레볼루트와 와이즈는 많은 은행과 송금 서비스 업체들에 비해 고객에게 좀 더 유리한 환율을 적용한다.

두 번째 결제 비용은 **대출에 대한 이자다.** 은행은 신용카드 부채에 상당히 높은 금리(이자율)를 적용하는 데다, 사람들이 복리의 개념을 정확히 받아들이기가 쉽지 않을 수 있다. 심지어 선진국에서조차 복리 개념을 이해하는 성인의 비율이 60%가 채 되지 않는다. 이것이 문제다. 신용카드 부채에 적용되는 이자율은 대개 월 1.9% 정도다. 월 1.9%의 이자율이라고 하면 그리 높지 않은 것처럼 들리지만 사실 연 25%에 해당하는 수치다. 이 정도 금리면 단 3년 만에 빚이 2배 늘어나고 10년이면 대략 10배 정도 늘어날 것이다.

소비자들이 정확하게 얼마의 결제 비용을 부담하는지 계산하기 어려운 다른 요인으로 **환율**을 꼽을 수 있다. 시장 환율은 계속 변하고, 카드 명세서가 도착할 무렵이 되면 명세서에 적힌 환율이 이미 며칠 혹은 몇 주 전의 것이 돼버리기 때문에 비교가 어렵다. 공항에 있는 트래블렉스Travelex같은 환전 전문업체 매장들은 '환전 요금이나 수수료'가 없다고 내세우지만, 외화를 살 때와 팔 때 적용되는 환율 차이가 비행기 한 대가 들어갈 정도로 크다는 우스갯소리가 있을 정도다. 예를 들어 유로-달러 환율이 살 때는 1.40달러, 팔 때는 1.12달러라고 해보자. 이때 140달러를 주면 100유로를 살 수 있다. 그러다 마음이 바뀌어 100유로를 다시 팔면 112달러만 되돌려 받게 된다. 이 '왕복' 거래로 인해 28달러, 즉 최초 가치의 20%에 달하는 돈이 사라져 버린다.

해외에서 ATM을 이용하거나 카드로 물건을 구입할 때에는 절대 자국 통화로 결제하는 쪽을 택해선 안 된다. 자국 통화 결제가 편리하게 느껴질 수도 있겠지만 자국 통화 결제를 택하면 시장 환율보다

3~5% 불리한 환율이 적용된다. 반면 비자나 마스터카드로 결제하면 0.3~0.4% 차이가 있을 뿐이다. 온라인에서도 마찬가지다. 가령 아마존은 외화 결제에 시장 환율보다 약 2~4% 불리한 환율을 적용한다.

결제 수수료를 이해하는 데 어려움을 겪는 것은 비단 일반 소비자만이 아니다. 2002년, 마스터카드는 유럽에서 마스터카드 라이선스를 갖고 있던 유로페이Europay와 유로페이의 마에스트로Maestro 브랜드 및 네트워크를 모두 인수했다. 마에스트로는 유럽 전역의 ATM과 가맹점을 연결하는 범유럽 직불카드 사업자로, 당시 가맹점이 점점 늘고 있었다. 이로써 마스터카드는 (이미 자사 브랜드로 해당 분야를 운영해오고 있었기에 잘 알고 있었던) 신용카드 및 차지카드 비즈니스뿐 아니라 직불카드 비즈니스까지 인수하게 됐다.

합병 직후 마스터카드의 임원들은 벨기에 워털루의 유로페이 본사를 방문했다. 그리고 대다수 유럽 국가에서 직불카드 서비스가 소비자들에게는 무료로, 가맹점들에게는 무료에 가까운 적은 수수료로 제공된다는 사실을 알고 경악했다. 마스터카드 임원들은 "그건 바보 같은 짓이야! 말도 안 돼!"라며 고함을 질렀다고 한다.

하지만 이런 정책이 말이 되는지 안 되는지는 관점에 따라 다르고, 어떤 지역 출신인가에 따라서도 생각이 다를 수밖에 없다. 나라 혹은 지역마다 달라지는 것은 결제 습관만이 아니다. **결제를 둘러싼 경제 환경과 이런 현실에 대한 기대치 역시 나라나 지역에 따라 다르다.**

대부분의 사람이, 마이너스 통장 대출Overdraft을* 이용하지 않는 한 통장 계좌를 통한 결제나 송금은 공짜라고 생각한다. 하지만 속지 말자. 주로 간접적이기는 하나 **은행은 결제에 대한 비용을 청구한다.** 은행은 고객에게 수시입출금 계좌(당좌예금)를 [2] 제공할 때 결제하고 결제받을 수 있는 기능도 함께 제공한다. 앞서 언급했던 1.5~2조 달러에 달하는 전 세계 결제 수익의 약 4분의 1이 이 모델을 통해 나온다(나머지 4분의 1은 단독 상품을 통해 벌어들이는 수입으로 신용카드가 대부분을 차지한다. 관련 내용은 잠시 후에 살펴볼 것이다). 입출금 계좌가 있으면 일반적으로 수표와 자동이체, 직불카드도 사용할 수 있다. 이미 몇몇 서비스를 사용하는 대가로 연회비를 내고 있거나, 타행 ATM에서 현금을 인출하는 등 특정 거래를 진행할 때 일정 금액의 수수료를 지불하고 있을 수도 있다. 특히나 요즘처럼 금리가 낮을 때는 고객들의 예금으로 벌어들일 수 있는 수익이 상대적으로 적기 때문에 은행들이 서비스 수수료와 거래 수수료를 도입하거나 기존의 수수료를 올릴 가능성이 크다.

그리고 **마이너스 통장 자체 서비스 자체에도 비용이 붙는다.** 지역에 따라 조금씩 다르지만 은행은 다양한 방법으로 여기에 수수료를 부과한다. 마이너스 통장을 개설할 때 수수료를 사전 청구하기도 하고, 미리 합의되지 않은 초과 인출에 대한 수수료를 청구하기도 한다. 마이너스 대출액에 대한 이자율을 인상하는 경우도 있다.

- 영미의 Overdraft(당좌대월) 서비스는 예금 잔고를 초과해 결제한 경우 결제를 보장해주는 초단기 소액 대출 서비스다. 이는 한국의 마이너스 통장과는 다소 차이가 있지만, 이해의 편의를 위해 마이너스 통장으로 설명했다.
- 2 보통예금처럼 입출금이 자유로우면서도 대금 결제에 필요한 수표나 어음을 발행할 수 있는 예금. 미국은 당좌예금 계좌를 'Checking account'라 부르고 미국을 제외한 나머지 나라들은 당좌예금 계좌를 'Current account'라고 부른다. 결국, 'Checking account'와 'Current account'는 같다.

쉽게 말하면, 계좌를 개설할 때 계좌 잔고를 초과하는 결제가 가능하도록 마이너스 통장 계약을 은행과 맺을 수 있다. 매달 마이너스 통장 사용료를 지불하거나 미리 합의한 이자를 내는 방식이다. 한편 어떤 사람들(사전에 마이너스 통장을 개설하지 않은 사람들)은 의도치 않게 계좌 잔고 이상의 결제를 해야 하는 상황에 처하기도 한다. 이때도 은행은 소액의 초과 인출을 허용하고 이에 대한 수수료를 부과한다. 이러한 수수료는 당연히 비싼 데다 일부 은행은 심지어 갑자기 그 당일에 초과 인출 수수료를 높이기도 한다. 더욱이 마이너스 통장으로 돈을 빌린 상태에서 직불카드 결제가 실패하거나 정기구독료, 수표가 부도 처리되면 추가 비용이 발생할 수도 있다.

그런데 놀랍게도 은행이 우리의 일상적인 결제 비용을 충당하기 위해 의존하는 주된 수입원은 위와 같은 수수료가 아니라, **은행 계좌에서 나오는 이자 마진**Interest margin이다. 이자 마진이란 우리가 당좌예금 계좌에 넣어 둔 돈에 대해 은행이 우리에게 주는 금리(대개 0%)와, 우리가 예금한 돈을 가지고 은행이 누군가에게 빌려줄 때 적용하는 대출 금리 간의 차이, 즉 예대금리차를 뜻한다.● 그러나 최근까지 대부분의 선진국은 저금리 기조를 유지하고 있었으며 심지어 마이너스 금리인 곳도 있기 때문에 이자 마진보다는 은행 수수료의 중요성이 점점 커지고 있다. 다만 적어도 현재의 영국은 예외다. 계좌 수수

● 즉, 은행이 수시입출금 계좌에 대해 이자를 거의 지급하지 않는 이유는 그 계좌가 결제 기능을 제공하고 있어서다. 수시입출금 계좌를 통해 자금이체, 납부, 대금 결제 등의 서비스를 제공하는 편의가 있기 때문에 은행은 이에 대해서는 낮은 이자를 지불하는 것이다.

료나 거래 수수료가 부과되지 않는 계좌가 많기 때문이다. 이는 영국 고객들이 유럽 대륙과 달리 열렬한 신용카드 사용자라는 점 때문이기도 하다. 은행으로서는 매우 바람직한 일이다(물론 영국이라는 나라와 소비자들에게도 바람직한 일인가는 또 다른 문제이며, 관련 내용은 뒤에서 살펴보자).

은행 계좌에 결제 기능이 추가되어 있다는 점을 감안하면 비슷한 상황에서도 비교가 되지 않는 이유를 쉽게 이해할 수 있다. A와 B가 매달 3천 달러의 급여가 들어오며 계좌 유지비용이 무료인 수시입출금 계좌를 갖고 있다고 가정해보자. A는 돈이 들어오는 즉시 1,500달러를 연금 계좌와 담보대출 계좌에 집어넣고 나머지 잔고를 생활비로 쓴다. B는 이미 연금 계좌에 충분한 금액이 들어 있고 담보대출도 없다. 따라서 B의 급여는 그 상태 그대로 수시 입출금 계좌에 남아 있다. A는 사실상 이자 수익을 잃을 염려가 없는 반면, B는 이자율이 어떤가에 따라 다르긴 하겠지만 상당한 이자 수익을 놓칠 수 있다. 게다가 현금을 투자할 기회를 놓친 탓에 기회비용도 발생한다.

마찬가지로 두 사람이 연간 200달러의 계좌 유지비용을 내고, 매일 하루에 두 번씩 직불카드를 사용한다고 치면, 두 사람 모두 한 번 거래를 할 때마다 27센트를 내는 셈이다. 둘 다 수시입출금 계좌에 동일한 금액의 소액 잔고만 유지하는 상황이라면 이런 해석이 옳다. 그런데 만약 이들 중 한 명이 대부분의 돈을 수시입출금 계좌에 넣어둔다면, 그 사람은 다른 데 투자해서 얻을 수 있었을 **이자 수익을 놓치게 되기 때문에 사실상 두 배가 넘는 비용을 '지불'**한다고 볼 수 있다.

매달 최소한의 금액을 계좌로 입금하면 높은 이율을 적용해준다는 은행의 신규 계좌 특판 광고를 본 적이 있는가? 이런 것들이야말로 은행들이 수시입출금 계좌를 절실하게 원한다는 명확한 징후이며, 그렇게 원하는 이유는 돈이 되기 때문이다.

해외 결제, ATM 이용, 환전과 같이 **더 분명하고 가시적인 방식으로 결제를 위한 결제를 요구하는 사례도 많다.** 우리가 이런 서비스를 이용하기 위해 지출하는 비용은 개인마다 크게 다를 수 있다. 게다가 이런 수수료는 정기적으로 꾸준히 나가는 게 아니라 이따금 비정기적으로 지불하는 것이어서 잊어버리기 쉽다. 하지만 우리는 결제산업의 수지타산에 도움이 될 만큼 막대한 비용을 지불하고 있으며, 상당수의 결제 관련 기업들은 그 덕에 호황을 누린다.

일반적으로 어느 나라에서건 거래 은행의 ATM을 이용하면 별도의 수수료가 발생하지 않는다. 하지만 나날이 늘어나는 추세인 비은행권 ATM을 이용하면 인출 수수료가 부과된다. 비은행권 ATM을 사용할 때는 대개 '이 ATM 운영업체가 해당 거래에 2.5달러의 수수료를 부과합니다.'라는 식의 안내 메시지가 뜬다. 현금 인출 고객에게 직접 인출 수수료를 부과하는 것 외에 해당 거래를 관리하는 사용자의 은행에도 수수료를 부과한다. 그래서 수수료가 부과된다는 첫 번째 안내 문구에 뒤이어 '현금 인출 수수료 외에 고객님의 거래 은행에서 별도의 요금을 청구할 수도 있습니다. 거래를 계속 진행하시겠습니까?'라는 안내가 추가로 나오기도 한다.

은행이 아닌 독립적인 업체가 ATM 절반 이상을 운영하는 미국에서는 이런 상황이 흔히 발생한다. 그중 가장 규모가 큰 카드트로닉스 Cardtronics는 10만 개의 ATM을 보유하고 있다. 미국 전역에서 사용되는 ATM의 20%가 넘는 규모다. 결제를 위한 결제가 덜 성행하는(가시적으로는) 영국에서조차 카드트로닉스가 총 7만 개의 ATM 중 1만 8천 개, 즉 약 25%를 운영한다. 어느 유럽인이 미국의 ATM에서 신용카드로 현금을 뽑는다면, 집에 돌아가서 얼마의 수수료를 지불했는지 계산하다가 충격에 빠질 수도 있다.

여기서 최악의 시나리오를 그려보자면, ATM 운영업체가 부과하는 수수료 · ATM 사용에 대해 카드 발행사가 청구하는 수수료 · 신용카드 현금 서비스를 이용한 수수료(인출 금액의 최대 3%까지 부과될 수 있다) · 인출된 현금(대출금)에 붙는 이자(출금된 순간부터 올라간다)[3] · 외환 거래 수수료가 모두 부과되는 상황이 벌어질 수 있다. 참, 여기에 더해 시장 환율과는 몇 퍼센트 차이 나는 환율을 적용받을 수도 있겠다. 물론 그 유럽인이 월말에 카드 대금을 제때 상환하지 못하면 더 많은 돈을 지불해야 한다. 이러니 카드 비즈니스가 잘 될 수밖에 없지 않은가?

신용카드는 우리 주머니에서 많은 돈을 빼내 간다. 상당수의 리워드 카드에는 연회비가 있으며, 앞서 말했듯이 ATM 수수료는 꽤 높은 편이다. 신용카드로 현금을 인출하거나 카드 대금을 연체해 이자를 내는 상황은 무조건 피해야 한다. 물론 신용카드를 현명하게 사용하면 얼마든지 불필요한 비용을 없앨 수도 있다. 그러나 애석하게도 현실은 이런 **비용을 감당할 능력이 가장 부족한 사람들이 가장 많은 비용**

---

3 신용카드 뒷면의 작은 글씨를 보면 신용카드로 현금을 인출하면 월말이 아니라 현금을 인출한 순간부터 인출 금액에 이자가 붙는다는 문구가 적혀 있을 가능성이 크다.

을 **지불**하는 경우가 너무도 많다는 사실이다.

카드를 사용할 때 부담하는 **명시적인 수수료 외에 숨겨진 비용도 있**다. 시장에서 물건을 사거나 택시를 타면 상인이나 운전기사가 우리가 내민 카드를 기꺼이 받겠지만, 현금으로 내면 2%, 3%, 혹은 4% 가격이 저렴하다고 말하기도 할 것이다. 식당, 백화점, 온라인 소매 업체 같은 가맹점들은 (대개) 그렇게 하지 않지만, 우리는 이런 가맹 점들이 상당한 가맹점 수수료를 가격에 반영할 수밖에 없음을 알고 있다.

결제를 위한 비용을 지불하는 것이 일반 소비자만은 아니다. **기업 고객 역시 결제에 대한 비용을 지불하며,** 주로 당좌예금 계좌를 통해서 지불한다. 물론 미묘한 차이는 있다. 기업 고객은 매달 혹은 매년 당 좌예금 계좌 관리비를 낼 뿐 아니라 수표 처리와 입출금 같은 모든 거래에 대해 수수료를 내는 경우가 많다. 소매 은행 부문과 달리 상업 은행 부문에서는 신용카드가 중요한 역할을 하지 않는다. 단, 앞서 6장에서 살펴봤듯이 카드를 받을 때 상당한 수수료를 내는 가맹 점들은 예외다. 그 대신 기업은 현금 관리, 외환 거래, 해외 송금 등의 서비스를 이용할 때 (추가) 수수료를 낸다.

이런 서비스를 흔히 '기업·글로벌 거래 뱅킹Corporate or Global Transaction Banking'이라고 부르며, 규모가 큰 청산은행Clearing bank은 이를 통해 많은 돈을 벌어들인다. 기업은 이 모든 서비스를 이용하는 대가로 수수료를 낼 뿐 아니라 당좌예금 계좌에 상당한 잔고를 남겨 둠으로써 간접적인 비용도 지불한다. 은행은 기업의 유동성 관리를 위해 대출, 당좌대월, 캐시풀링Cash pooling(본사가 국외 법인의 자금을 통

합 관리하는 방식 - 옮긴이), 상계 처리 서비스와 같은 추가 서비스를 제공하기도 한다.[4]

　다시 연간 1.5~2조 달러라는 비용으로 돌아가 보자. 기업이 그중 대부분을 부담하고 있을까? 간단하게 답하면 '그렇지 않다'. 전 세계를 통틀어 보면 결제 수익은 소매 금융 부문과 상업·기업 금융 부문에서 거의 비슷하게 창출된다.[5] 그러나 문제는 우리 소비자들이 구매하는 제품 및 서비스의 가격을 책정할 때 기업들이 이 비용을 반영한다는 것이다. 다시 말해서 우리는 **직접적 비용**(수수료 등)과 **상품 가격 인상**이라는 두 가지 경로로 **결제를 위한 비용을 지불**하고 있다.

4　이런 서비스 덕에 다국적 기업은 여러 자회사의 계좌 잔고를 통합해 각 통화당 하나의 계좌 잔고를 만들어 관리할 수 있다. 즉, 한 자회사의 마이너스 계정을 다른 자회사의 플러스 계정으로 상쇄할 수 있다.

5　그러나 명심할 부분은, 세계적인 경영컨설팅 회사인 맥킨지(McKinsey & Company)와 BCG(Boston Consulting Group) 모두 가맹점 수수료를 소비자 부문의 매출로 분류한다는 사실이다.

13

돈을 움직여 돈을 벌다
: 누가 결제로 이익을 얻는가

누군가 돈을 내면 다른 누군가가 그 돈을 받기 마련이다. 우리가 결제하기 위해 지불하는 돈 역시 예외가 아니며, 이 돈을 가져가는 것은 대개 은행이다. 은행은 매년 우리가 결제 비용으로 지불하는 1.5~2조 달러의 대부분을 가져간다. 이 금액은 전년동기대비 6%씩 꾸준히 증가해 전체 은행 수입의 약 30~40%를 차지한다. 하지만 이 돈이 국가별로 고르게 돌아가지는 않는다. 어떤 나라의 은행은 다른 나라의 은행보다 결제 서비스를 통해 훨씬 많은 돈을 벌어들인다.

모든 은행은 우리가 앞서 살펴본 수익 모델에 의존하지만 그것으로 **벌어들이는 돈의 규모는 지역적으로 큰 차이가 난다.** 그 원인은 지역마다 사람들이 선택하는 결제 방식이 다르고 금리 환경도 다르기 때문인데, 이 두 요소는 얼마든지 변할 수 있는 것이기도 하다. 그러나 **지역적인 차이를 초래하는 원인 중 좀처럼 바뀌지 않는 것이 있다.** 바로 **결제에 대한 비용 지불을 받아들이는 각 나라의 태도다.**

미국에는 돈을 내야만 게임이나 경기에 참여할 수 있음을 뜻하는 '참여하기 위한 결제Pay-to-play'라는 표현이 있다. 이 말은 도움이나 투자를 받고자 하는 기대를 품고 정치인에게 선물을 건네는 관행부터 편안한 대사 자리를 주겠다거나 자신에게 유리한 법안을 통과시켜 주겠다는 약속을 믿고 선거 자금을 기부하는 것에 이르기까지 모든 것을 아우른다. 심지어 '기도하기 위한 결제Pay-to-pray'를 할 정도니, 결제에 대한 비용 지불이 일반적이라는 점은 전혀 놀랍지 않다. 결제에 사용하는 수표책Check books을 얻기 위해서 결제를 해야 할 수도 있다. 대부분의 미국 은행 계좌는 수표책을 무료로 제공하지만, 수표를 현금으로 바꿀 때마다 5~10달러, 또는 현금으로 바꾸는 금액의 1~2%에 해당하는 수수료를 부과한다. 미국의 규제 당국, 정치인 그리고 대중은 결제도 하나의 비즈니스라고 생각한다. 그리고 여타의 사업과 마찬가지로 **걸맞은 가격을 책정해야 한다는 인식을 역사적으로 자연스럽게 받아들였다.**

반면 유럽에서 결제란 약간의 비용만 받거나 별도의 비용 없이 제공돼야 하는 **공공 서비스로 인식하는 편이다.** EU 규제기관들은 경쟁을 장려하고 가격을 낮추기 위해 여러 차례 개입해왔으며 같은 행보를 계속 이어가고 있다. 그 결과 유럽의 카드 정산 수수료는 미국보다 훨씬 낮으며, 일부 국가에서는 카드 정산 수수료가 아예 없다. 또한 **EU는 모든 유로화 결제 건에 동일한 가격을 적용할 것을 의무화했다.** 사실상 유로존 내 국가 간에 이뤄지는 모든 결제 비용이 자국에서 유로로 결제할 때 발생하는 비용과 같다는 의미다. (유로 관련 규제 방안인 단일 유로 지급 규정Single Euro Payments Regulation은 이름에서 알 수 있듯이 몇 가지 특이점이 있다. 가령 영국 은행들은 EU 국가로 파운드를 송금하거나 EU 국가로부터 파운드를 송금받는 계좌 주인에게는 수수료를 부과하지만, 유로를 주고받는 사람에게는 수수료를 부과하지 않는다.)

미국에서도 직접적인 가격 규제가 이뤄진 적이 있지만 대체로 **유럽보다는 덜 엄격했다.** 2008년 금융위기 이후 채택된 도드-프랭크 금융개혁법Dodd-Frank Act에도 카드 정산 수수료를 규제하기 위한 더빈 개정안Durbin Amendment이 포함돼 있었다. 금융위기 이후 미국 금융업계는 자숙하는 분위기가 아니었을까 예상하겠지만, 사실 당시 미국 금융업계는 개정안에 격렬하게 반대하며 사건을 대법원까지 끌고 갔다. 그리고 정작 더빈 개정안에 따라 결정된 최고 직불카드 정산 수수료는 맨 처음 제안된 것보다 훨씬 높았다. 미국의 최고 정산 수수료율은 약 0.6%로,[1] 유럽에서 직불카드에 적용되는 최고 정산 수수료율의 3배에 달하는 수준이었다(사실 유럽에서 직불카드는 대개 무료다).

요컨대 '무료' 결제에 익숙한 유럽인들은 온갖 선물을 나눠주는 미국의 결제 서비스 제공업체들을 주의해야 한다. 미국의 결제 서비스 제공업체는 유럽의 수수료 규제를 감수해야 할 수도 있겠지만, 마스터카드처럼 어떻게든 나름의 해결책을 찾을 것이다.

마이너스 통장 대출(당좌대월)에도 국가별로 차이가 있다. 세계 어

---

1 직불카드 평균 사용 금액인 40달러에 적용되는 실효 상한(Effective cap)이다. 실제 상한(Actual cap)은 21센트 + 0.05% 수준이다.

디에서건 마이너스 통장은 은행의 중요한 비즈니스지만 미국에서는 특히 그렇다. 미국의 어느 은행 CEO가 자신의 요트에 'Overdraft(당좌대월)'라는 이름을 지어준 일화는 유명하다. 아마도 은행이 파산하지 않고 유지되게끔 돕는 것이 무엇인지 잊지 않으려고 이런 이름을 붙였던 듯 싶다. 여하튼 요트에 그런 이름을 붙였다는 이유로 그가 나쁜 평판을 얻는 동안에도 미국 은행들은 여전히 마이너스 통장 대출로 많은 돈을 벌어들였다. 그들은 2019년 한 해에만 마이너스 통장 대출 수수료로 무려 110억 달러를 긁어모았다.

은행은 당좌대월과 관련해 언론의 혹평을 받는다. 사실 그런 비난을 받아 마땅한 부분이 크다. 한 예로, 미국에서는 최근 몇 년 동안 은행들이 고객에게 필요도 없는 당좌대월 서비스를 신청하도록 부추긴 것이 드러났다. 게다가 고객의 통장에서 여러 건의 결제가 이뤄져야 할 때 금액이 가장 큰 결제 건이 가장 먼저 처리되도록 우선순위를 지정해 나머지 결제 건에 대한 수수료를 챙겼다는 사실도 드러났다.

그렇더라도 대다수 은행은 적어도 당좌대월을 불편하게 만들려고 노력한다. 은행은 고객이 여러 가지 관문을 넘어야만 당좌대월 서비스를 이용할 수 있게 한다. 고객이 빚을 지면 사전에 합의되지 않은 당좌대월을 이용하는 것이 얼마나 위험한지 상기시키는 서신과 독촉장을 보내고, 계좌를 닫아버리겠다는 위협을 쏟아낸다. **은행의 이런 태도는 다른 금융기관과는 완전히 대조적이다.** 우리가 카드 빚을 내거나 물건을 살 때 손쉽게 할부 거래가 된다는 점을 생각해보라. 이들은 너무나도 쉽게 빚을 내어주고, 취약계층에게 때로는 터무니없는 이자를 부과하기도 한다. 아마도 (앞서 언급한 악행을 제외하고) 은행이 당좌대월 사업을 축소한다면, 수익성이 높은 사업 부문 하나를 놓치는 셈이 될 것이다.

은행들은 점차 이런 관점에서 당좌대월을 바라본다. 적어도, 한쪽에서는 규제에 따른 제약을 받고 다른 한쪽으로는 기술 기업들과의 치열한 경쟁에 직면한 유럽에서는 그렇다(18장, 21장 참조). 네덜란드에서는 당좌대월 최고 수수료가 15%이지만, 영국 규제기관들은 2020년 초에 당좌대월의 복잡한 비용 문제를 해결하기 위해 은행들에게 (추가 비용이나 수수료 없이) 연이자Annual interest rate만 부과하도록 규제했다. 그 결과가 어땠을까? 은행들은 살인적인 연이자를 부과하기 시작했다! 중앙은행이 은행에 돈을 빌려줄 때 적용하는 대출 금리가 제로에 가까웠던 2020년 중반 유럽 은행들은 당좌대월에 15%의 연이자를 적용했고 미국 은행들은 약 20%의 연이자를 적용한 반면, 영국 은행들은 당좌대월에 무려 40%에 달하는 연이자를 적용했다.

이처럼 **가격 결정에 대한 태도가 지역적으로 다르듯 선호하는 결제 방법 역시 지역마다 다르다.** 미국과 캐나다의 소비자는 신용카드를 즐겨 사용하며, 이로 인해 정산 수수료와 카드 빚에 대한 이자 수익이 발생한다. 그 결과 미국과 캐나다에서는 카드가 전체 결제 수익의 절반가량을 차지하는 한편 당좌예금 계좌 이자 마진이 차지하는 비중은 20%에 불과하다.

전 세계 결제 수입의 절반은 아시아 은행들이 가져간다. 그러나 그 **수익 구조를 보면 중국과 서구는 현격한 차이**를 보인다. 미국이나 캐나다와 달리 아시아에서 신용카드가 차지하는 비중은 20%가 채 되지 않는다. 아시아 은행이 벌어들이는 전체 수입 중 무려 55%가 **수시입출금 계좌의 이자 마진에서 비롯된다.** 카드가 전체 수입의 거의 절반을 차지하고 이자 마진 비중이 겨우 20%에 불과한 미국과는 상황이 정반대다. 아시아의 여러 경제 대국에서는 금리가 여전히 플러스이기 때문에 은행들은 수시입출금 계좌를 통해 많은 수입을 올린다. 맥킨지에 따르면 중국은 전 세계 결제 수익의 거의 3분의 1을 차지하며 그 수입의 대부분은 기업 계좌의 이자 마진에서 나온다. 왜 중국은 이자 마진 비중이 높을까? 그 까닭은 중국 중앙은행(중국인민은행)이 경제 과열을 막기 위해 예금 금리는 제한하면서 대출 금리는 높게 유지하기 때문이다. 심지어 낮은 예금 이자에도 불구하고 당좌예금 계좌에는 많은 자금이 예치되어 있다. 알리페이나 텐페이 같은 새로운 수단들이 많이 등장했지만, 기업들은 여전히 당좌예금 계좌에 많은 돈을 예치한다.[2]

그러면 유럽은 어떨까? 미국의 총결제 수입은 GDP의 2%, 아시아는 무려 3%에 달하지만, 유럽은 1%에 불과하다. **유럽에서는 결제에 노골적인 수수료가 붙는 경우가 거의 없다.** 대신 은행들은 계좌 서비스 수수료와 이자 마진으로 수입을 올리는데, 이처럼 이자 마진에 대한 의존도가 높기 때문에 유럽 은행은 저금리에 취약하다. 유로와 스위스 프랑, 덴마크 크로네, 스웨덴 크로네는 오랜 기간 마이너스 금리

---

2 중국 당국의 명령에 따라 알리페이와 텐페이는 중국 중앙은행 관리 계좌에 고객 자금을 넣어둬야 한다. 두 전자지갑에 들어 있는 고객 예치금 잔액은 고객들이 중국 은행에 예치해 둔 7조 달러에 비하면 미미한 수준인 2천억 달러다.

였기 때문에 유럽에서 수시입출금 계좌의 이자 마진은 매우 낮거나 심지어 마이너스였다.

앞서 살펴봤듯이 유럽에서는 신용카드가 널리 사용되지 않기 때문에 은행들은 신용카드로는 많은 돈을 벌지 못한다. 게다가 유럽은 은행이 정산 수수료로 벌어들이는 수입을 규제한다. 결제가 전체 금융 서비스 수입의 40%가량을 차지하는 유럽에서(나머지 60%는 저축, 대출, 투자, 보험 등) **강력한 수수료 규제는 유럽 은행들의 수익성이 낮은 이유를 잘 설명한다.** 그리고 늘 그렇듯 영국은 다른 유럽 대륙 국가들과 다르다. 영국 가구의 평균 신용카드 부채는 약 2,500파운드이며 영국의 금리 또한 약간 플러스이므로 영국의 결제 수입은 세계 평균, 즉 GDP의 2%에 가깝다.

결제 수입 성장률도 국가나 지역에 따라 다르다. 지난 10년 동안 은행의 결제 수입은 연간 6%씩 성장했다. 다른 금융 서비스가 연 3%씩 성장했음을 감안하면 훨씬 가파른 추세다. 이처럼 급격한 성장세는 전자결제로의 전환과 온라인 상거래의 급증에 기인한다.

결제 수입이 가장 가파르게 성장하는 곳은 개발도상국이다. 중남미의 결제 수입 성장률은 두 자릿수이며, 아시아는 10%에 육박한다. 북미도 거래량 증가와 신용카드 부채 증가로 연간 5%의 높은 결제 수입 성장률을 기록했다. 오직 유럽만 연간 결제 수입 성장률이 2%에 머물며 GDP 성장률을 밑돈다. 낮은 성장률은 수수료 수입에 의존하지 않는 유럽 은행의 비즈니스 모델 때문이기도 하다. 수수료가 낮기 때문에 전자결제가 늘어나더라도 수입은 크게 늘지 않는 것이다.

지금까지 결제가 중요한 부분을 차지하는 은행 비즈니스에 대해 살펴봤다. 사실 마진만 충분하면 결제는 다른 금융 서비스에 비해 매력적이다. 그렇지만 결제를 통해 이윤을 얻는 것은 당연히 은행 부문만이 아니다. 결제의 대가로 우리가 지불하는 대부분의 돈을 은행이 받게 되지만, **은행 역시 결제 서비스를 제공하기 위해 많은 비용을 감당한다.** 그중 상당 부분은 엄청난 규모의 하위 산업으로 구성된 공급업체들에게 흘러간다. 어느 결제 박람회든지 찾아가 보면(이런 박람회가 실제로 존재한다), 결제 관련 공급업체들을 대거 만날 수 있다. 은행의 결제 처리에 사용되는 소프트웨어와 하드웨어를 판매하거나 빌려주는 기술 공급업체, ATM을 제조하고 유지하는 회사, 매장 내 결제 단말기를 관리하는 회사 등이 이에 해당한다. 수표 처리 서비스 제공업체, 카드 신청자의 신용 점수를 산정하는 업체, 자금세탁 방지법을 준수하고 있는지 검사하는 업체 등도 있다.

그리고 비자, 마스터카드, 청산기관Clearing house, 거대한 국제 결제 시스템인 스위프트SWIFT (물론 아직 소유권은 은행에 있지만) 같은 결제 인프라가 있다. 은행들도 점차 제3자 공급업체들에게 결제 서비스를 위탁하고 있다. 은행 대부분이 이미 카드 매입 및 처리 활동을 외부업체로 넘겼으며, 상당수 은행은 카드 발행 업무까지도 외부업체에 넘긴다. 콜센터를 비롯한 고객 서비스도 마찬가지다. 은행은 외부업체가 제공하는 이 모든 서비스에 대한 비용을 내야 하고, 자사의 IT 시스템과 공유 인프라에도 투자해야 한다. 그로 인해 은행이 결제를 통해 벌어들이는 수익은 사실상 줄어든다.

성장 둔화와 저금리는 은행이 반길 만한 것은 아니다. 거기에 앞서 언급했던 비용들Fees과 각종 투자, 과도한 규제, 과잉 설비, 노조에 가입한 직원들, 엄격한 고용법 등이 복합적으로 작용하면서 은행의 경영환경은 녹록치 않은 상황이 되어가고 있다. 이 모든 고난으로 인해 유로존 은행들의 평균 영업이익경비율CIR, Cost-to-Income Ratio은 66%로, 북유럽이나 미국 은행의 55~57%에 비해 높게 나타난다. 영업이익경비율은 은행이 총영업이익 중 얼마를 은행 운영비로 지출했는지를 나타낸다. 유로존 은행의 영업이익경비율이 높다는 것은, 운영 비용이 높은 만큼 영업이익은 상대적으로 낮음을 의미한다. 둘 중 하나를 개선하는 것은 쉽지 않다.

비용 절감이 필요하지만 이런 전략을 실행하려면 돈이 드는 데다 (투자한 돈을 되찾으려면 시간이 걸린다), 자국의 정치 상황 때문에 이 방안들을 실행하기도 결코 쉽지 않다. 더 심각한 것은 유로존 은행들이 돈을 빌리려면 다른 나라 은행들보다 더 많은 비용을 지불해야 하는 경우가 많다는 점이다. 또한 서비스를 디지털화하거나 온라인화하는 능력은 다른 무엇보다 그 국가의 전반적인 디지털화 정도에 따라 달라지는데, 상당수 유로존 국가들의 디지털화 수준은 미국이나 북유럽에 비해 현저히 낮다.

유럽 은행들이 이런 난관을 극복하더라도 **또 다른 과제**들이 쌓여 있다. 유럽 은행들은 디지털화 또는 규모의 경제를 활용해 이익을 얻을 수 있도록 몸집을 키워야 한다. 하지만 몸집을 키우려면 또 다른 문제에 봉착할 수밖에 없다. 자국에 있는 다른 은행과의 인수나 합병을 추진하는 방안을 고려할 수도 있지만, (특정한 기업이 시장에서 지배적 지위를 갖게 되는 상황을 우려하는) 경쟁 당국과 (은행 합병으로 지점

위치가 겹치는 바람에 대량 해고 사태가 벌어지는 상황을 우려하는) 정부는 이렇게 시장을 독과점화하는 식의 기업 통합을 좋아하지 않는다. 외국으로 진출하거나 해외 은행과의 통합을 추진할 수도 있지만, 결제수단과 습관은 말할 것도 없고 규제 및 법 체제, 파산법, 사법제도의 영향을 받는 다양한 시장을 하나의 IT 플랫폼으로 전환해야 하는 문제와 마주해야 한다. 이런 이유로 2019년 말에 《파이낸셜타임스》는 유럽 은행의 경영진들이 '우울하고, 실의에 빠져 있고, 걱정이 많다 Depressed, despondent and concerned.'라고 묘사하기도 했다. 그 상황은 오늘날까지도 마찬가지인 것으로 보인다.

이러한 모든 상황이 유럽의 은행들이 궁지에 처해 있음을 알려준다. 그래서 어떻게 해야 할까? 사실 **우리 모두는 이런 현실을 걱정해야 한다**(유로존에서 살아가는 사람이라면 더욱 그렇다). 수익을 내지 못하는 은행은 다른 은행과 합병하거나 사업을 축소할 수도 있을 것이고(소비자의 선택권이 줄어들고 은행 간 경쟁도 줄어든다), 위험을 방치하거나 투자를 줄일 수도 있다(고객과 납세자, 예금자를 불리하게 만들 것이다). 어쩌면 우리 중 누군가는 은행이라는 기업이 많은 돈을 벌기를 바라지 않을 수도 있다. 하지만 적어도 자신이 은행과 거래하는 동안에는 은행이 부도가 나기를 바라지는 않을 것이다. 사실 오늘날 은행과 거래하지 않는 사람을 찾기는 어렵다.

유럽 외의 은행들은 성과가 조금 나은 편이지만 안주할 만한 상황은 아니다. 현실은 이렇다. 은행은 결제를 통해 수십억 달러의 수익을 올리지만 **결제를 가능케 하는 인프라에 많은 자금을 대고, 결제 시스템이 원활하게 돌아가게 하는 유동성을 공급한다.** 실적에 대한 압박이

심해지면 은행들은 이런 **투자를 축소하거나 일부 결제 서비스를 아예 중단할 수도 있다.** 그렇다고 해서 결제 시장에 새로 진입한 기업들이 그간 누적되어 온 문제를 찾아내고, 보이지 않는 곳에서 막힌 부분을 뚫고 연결하는 파이프 역할을 할 것이라고 기대하기도 어렵다. 은행이 아니라면 누가 유동성을 공급할 수 있을지도 확실치 않다. 이 문제는 뒤에서 다시 다룰 테니 지금은 먼저 **은행이 직면한 다른 문제들**을 좀 더 자세히 들여다보자.

가장 먼저, 은행보다 오랜 역사를 가진 골칫거리인 절도에 대해서 살펴보자.

BIG MONEY

" 헤르슈타트 은행 파산 사건은 은행 간 거액의 부채를 잠시라도 미해결 상태로 두는 것은 매우 위험하다는 교훈을 남겼다. 은행 사이의 부채는 가능한 한 빨리 결제를 통해 정산해야 한다. 이를 위해서 시중 은행과 중앙은행을 연결하는 대형 파이프 형태의 새로운 금융 배관이 필요했다. 눈 깜짝할 새 수십억 달러를, 점심 전에 수조 달러를 옮길 수 있는 아주 거대한 파이프가 필요했다. "

5부

거액의 돈

전 세계 금융 시장을 잇는 보이지 않는 파이프

14

10억 달러를 훔치는 방법
: 북한은 어떻게 방글라데시 중앙은행을 털었나

넷플릭스 인기 시리즈 〈종이의 집〉에서는 '교수Professor'라고 불리는 리더의 지휘하에 도둑들이 소위 까사 데 빠뻴La Casa de Papel(스페인어로 '종이의 집' 또는 '돈의 집'을 뜻함)로 불리는 스페인 조폐국에 침입한다. 이 도둑들은 조폐국의 자산을 훔쳐서 달아날 것이라는 경찰의 예상과 달리, 인질을 붙잡은 채 조폐국 안에 머무르며 계속 돈을 찍어내려 한다(그리고 드라마도 찍는다). 그들의 목적은 11일 동안 조폐국에 머물며 24억 유로에 달하는 추적 불가능한 지폐를 찍어내는 것이다.

창의적이고 극적인 요소가 넘쳐나는 줄거리일지도 모르겠다. 하지만 그 같은 영리함에도 불구하고 이야기의 중심에 있는 것은 아날로그 방식의 강탈이다. 오늘날의 디지털 세상에서 교수처럼 기발하고 영리한 사람이 선뜻 택할 만한 작업 방식은 아니다. 그저 머릿속 공상으로 말하는 게 아니다. 결제 영역에서는 꽤 오래 전부터 **사이버 범죄와의 전쟁이 중요한 문제로 떠올랐다.**

〈종이의 집〉이 처음 방영된 때는 2017년이다. 디지털 기술을 이용해 다른 대륙에 있는 중앙은행에서 무려 10억 달러의 돈을 훔치려던 사이버 도둑들의 시도가 거의 성공할 뻔한 사건이 벌어진 지 1년, 유명한 해커 집단 카르바낙Carbanak이 40개국에 위치한 100개 은행의 시스템을 망가뜨려 무려 10억 달러의 돈을 훔친 사건이 벌어진 지 3년이 지난 후였다.[1] 소파에 편안하게 앉아서(게다가 안전하기도 하다) 그에 상당하거나 더 많은 금액의 돈을 훔칠 수도 있는데 번거롭게 총을 챙기고, 인질을 붙잡고, 골치 아픈 탈출 계획을 세울 필요가 있을까? 조폐국이 현금을 찍어내는 궁극적인 장소일 수는 있지만 그렇다고 조폐국이 가장 많은 돈이 묻힌 주 광맥은 아니다. 사실, **주 광맥에 이르는 길은 디지털이다.**

온라인에서건 실생활에서건, 아날로그 방식으로 결제하건 디지털 방식으로 결제하건, 도난이나 사기의 위험은 늘 존재한다. 결제라는 것 자체가 결국 **돈과 연결되는 관문**이기 때문이다. 결제는 성으로 들어가기 위해 내렸다 올렸다하는 다리(도개교)와 같다. 일단 도개교가 내려오면 제아무리 난공불락이라 한들 성 전체가 공격에 취약해진

---

1 카르바낙이라는 집단명은 고액의 돈을 훔치기 위해 무수히 자행된 사이버 공격에 동원된 카르바낙이라는 뱅킹 멀웨어(악성 소프트웨어 또는 악성 코드)에서 유래했다. 카르바낙은 오염된 MS 오피스 파일을 이용해 은행 네트워크를 직접 해킹한 다음, 강제로 은행 ATM이 현금을 쏟아내도록 만드는 절도 방식으로 가장 잘 알려진 듯하다. 러시아 보안회사 카스퍼스키 랩(Kaspersky Lab)은 카르바낙 해커 그룹이 10억 달러 이상을 훔쳤을 것으로 추산한다.

다. 또한 도개교가 그렇듯 각 결제 방법의 역할 중 하나는 공격받을 위험을 관리하는 것이다. 하지만 도둑과 사기꾼들은 창의적이고, 기술적으로 앞서 나가야 우위를 점할 수 있다는 사실도 잘 알고 있다.

심지어 '진열장을 깨고 물건을 털어가는' 단순한 절도 방식도 현대에 걸맞게 발전했으며, 적어도 '어느 정도의 최신 기술'이 사용된다. 아마도 이런 변화가 나타난 것은 은행 지점이 줄어든 탓도 있겠지만, 현금을 사랑하는 범죄자들은 이제 총을 들고 **은행을 찾아가 현금을 터는 대신, ATM을 노린다.** 진열장을 깨는 대신 엔진 성능이 뛰어난 도난 차량을 이용해 ATM을 벽에서 뜯어내기도 하는데, 이 방식이 보편적이지는 않다. 2019년에 네덜란드 은행 ABN 암로AMRO는 범죄자들이 ATM을 부수고 현금을 챙길 작정으로 폭발물을 설치하는 사건이 잇따르자 자사 ATM 절반을 폐쇄해야만 했다.

그리고 **위조화폐가 있다.** 현금의 '사악한 쌍둥이Evil twin'라 불리는 위조화폐는 거의 현금만큼이나 역사가 길며 꾸준히 인기가 있고 수익성도 높다. 2017년 영국은 1파운드짜리 코인을 새로 발행했다. 당시 영국이 그런 결정을 내린 것은 시중에 유통 중인 구형 1파운드 동전 중 약 3%가 가짜였던 탓이 컸다. 2013년 미국은 100달러짜리 구권을 신권으로 전면 교체했다. 미국이 신형 지폐를 발행한 데는 북한에서 만들어졌다고 알려진 '거의 완벽한' 100달러짜리 가짜 지폐(수퍼노트)의 공세를 막아내려는 의도도 있었다. 요즘 지폐에는 홀로그램, 마이크로 프린팅, 금속 실, 양각 문자, 색변환 잉크 등 갖은 보안 기술이 적용되므로 이제 위조지폐를 만들려면 상당한 기술력이 있어야 한다.

카드 사기 범죄는 어느 모로 보나 카드 산업만큼 활기차고 역동적이며 **디지털 시대에 걸맞게 발전했다.** 판지로 제작된 초창기 카드는 복제가 간단했고 카드 소유주의 서명을 위조하는 건 어려운 일이 아니었다. 양각된 플라스틱 카드가 등장하자 범죄자들은 쓰레기통에 처박힌 오래된 카드 영수증을 찾아내 영수증에 기록된 데이터를 이용해 가짜 카드를 만들어냈다. 신용카드에 마그네틱선이 추가되자 범죄자들은 마그네틱선에 담긴 정보가 카드에 양각된 정보와 같다는 사실을 금세 알아차렸다. 그리고 누군가가 버린 카드 영수증을 쓰레기통에서 찾아내 그 속에 담긴 데이터를 가짜 카드의 마그네틱선에 집어넣었다.

그래서 카드사들은 세 자릿수의 카드검증값CVV, Card Verification Value 코드를 마그네틱선 안에 추가했다. 하지만 카드 자체에 보안이 추가된 것은 아니었다. 매장에서는 이 방법이 효과적이었지만 전화로 결제를 할 때는 그렇지 않았다. 사용자들이 카드번호와 유효기간을 알려줄 수는 있었지만 CVV 코드는 알지 못했기 때문이다. 이런 문제점을 알아차린 카드사들은 CVV2라는 또 다른 세 자릿수 코드를 카드 뒷면에 인쇄했다. CVV2는 카드 뒷면에 인쇄돼 있었기 때문에 카드 소유주가 얼마든지 가맹점에 CVV2 코드를 제공할 수 있었다. 하지만 숫자가 양각돼 있지는 않아서 먹지를 이용해 카드 정보를 기록한 영수증에는 CVV2 코드가 나오지 않았다.

그렇게 모든 것이 끝났을까? 전혀 그렇지 않다. 사기꾼들은 가맹점에서 사용하는 기기와 ATM에 조그마한 카드 판독기를 설치해 마그네틱선(CVV 코드 포함)에서 '전자 정보를 훔치는' 방식으로 재빨리 갈

아탔다. 사실상 종이로 된 영수증을 읽는 방식이 디지털로 진화한 것이다. 그러자 카드업계는 정보 보호를 위해 마그네틱선보다 복제가 어려운 IC칩을 카드에 추가했다. 사기에 항상 취약했던 서명을 대신할 PIN 코드도 도입했다.

카드업계가 서둘러 방어에 나서자 대대적인 공세에 돌입한 사기꾼들은 고객의 온라인 재구매를 돕기 위해 가맹점이 저장해둔 고객 카드 세부 정보를 훔치기 위해 가맹점의 컴퓨터 시스템을 해킹했다. 미국의 대형 슈퍼마켓인 타깃Target(뜻을 돌이켜 생각해보면 썩 좋은 이름은 아닌 것 같다)이 2013년에 해킹당했을 당시 해커들은 4천만 건의 신용카드 및 직불카드 정보, 7천만 고객의 신상 정보를 털어갔다. 카드업계는 온라인에서건 매장에서건 앱에서건 민감한 계정 정보 대신 일시적으로 개인에게 주어지는 디지털 식별자, 즉 토큰Token을 활용하는 토큰화Tokenisation로 맞섰다. 토큰을 활용하면 실제 계정 정보를 노출하지 않고도 결제를 처리할 수 있다.

은행과 카드회사는 이런 '하드웨어적인' 방법 외에 사기성 짙은 부정 거래를 찾아내기 위해 패턴 감지 기술을 활용하고 있으며, 이런 추세에 따라 알고리즘이 사기 감지에서 점차 중요한 역할을 하게 됐다. 이 모든 노력 덕에 카드업계는 카드 사기를 전체 카드 사용 금액의 약 0.1~0.2% 수준으로 유지할 수 있게 됐다. 카드업계의 이윤이 카드 사기로 발생한 손실을 훨씬 능가하는 만큼 이 정도는 카드업계가 쉽게 감당할 수 있는 금액이다. 하지만 카드업계와 사기꾼들은 항상 서로를 따라잡으려고 애쓸 것이다.

한편, **이메일과 소셜미디어 사기와도 씨름해야 한다.** 이메일이 등장하자 사기꾼들은 그 어느 때보다 많은 사람에게 접근할 수 있게 됐다. 수천 명의 잠재적인 표적에 접근하면 그중 상당수가 속임수에 넘어가 사용자 이름, 비밀번호, 신용카드 정보 같은 민감한 정보를 내놓기 마련이다. 이것이 바로 '피싱Phishing'이라는 수법이다. 소셜미디어가 등장하자 사기꾼들의 수법은 한 단계 더 발전했다. '스피어피싱Spear-phishing(작살로 물고기를 잡는 방식에 빗댄 표현으로 불특정 다수를 공략하는 피싱과 달리 특정한 표적을 공략하는 사기 방식 - 옮긴이)' 수법을 동원한 사기꾼들은 악의적인 목적으로 데이터를 훔치거나 컴퓨터에 악성 소프트웨어를 설치하기 위해 개인이나 조직에 맞춤형 메시지를 보내는 등 피해자들을 좀 더 정확히 겨냥할 수 있게 됐다.

'임원 웨일링Executive whaling', 혹은 'CEO 사칭CEO-fraud'이라는 수법도 잘 먹히는 방법이다. 범죄자들이 특정 조직의 직원에게 고위급 상사가 보낸 것처럼 위장한 가짜 메일이나 메시지를 보내 거액의 송금을 받아내거나, 민감한 정보를 알아내거나, 컴퓨터 시스템에 접근할 수 있는 권한을 얻어내는 수법이다. 소셜미디어는 사기꾼들이 좀 더 정확하게 접근하는 데 도움이 된다. 예를 들면 페이스북이나 링크드인LinkedIn을 확인해 CEO가 언제 출장을 가는지, 고위급 임원들이 언제 콘퍼런스에 참석하는지, 또는 지시에 의문을 제기할 가능성이 낮은 신입사원을 공략할 수 있는 때가 언제인지에 대한 정보를 수집할 수 있다.

2015년, 실리콘밸리의 스타트업 유비쿼티 네트웍스Ubiquity Networks에서 이런 일이 벌어졌다. 입사한 지 한 달밖에 되지 않았던 유비쿼티 최고 회계 책임자CAO, Chief Accounting Officer는 회사 설립자이자 CEO,

런던의 법률사무소에서 일하는 변호사를 사칭한 몇 통의 이메일을 받았다. 그가 받은 이메일에는 유비쿼티가 은밀하게 인수를 진행 중이라는 설명과 함께 외국 은행 계좌에 돈을 보내라는 지시가 담겨 있었다. 이 회계 책임자는 17일 동안 러시아, 중국, 헝가리, 폴란드에 있는 계좌에 14회에 걸쳐 총 4,670만 달러를 송금했으며, 이 중 대부분을 되찾지 못했다. 유비쿼티는 회계 책임자가 송금한 돈 일부가 흘러 들어간 홍콩 계좌를 감시 중이던 FBI로부터 경고를 받고 나서야 자사가 사기를 당했다는 사실을 깨달았다.

이런 사기에 휘말린 회사가 유비쿼티 하나만은 아니다. CEO 사칭에 속은 또 다른 피해 회사로는 미국의 결제 송금 회사 줌Xoom(2015년 3,080만 달러 손실), 오스트리아의 FACC AG(2016년 5천만 유로 손실), 벨기에의 크렐란Crelan 은행(2016년 7천만 유로 손실), 독일의 레오니 Leoni AG(2016년 4천만 유로 손실), 페이스북(2017년 1억 달러 손실), 구글(2017년 2,300만 달러 손실) 등이 있다.

필자(고트프리트 라이브란트)가 스위프트의 CEO로 재직 중이었을 때 스위프트의 재무부서 직원이 필자를 사칭한 사기 이메일 한 통을 받았다. 당시 프랑스어가 모국어였던 스위프트의 CFO가 해당 이메일이 사기 메일이라는 사실을 알아차리고선 나를 사칭한 메일이 왔다는 사실을 내게 알려주며 반박할 수 없는 여담을 덧붙였다. 'CEO님. CEO님이 프랑스어를 할 줄 안다는 건 알고 있지만 CEO님이 이메일을 보내는 것은 불가능하다고 생각합니다. 이 이메일의 프랑스어는 완벽합니다. 심지어 악센트 기호까지 정확합니다.'

온라인 데이트 현장에 생생한 충격을 가져다준 **데이트 앱 사기**도 있다. 도둑들은 온라인에서 연인이 될 사람을 찾으려는 사용자들의 취약성을 악용해 그들을 정교한 사기의 덫으로 유인했다. 2021년 초에 데이트 앱 사기 경계경보를 발령한 인터폴은 많은 사람이 코로나19 팬데믹에 따른 봉쇄 정책으로 외로움에 빠진 탓에 사이버 범죄 산업의 한 축인 데이트 앱 사기가 기승을 부린다고 설명했다.

데이트 앱 사기는 이렇게 진행된다. 먼저 범죄자가 데이트 앱을 통해 표적과 가짜 로맨스를 키워나간다. 일단 정기적으로 대화가 오가고 신뢰가 쌓이면 범죄자는 피해자와 금융 정보를 공유하고, 투자 금액에 따라 피라미드식으로 지위가 달라지는 투자 계획에 참여하도록 부추긴다. 이런 사기에 휘말린 피해자들은 꼬임에 넘어가 거래 앱을 다운로드한 다음 계좌를 개설해 돈을 집어넣기 시작한다. 새로 사귄 '친구들'이 지켜보는 가운데 이 모든 과정이 진행된다. 모든 것은 아무런 문제가 없어 보이도록 만들어져 있다. 스크린샷도 제공되고 도메인 이름도 소름 돋을 정도로 실제 웹사이트와 유사하게 만들어져 있으며, 고객 서비스 담당자들은 피해자들이 올바른 상품을 선택할 수 있도록 도와주는 척한다.

그러다가 어느 날 모든 연락이 끊긴다. 피해자는 자신의 계좌에 접근조차 할 수 없게 되며, 마음의 상처뿐 아니라 금전적 피해까지 입은 채로 남게 될 것이다.

하지만 **위조, 피싱, 웨일링, 신용카드 사기, 데이트 앱 사기, 암호화폐 사기 같은 범죄 수법으로는 억만금을 벌기 어렵다.** 이런 범죄는 단순한 수법에 기반하며, 실제로 누군가를 직접 만나서 사기를 진행해야 할 수도 있기 때문이다. 또는 내부 배신자나 사회적 상황에 의존할 수도 있고, 규모가 제한적일 수도 있으며, 출구 전략에 위험 요소가 있거나 쉽게 추적될 가능성도 있다. 간단히 말하면 한계가 있다는 것이다. 그렇다면 **정말로 억만금**(예컨대 10억 달러)**을 훔치려면 어떻게 해야 할까?** 바로 주요한 결제 관문Payment gateway을 찾아내야 한다.* 즉, **은행 그리고 은행이 대규모 결제를 위해 이용하는 시스템**을 공략해야 한다.

이런 규모의 공격을 감행할 수 있는 세력은 많지 않다. 이런 공격을 하기 위해서는 몇 가지 전제조건이 충족돼야 하기 때문이다. 어떤 범죄든 마찬가지지만, 잡힐 위험이 없거나 잡히더라도 처벌을 받지 않아야 하며, 마음대로 주무를 수 있는 막강한 사이버 무기가 준비돼 있어야 한다. 그리고 자신들의 금융 시스템을 비롯해 잃을 게 없어야 한다. 퍼뜩 떠오르는 곳이 하나 있다. 바로 북한이다.

북한 정부가 지원하는 해킹 조직인 라자루스 그룹Lazarus Group은 2014년에 이미 한국에 있는 여러 원자력 발전소를 해킹한 데 이어 소니픽처스Sony Pictures를 해킹해 악명을 높였다. 북한 지도자 암살을 소재로 한 영화 〈인터뷰The Interview〉를² 제작 배급한 데 대한 보복으로 소니픽처스를 해킹한 라자루스 그룹은 소니픽처스의 기밀이 담긴 이

- 이 책에 나오는 'Payment Gateway'는 우리나라에서 흔히 사용되는 PG(Payment Gateways)사의 개념보다 광의의 개념으로 사용되었다. 여기서의 'Payment Gateway'란 지급 과정에서 지불자와 수취자를 이어주는 모든 지점, 도구, 회사 등을 의미한다. 돈이 오고 가는 과정에 관여하는 이들이 범죄자들의 손쉬운 타겟이 될 가능성이 크다는 점에 유의해 글을 읽으면 이 표현에 대한 이해가 쉬울 것이다.
2 북한의 독재자 김정은을 암살하는 줄거리를 담은 세스 로건(Seth Rogen)의 코미디 영화.

메일, 개봉 예정 영화, 대본 사본 등을 유출했다. 한국과 소니에게 경각심과 당혹감을 안긴 사건이었지만 원자력 발전소 해킹이나 소니 해킹이 라자루스나 북한에 특별히 많은 돈을 안겨준 것은 아니었다. 하지만 성공적인 해킹으로 자신감을 얻은 라자루스는 머지않아 돈을 노린 해킹에 돌입했다.

《엘에이타임스LA Times》가 '인터넷 무장 강도'라고 지칭한 라자루스는 해킹 대상이 되리라고는 상상하기 어려운 표적인 방글라데시 중앙은행을 털기로 했다. 그들이 방글라데시 중앙은행을 표적으로 삼은 이유는 무엇일까? 북한과 방글라데시의 외교 갈등, 취약한 보안, 현지의 부실한 통치 상황, 두둑한 외환 보유고, 일요일부터 목요일까지 근무하는 문화 같은 복합적인 요인을 고려해 방글라데시를 해킹했을 가능성이 크다.

사건이 시작된 때는 라자루스가 방글라데시 중앙은행 내부 네트워크에 침입한 2015년 초였다. 라자루스는 방글라데시 중앙은행에 악성 소프트웨어를 심은 이력서를 첨부한 메일을 보냈다.[3] 라자루스는 악성 소프트웨어를 이용해 방글라데시 중앙은행에 침투한 다음 내부 네트워크 곳곳을 탐색했다.

이후 몇 달 동안 라자루스는 방글라데시 중앙은행 내부 시스템이 어떻게 작동하는지 살피면서 **국제 송금을 위한 결제 관문에 도달**

---

3 FBI의 설명에 따르면, 해킹 세력은 실제로 돈을 빼낸 시점보다 1년 이상 앞선 2014년 10월에 방글라데시에 있는 은행들을 정찰하기 시작했다. 자세한 내용은 www.justice.gov/opa/press-release/file/1092091/download에서 확인할 수 있다.

할 방법을 찾아냈다.[4] 그리고 맞춤형 악성 소프트웨어를 이용해 결제 관문에 침투했고 결국 은행 시스템이 요구하는 여러 요구사항을 무력화했다. 2월 어느 아침, 라자루스는 스위프트 네트워크를 통해 35건의 가짜 결제(지급) 지시를 전송했다. 뉴욕 연방준비은행Federal Reserve Bank of New York(연은)에 있는 방글라데시 중앙은행 계좌에서 9억 5,100만 달러를 송금하라는 내용이었다. 많은 중앙은행이 그렇듯 방글라데시 중앙은행 역시 뉴욕 연은에 상당 금액의 달러를 가지고 있었다.

지시를 받은 연은은 한 번에 2천만 달러씩 총 5건의 송금을 진행한 후에야 나머지 송금을 차단했다. 5건의 송금 거래 중 1건의 목적지는 스리랑카의 은행이었고, 송금받은 스리랑카 은행은 사기 사건임을 깨닫고 돈이 인출되기 전에 계좌를 동결했다. 나머지 4건의 거래로 송금된 돈은 그때까지 한 번도 사용된 적이 없는 필리핀 어느 은행의 여러 개인 계좌로 들어갔다. 필리핀 계좌로 들어간 돈은 재빨리 인출돼 현지 카지노를 통해 세탁됐다. 회수된 돈은 겨우 1,500만 달러 남짓이었다.[5]

해킹 작업은 타이밍도 완벽했다. 라자루스 해커들은 목요일 저녁에 해킹 공격을 감행하기로 치밀하게 계획했다. 다른 이슬람 국가들

---

4 이 결제 관문은 방글라데시 중앙은행이 스위프트 네트워크를 통해 국제 결제 지시사항을 전송하는 인프라였다. 또한 로컬 결제 인프라의 일부를 구성하기도 했다.

5 약 1,500만 달러는 카지노 소유주에게서 받아낸 것으로 보인다. 카지노 소유주는 친절하게도 자금세탁 대가로 받은 수수료를 돌려줬다고 한다.

과 마찬가지로 금요일과 토요일을 주말로 치는 방글라데시에서 목요일 저녁은, 은행 직원들이 주말을 보내기 위해 회사를 비우는 시간이 었을 뿐 아니라 필리핀에서는 돌아오는 월요일이 공휴일이었다. 라자루스는 좀 더 시간을 벌기 위해 송금을 끝낸 직후 악성 소프트웨어를 이용해 은행의 모든 송금 내역을 출력하는 기능을 차단해 직원들이 빠르게 대처하지 못하도록 만들어놓았다. 악성 소프트웨어는 거기에서 그치지 않고 한 단계 더 나아가 연은이 방글라데시 중앙은행에 보낸 송금 명세서를 수정해 부정 거래 목록을 삭제하고 계좌 잔액은 원래대로 만들어놓기까지 했다.

그러나 모순되게도 라자루스 그룹이 사용한 프로그램이 지나치게 뛰어난 탓에 방글라데시 중앙은행의 시스템이 중단되었고, 금요일에 업무 확인차 출근한 방글라데시 중앙은행 직원은 문제가 있다는 사실을 알아차렸다. 하지만 기기를 재부팅할 수 없었던 직원은 다음날 다시 시도해보기로 하고 은행을 나왔다. 가까스로 시스템을 재부팅한 해당 직원과 동료들은 무언가가 매우 잘못됐다는 사실을 깨달았다. 파일이 사라지거나 수정되었을 뿐 아니라 연은에서 수상쩍은 거래에 관한 문의가 들어와 있었다. 하지만 당시는 미국이 주말이었기 때문에 연은과 소통하기 힘든 상황이었다.

어떤 일이 벌어졌는지 뉴스가 터져 나오자 전 세계 결제업계는 충격에 빠졌다. 해커들은 중앙은행에서 절도 행각을 벌였고, 사람들의 신뢰를 받아온 **국제 결제 네트워크를 악용**했을 뿐 아니라 통상 국가 차원에서 다루는 **정교한 악성 프로그램을 사용**했다. 더 심각한 문제는 그들이 외국환 업무Correspondent banking에 전문 지식이 있는 사람, 즉 스위프트 지시 사항을 구성할 줄 알고 중개 은행을 통해 **스위프트 지시 사항을 전송할 줄 아는 인력을 활용**한 것이 분명했다는 점이다.

전 세계 언론과 포렌식 전문가들이 사건을 파헤치자 단순히 방글라데시에 국한한 차원을 넘어서 훨씬 심각한 문제임이 드러났다. 머지않아 곳곳에서 새로운 사건들이 등장했다. 미국 국가안보국NSA, National Security Agency 부국장이 나중에 밝혔듯 모든 징후는 '어떤 국가적 세력이 은행을 털고 있다'라는 사실을 시사했다. 라자루스 그룹의 일원 중 신원이 밝혀진 사람은 지금까지 단 한 명뿐이다. 하지만 체포나 재판이 이뤄질 가능성은 희박하다.

방글라데시 중앙은행 해킹 사건 이후 스위프트와 은행들은 은행들의 결제 관문을 보호하고 유사한 사기 사건을 예방하기 위한 포괄적인 프로그램을 만들었다. 은행을 털려는 시도는 계속 이어지겠지만 최근 몇 년 동안 방글라데시 중앙은행이 당했던 식의 해킹 시도는 없었던 것으로 봐서 이런 전략이 효과가 있는 듯하다.

그러나 이런 사기에 첨단 기술만 사용되는 것은 아니다. **다른 결제 '관문'에 초점을 맞추면 첨단 기술과 거리가 먼 방법으로도 많은 돈을 빼낼 수 있다.** 인내심과 협조적인 내부자, 관리가 허술한 은행만 있으면 된다. 인도의 다이아몬드 업계 재벌인 니라브 모디Nirav Modi와 펀자브 국립은행Punjab National Bank만큼 이를 더 잘 보여주는 사례는 없는 듯하다.

와튼에서 수학했으며 할리우드를 사랑한 보석 재벌이었던 모디는 《포브스Forbes》 선정 인도 억만장자 목록에 이름을 올렸으며 도널드 트럼프Donald Trump가 직접 개관을 선언한 뉴욕 매장의 주인이었다. 하지만 2018년에 그를 둘러싼 충격적인 이야기가 폭로되면서 그동안 홍보 예산을 쏟아부었을 때보다 그의 브랜드가 세상에 널리 알려지게 되었다(모디의 바람과는 정반대겠지만).

인도에서 두 번째로 규모가 큰 국영은행 펀자브 국립은행이 18억 달러 규모의 사기를 적발했다는 사실이 드러나면서 사건이 시작됐다. 펀자브 국립은행이 고소장을 접수했고 이어서 인도 중앙수사국 Central Bureau of Investigation이 공개한 내용에 따르면, 고소장에는 제트기를 타고 다니며 부를 과시해 온 모디와 그의 삼촌이자 다이아몬드 거래상인 메훌 촉시Mehul Choksi, 그리고 그들이 운영하는 회사가 사기 사건의 주된 수혜자로 명시되었다.

모디는 인도 특유의 난해한 거래 자금 조달 수단인 선적이행각서 Letter of undertaking를 이용해 급격한 사업 확장에 필요한 자금을 마련한 것으로 알려졌다. 선적이행각서란 수입업자 측 은행이 수출업자 측 은행으로 보내는 문서다. 선적이행각서는 사실상 수출업자 측 은행에 이런 이야기를 하는 셈이다. '해당 수출업체에 돈을 빌려줘도 됩니다. 저희가 수입업자를 잘 알고 있으며, 수입업자가 6개월 이내에 귀측 수출업자에게 대금을 지급할 것을 보증합니다.'

펀자브 국립은행 내부에는 7년 동안 다른 인도 은행들의 해외 계열사에 200장이 넘는 선적이행각서를 발송해준 조력자가 있었던 것으로 보인다. 펀자브 국립은행으로부터 선적이행각서를 받은 은행들은 수출업체들에게 각서에 적힌 금액을 빌려주었고, 돈을 받은 수출업체들은 모디에게 다이아몬드를 보냈다. 모디는 기존 대출을 신규 대출로 갚았고, 매번 그 액수가 꾸준히 증가했다. 명백한 공범으로 보이는 펀자브 국립은행 내부자는 은행의 결제 관문에 접근할 수 있었을 뿐 아니라 스위프트 메시지를 이용해 선적이행각서를 발송했다. 펀자브 국립은행에는 메시지 교차 점검 같은 추가적인 통제 수단이 없었기 때문에 보증을 해주면서도 무엇을 보증하고 있는지 실체를 알지 못했다. 모든 것이 사기였다는 사실을 깨달았을 무렵 펀자브 국립은행은 사실상 다른 은행에 이미 20억 달러에 가까운 돈을 보증한 상태였다.

라자루스 그룹과는 달리 모디는 현재 인도 정부의 본국 송환 요청을 기다리며 런던 남쪽 원즈워스에 있는 교도소에 수감돼 있다. 본국으로 소환돼 유죄가 인정되면 모디는 세상에서 가장 열악한 감옥 시스템 중 하나인 인도 감옥에서 종신형을 살게 될 것이다.

모디가 투옥된 사건은 별도로 하고, 이런 사건들은 국가 간 송금과 결제 과정에서 일어나는 디지털 사기의 매력을 단적으로 보여준다. 전 세계 어디든 표적이 될 수 있고, 훔친 돈은 자금세탁 규제가 느슨한 나라로 보낼 수 있다. 위 사건들은 **결제 관문이 마치 성의 도개교처럼 돈과 어떻게 연결되어 있는지 잘 보여준다.** 결제 관문을 둘러싼 보안은 무엇보다 중요하지만 우려스러울 정도로 보안이 허술한 부분도 있다. 결제업계에서 취약한 구멍을 막는 족족, 범죄자들은 결제업계만큼이나 빠른 속도로 기술의 발전을 이용해 간단히 새로운 구멍을 찾아낸다. **우리가 계속 서로 돈을 주고받는 한 결제를 위한 파이프(경로)는 항상 표적이 될 것이다.**

15

보이지 않는 파이프
: 결제는 어떻게 이루어지는가

매일같이 전 세계에서 엄청난 양의 결제가 이뤄지고 이를 통해 어마어마한 금액이 이동한다. 수많은 네트워크가 복잡하게 얽힌 거대한 네트워크를 통해 이 모든 일이 벌어진다. 우리가 여기서 말하는 결제 시스템Payment system은 크게 두 가지로 나눌 수 있다. 하나는 여러 시스템으로 이루어진 거대한 시스템이다. 그리고 다른 하나는 거대 시스템을 구성하는 하위 시스템들이다.

우리의 결제를 뒷받침하는 인프라는 방대하며, 다면적이고, 복잡하다. 비자나 마스터카드 같은 거대한 소매 기업도 있지만, 영란은행의 챕스CHAPS, Clearing House Automated Payment System나 세계 각지에서 운영되는 수백 개의 다른 결제 시스템처럼 거의 들어본 일조차 없는 시스템도 있다. 이런 시스템은 규모가 큰 것도 있고 작은 것도 있고, 단일 목적용으로 만든 것도 있고 다목적용으로 만든 것도 있다. **결제 시스템**

이 이토록 복잡한 것은 대개 역사적 배경 때문이다. 서로 다른 나라들이 제각각 나름의 지역 인프라를 구축했고, 차후에 이런 인프라들이 하나의 시스템으로 묶이면서 지금의 복잡한 시스템이 탄생했다.•

우리는 앞서 9장에서 나라마다 결제의 특성이 얼마나 다른지 살펴봤는데, **사실 얼마 전까지 한 나라 안에서도 지역마다 특성이 크게 달랐다.** 약 150년 전까지만 해도 국내에서 송금하는 것이 해외 송금과 별반 다르지 않았다. 영국에서는 1853년이 되어서야 수표가 전국 어디에서나 받아들여지게 됐고, 그전까지는 수표를 발행한 은행을 기준으로 반경 10마일 내에서만 수표를 쓸 수 있었다. 미국은 20세기 초가 되어서야 수표가 주 경계를 넘어 전역에서 받아들여졌다. 지금은 당연하게 생각되는 은행 간 계좌이체가 **왜 과거에는 불가능했을까?**

18세기 초에는 자동이체나 신용카드가 없었다. 어음(수표의 전신)도 어음을 발행한 은행 또는 위험을 감수하고서라도 그 어음을 처리해줄 용의가 있는 은행에서만 현금으로 교환할 수 있었다. 이렇게 제한된 결제 가능성이 처리 시간을 지연시켰으며, 더 많은 비용을 초래했다는 점은 두말할 필요가 없겠다.

18세기가 되자 은행들은 지역별로 클러스터를 형성해 일하기 시작했다. 주요 도시 은행들은 공동으로 어음을 일괄 취급(청산)하기 시

• 어떤 결제 시스템은 거액을 처리하는 용도로 만들어졌고, 어떤 결제 시스템은 소액을 처리하는 용도로 만들어졌다. 여기 15장에서는 주로 소액 결제 시스템을 다룬다. 거액 결제 시스템에 대해서는 16장에서 다룬다.

작했고, 그 결과 한 은행에 넣어둔 고객의 돈을 다른 은행의 다른 고객에게 내어줄 수 있게 됐다.* 이런 식의 어음 청산은 정해진 시기에, 정해진 장소에서 '주기적으로' 진행됐다. 믿기 어렵겠지만 런던에서는 파이브 벨Five Bells이라는 선술집에서 (틀림없이 즐거웠을) 점심시간 동안 그같은 작업이 이뤄졌다.

장소 선정이 다소 별나긴 했지만, 런던 어음교환소London Clearing House와 다른 어음교환소들은 머지않아 영국 내에서 은행 간 결제 Interbank payment를 가능케 하는 중요 조직으로 발돋움했다. 초창기에는 일주일에 한 번씩 어음 청산Clearing이 이뤄졌으나 업무량이 많아지면서 일간 단위로 어음 청산이 이뤄지게 된다. 18세기 중반에 수표가 등장하자 소규모 도시 은행들이 대도시 은행들과 연계해 '대리 계좌Correspondent accounts'를 제공하기 시작했다. 이와 같은 **지역 내 계좌 네트워크 덕분에 돈이 여러 지역, 도시, 주를 넘나들 수 있게 됐다.** 하나의 주나 지역 내에서 결제가 이뤄질 때보다 처리 속도는 더뎠지만 그래도 돈은 계속해서 움직일 수 있었다.

몇몇 국가에서는 관계자들이 직접 모여 수표를 청산하는 방식이 오늘날까지도 이어지고 있다. 적어도 어느 개발도상국에서는 지금

● 인터넷이나 통신망이 없던 200년 전을 상정해보자. A 은행은 A 은행에서 발행한 어음(수표)만 현금으로 바꾸어준다. B 은행도 마찬가지다. 그런데 A 은행과 B 은행이 협약을 맺고 서로의 어음(수표)을 취급하기로 했다고 치자. 이 경우 A 은행과 B 은행은 상대 은행의 수표를 처리해줄 수 있게 된다. 그러나 두 은행은 서로 처리해준 수표 금액만큼 은행끼리 현금을 주고받아야 할 것이다. 이렇게 은행끼리 현금을 상계하며 은행 간 채무를 정리하는 절차를 '청산'이라고 한다.

도 은행 관계자들이 공원에 있는 커다란 나무 그늘 아래에서 수표를 처리한다. 은행 대표들은 고객이 예치한 수표가 가득 든 가방을 들고 오토바이를 타고 공원에 모여, 발행은행별로 수표를 한데 모은 다음 각자 자신의 은행에서 발행한 수표를 들고 서둘러 자리를 떠난다.

그러나 **오늘날 대부분의 청산 시스템은 완전히 자동화되었다.** 여러 국가를 넘나들며 수표 처리, 계좌이체, 자동이체 등의 업무가 분주하되 조용히 처리된다. 물론 세계 어느 나라의 은행이건, 이론적으로 각 은행은 여전히 다른 모든 은행과 직접 거래할 수 있다. 하지만 한 나라 안에 수백 혹은 수천 개의 은행이 있을 수 있다는 사실을 감안할 때 이런 접근법은 너무 많은 시간을 잡아먹고 골치 아프며 많은 비용이 들 것이다.

대신에 어음교환소는 자국의 모든 은행으로부터 지시 사항을 전달받아 정기적으로 모든 내용을 한꺼번에 처리하고, 분류가 완료된 수표와 지급지시Instructions를 다시 은행으로 되돌려 보낸 다음 어떤 은행이 어떤 은행에 얼마만큼의 빚을 지고 있는지 계산한다. **지급지시**란 어음 청산 후 'A 은행이 B 은행에게 받아야 할 돈이 얼마고, 주어야 할 돈이 얼마'임을 알려주는 것이다. 받을 돈과 주어야 할 돈을 합치면 A 은행과 B 은행의 순채권액(또는 순채무액)Net balance이 나온다.

각 은행은 어음교환소에서 전달받은 자료를 통해 어느 은행에게서 얼마를 받을지, 다른 은행에 얼마를 줘야 할지 확인할 수 있다. 그런 다음 그 자료를 근거로 개별 고객 계좌에서 돈을 인출하거나 입금할 수 있다.

지금은 이런 인프라가 완전히 자동화되었으며, ACH Automated

Clearing House(자동어음교환소)라는 다소 심심한 이름으로 불린다.[1] 예전에는 ACH가 결제(지급)를 청산하는 데 영업일 하루가 꼬박 소요되곤 했지만, 이제는 상당수 ACH의 업무 처리 속도가 빨라져서 매일 여러 주기 혹은 여러 번의 일괄 처리를 통해 결제 청산이 진행된다. '다음 일괄 처리 시간에 돈이 입금될 겁니다.'라는 말을 들어본 적이 있다면 바로 이런 뜻이다.

수취인 측 은행이 진행하는 자동이체 과정에서, 지불인 측 은행이 지불인의 계좌에 충분한 돈이 없다는 사실을 발견할 수도 있다. 이것 역시 지역에 따라 다르긴 하지만, 이런 상황이 벌어지면 지불인 측 은행은 지불인에게 엄청난 액수의 벌금을 부과하고 거래를 ACH로 되돌려 보낼 수도 있다. 거래가 되돌아오면 ACH는 다음 일괄처리 시간에 결정을 뒤집는다. 물론 2019년 초에 영국에서 벌어진 쓰리 모바일Three Mobile 출금 오류 사건에서 볼 수 있듯이 자금 인출 가능성 여부는 타이밍의 문제일 수도 있다.

당시 휴대전화 공급업체 쓰리 모바일의 처리 오류로 55만 명에 달하는 고객의 은행 계좌에서 4주 앞서 전화요금이 자동이체로 빠져나가는 일이 발생했다. 일부 고객의 계좌 잔고는 바닥이 났고 다른 고

---

1 이 같은 ACH들은 모두 특색 없는 평범한 이름을 지닌다. 가령, 영국의 BACS(Bankers' Automated Clearing System), 프랑스의 STET(Systèmes Technologiques d'Échange et de Traitement, 기술 교류 및 처리시스템), 미국의 NACHA(National Automated Clearing House Association, 전국 자동어음교환소 협회) 등이 있다. 이런 맥락에서 유로존은 국내로 간주되며, 유로존에는 국경을 넘나들긴 하지만 유로라는 단일 통화로만 운영되는 ACH가 여럿 있다.

객들은 당좌대월로 넘어가거나 수표가 부도 처리되는 바람에 수수료를 물게 됐다. 쓰리 모바일의 결제 오류 때문에 다른 서비스 제공업체에 연체료를 낸 고객도 있었다. 그 결과 소셜미디어에서 대혼란이 벌어졌고 쓰리 모바일은 대대적으로 사과했으며, 영국의 타블로이드판 대중지《더 선The Sun》은 '모바일의 넋두리Mobile Moan'라는 제목으로 결제 오류 사건을 신랄하게 비판하는 기사를 내놓았다. 2020년 12월, 쓰리 모바일 사례와 마찬가지로 전력공급회사 이온E.On이 예정된 결제일보다 2주 앞서 150만 명의 고객 계좌에서 요금을 인출하는 실수를 저지르자(사용자 상당수가 크리스마스를 망쳤다고 한다),《더 선》은 '세이 와트Say Watt'라는 제목의 기사를 내놓았다.

오늘날 이 모든 결제 활동을 지원하는 시스템들은 겉보기에 **불가해할 정도로 상호의존적인 복잡성을 띤 거미줄 속에서 서로 연결돼 있다.** 이 거미줄은 정상적인 사고방식을 가진 사람이라면 설계하려 들지 않거나, 어쩌면 설계할 수 없을 정도로 복잡하다. 수많은 하위 네트워크로 얽힌 미로 같은 네트워크를 따라 엄청난 숫자의 결제 건들이 흘러간다. 시스템 전체가 매일 수조 달러에 달하는 돈을 이리 저리로, 당신에게서 내게로, 이 회사에서 저 회사로, 한 은행에서 또 다른 은행으로, 한 나라에서 또 다른 나라로 이동시킨다.

그 역사는 제쳐두더라도 **어느 정도의 복잡성은 불가피하다. 소규모 결제와 대규모 결제가 각기 다른 '파이프'를 필요로 하기 때문이다.** 결제의 형태와 규모는 50센트부터 50억 달러까지 매우 다양하다. 결제 시스템은 내용을 가리지도 않는다. 결제 내용이 전화 요금이든 점심 식대든 회사 급여든 마약 거래든 배당금 지급이든 이혼 위자료든, 결제

표 2 주요 결제 흐름의 개요

결제 흐름 (Payment flow)	거래 건수 (억 건/년)	총금액 (조 달러/년)	1건당 평균 금액 (달러)
상거래 구매 (Purchases)	18,000	37	20
청구서 (Invoices)	3,000	900	3,000
금융 (Financial)	20	5,000	2,500,000

*지급결제 및 시장인프라 위원회(BIS/CPMI) 25개국 수치, 2019년.
*출처 : 국제결제은행(BIS), 집필진이 직접 분석한 자료.

시스템은 이를 가리지 않고 처리해야 한다.

우리는 우리에게 주어진 결제 선택권을 좋아한다. 세금을 납부할 때는 수표로, 급여는 자동이체로 받고 싶을 수 있다. 자동이체로 공과금을 납부하는 확실성과 신용카드로 고액을 결제하는 안전성, 직불카드로 소액을 결제하는 편의성을 좋아할 수도 있으며, 예상치 못한 일이 벌어졌을 때는 현금으로 지불해야 할 수도 있다. 각각의 상황에 맞는 방식으로 결제하는 것이다.

[표 2]를 보자. **결제는 크게 세 가지 유형으로 나뉜다.** 첫 번째 줄은 사람들의 일상적인 상거래 구매다. 가게나 시장, 온라인에서 우리가 얼마나 결제했는지 등이 여기에 포함된다. 이것만 따져도 지구상의 모든 사람이 하루에 1건 이상 결제한 셈이며 연간 2조 건에 가깝다.[2] 평균 거래 금액이 약 20달러인 점에 미뤄보면 거래 규모가 대개 작음을

알 수 있다. 하지만 총액은 연간 40조 달러에 가깝다. 전 세계 GDP의 약 절반에 해당하는 금액이다.

두 번째 줄은 우리가 기업이나 정부와 주고받는 돈을 뜻한다. 임차료, 공과금, 세금, 임금, 월급, 사회복지급여 등이 이에 해당한다. 여기에는 공급망을 뒷받침하는 기업 간B2B 결제와 기업 간 일반 상거래가 포함돼 있다. 이런 거래의 발생 빈도는 전 세계 인구 1인당 일주일에 약 1건 정도로, 일상적인 구매 건보다 빈도는 낮지만 거래 규모는 평균 3천 달러 정도로 월등히 크다. 총금액은 세계 GDP의 10배가 훨씬 넘는다.

마지막 줄은 은행과 다른 금융기관(연금 및 헤지펀드 등) 간의 금융 거래다. 이런 도매 결제는 횟수가 훨씬 적다. 1인당 연간 결제 횟수로 치면 1건도 되지 않는다. 하지만 규모는 엄청나다. 1건당 평균 결제 규모가 250만 달러를 넘는다. 결제 총금액은 매년 5천조 달러 가량으로 무려 세계 GDP의 70배에 달한다.

앞의 표는 세계의 모든 결제를 세 가지 유형으로 대분류했기 때문에 매우 다양한 특성을 지닌 거래들이 각각의 카테고리에 포함되어 있음을 유의하기 바란다. 단, 그 **다양한 결제 흐름을 뒷받침하는 시스템들은 모두 상호의존적이다.** 소액의 돈은 거액의 돈 없이 움직일 수 없으며, 거액의 돈 역시 소액의 돈 없이는 움직일 수 없다. POS 단말기, ATM 등 우리가 볼 수 있는 것들 뒤에는 정말로 중요한 인프라,

---

2 표에 나와 있는 모든 수치는 국제결제은행 산하의 CPMI 소속 25개국에 관한 것이다.

즉 돈이 A에서 B로 '이동'할 수 있도록 만드는 연금술을 실행하는 결제 시스템이 있다. 이런 파이프는 대부분 눈에 보이지 않는다. 또한 어느 나라나 통화 지역에서건 이 파이프는 하나의 연결된 '시스템'을 구성하지만, 그와 동시에 나라나 지역에 따라 상당히 달라질 수 있는 개별 요소들로 구성된다. 이 시스템들은 앞서 3장에서 살펴본 세 가지 중요한 문제를 해결해야 한다. 첫째, 리스크를 최소화해야 하고, 유동성을 최소화해야 하며, 우리 사회에서 널리 받아들여져야 한다 (많은 상인들이 널리 받아들이고, 많은 고객이 사용해야 한다는 뜻이다).

소매 결제 부문에서는 우리 사회가 받아들이는 관례가 가장 중요하다. 소비자가 사용하기 쉬운 해결책을 제시해야 하며 네트워크 효과를 누리려면 많은 대상을 연결하는 시스템을 만들어야 한다. 많이 연결돼 있을수록 좋다. 3장에서 살펴봤듯이 소매 결제 시스템들이 지역적으로 상이하고 웬만하면 쉽게 바뀌지 않는 성향을 보이는 이유가 바로 이 때문이다.

반면 결제 리스크와 유동성은 [표 2] 마지막 줄의 금융 거래와 가장 관련이 깊다. 왜 그럴까? 수조 달러가 매일 이러한 시스템을 통해 이동하기 때문이다. 16장에서 자세히 살펴보겠지만 **거액**Wholesale **결제 시스템을 구축할 때는 유동성과 리스크라는 두 요소의 상충 관계**Trade-offs**를 고려해야만 한다.**

청산기관(어음교환소)의 작동 원리를 살펴보면 이 상충관계가 왜 중요한지 이해할 수 있다. 청산기관의 주요 특징 중 하나는 결제 대금을 은행끼리 상계한 후 '차액'만 정산한다는 점이다. 즉, 은행들은 일정한 주기에 따라 채권(다른 곳으로부터 받아야 할 금액)과 채무(다른 곳에 줘야 할 금액)를 상계하고, 그 차액만큼을 주고받는 방식을 택하고 있다.

이 방식은 은행의 전체 처리 비용을 절감할 뿐 아니라 차액을 결제하는 데 필요한 돈만 있으면 되므로 은행들이 많은 돈을 가지고 있을 필요가 없다(즉, 불필요한 유동성 보유를 최소화한다).

하지만 **차액 결제 시스템**Netting system**에는 두 개의 커다란 단점이 있다. 첫째, 처리 속도가 상대적으로 느리다**(개념적으로 채권채무를 상계하는 작업은 실시간으로 일어나기 어렵다. 하루 또는 일주일 등 시기를 정해놓고 주기적으로 일어난다 - 감수자). 전통적으로 차액 정산은 하루 업무를 마감할 때 진행되며 심지어 야간에 이뤄지기도 한다. 이 말은 은행끼리 주고받을 돈이 해당 은행에 당도하기까지 적어도 하루가 걸리고, 하루 이상 걸릴 때도 있다는 뜻이다.

둘째, **차액 결제 시스템에는 리스크가 따른다.** 만약 차액 정산 주기가 오기 전에 은행이 어떤 사정으로든 무너져 버린다면 어떻게 될까? 은행이 파산하면 그때까지 이뤄진 모든 결제를 이전 상태로 되돌려야 한다. 수취 은행이 이미 고객의 계좌에 돈을 지급했더라도 망해버린 송금 은행으로부터 그 돈을 실제로 돌려받을 수는 없다. 그렇기 때문에 은행들은 실제로는, 차액 정산 주기가 끝나고 은행 간 모든 거래 차액이 제대로 오간 후에야 고객들에게 입금한다. 고객 입장에서는 바람직한 방법이 아닐 수도 있지만 은행 입장에서는 이런 방식이 훨씬 효율적이고 위험을 관리하기 쉽다.

우리가 일상적으로 진행하는 결제는 차액 정산의 위험을 관리할 수 있다. 하지만 [표 2]의 셋째 줄에 있는 **거액 결제를 처리할 때는 차액**

정산 방식은 효과적이지 않다. 이런 식의 거액 결제가 최종적으로 처리되기까지 하루 혹은 그 이상의 시간이 걸린다는 것은 돈을 받는 금융기관의 입장에서 커다란 리스크를 감수해야 함을 뜻한다. 결제가 진행되는 사이에 은행이 파산하면, 그 은행과 거래하던 상대방은 자본금의 몇 배에 달하는 돈을 갚지 못하고 그들 역시 파산할 수 있다. **한 번의 실패가 시스템 전체에 영향을 미치는 붕괴를 초래할 수도 있는 것이다.** 이런 일이 어떻게 발생하는지 1974년 6월에 잘 알려지지도 않았던 독일의 작은 은행 헤르슈타트 은행Herstatt Bank이 생생하게 보여줬다. 헤르슈타트 은행 파산 사건은 전 세계에 **더 나은 거액 결제 처리 방법**을 찾아야 할 설득력 있는 이유를 제시했다.

당시 헤르슈타트 은행은 달러 투자에 연이어 실패했고, 결국 자기 자본의 10배가 넘는 손실을 보게 된다. 그리고 이 사실을 발견한 규제 당국은 헤르슈타트 은행의 면허를 정지시켰다.

은행은 파산하더라도 자본금만큼의 손실을 부담하면 되기 때문에 이 사건은 큰 문제가 되었다. 사실 헤르슈타트는 독일에서 규모 35위에 불과한 작은 은행이었다. 헤르슈타트 은행이 다른 독일 은행들과 미국 달러-독일 마르크 거래를 하지 않았더라면, 헤르슈타트 은행 파산 사건은 온전히 독일 내 문제로 끝났을 수도 있다. 헤르슈타트 은행이 파산할 당시 그와 거래 중이던 다른 은행들은 이미 프랑크푸르트에 있는 헤르슈타트 은행에 독일 마르크를 보내고 독일보다 몇 시간 느린 뉴욕으로부터 달러를 받으려고 대기 중이었다. 하지만 뉴욕 시장이 문을 열기 전에 헤르슈타트 은행은 파산을 선언했고, 그 탓에 헤르슈타트와 거래 중이던 다른 은행들은 달러를 받지 못했다.

헤르슈타트의 뉴욕 거래 은행인 체이스 맨해튼Chase Manhattan은 헤르슈타트의 계좌를 동결하고 헤르슈타트 대신 달러를 지급하던 업무를 중단했다. 헤르슈타트 은행의 파산은 **뉴욕 금융 시스템 전체에까지 즉각적이고 폭발적인 영향을 미쳤다.** 은행 간의 신뢰가 사라지자 유동성(은행들이 원활한 결제 처리를 위해 유지하던 자금)도 말라 버렸다. 미국 은행 간 결제 규모가 60%나 줄어들었고 은행 간 금리가 폭등해 그 여파가 자연스럽게 일반 고객에게까지 이어졌다. 그 결과는 미국에만 국한되지 않고 대서양을 가로질러 유럽으로 되돌아왔다. 독일의 작은 은행 하나가 파산한 탓에 이 모든 일이 벌어진 것이다.

16

1조 달러를 옮기는 방법
: 혹은 우리에게 중앙은행이 필요한 이유

1997년 영화 〈맨 인 블랙Men in Black〉에서는 비밀 요원들이 지구에서 살아가는 외계인을 관리하고, 그 같은 활동을 일반 대중에게는 비밀에 부친다. 중앙은행장들이 이 비밀 요원들을 본떠서 조직을 구성했을 리는 없겠지만, 세계 금융 시스템 내에서 중앙은행이 하는 역할은 대체로 이와 비슷하다.

중앙은행장들은 금융 시스템 내에 어떤 위험이 있는지 잘 안다. 금융 시스템이 망가지면 충격적인 결과가 발생할 수도 있다는 사실을 너무도 잘 알고 있기에 실제로 존재하는 위험을 막기 위해 최선을 다한다. 한편, 다행스럽게도 우리 대부분은 이런 위험을 알지 못한다. 이론적으론 그렇다. 헤르슈타트 은행 파산 사건 때 그랬듯이, 중앙은행장들은 문제가 발생하면 일단 위기를 즉시 봉합하고 같은 일이 반복되지 않도록 한다.

헤르슈타트 은행 파산 사건은 은행 간 **거액의 부채를 잠시라도 미해결 상태로 두는 것은 매우 위험**하다는 교훈을 남겼다. 은행 사이의 부채는 가능한 한 빨리 결제를 통해 정산해야 한다. 이를 위해서 **은행과 중앙은행을 연결하는 새로운 형태의 금융 파이프가 필요했다.** 눈 깜짝할 사이에 수십억 달러를, 점심 전에 수조 달러를 옮길 수 있는 아주 거대한 파이프가 필요했다.

이런 시스템에서 얼마나 많은 양이 처리되는지는 상상하기 어려운 수준이다. 2008년 금융위기 당시 '십억'과 '조'라는 단위가 신문에 자주 등장했는데, 많은 사람들이 혼란스러웠을 것이다. 영어권 국가에서는 'Trillion'이라는 단위가 1조(0이 12개)를 뜻하지만, 상당수의 비영어권 국가에서는 100경(0이 18개)을 가리킨다는 사실도 혼란을 부추기는 데 일조했다. 이런 거대한 숫자 아래에 얼마나 많은 돈이 있는지 설명해야 하는 상황이 되자, 고맙게도 블로거들이 열성적으로 덤벼들었다. 그들이 제안한 방법 하나는 그 수치를 실제 돈으로 시각화하는 것이었다. 블로거들의 주장에 따르면, 100만 달러는 100달러짜리 지폐로 서류 가방 하나를 채우는 양이다. 10억 달러(백만 달러의 1천 배)는 100달러 지폐로 화물 운반용 파렛트 10개를 가득 채울 수 있다. 1조 달러는 100달러 지폐로 채운 화물 운반용 파렛트를 3단으로 쌓아 국제규격 축구장 하나를 가득 채울 수 있는 양이다.

15장에서 살펴봤듯이 차액 정산 방식은 이런 거액의 돈을 이동시키는 문제를 해결하는 방법이 될 수 없다. 조 단위의 달러를 옮기려면 은행 간의 거액 결제를 **실시간으로 한 건씩 정산하는 시스템**, 그리고 한번 이뤄진 결제가 '최종'이 되어 변경하거나 되돌릴 수 없는 시스템이 필요하다. 이를 위해 중앙은행들은 **RTGS**Real-Time Gross Settlement**(실시간 총액 결제) 시스템을 만들어냈다.** 1장에서 언급했던 가상의 작은 섬에서 100달러짜리 지폐가 돌아다니면서 하는 것과 같은 역할을 RTGS가 한다고 생각할 수 있다(물론 RTGS는 그와 비교가 되지 않을 정도로 규모가 크다). RTGS를 이용하면, 불똥이 튀면 순식간에 잿더미가 될 마른 불쏘시개를 점점 모으는 대신 은행 간의(같은 나라에 있거나 같은 통화를 사용하는 은행끼리의 거래) **상호 채무를 즉시 정산**Settle**할 수 있다.**

1996년에 영국의 RTGS 시스템인 챕스CHAPS가 가동되었을 때, 당시 영란은행 총재였던 에드워드 조지Edward George는 이 시스템을 '열반Nirvana'이라고 묘사했다. 어쩌면 중앙은행장 정도 돼야 RTGS에서 열반의 경지를 발견할 수 있는 것인지도 모르겠다. 하지만 만약 당신이 중앙은행장이고 신중한 성격의 소유자라면 은행 사이에서 시시각각 누적되고 있는 어마어마한 위험이 다음 티타임이 시작되기 전에, 외부 연설을 하기 전에 해소되었음을 알고 싶을 것이다.

각 결제 금액 전부를 실시간으로 처리하면 신용 위험은 제거되지만(이렇게 되면 중앙은행 총재는 밤에 단잠을 잘 수 있다), **많은 비용이 든다.** 시스템 구축과 설치에 드는 비용(결국 RTGS를 운영하는 것은 중앙은행이다)이나 시스템을 운영하고 유지하는 데 들어가는 인력과 전력 때문이 아니라, 이런 시스템이 실제로 돌아가도록 만드는 연료가 바로 돈 그 자체이기 때문이다. 가상의 섬에서 원활한 경제 활동을 위해 100달러짜리 지폐가 필요했던 것처럼 RTGS는 유동성을 필요로 한다. 그것도 엄청난 규모로.

어느 정도의 유동성이 필요한지 이해할 수 있는 실제 사례를 들어보자면, 챕스는 하루에 대략 3,650억 파운드를 처리한다.[1] 엄청난 금액처럼 보일 수도 있지만 달러로 거래하는 미국 연준의 페드와이어Fedwire, 유로로 거래하는 타깃2TARGET2 등 세계에서 가장 규모가 큰 두 개의 거액 결제 시스템과 비교하면 왜소한 금액이다. 이 거액 결제 시스템은 매일 각각 3조 달러를 처리한다. 전 세계 모든 은행이 보유한 위험 부담 자본Risk-bearing capital의 총규모가 6조 달러 정도다. 달러화와 유로화 RTGS는 전 세계 은행 시스템이 보유한 총자본금만큼의 금액을 매일 거래한다는 뜻이다. 달리 말해서 이러한 결제가 제대로 이뤄지지 않거나 사후에 철회되면, 전체 은행 시스템은 무너질 수도 있다.

총액 결제 방식은 리스크를 줄일 수 있지만, 차액 결제 방식으로 처리할 때보다 **훨씬 많은 유동성이 필요하다.** 은행들은 이런 식의 거액 결제를 위해 100달러 지폐 한 장과는 비교할 수 없을 만큼 큰 자금을 RTGS에 사전 납부해두어야 한다. 물론 이러한 거액을 RTGS에 묶어둔다는 것은 은행에게 커다란 기회 비용을 의미하기 때문에 RTGS는 필요한 금액을 최소화하도록 설계됐다. 이를 위해 RTGS는 시스템에 참가하는 은행에게 담보만큼 마이너스 잔고(다시 말해서 국채를 담보로 하는 당좌대월)를 허용하며 최적의 순서로 결제를 실행하는 알고리즘을 운영한다. 규모가 크고 가장 발전한 RTGS 시스템들은 참가 은행들이 일일 청산 금액의 최소 1%에 해당하는 자금만 내

---

1 2020년 1월부터 6월까지 일일 평균 처리 금액.

도 되게끔 허용한다.

구글 결제팀의 임원인 다이애나 레이필드Diana Layfield는 결제 시스템이 바라는 최고의 영광은 잊혀지는 것이라고 말한다. 레이필드가 내린 정의만 보자면 RTGS는 매우 높은 점수를 받을 수 있다. 대부분의 사람은 RTGS가 존재하는 줄도 모른다. 이런 시스템들은 우리 일상과 관련된 대부분의 결제와는 완전히 동떨어져 있는데 우리가 어찌 그 존재를 알겠는가? 하지만 그렇다고 해서 우리가 RTGS에 의존하지 않는다는 뜻은 아니다. **RTGS가 작동을 멈추면 우리의 일상도 멈춰 설 수밖에 없다.**

다행히 심각한 문제가 생기는 일은 드물지만, **일단 문제가 발생하면 그 여파는 즉각적으로 나타난다.** 2014년 10월 영국의 챕스 시스템이 작동을 멈춘 적이 있었는데, 이때 영국의 주택 구매자들은 곧바로 시스템 정지에 따른 충격을 받아야만 했다. 콜체스터 주민 조 프리들라인Joe Friedlein은 기자와의 인터뷰에서 "오늘 내 변호사에게 전화를 걸었더니 돈을 받지 못했다고 하더라고요. 담보대출을 받은 은행에서 보내온 게 아무것도 없다더군요."라고 말한 후 트위터에 "이런 일은 내가 상상해본 '이사 가는 날 절대로 일어나지 않기를 바라는 일' 1순위."라는 글을 남겼다.

이런 경험을 한 사람은 프리들라인만이 아니었다. 문제의 그날, 챕스 시스템의 고장으로 영국에서 수백 건에 달하는 주택 매매 대금이 처리되지 못했다. 챕스는 바로 전 주말에 신규 은행 한 군데를 시스템에 추가하고 다른 은행을 시스템에서 제외했다. 그리고 문제의 월요일 아침 6시, 시스템을 재가동했을 때 그대로 다운돼 버렸다.

챕스 시스템 고장으로 문제를 겪은 또 다른 주택구매자는 BBC와의 인터뷰에서 한탄하며 말했다. "열 살짜리 우리 아이도 스마트폰으로 돈을 이체할 수 있어요. 그런데 업데이트 좀 했다고 영란은행시스템이 망가져 버렸네요!" 영국의 전국 부동산중개인협회National Association of Estate Agents는 그 주 후반에 예정된 결제 업무가 연쇄적으로 지연되는 '낙수Cascading' 효과를 경고했으며 《파이낸셜타임스》는 '영란은행의 결제 실패로 수천 건의 주택 구매 거래가 지연되다'라는 분노 가득한 제목의 기사를 내보냈다.

그날 영국 언론은 일제히 챕스 시스템 고장 사태에 관한 뉴스를 쏟아냈고, 예상대로 거의 모든 기사 내용은 챕스 고장 사태가 주택 매매에 미칠 영향에 집중됐다. 언론은 문제없이 처리된 70%의 결제 건에 대해서는 아무 언급도 하지 않았고, 챕스를 통해 거래되는 총액에서 부동산 매매가 차지하는 비중이 0.1%에 불과하다는 사실은 외면했다.

언론이 주택 시장을 집중 조명한 것은 부동산에 대한 영국인들의 관심이 지대하기 때문일 수 있다. 하지만 언론이 주택 시장에만 관심을 기울인 탓에 **RTGS 문제가 좀 더 오래 지속되면 어떤 일이 벌어질지는 제대로 알려지지 않았다.** 1987년부터 2006년까지 미 연준 의장을 지낸 앨런 그린스펀Alan Greenspan은 그런 착각에 빠지지 않았다. 연준 의장직에서 물러난 그는 2007년에 이렇게 기술했다. '누군가가 미국 경제를 무력화하고 싶다면 결제 시스템을 망가뜨리면 된다. 결제 시스템이 무너지면 은행은 물리적으로 자금을 옮기는 비효율적인 방식으로 되돌아갈 수밖에 없다. 기업들은 물물교환과 차용증서에 의존

하게 될 테고 미국 전역의 경제 활동이 급격하게 위축될 것이다.'[2]

몇 년 후《파이낸셜타임스》는 자사가 운영하는 알파빌Alphaville 블로그에서 챕스 사건을 이렇게 재조명했다. '시스템이 장기간 작동하지 않았다면 파운드화 통화 시장 전체가 무너져 내려 영국 경제에 파멸적 영향을 미쳤을 수도 있다. 사람들이 치를 희생, 난장판이 돼버린 상황, 대중들의 집단 히스테리를 생각해보라.'

이러한 거액 결제 시스템의 실패가 정말 종말론적 시나리오의 원인이 될 수 있을까? 이에 대한 답을 얻기 위해 결제 시스템을 철도 시스템에 비유해서 시각화해 보자(지금껏 계속 비유에 활용한 '파이프'를 무시하는 것은 아니다). 철도 차량은 돈이고, 기차역은 결제 관문(비자의 카드 판독기와 ATM)이며, 분기선Branch line은 돈을 결제 관문으로 이동시키는 소매점들이다. 이 모든 것을 연결하고 동력을 공급하려면 **아주 튼튼한 간선Main line과 몇몇 주요한 교차점**이 필요한데, 이것이 **바로 RTGS다.**

이런 간선을 통해 이뤄지는 결제에는 기업들이 진행하는 시급한 결제와 거액 결제, 일반 소비자들이 주택처럼 큰돈이 드는 품목을 구매하기 위해 이따금 진행하는 결제가 있다. RTGS는 우리가 앞서 살펴본 은행 간 차액 결제 시스템과 같은 국내 시스템의 정산Settle도 처리한다.

---

2 그린스펀의 경고가 있은 지 1년이 채 되기도 전에 미국 경제는 급격하게 위축됐다. 하지만 결제 시스템과는 무관한 일이었다. 결제에 문제가 생기면 어떤 일이 벌어질지 그린스펀은 정확하게 내다보았다. 다만 결제가 아닌 다른 무언가가 똑같은 결과를 초래할 수 있다는 점을 미처 생각지 못했을 뿐이다.

이런 간선과 주요 교차점은 수천 명의 승객(수많은 소매 결제)을 실어 나를 만한 수용력을 갖추어야 한다. 또한 그와 동시에 수천 톤의 철광석과 철강(은행 간의 거액 결제 및 도매 결제)을 실어 나르는 거대한 화물 열차를 지탱할 수 있을 정도로 튼튼해야 한다. 인프라에서 이 부분은 반드시 제대로 작동해야 하며, 그렇지 못할 경우 네트워크 전체가 정상적으로 기능할 수 없다.

다시 엉망이 돼버린 상황으로 돌아가 얘기해보자. **RTGS가 하루 이상 정상화되지 않으면 우리는 어떻게 지내게 될까?** 40여 년 전만 하더라도 RTGS 없이 얼마든지 잘 살았으니 지금도 아무 문제 없이 살아갈 것이라 생각하는 사람도 있겠다. 하지만 너무 성급한 결론이다. 과거 우리는 인터넷, 휴대전화, PC 없이도 잘 살았다. 지금 세상에 이런 것들이 없다고 상상해보자. 물론 유선전화, 우편 서비스, 오프라인 매장, 은행 등 제2의 해결책이 있긴 하다. 하지만 그 시스템으로는 우리가 지금 필요로 하는 모든 일을 처리하기에 역부족이다. 우리가 할 수 없는 일도 많을 테고 우리가 하지 않을 일도 많을 것이다. 상업 활동은 급감하고 비즈니스 비용은 기하급수적으로 증가할 것이다.

현대 경제에서 RTGS가 사라지면 구글, 페이스북, 이메일이 사라졌을 때 겪게 될 불편보다 **훨씬 더 혹독한 시련을 겪을 것이다.** 어쩌면 소액 소매 결제는 카드 네트워크와 은행 간 시스템을 통해 계속 진행될 테니 일상적인 쇼핑을 이어나가며 최소한의 평정심은 유지할 수 있으리라 생각할지 모르겠다. 그러나 이러한 생각은 은행 사이에서 점점 커져가는 위험을 고려하지 않은 것이고, 식료품이 어떻게 매장까지 배송되고 기름이 어떻게 주유소까지 오는지 전혀 고려하지 않은 것이다.

슈퍼마켓과 석유 회사가 행하는 결제는 거액 결제에 해당하는 데다, 이들이 취급하는 수입품은 말 그대로 외국에 의존하며 외환 결제가 필요하다. 1장에 등장한 가상의 섬에 거주하는 사람들이 그랬듯이 기업들이 고객의 빚이 며칠 동안 쌓이도록 내버려둘 수 있을지는 모른다. 하지만 어느 시점에 이르면 이런 방식이 더는 통하지 않는다. 슈퍼마켓에는 더 이상 팔 물건이 없고, 주유소에는 기름이 없고, 회사에는 직원에게 줄 월급이 없는 상황이 벌어지게 된다.

사회가 원활하게 돌아가려면 이런 거액 결제 시스템이 계속 작동해야 함은 분명하다. 더욱이 **거액 결제 시스템은 재앙이 닥쳤을 때도 중요한 역할을 한다.** 위기가 닥치면 중앙은행장들은 금융 소방관의 역할을 하며 엄청난 유동성을 쏟아부어 금융 혼란과 극심한 공포의 불꽃을 꺼야 한다. 중앙은행장들은 RTGS 시스템 같은 파이프를 이용해 어디가 됐건 불이 난 곳으로 유동성을 끌고 간다.

세계 금융 시스템의 중추인 로어 맨해튼이 공격을 받은 9·11 테러 사태만큼 이를 잘 보여주는 사례는 없다. 월드트레이드센터 옆에 위치한 32층짜리 건물은 미국의 초대형 통신사 버라이즌Verizon의 핵심 통신 허브로 세계에서 가장 많은 전선과 스위치가 모여 있는 곳이었다. 그곳에는 400만 개 이상의 데이터 회선, 10개의 기지국, 30만 개의 발신회선, 뉴욕증권거래소New York Stock Exchange의 통신 장비, 뉴욕의 주요 비상 스위치가 있었다. 쌍둥이 빌딩이 무너지며 철골이 버라이즌 빌딩 전면부에 박히자 구리선과 광섬유가 콘센트에서 떨어져 나갔고 아래층은 물바다가 됐다. 전력은 완전히 차단됐다.

9·11 테러는 사회 전역의 파괴를 가져왔으나, 버라이즌 통신 허브라는 **결제 중추에 가해진 공격은 가장 시급히 대응해야 하는 과제**였다. 이때 연준이 재빨리 개입했다. 연준은 300억 달러 상당의 국채를 사들여 은행들의 준비금 계좌에 돈을 추가했다. 은행이 결제 기능을 계속 수행할 수 있도록 현금을 제공한 것이다. 연준은 은행에 직접 450억 달러를 더 빌려줘 결제를 위한 유동성을 추가로 제공했다. 그뿐 아니라 달러를 빌리는 비용이 해외에서 점점 커지자, 연준은 다른 나라 중앙은행들과 스와프 협정을 체결해 외국의 은행에도 달러를 제공했다. 연준은 9·11 테러가 벌어진 직후 단 며칠 만에 1천억 달러에 달하는 유동성을 '투입해' 세계 금융 시스템의 붕괴를 막는 것을 도왔다.

9·11 테러 이후 은행 부문은 전산 처리소를 (물리적으로) 복수로 마련하고, 회복력을 강화하기 위한 많은 노력을 기울였다. 금융 당국은 은행에게 **외진 곳에 데이터 백업 센터를 하나 더 세우고, 2중 통신 시스템을 구축하는 등 다양한 보완책을 마련할 것**을 지시했다. 그 후 다음 위기가 찾아왔다. 그러나 이번 금융위기는 이전과는 완전히 달랐다.

금융위기가 터진 2008년에 정전이나 통신 두절, 홍수, 이동의 문제 등은 없었다. 따라서 사전에 마련해 둔 대비책들은 문제 해결에 별다른 도움이 되지 않았다. 2008년 9월 13일과 14일 주말 사이에 투자은행 리먼 브러더스가 파산하자, 헤르슈타트 은행 파산 사건은 아이들 장난처럼 보일 지경이 됐고 국제 금융 관계가 전에 없던 시험대에 올랐다. 이번에는 연준만이 아니었다. 전 세계 중앙은행이 중장비를 동원해야만 하는 입장이 됐다. 사실 세계 각국 중앙은행은 정부 주도 프로그램을 통해 은행의 악성 부채를 사들이는 등 적극적으로 문제 해결에 돌입했다.

리먼 브라더스는 결제 비즈니스 부문에서 거물이 아니었다. 사실 리먼 브라더스는 결제 비즈니스에서 아예 활동조차 하지 않았지만, **아찔할 정도로 복잡한 거래 네트워크에 연루돼 있었다.** 문제가 된 거래 네트워크는 상당수가 복잡한 장기 파생상품, 증권, 외환 거래와 관련된 것이었다. 그리고 세계 곳곳의 수많은 상대들과 거래하고 있었다. 그랬던 탓에 불운한 독일재건은행KfW은 리먼 브라더스가 이미 파산을 선언한 후 4억 2,600만 유로를 통화스왑 대금으로 리먼 브라더스에 송금했다(이 사건으로 독일재건은행은 독일에서 '가장 멍청한 은행'이라는 별명을 얻었다). 프랑스 은행 BNP 파리바Paribas는 무려 4억 유로, 스코틀랜드 왕립은행Royal Bank of Scotland은 10억 파운드 규모의 위험에 노출됐다. 리먼 브라더스의 영국 법인만 해도 총 360억 파운드의 빚을 지게 됐다.

헤르슈타트 은행 파산으로 외환 시장의 폴트라인(약점)이 드러나고, 9·11 테러로 증권 시장의 균열이 만천하에 노출됐다면, 리먼 브라더스 파산 사태는 파생상품 세계의 민낯을 전 세계에 공개했다. 특히 리먼 브라더스 파산 사태는 투자자가 기업의 채무 불이행 위험에 대비한 보험인 '신용부도스왑Credit default swap'에 세상의 이목을 집중시켰다. 이런 파생상품들은 아주 단시간에 제법 합리적인 위험 관리 도구에서, 워런 버핏Warren Buffett이 별명 붙인 대로 '금융의 대량살상무기Financial weapons of mass destruction'로 변질됐다.[3] 2001년에는 1조 달러가 채 되지 않았던 파생상품 시장이 2008년에는 무려 60조 달러 규모로 증가하는 등 폭발적인 증가세를 보였으며 시장은 이전보다 훨씬 복잡해졌다. 신용부도스왑은 대개 기업 부채가 아니라 서브프라임 모기지(비우량 주택담보대출)의 채무 불이행에 대비한 보험으로 사용됐으며, 신용부도스왑 상품 상당수는 유럽과 아시아의 은행들이 연루된 복잡한 금융 거래의 일부였다.

다행스럽게도 금융위기가 끝날 때까지 파이프는 잘 버텼다. 전 세계 중앙은행장들이 이제는 말라 버린 은행 간 유동성을 대체할 자금을 투입하자 결제는 순조롭게 진행됐다. 거액의 결제가 이뤄지는 RTGS 시스템이 없었다면 상황이 더욱 나빴을 수 있었다. 신성로마제국을 두고 '신성하지도 않고, 로마도 아니고, 제국도 아니다.'라고 했던 볼테르Voltaire의 일갈과는 달리, 세계 금융 시스템은 이름 그대로 세계를 아우르는 금융 시스템이었다. 그리고 위기는 우리가 이 같은 사실을 좀 더 일찍 알아차리지 못했을 때를 대비해, **세계 금융 시스템이 얼마나 거대하고 상호 연결돼 있는지** 보여주는 역할을 했다.

신용 파생상품들은 금융위기 동안 버핏이 비유한 대로의 모습을 보였지만 금리, 외환 파생상품 같은 좀 더 평범한 금융상품들과 함께 다시 한번 금융산업의 필수 도구로 자리 잡았다. 증권(주식 및 채권)

---

3 '오마하의 현인'으로도 알려진 워런 버핏은 미국의 투자자이자 미국 투자회사 버크셔 해서웨이(Berkshire Hathaway)의 회장 겸 CEO다. 2003년에 버크셔 주주들에게 보내는 연례 서신에서 처음으로 이런 내용을 언급했다.

시장이나 외환 시장과 마찬가지로 파생상품 시장 역시 전 세계에서 거액을 움직이는 시스템의 주요 부품 중 하나다.

세계 최대 규모 은행들이 이 시스템에서 중요한 역할을 한다. 이런 은행들은 증권 시장, 파생상품 시장, 외환 시장을 지배할 뿐만 아니라 지급과 결제에 필요한 유동성을 공급하며 인프라를 4 지지하는 데에도 중요한 역할을 한다. JP모건 하나만 보더라도 매일 6조 달러에 달하는 도매 결제 대금을 움직이는 역할을 한다.

각 시장에서 금융 기업들은 저마다 다른 실적을 보이지만 가장 우수한 기업들은 모든 시장에서 두각을 나타낸다. 몇 군데만 언급하면 JP모건, 씨티은행, 도이체방크, HSBC, 뉴욕은행Bank of New York 등이 있다. 이 목록이 서구에 치우친 것은 **역사와 지리, 그리고 무엇보다도 달러 때문이다.** 금융 시장에 참여하는 사람들은 모두 수급이 탄탄하고 유동성이 풍부한 시장을 원하기 때문에 덩치가 큰 서구의 금융기관들이 유리할 수밖에 없다.

이처럼 복잡한 금융 시장을 우리는 어떻게 이해해야 할까? 대형 금융기관들이 이판사판의 폭탄 돌리기 게임을 하면서 위험을 점점 부풀려 우리 모두를 위기에 빠뜨리고 있는 것일까? 어떤 관점에서는 그렇게 보일 수도 있다. 하지만 **전 세계를 잇는 거액 송금 시스템**은 상업과 무역이라는 바퀴에 기름칠을 하고, 우리가 결제하고 돈을 빌릴 수 있게 해주는 **엔진의 필수적인 부분**이다. 이를 위해 더 나은 방법을 찾아낸 사람은 아직 아무도 없다. 외환 시장이 없으면 국가 간 결제가

---

4 중앙청산소, 중앙증권예탁기관 등.

줄어들고, 결제 처리 속도도 더뎌지며, 결제 처리 비용은 높아지므로 무역이 줄어들 수밖에 없다. 금리스왑Interest rate swap이 없으면 확정 급여형 연금도, 주택담보대출이나 대출도 없을 테고 적어도 지금보다 금융상품이 훨씬 줄어들 것이다. 은행이나 다른 공급자들은 위험을 분담할 수 있는 투자자가 있을 때만 이런 상품들을 공급할 수 있기 때문이다. 그리고 증권과 채권을 거래하는 자본 시장과 은행이 없으면 기업들은 자금을 조달하기가 훨씬 힘들어진다.

우리는 은행에 대해서 논쟁을 벌일 수는 있다. 은행이 잘 처신하고 있는지 그렇지 않은지, 은행 임원들에게는 높은 급여를 주면서 예금자들에게는 너무 적은 이자만 제공하는 것이 아닌지, 대출을 해줘야 마땅한 대상에게 충분한 금액을 빌려주고 있는지 등 은행을 둘러싼 다양한 문제를 논의할 수 있다. 하지만 모든 것을 참작해보면 우리는 은행이 필요하다. 리먼 브라더스 사태를 통해 쓰디쓴 교훈을 얻었듯이 **은행의 규모가 커질수록 우리는 더욱 은행이 필요하다.**

리먼 브라더스의 실패 후 중앙은행들이 아무런 조치 없이 가만히 있었던 것은 아니다. 사실 그들은 갖은 노력을 기울였다. 중앙은행들은 은행들이 더 이상 '대마불사大馬不死'의 존재가 되지 않도록 만드는 동시에 은행을 좀 더 탄탄하게 만들고자 했다. 이를 위해서 중앙은행은 은행에게 자본 보유량을 늘리고, 활동 현황을 정기적으로 보고하고, 투명성을 개선하고, 개별 은행의 채무 불이행이 미치는 영향을 중화하기 위해 각 은행이 안고 있는 위험을 중앙 인프라에 모을 것을 요구했다.

중앙은행은 시스템 붕괴를 막기 위해 중앙 집중화된 인프라를 구축했으며 특히 참가 은행들에게 엄격한 접근 요건을 요구했다. 하지만 이런 노력에도 불구하고(혹은 이런 노력 때문에) 이들 은행 대부분은 그들이 의존하는 중앙 인프라와 마찬가지로 파산하기에는 여전히 너무 큰 대마불사의 존재로 남게 됐다. 정책 입안자들이 '모든 계란을 한 바구니에 넣고 바구니를 잘 감독하라.'라는 앤드루 카네기 Andrew Carnegie의 조언을 받아들인 것처럼 보인다.[5]

비자나 챕스 같은 시스템이 일시적으로 중단된 적은 있지만, 운영 중단 사태가 하루 이상 계속된 적은 지금까지 없었다. 위의 시스템도 마찬가지다. 예를 들어 일주일 이상 시스템이 꺼지면 세계 경제가 심각하게 파괴되고 사회 전체가 위태로워질 수 있다.

2020년에 시작된 코로나19 팬데믹은 경제적으로 엄청난 충격을 안겼다. 또한 평화롭고 민주적인 사회의 구성원들은 상상조차 할 수 없었던 방식으로 개인적·상업적 자유를 대거 빼앗겼다. 하지만 우리는 여전히 결제하고 결제받을 수 있으며, 여전히 집 밖으로 나가 식료품과 연료를 구매할 수 있다. 자 그렇다면, 코로나19 팬데믹 이전처럼 개인적인 자유와 상업적인 자유에는 제약이 없지만 **결제 시스템이 기능을 멈춘 상황을 상상해보자.** 우리가 식료품을 구매할 방법을 찾아낸다 하더라도 슈퍼마켓은 선반에 물건을 채우지 못할 것이다. 우리는 연료비나 교통비를 내지 못할 테고, 공급업체는 직원이나 납

---

5 앤드루 카네기(1835~1919년)는 스코틀랜드 출신 미국인 기업가이자 자선가였다. 19세기 말에 미국 철강 산업 확장을 주도했던 카네기는 역사상 가장 부유한 미국인 중 한 사람이 됐다.

품업체에게 지불할 수 없을 것이다. 이런 일이 벌어지면 우리는 다시 배급제도와 암시장, 심지어 계엄령의 시대로 회귀하게 될까? **경제와 사회가 완전히 무너져 내리기까지 얼마나 오랜 시간이 걸릴까?**

다행히도 바로 이 문제를 해결하는 데 주력하는 기관들이 있다. 금융안정위원회FSB, Financial Stability Board는 세계 금융 시스템을 감시하는 국제기구로, 국제 금융 안정성 증진이라는 사명을 가지고 결제 문제를 눈여겨봐 왔다. 또한 각국의 중앙은행도 결제에 많은 주의를 기울이고 있으며, 특히 스위스 바젤의 국제결제은행BIS, Bank for International Settlements이 중앙은행들의 협력을 도모하고 있다.

국제결제은행 없이는 우리의 글로벌 결제 시스템을 제대로 심사할 수 없다(국제결제은행이 없다면, 터무니없는 이야기를 진짜인 양 떠들어대는 모든 음모론도 제대로 평가할 수 없다). 그렇다면 국제결제은행은 실제로 어떤 일을 할까? 국제결제은행은 제1차 세계 대전이 끝난 후 베르사유 조약에 따라 독일에게 배상금을 원활히 받아내기 위해 1930년대에 설립된 국제기구로, 국제결제은행 최초의 회원들은 배상과 관련된 유럽 국가의 중앙은행들이었다.

독립적인 대차대조표를 가진 기관으로 설립된 국제결제은행은 투기꾼들이 민감한 정보를 악용하는 사태를 막기 위해 진짜 정체를 숨긴 채 특정한 나라의 중앙은행을 대표해 시장에 개입하기도 한다. 시간이 흐르면서 국제결제은행은 전 세계 중앙은행으로 구성된 협회와 유사한 모습으로 진화했다. 국제결제은행은 국제 협력을 통해 세계 금융 안정성을 강화한다는 사명을 실현하고자, 은행들을 위한 국제 기준을 정하고 국경을 넘어 활동할 수 있도록 돕는다.

이 정도면 결제망의 안정을 지키기 위해 충분할까? 질문에 대한 답은 시간이 지나야만 알 수 있다. 현재도 진행 중인 **결제 혁명은 규제 기관들에 엄청난 숙제를 안긴다.** 금융안정위원회, 세계 각국의 중앙은행, 국제결제은행은 금융 시장에 대한 검토를 통해 규칙을 계속 강화하고 권한을 확대해 나가는 중이다. 그와 동시에 이들은 법안과 규제를 약화하려고 애쓰는 로비스트와 이익 집단들의 집요한 반대에도 직면해 있다. 막대한 세수 확보와 고용 증진에 기여하는 은행과 기술 기업들은 정치적 영향력이 상당할 뿐 아니라, 몸값 비싼 로비스트들을 대거 고용할 수 있는 경제적 능력도 갖고 있다. 이들은 전직 관료들을 대거 고용해 자사의 이익을 관철하고 규제 정비에 제동을 거는 역할을 맡긴다.

그리고 그러는 와중에도 사회는 급속히 변화하고 있다. 다시 말해서 아무리 규제가 발전하더라도 순식간에 예상치 못한 사건이 벌어져 따라잡힐 수 있다.

17

돈이 실제로 움직이지 않는다면
우리는 어떻게 해외로 돈을 보낼까

해외 송금Cross-border payment은° **모두가 불편해하는 결제다.** 해외 송금은 보통 비싸고, 느리고, 불투명하다. 몇백 달러를 외국 어딘가로 보내본 사람이라면 누구나 해외 송금이나 결제의 불편함에 동의할 것이다. 해외 송금을 하기 위해서는 복잡한 은행 코드, 익숙하지 않은 계좌 형식, 관련 용무와는 무관해보이는 세부 정보도 제공해야 한다. 해외 송금을 해본 경험이 있다면 값비싼 수수료를 누가 부담할지도 명시해야 한다는 사실을 기억할 것이다. 때로는 송금인이 수수료

• 'Cross-border payments'는 우리말로 직역하면 '국경 간 지급'으로 번역된다. 국경 간 지급은 (1) 기관끼리 돈을 주고 받는 도매 결제(Wholesale), (2) 개인들이 해외 쇼핑몰에서 물건을 사고 결제하는 소매 결제(Retail), (3) 해외 송금(Remittances) 등으로 나눌 수 있을 것이다. 그러나 이 책에서는 독자들이 이해하기 쉽도록 주로 '해외 송금'이라는 단어로 풀이한 점을 감안하기 바란다.

를 전액 지불하겠다고 명시했는데도, 수취인 측 은행이 추가 수수료를 떼기도 한다. 그리고 그 사실조차 송금한 지 일주일이 지난 후에야 알게 될 수도 있다. 그것도 돈을 받은 수취인이 말해준 덕에 알았을 것이다(심지어 송금인 측의 거래 은행은 수취인 측 은행이 수수료를 뗐는지 모르는 사례도 있다).

지난 수십 년 동안 **해외 송금 등 국경을 넘는 결제는 폭발적으로 증가했으며 특히 소규모 송금이나 결제가 급증했다.** 온라인 구매가 큰 폭으로 늘어났으며 지구 반대편에 있는 디지털 매장에서 물건을 구매하는 일도 많다. 매년 2억 명의 해외 이주 노동자가 6천억 달러의 돈을 본국으로 송금하고, 500만 명이 넘는 유학생들이 타국에서 학비와 생활비를 지불한다. 또 코로나19 팬데믹으로 해외 여행에 제동이 걸리긴 했지만 해외 출장자들과 여행객들은 여전히 호텔, 택시, 쇼핑비용을 지불하기 위해 외국에서 결제를 해야 한다.

경제 활동의 모습은 몰라보게 바뀌었지만, 결제 방식은 이를 따라가지 못하고 있다. 우리가 사용하고 있는 첨단 IT 기술을 떠올려보면이 같은 실상은 더욱 이해하기 어렵다. 전 세계 누구에게든 실시간으로 이메일을 보내고 대화를 나누고 화상 통화도 할 수 있다. 이런 서비스를 이용할 때는 비용이 거의 혹은 전혀 들지 않는다. 우리는 전세계 어디에서건 직불카드로 ATM에서 현지 돈을 인출할 수 있고, 사실상 모든 가게에서 재화와 서비스에 대한 대가를 신용카드로 즉각 지불할 수 있다. 해외 카드 결제를 그토록 매끄럽게 처리하는 바로 그 은행들이 **왜 해외 송금에 대해서는 여전히 복잡한 절차에 얽매여 있는 것일까?**

문제는 **국경과 통화 그리고** (그보다는 덜하지만) **규모 때문이다.** 은행과 통화(물론 유로는 예외)는 국경 내에서 통용되며, 대부분의 결제는 국경 너머가 아니라 국경 안에서 이뤄진다. 많은 사람들이 '해외로 돈을 보낸다'라고 이야기하지만 **실제로는 그 어떤 '돈'도 해외로 '이동하지' 않는다.** 어쨌든 파운드를 프랑크푸르트로 보내거나 유로를 런던으로 보낸들 무슨 소용이 있겠는가? 곰곰이 생각해보면 돈이 '외국으로 이동하지' 않는 것은 너무 자명하다. **대부분의 해외 송금은 대리 은행(외환 결제 제휴 은행)**Correspondent banking**이라 불리는 시스템을 통해서 처리돼 왔다.** 이 시스템은 바로 금과 다른 주화들을 실어 나르는 일을 피하고자 만든 것이다.

대리 은행은 어떻게 운영될까? 대리 은행이 운영되는 방식은 마치 네덜란드에 사는 형이 유로화를 미국으로 송금하기 위해 내게 이렇게 말하는 것과 같다. "지금도 미국 은행 계좌 갖고 있지? 네가 나를 대리해서 이 미국 청구서를 결제해주면 내가 네 네덜란드 계좌에 유로화를 입금해서 갚아줄게." 이 방식을 산업 차원으로 확장해보자. 물론 나와 달리 은행은 이런 서비스를 무료로 해주지 않는다. 대형 은행들은 고객의 해외 송금 수요를 충족시키기 위해 외국의 은행에 수백 혹은 수천 개의 계좌를 유지하는데, 이를 위해서는 자금이 필요하다.

중국에 있는 납품업체에 대금을 지급해야 하는 미국 회사를 예로

● 'Correspondent bank'는 우리나라에서 코레스 은행, 대리 은행, 외국환 은행, 외환 결제 제휴 은행 등 여러 명칭으로 불린다. 외환 실무자들은 코레스 은행이라는 단어를 가장 널리 사용하고 있으나, 이 책에서는 '대리 은행'이라는 용어로 풀이했다.

들어보자(무역 전쟁과 관세에 관한 이야기는 한쪽으로 미뤄두자). 이 미국 회사는 규모가 상당하며, 미국의 대형 은행과 거래한다. 이 미국 은행은 이미 중국에서 비즈니스를 하고 있어서 중국의 은행에도 계좌를 만들어두었다. 미국 은행은 중국 은행 내의 자사 계좌에서 돈을 빼 중국 납품회사에 지급할 것을 중국 은행에 요청한다. 중국 은행은 미국 은행의 계좌 잔고를 확인한 다음 충분한 자금이 있으면 지급을 진행한다. 이런 과정을 통해, 중국 은행이 미국 은행을 위한 '대리 은행' 역할을 하는 것이다.

때로는 **해외 송금이 이뤄지기까지 여러 '단계'를 거칠 때도 있다.** 모든 은행이 해외의 모든 은행과 대리 은행 관계를 맺고 있지는 않기 때문이다. 만약 앞의 미국 회사가 거래하는 은행이 미국의 작은 지방 은행이라면 중국에 대리 은행이 없을 가능성이 크다. 이때는 지방 은행이 규모가 큰 미국 은행을 중개자로 이용하게 된다. 대형 미국 은행이 거래하는 중국 대리 은행에게 돈을 지불해 달라고 요청하는 것이다. 이때 미국 회사와 거래하는 중국 납품업체도 중국 내 작은 은행과 거래한다면, 중국 대리 은행이 자국 내 결제 시스템을 한 번 더 이용해(중국 대형 은행 → 중국 소규모 은행) 지급을 처리해야 한다. 이제 해외 송금을 처리하는 데 시간과 비용이 드는 이유가 무엇인지 조금씩 이해될 것이다.

말하자면 대리 은행 시스템은 연결 항공편에 비유할 수 있다. 전 세계 어떤 공항에서 출발하건 **원하는 곳으로 갈 수 있지만, 반드시 직항은 아니다.** 상황에 따라 여러 경로를 거칠 수도 있다. 이런 일이 벌어지는 **이유는 규모 때문이다.** 직항으로 갈 수 있는 항공편이 있는 이유는 두 지역 사이의 수송량이 많아서다. 반면 직항이 운영되지 않는 지역이 존재하는 이유는 직항 항공편을 유지할 만큼 수송량이 충분하지 않기 때문이다.

런던 히드로 공항, 시카고 오헤어 공항, 싱가포르 창이 공항 등 허브 공항이 있듯이, 대리 은행 시스템에도 중요 역할을 하기 위한 **세계적인 국가 간 결제 허브가 있다.** 십여 개의 글로벌 거래 은행들이 이 역할을 수행하며, 이들은 각각 수천 개의 다른 은행들과 대리 은행 관계를 맺고 있다. 그 아래 단계에는 '지역 허브Regional hub' 역할을 하는 중간 규모 은행이 있는데, 이들은 같은 지역에 있는 은행들을 위해 결제를 처리하고 그 대금을 글로벌 결제 허브 중 한 곳으로 전달한다. 나머지 은행들은 좀 더 규모가 작으며 주로 자사 고객들을 위한 결제를 처리하고, 거래 대금을 해외로 송금할 때는 다른 은행의 서비스에 의존한다.

항공 여행과 마찬가지로 결제의 여정이 길 수도 있지만, 대개 1~2개의 '다리'를 건널 뿐이다. 송금인 측 은행과 수취인 측 은행만을 포함하거나, 두 은행에 하나의 중개 은행(대형 허브 은행 중 하나일 때가 많다)이 더해진 거래가 국가 간 결제의 70%를 차지한다(더 많은 은행이 개입하는 결제는 그리 많지 않다).

대리 은행 시스템 덕에 엄청난 양의 자금이 세계 곳곳으로 이동한다. 매일 약 1조 달러(평균 약 50만 달러, 200만여 건의 거래)의 자금이 대리 은행 시스템을 거쳐 이동한다.[1] 여기에는 상품 판매와 B2B 거래 등의 상업 결제와 증권 및 파생상품 같은 금융 결제가 포함돼 있다.

그렇다면 **은행들은 어떻게 대리 은행 계좌에 자금을 채워 넣을까?** 해

외로 돈을 옮길 수 없는 것은 개별 소비자만이 아니다. 은행도 돈을 실제로 옮기지 않는 것은 마찬가지다. 이 과정이 어떻게 진행되는지 알아보려면 앞서 예로 든 중국 은행과 미국 은행 이야기로 돌아가 보자.

만약 미국 은행이 미국 고객을 위해 중국에서 청구 대금을 계속 지불한다면 미국에는 (미국 고객이 대금 지급을 위해 입금한) 달러가 쌓이겠지만, 그 돈이 중국으로 이동하는 것은 아니므로 중국 은행 내의 미국 은행 계좌는 고갈될 것이다. 계좌 불균형을 바로잡기 위해 미국 은행은 외환 시장을 이용한다. 위안화가 필요한 미국 은행은, 달러가 필요해서 위안화를 팔고자 하는 거래 상대(가령, 또 다른 중국 은행)를 찾는다. 이렇게 찾아낸 중국 은행은 중국 내의 미국 은행 계좌에 위안화를 송금하고 미국 은행은 해당 중국 은행의 미국 대리 은행 계좌에 달러를 송금한다. 다시 말해서, 미국 은행과 중국 은행 사이에서 일어나는 **2건의 국외 거래를 2건의 국내 거래로 바꿔버린 셈이다.**

대리 은행 시스템은 시류를 따라 변하긴 했지만, 관련 용어 대부분은 14세기 베네치아에 뿌리를 두고 있다. 방금 전 사례에 등장한 미국 은행은 중국 대리 은행에 있는 자사 계좌를 '노스트로Nostro' 계좌라 부르고, (헷갈리겠지만) 중국 은행은 똑같은 계좌를 '보스트로Vostro' 계좌라 부른다(이탈리아어로 노스트로는 '우리의'라는 뜻이며 보스트로는 '당신의'라는 뜻이다).

---

1 이 금액은 전체 대리 은행 시스템 거래 규모의 3분의 1을 차지하는 국내 대리 은행 거래도 포함한다. 국제 거래를 위해 사용되는 국내 대리 은행 활동과 순수한 국내 대리 은행 활동, 즉 같은 나라에서 활동하는 은행들이 스위프트 시스템을 통해 서로 보유 중인 계좌를 통해 정산을 마무리하는 활동도 포함한다.

'대리 은행'이라는 표현은 은행들이 선박으로 배송되는 편지에 지시 사항을 담아 전달하던 시대에 생겨난 것이다('Correspondent'는 '편지를 쓰는 사람, 통신원'이라는 뜻 - 옮긴이). 마찬가지로 전보 시대에 생겨난 '전신 송금Wire transfer'이라는 표현도 해외 송금뿐 아니라 미국 내 장거리 국내 송금을 가리키는 말로 오늘날까지 사용되고 있다. 예전에는 미국 은행들이 주州 내에서만 영업 허가를 받은 탓에, 주 경계를 넘어 송금할 때는 국내 대리 은행의 도움을 받아야 했기 때문이다. 전신Telegraph은 점차 텔렉스라는 이름으로 더 잘 알려진 전신 타자기에 자리를 내주었고, 전신 타자기는 다시 글로벌 전자 네트워크인 스위프트SWIFT로 대체됐다.[2]

국제은행간통신협회Society for Worldwide Interbank Financial Telecommunication라는 이름을 가진 스위프트는 1960년대 말에서 1970년대 초까지만 해도 그저 아이디어에 불과했다. **전 세계 은행을 연결하는 통합 시스템**을 만들어 해외 송금에 소요되는 비용, 보안, 속도, 신뢰성, 언어, 기술의 문제를 극복하겠다는 당시의 비전이 반영된 구상이었다. 하지만 스위프트는 몽상에만 그치지 않았다. 1977년, 15개국에 있는 239개 은행이 스위프트망에 참가하면서 스위프트는 가동할 준비를 마쳤다. 스위프트에 참가한 모든 은행들은 '스위프트 단말기'를 받았다. 이 단말기를 통해 은행들은 지급지시 사항을 입력할 수 있었으

---

2 텔레타이프 통신을 생각하면 도움이 될 듯하다. 텔렉스는 전신선을 통해 원격으로 운영되는 타자기와 같다. 전신선을 통해 전보를 보내는 발신인 측에서 타이피스트가 자판에 문자를 입력하면 전보를 받는 수신인 측 기계가 인쇄용지 위에 사람이 읽을 수 있는 글자를 인쇄했다.

며, 그 내용을 대리 은행에 전송하고, 대리 은행들이 자사로 되돌려 보낸 지급지시 사항을 확인할 수 있었다. 현재 스위프트는 전 세계 거의 모든 나라에서 활동하는 1만 개 이상의 은행을 연결하며, 그 은행들은 스위프트 네트워크를 통해 하루에 3천만여 개의 메시지를 전송한다(현재 스위프트는 EU와 국제사회의 결의에 따라 북한, 이란, 러시아를 결제망에서 퇴출한 상태다 - 감수자). 이 중 절반가량은 해외로의 지급과 관련된 것이지만 스위프트 네트워크는 증권 및 외환 거래, 무역 금융, 신용장(17장 뒷부분에서 관련 내용을 좀 더 살펴볼 것이다)과 관련한 통신에도 사용된다.

대리 은행 시스템은 세계 어느 은행과도 결제 거래를 할 수 있도록 포괄적으로 설계되었다. 상대 은행이 어떤 언어를 사용하건 어떤 국내 관례를 따르건 상관없다. 그러나 이 때문에 지급을 지시하는 방법은 꽤 복잡할 수밖에 없다. 은행 부문의 다양한 관행과 주소 체계, 환전, 수수료, 송금 정보, 데이터 보호, 금융 범죄 규제 등을 감안해 하나의 네트워크로 연결해야 하기 때문이다. 스위프트는 1970년대에 제기된 아이디어대로 이런 **지급지시 방식을 표준화한다.** 그뿐 아니라 각 은행에도 스위프트 코드(또는 BIC 코드)라고 알려진 8자리 코드를 부여한다.[3]

스위프트를 통해서 전송되는 지시에 따라 전 세계 계좌 간에 수조에 달하는 엄청난 돈이 오가는 만큼, 고도의 보안 장치를 갖춘 스위프

---

3 BIC는 은행 식별 코드(Bank Identifier Code)의 약자였다. 하지만 이제 비은행 기관도 스위프트에 참여할 수 있기 때문에 비즈니스 식별 코드(Business Identifier Code)로 명칭이 바뀌었다. 헷갈리게도 BIC가 '텔렉스 코드'를 뜻할 때도 있다.

트 네트워크는 지시의 진위를 인증할 수 있는 기능을 갖추고 있다.

만약 대리 은행을 거치지 않아도 되고 큰돈을 옮기는 것이 아니라면 또 다른 '해외 송금' 방식을 이용할 수도 있다. 가장 오래된 방식은 이슬람 세계에서 아직도 사용되는 비공식 결제 시스템 하왈라Hawala다. 하왈라는 대리 은행과 기본적인 메커니즘은 비슷하지만 그보다 앞선 8세기에 처음 등장했다. 대리 은행과 마찬가지로 하왈라도 중개자가 필요하다. 다만 하왈라 시스템 내의 중개자는 은행이 아니라 딜러나 상인이 그 역할을 하는 경우가 많다. 따라서 이 송금 방식은 비공식적이고 자율적인 집행 시스템에 의존한다.

하왈라 시스템에서는 모든 거래 내역을 비공식 분개장에 기록하는 '하왈라다Hawalada'라는 하왈라 딜러들을 통해 송금이 이뤄진다. 예를 들어 두바이에 있는 고객이 파키스탄에 돈을 송금하는 상황을 가정해보자. 이 고객은 두바이 하왈라다에게 500디르함Dirham(아랍에미리트의 화폐 단위)을 주고 파키스탄에 보내 달라고 요청할 것이다. 고객에게 돈을 받은 두바이의 하왈라다는 파키스탄에서 활동하는 하왈라다에게 연락해 고객이 보낸 돈에서 수수료를 제외한 금액을 루피화로 수취인에게 보내라고 요청한다. 그런 다음 두 하왈라다는 거래 내용을 반영해 기록을 업데이트한다. 송금인 측 하왈라다가 수취인 측 하왈라다에게 500디르함, 혹은 같은 금액에 해당하는 루피화를 빚졌다는 내용만 기록할 수도 있다. 혹은 두 하왈라다가 함께 다른 거래를 진행한 후 이번 거래와 상계할 수도 있다. 아니면 두 하왈라다가 여러 거래를 종합해 다른 하왈라다, 은행 시스템, 송금 기관 같은 또 다른 경로를 통해 차액을 송금할 수도 있다.

이 시스템은 전적으로 신뢰에 기반한다. 하왈라다 사이에는 공식적인 계약도 없고 한쪽이 의무를 다하지 못한다고 해서 법에 호소할 수도 없다. 대신 약속을 지키지 않으면 하왈라다로서의 명예와 지위를 잃는다. 하왈라 시스템을 통해 얼마만큼의 돈이 오가는지 알 수 있는 데이터를 확보하기는 어렵다. 다만 여러 전문가가 내놓은 추산에 따르면 하왈라 시스템을 통해 처리되는 송금 건수는 매년 수십억 건으로 알려져 있다. 미국 정부는 매년 하왈라를 통해서 파키스탄에 유입되는 금액만 약 50~70억 달러에 달하는 것으로 추산한다. 공식적인 경로가 없고 기록 관리가 제대로 이뤄지지 않는 탓에 하왈라는 불법 자금 추적을 방해하고 자금세탁을 지원해 테러조직의 자금 조달을 돕는다는 비난을 받는다.

대리 은행과 하왈라 모두 주로 국제 무역을 위해 해외 송금이 이뤄지던 시대에 시작된 것이다. 하지만 세상이 바뀌었다. 지난 몇 세기 동안 국내용 결제 시스템을 만들기 위한 움직임이 촉발된 것은 기술 발전과 규제 덕분이었으며, 무엇보다도 필요했기에 가능한 일이었다. 오늘날 국제 결제 시스템도 마찬가지다. 우리는 기술 발전 덕에 국제 결제 부문을 혁신할 능력을 갖추게 되었으며, 이를 실행할 필요도 충분히 느끼고 있다.

그 결과 **국제 결제 부문을 혁신하기 위한 경쟁이 진행 중이다.** 경쟁 참가자들은 크게 세 부류로 나뉜다. 첫 번째로 **카드회사**들이 있다. 카드회사들은 ATM, 오프라인 매장, 호텔, 식당뿐 아니라 온라인에서도 편리하게 실시간 승인 결제를 가능케 하는 임무를 훌륭히 완수했다. 하지만 그것은 무료가 아니며 시장 환율과는 다른 환율을 적용해 명시적인 수수료뿐 아니라 암묵적인 수수료도 부과한다. 전통적인 카드 네트워크는 개인 간 송금을 위한 수단으로 사용되지는 않았지만 이런 현실을 바꾸기 위해 카드업계는 열심히 노력 중이다. 대표적인 예로 페이팔이 있다. 페이팔은 미국에 있는 카드 소유주가 카드를 이용해 인도에 있는 다른 개인에게 돈을 송금할 수 있도록 지원한다.

두 번째로 **전문 송금업체**가 있다. 이 중 가장 큰 규모를 자랑하는 곳은 웨스턴유니온이다. 웨스턴유니온은 매년 약 2억 5천만 건의 해외 송금을 처리하며 평균 송금액은 300달러. 웨스턴유니온은 서비스를 제공하는 모든 국가에 계좌를 유지함으로써 단 몇 분 만에 송금을 완료한다. 송금인으로부터 돈을 받자마자 바로 수취인에게 돈을 내준 다음 전통적인 은행 시스템을 통해 정산이 마무리되기를 기다린다. 웨스턴유니온 같은 전통적인 송금 전문업체들은 온라인 송금 서비스라는 새로운 부류의 등장으로 점점 치열한 경쟁에 직면하는 중이다(온라인 송금 서비스에 대해서는 잠시 후에 살펴보자).

세 번째는 **국내의 즉시 결제 시스템**Instant payment system**을 활용하려는 부류**로, 최근 여기저기서 출현 중이다(11장 참조). 즉시 결제 시스템들을 서로 연결해두면 소비자들이 (그리고 해당 소비자가 사용하는 거래 은행이) 즉시 결제 시스템을 이용해 해외 송금을 할 수 있다. 이런 방식을 이용하면 A국의 즉시 결제 시스템에서 B국의 즉시 결제 시스템으로 송금 지시가 옮겨가, 고객들은 국내 송금 서비스를 이용하듯 손쉽게 돈을 받을 수 있다. 다만 실제로는 이 과정이 말처럼 쉽지 않다. 환전 절차(가끔씩은 통제를 받기도 하며), 제재 준수, 자금세탁 방지 규정 등의 절차를 거쳐야 하기 때문이다. 이러한 절차들은 대개 국내 결제에는 적용되지 않는다.

하왈라같이 소매 활동을 하는 사람들과 방금 언급한 새로운 도전자들이 대리 은행과 동일한 기능을 수행한다고 주장하는 사람들도 있을 것이다. 이들도 결국 한 나라에서 돈을 받고 다른 나라에서 돈을 내어주며 그 과정에서 환전도 이뤄지기 때문이다. 하지만 이들은 훨씬 적은 수의 결제를 처리하며, 처리 금액 자체가 적으므로 대리 은행 시스템을 통해 수많은 자금이체를 몇 건의 거액 자금이체로 묶을 수 있다(혹은 여러 건을 상계해 차액 정산할 수도 있다).

전통적인 대리 은행들은 이런 경쟁 상대들이 **거액 결제를 처리하지는 못한다는 점**을 지적하며 웃고 있을지 모른다. 새롭게 등장한 경쟁 상대들의 평균 결제 금액은 500달러 정도지만 대리 은행을 통해 결제되는 평균 금액은 50만 달러 수준이다. 대리 은행을 통해 송금되는 돈의 총액이 카드를 통해 송금되는 자금의 500배가 넘는다. 단일 은행이 처리하기에는 너무 큰 금액이다.

거액 결제를 위해서 은행은 상당한 유동성이 필요하다. 내가 형을 대신해 100달러를 내주는 일은 어렵지 않지만, 만약 형이 10만 달러를 대신 내달라고 부탁한다면 아마도 꺼리라고 말할 것 같다. 내 미국 계좌에 그만한 현금(유동성)이 있지도 않을 테고, 형이 내게 소중한 사람이긴 하지만 혹시나 형이 부탁할지도 모른다는 희박한 가능성에 대비하기 위해 그만한 돈을 넣어두지는 않을 것이다. 마찬가지로, **전 세계의 모든 지급**Payments**으로 비롯되는 은행 간 결제**Settlement **위험은 감당할 수 없을 만큼 크다.** 위험이 너무 커서 제아무리 세계 최대 은행이라 하더라도 단일 결제 은행의 역할을 수행하는 데 필요한 유동성을 공급할 수 없을 정도다.

더욱이 해외 송금에는 신경 써야 할 더 많은 규제도 있다. **해외 송금이 이뤄지면 제재 준수나 자금세탁 여부를 따지게 된다**(29장에서 자세히 다룰 예정이다). 원칙적으로는 소액 송금과 국내 송금을 비롯한 모든 송금에 이런 규정이 적용되지만, 대개는 신문에 대문짝만하게 실릴 정도의 벌금이 부과될 수 있는 해외 송금에 관심이 집중된다. 관련 규정을 준수하려면 복잡한 시스템과 엄청난 인력이 필요하며, 대형 청산 은행에서는 대개 수천 명의 직원이 규정 준수 문제를 담당한다.

그러므로 설사 수 세기 전에 만들어진 것이라 하더라도 은행들이 대리 은행 시스템을 계속 사용하는 데는 이유가 있다. **어떤 대안도 매일 대리 은행 시스템을 통해 이동하는 1조 5천억 달러의 돈을 청산할 유동성을 공급하지 못한다.** 적어도 위험이 허용 범위를 넘지 않는 선에서 이만한 유동성을 공급할 방법이 없다. 다만, 그렇다고 하더라도 여전히 '은행들이 한 나라에서 다른 나라로 돈을 이동시키는 데 며칠씩이나 걸리는 이유가 무엇인가?' 혹은 '은행들이 이런 송금이 진행되는 과정을 추적할 수 없는 이유가 무엇인가?'라는 타당한 의문을 품는 사람도 있을 것이다.

기업 고객들은 돈이 느린 속도로 국경을 넘어가면 은행의 수익에 도움이 된다고 지적할 수 있다. 금리가 3%라고 가정하면, 100만 달러의 결제 대금을 하루 동안 갖고 있을 때 은행은 100달러를 번다. 어떤 은행이 1조 5천억 달러에 달하는 일일 결제 대금 전부를 갖고 있으면 하루에 1,500만 달러, 연간 400억 달러에 가까운 돈을 벌 수 있다. 시스템 속도를 느리게 유지하고 결제 대금의 행방을 모호하게 내버려 두는 게 은행에 도움이 될 수도 있다는 뜻이다.

그러나 은행들의 느려 터진 일처리 방식을 위협하는 자들이 등장하고 있다. 바로 타벳 힌리커스Taavet Hinrikus와 크리스토 카만Kristo Käärmann과 같은 사람들이다. 에스토니아 출신인 타벳과 크리스토는 2000년대 말 런던에 살고 있었다. 타벳은 스카이프에서 일하며 유로로 월급을 받았지만 매일 지출하는 생활비를 위해 파운드가 필요했다. 크리스토는 파운드로 급여를 받았지만 에스토니아에 있는 집의 담보대출을 갚기 위해 유로가 필요했다. 두 사람은 영국과 에스토니아 간 송금 과정에서 은행이 높은 수수료를 부과하는 것에 부담감을 느꼈다. 그리고 머지않아 두 사람은 (나와 내 형이 그랬듯) 친구나 가족들의 **필요와 요구를 한데 모으면 은행을 거치지 않고도 얼마든지 돈을 주고받을 수 있다는 사실을 깨달았다.**

타벳과 크리스토는 아이디어를 곧바로 행동에 옮겼다. 유로화를 가지고 있는 타벳은 크리스토의 담보대출(유로화)을 대신 갚아주고, 파운드를 가지고 있는 크리스토는 타벳의 런던 생활비를 대신 결제해준 것이다. 서로 반대 방향으로 움직이는 2건의 해외 송금이 2건의 국내 송금으로 바뀌었다.

두 사람이 처음 생각해낸 아이디어가 해외 결제 스타트업인 트랜스퍼와이즈의 기틀이 됐다. 트랜스퍼와이즈는 2019년에만 평균 거래액 약 3천 달러, 4천만 건의 거래를 처리했다. 웨스턴유니온이나 다른 송금업체와 마찬가지로 여러 나라에 은행 계좌를 개설해 국외 거래를 국내 거래로 바꾼다. 단, 송금업체들은 대개 송금할 때 한쪽으로만 돈을 보내는 시장에 집중하는 데 반해(미국에서 멕시코, 스페인에서 필리핀, 두바이에서 인도), 트랜스퍼와이즈는 양쪽으로 돈이 이동하는 국가에 보다 집중한다(독일에서 영국으로, 혹은 스웨덴에서 미국으로). 또한 트랜스퍼와이즈는 거래 규모도 제한한다.⁴ 이 두 가지 특성 덕분에 트랜스퍼와이즈가 실제로 대리 은행을 통해 송금하는 순금액은 소액에 그친다. 이처럼 대리 은행을 통해 거래하는 금액이 적기 때문에 트랜스퍼와이즈는 외환 수수료를 포함해 약 0.6%의 상대적으로 적은 수수료만 부과한다.

해외 송금 부문에서 활약하는 많은 핀테크 기업과 마찬가지로 트랜스퍼와이즈가 특별히 놀라운 일을 하는 것은 아니다. 하지만 2011에 설립된 트랜스퍼와이즈는 2016년에 유니콘 기업으로 인정받았으며 현재 영국 최고의 핀테크 기업 중 하나로 인정받는다.⁵ 트랜스퍼와이즈의 기업 가치는 현재 수십억 달러로 평가된다.

트랜스퍼와이즈 같은 **비은행 경쟁업체들 때문에 경쟁 압력이 거세지자, 은행들은 결국 국가 간 결제 속도를 높이고 투명성을 강화하기 시작했다.** 약 50년 전 스위프트가 설립된 이후 가장 혁신적인 발전이라 할 만한 글로벌 결제 혁신gpi, global payments innovation 서비스가 2017년 탄

---

4 트랜스퍼와이즈로 송금할 수 있는 최고 금액은 통화에 따라 다르다. 미국 달러는 100만 달러, 유로는 120만 달러까지 송금할 수 있지만 인도 루피화는 1만 달러까지 송금할 수 있다.

5 유니콘 기업이란 10억 달러 이상의 기업 가치를 가진 것으로 평가되는 비상장 스타트업을 가리키는 표현이다. 2013년, 벤처캐피털리스트 에일린 리(Aileen Lee)가 통계적으로 이런 성공적인 벤처 기업이 나타나는 경우가 드물다는 뜻을 담아 상상 속 동물인 유니콘에 빗대어 유니콘 기업이라는 표현을 만들었다.

생한 것이다.

관례와 기술 부문을 보강한 gpi는 전 세계 은행들과 스위프트가 만들어낸 작품이었다. **gpi는 대리 은행 방식이 지닌 근본적인 문제를 해결했다.**

대리 은행 시스템을 사용할 때는 하나의 송금 건(예를 들어 당신이 내게 돈을 보낸다고 생각해보자)을 일목요연하게 처리할 방법이 없었다. 하나의 해외 송금 과정에 많은 은행들이 참여했고, 그 결과 송금 과정은 파편화되었기 때문이다. 실제로 결제가 어느 단계를 지나고 있는지, 결제가 더디게 진행되는 건지 신속하게 진행되는 건지 명확히 알 길이 없었으며 비용과 수수료도 투명하지 않았다. 그뿐만 아니라 앞서 살펴본 방글라데시 중앙은행처럼 사기의 피해자가 됐다는 사실을 깨닫더라도 지급결제를 중단시킬 수가 없다. 지급결제된 돈이 결제 과정의 어디쯤에 있는지 알 길이 없기 때문이다.

그러나 **gpi 플랫폼은 송금 과정을 처음부터 끝까지 투명하게 보여준다.** 또한 관련 은행들도 돈을 받자마자 바로 송금해야 한다. 이런 방침 덕에 송금 속도가 대폭 빨라졌다. gpi를 이용하면 결제를 추적할 수 있어서 송금인과 수취인이 돈이 어디에 있으며, 수취인에게 도착했는지 확인할 수 있다. 그리고 은행들은 이제 좀 더 빨리 사기를 잡아낼 수 있으며, 적어도 발견 즉시 지급을 중지시킬 수 있다.

수천 개의 대리 은행들은 이미 gpi를 채택하고 있다. 아마도 혁신을 향한 압박 때문일 것이다. 전부는 아니지만 대리 은행을 통한 대부분의 송금이 추적 가능하며, 모든 송금은 24시간 이내에 완료되고 절반은 30분 내에 처리된다. 만약 여러분이 거래하는 은행에서 이런 서비스를 제공하지 않는다면 그 이유가 무엇인지 물어보기 바란다.

앞으로 이보다 더 발전할 수도 있을까? 물론 그럴 것이다. 결제와 관련한 다른 모든 것이 그렇듯 해외 송금 역시 더 많은 변화를 겪게 될 것이다. 은행들은 국가 간 결제 비즈니스를 놓치지 않으려고 애쓰고 있으며 핀테크와 빅테크는[6] 국가 간 결제 비즈니스를 따내는 데 열성적이다. 그리고 한편에서는, 규제기관들과 입법자들은 이들 모두의 뒤를 맹렬히 쫓고 있다.

사실 국가 간 결제의 '문제'는 세계 모든 정부의 몇 안되는 공통적 관심사안 중 하나다. 모두가 노력을 기울이고 있으니 얼마나 다행인가. 지난 몇 세기 동안 국가 결제 시스템의 성장에 박차를 가했던 세 요소를 돌아보자. 기술과 니즈Needs는 갖췄지만 그에 합당한 규제 환경은 아직 제대로 갖춰지지 않았다. 그러나 발전의 조짐은 있다. 세계에서 가장 규모가 크고 성장 속도가 빠른 19개국과, 유럽연합 의장국 지도자가 매년 G20이라는 이름으로 모여 금융과 경제 부문의 가장 중요한 의제를 논한다. 2020년에 열린 G20 정상회의에서 논의할 안건에 대해 합의를 이끌어내는 일은 결코 쉽지 않았다. 하지만 모든 참가자가 **국가 간 결제를 개선할 필요가 있다는 데 동의했다.** 2020년 G20 정상회의 정상 선언문에는 다음의 내용이 담겼다. '송금을 비롯한 더 빠르고, 더 저렴하고, 더 투명하고, 더 포괄적인 국가 간 결제 서비스는 경제 성장과 국제 무역, 세계 개발, 금융 포용을 지원해 전

---

6 아마존, 애플, 구글, 페이스북, 마이크로소프트 등 미국 IT 업계에서 지배적인 세력을 가진 기업을 뜻한다.

세계 시민과 경제에 광범위한 혜택을 제공할 것이다.'

분열된 지정학적 상황과 힘겨운 경제 환경 속에서 각국 정부와 민간 부문이 대의명분을 따르기 위해 얼마나 바삐 움직일지는 지켜볼 일이다. 하지만 **모두에게** (특히 소액 거래자들에게) **좀 더 저렴하고, 좀 더 빠르고, 좀 더 투명한 국가 간 결제 서비스**를 제공하기 위한 움직임이 나타나고 있는 것만은 틀림없는 사실이다. 메일이나 채팅 메시지를 보내듯이 언제 어디에서건 빛의 속도로 무료에 가까운 비용만으로 결제할 날이 올지도 모른다.

하지만 그때가 오기 전까지는 우리가 이미 가진 것을 계속 활용해야 한다. 예를 들어 14세기에 생겨난 신용장Letter of Credit과 같은 것들이다. 지금도 신용장을 통해 2조 8천억 달러가 결제된다. 전체 국가 간 무역의 10% 이상이 신용장이라는 난해한 결제 수단을 통해 거래된다. 하지만 신용장은 아주 복잡해서 결제 전문가 중에서도 이를 정확히 이해하는 사람은 많지 않다. 그럼 이 신용장에 대해서 간략하게 살펴보자.

당신이 중국에서 비단을 갖고 들어오려는 베네치아의 상인이라고 상상해보자. 벨기에의 플랑드르에 잠재적인 구매자가 있지만 당신은 그를 알지도 못하고 신뢰하지도 않는다. 그러나 당신은 그 사람에게 돈을 받기 전에 먼저 물건을 수입해서 가지고 와야 한다. 더구나 그 잠재적 구매자는 비단으로 옷을 지어 팔기 전까지는 비단값을 낼 형편이 되지 않을 수도 있다. 이런 상황에서 어떻게 물건값을 받을 수 있으리라 장담할 수 있을까?

신용장은 두 은행, 즉 판매자 측 은행과 구매자 측 은행을 개입시켜 문

제를 해결한다. 신용장은 플랑드르에 있는 구매자 측 은행의 보증서로 사실상 이렇게 이야기하는 셈이다. '귀하가 비단을 배에 싣고 출하했다는 증거를 보여주면 귀하의 은행에 대금을 지급하겠습니다. 그런 다음 우리는 구매자로부터 돈을 받을 겁니다. 하지만 구매자가 비단을 가공해 옷을 판매할 수 있도록 몇 달간 신용대출을 해줄 수도 있습니다.' 구매자가 지불할 능력이 없거나 지불할 의사가 없더라도 배송이 시작됐다는 증거가 담긴 문서를 제공하면 구매자 측 은행은 베네치아에 있는 판매자 측 은행에 돈을 지급하는 방식이다.

1961년의 피그만 침공 사건(카스트로 정권 전복을 위해 미국의 지원을 받은 쿠바 망명자들이 쿠바 남부를 공격한 사건 - 옮긴이)이 실패로 돌아간 후 뜻밖에도 신용장이 중요한 역할을 했다. 당시 쿠바 침공 실패 후, 미 중앙정보국CIA, Central Intelligence Agency으로부터 자금을 지원받았던 1천여 명 이상의 반카스트로 특공대원들이 쿠바에서 포로로 붙잡혔다. 피델 카스트로Fidel Castro는 포로를 석방하는 대신 5,300만 달러어치의 식품과 의약품을 제공받기로 합의했지만, 포로 석방 전에 그 몸값을 받을 수 있어야 한다는 확약을 요구했다.

미국에서 해당 분야의 권위자로 명성이 높았던 헨리 하필드Henry Harfield가 해결책을 찾아내라는 지시를 받고서 신용장을 교묘하게 수정하는 방법을 생각해냈다. 쿠바가 포로들을 '실어 보내고' 나면 쿠바 국립은행Banco Nacional de Cuba이 필요 물자를 구매하기 위한 5,300만 달러를 다른 은행으로부터 대출받을 수 있도록 했다. 미국의 금수 조치 탓에 미국 내에는 이만한 대출을 내어줄 수 있는 은행이 없었기 때문에 캐나다 왕립은행Royal Bank of Canada, RBC이 돈을 빌려주게 됐다.

적십자가 물건의 '구매자'의 역할을 맡게 됐고, 적십자가 쿠바로 물자를 한번 보낼 때마다 그 물건값만큼 캐나다 왕립은행이 제공하는 신용한도가 줄어들었다.

적십자가 약속대로 물자를 보내지 못하면(다시 말해서 포로들의 몸값을 제대로 지불하지 못하면) 캐나다 왕립은행은 적십자로부터 그만큼의 돈을 받아야 하는 상황이었다. 물론 캐나다 왕립은행은 적십자에 대한 담보권을 실행하는 상황에 휘말리지 않기를 바랐고, JP모건과 뱅크오브아메리카가 막후에서 각각 2,650만 달러씩 보증하는 안전장치가 마련됐다. 하필드의 계획은 성공적이었다. 포로들은 석방됐고, 미국 달러는 단 한 푼도 쿠바로 넘어가지 않았으며, 카스트로는 원하던 물건을 받았다. 그리고 하필드는 백악관으로부터 서명이 담긴 감사 편지를 받았다. 발신인은 아마도 케네디 대통령이었을 것이다.

영국 국세청과 세계은행은 신용장 사용을 자제할 것을 경고하고 있다.[7] 신용장은 '시간이 오래 걸리며, 복잡한 절차, 예상치 못한 비용을 수반'한다는 이유다. 하지만 은행들은 매일 평균 금액 67만 달러 정도의 신용장을 약 1만 5천 건씩 처리한다.

은행가이자 변호사로서 신용장의 복잡성과 관료주의적 절차를 이

---

7 '신용장이 유용할 수는 있지만 애당초 거래할 때 신용장을 사용하지 않는 편이 최선인 때가 많다. 신용장은 때때로 값비싼 지연과 관료주의적 절차, 예상치 못한 비용으로 이어진다. 일반적으로 공급업체가 신용장을 고집하거나 정부의 외환 관리 정책 때문에 신용장을 사용할 수밖에 없는 상황에서만 수입업자로서 신용장 사용을 고려해야 한다.'(영국 국세청, 2012년 8월).

용해 이익을 얻은 하필드지만, 그런 그조차 '힘든 경제 상황이 지나고 나면' 관련 소송이 줄을 잇는다는 사실을 깨닫고 말년에 경고의 말을 남겼다. 그의 말에는 선견지명이 담겨 있었다. 코로나19 팬데믹이 벌어진 지 단 몇 달 만에 신용장 소송이 벌어질 첫 징후가 나타나기 시작했다. 2020년 4월에 아시아에서 가장 큰 규모를 자랑하는 석유 중개업체 중 한 곳인 힌 레옹Hin Leong이 파산한 원인은 은행들이 더 이상의 신용장 발급을 거절했기 때문이다. 힌 레옹은 20개가 넘는 은행에 30억 달러가 넘는 빚을 진 신세가 됐다.

힌 레옹과 거래한 은행들이 손실 처리해야 하는 금액이 얼마든 간에 그중 상당 부분은 신용장과 관련 있을 가능성이 크다. 이런 은행들의 입장에서는 다행스럽게도 신용장 문제를 처리하는 오래된 방식이 있다. 대다수 국가의 법률 시스템에 신용장을 규제하는 내용이 마련돼 있을 뿐 아니라, 신용장은 국제상업회의소ICC, International Chamber of Commerce가 정한 규칙에 따라 관리된다. 게다가 언제든지 신용장 문제를 상의할 수 있는 변호사들이 있다.

그러나(이야기를 풀어나가다 보면 늘 '그러나'가 등장한다) 신용장 사용을 반대하는 사람들의 의견 역시 일리가 있다. 신용장 반대론자들은 신용장을 사용하려면 엄청난 양의 복잡하고 까다로운 진짜 서류가 필요하다고 이야기한다. 원본 서류에 서명하고 보증Safeguard을 해야 할 뿐 아니라 돈을 받으려면 원본 서류를 제출해야 한다. 또한 **돈과 달리 신용장은 실제로 이동해야만 한다.** 물론 이런 현실이 바뀔 수도 있다. 사실 **신용장을 디지털화하기 위해 노력하는 수십 개의 핀테크 기업**들을 보면 신용장의 생명은 아직 끝나지 않은 것으로 보인다.

THE TECH REVOLUTION

" 결제의 미래를 거머쥐기 위한 경쟁은 시작됐고 누구도 꼴찌가 되고 싶어 하지 않는다. 중앙은행은 모든 것을 통제하길 원하고, 은행은 수익을 원하며, 기술 기업은 성장을 원한다. 그리고 이들 모두가 알고 있는 사실은 기술이 '승자독식' 시나리오를 가능케 한다는 것이다. 세계 시장까지는 아니라 하더라도 최소한 각자의 시장에서는 승자독식 시나리오가 현실화될 가능성이 크다. "

6부

기술 혁명

결제의 미래를 거머쥐기 위한 혁신 경쟁

18

파티는 끝나가는가
: 은행의 역할에 도전하는 기업들

잭 도시Jack Dorsey는 사실상 140자라는 짧은 분량의 글로 세상에 일대 혁신을 일으켰다. 트윗을 차단했다거나 계정을 정지시켰다는 뉴스에서 트위터 CEO 겸 공동 설립자인 도시의 이름이 자주 등장한다. 그리고 그보다는 덜 알려졌지만 온라인 결제업체 스퀘어Square(현재는 블록Block으로 사명이 바뀌었다 - 옮긴이)의 공동 설립자 겸 CEO이기도 한 그는 결제업계에서도 혁신적인 역할을 하고 있다.

도시는 스퀘어를 공동 설립한 짐 맥켈비Jim McKelvey와 함께 **모든 모바일 기기를 신용카드 단말기로 바꿔주는 소형 기기** '동글Dongle(물론 회사명에 걸맞게 모양은 정사각형이다)'을 만들어냈다. 스퀘어의 아이디어가 특히 기발한 것은, 당시 모바일 기기와 데이터를 주고받을 수 있는 세계 유일의 표준 방식이었던 3.5밀리미터 크기의 이어폰 잭을 활용해 카드 리더기를 만들어냈다는 데 있다. 스퀘어 동글은 카드에 부착된 마그네틱선에서 데이터를 읽은 다음 오디오 소켓을 통해 모바일 기기에 설치된 앱으로 전송한다. 우리가 사용하는 휴대폰에 있는 이어폰 잭은 가치를 제대로 인정받지 못하는 하찮은 구멍에 불과했다. 그러나 스퀘어는 이 구멍 하나에 사실상 수십억 달러의 가치를 부여했다. 동글 덕에 시장 상인이나 택시 운전사 같은 **소상공업자까지도 전자결제 시대에 동참할 수 있게 됐다.** 현재 스퀘어의 기업 가치는 1천억 달러에 육박하는 것으로 추산된다.

스퀘어는 핀테크가 무엇인지 보여주는 훌륭한 사례다. 금융에 기술을 적용해온 역사는 금융 자체만큼이나 길지만, '핀테크FinTech'라는 용어가 생겨난 것은 불과 2008년경이다. (원인과 결과를 두고 논쟁할 수는 있겠지만) **기술과 금융의 융합이라는 트렌드의 시작은 금융 분야에 대한 대중의 분노가 폭발한 시기와 일치한다.** 금융위기의 정점에서 탄생한 핀테크라는 용어가 대중의 뇌리에 박힌 것은 투자자들이 금융 쪽으로 대거 몰려들기 시작한 2013년경이었다. 이때가 비트코인이 주류가 된 해이기도 한 것은 우연이 아니다. 2013년 1월에 10달러에 불과했던 비트코인은 연말이 되자 1천 달러까지 치솟았다(비트코인은 뒤에서 다시 살펴보자).

금융업계에 유리한 정치 상황과 핀테크의 등장을 환영하는 떠들썩한 분위기 외에도 핀테크 기업이 밝은 미래를 약속할 수 있는 데는 근본적인 이유가 있다.

먼저 **핀테크는 과거로부터 내려온 인프라의 영향을 받지 않는다.** 그 결과 핀테크 기업은 은행이 고객에게 제공하지 못했던 혁신적이고 투명하고 값싼 금융 서비스를 제공할 수 있다. 현지 지점이나 해외 네트워크가 필요 없으며, 디지털 플랫폼을 통해서 다양한 언어와 현지의 요구사항을 수용해 빠른 속도로 규모를 키울 수 있다.

또 다른 중요한 이유는 규제다. 지금과 같은 규제가 생긴 것은 상당 부분 은행 탓일 수도 있지만, 어쨌건 기존의 법이 은행의 발목을 잡고 있다. 은행업은 금융 소비자 보호, 은행의 부실화 방지, 금융 범죄 차단이라는 명확하면서도 가끔씩은 상충되기도 하는 세 가지 목적하에 강력히 규제된다. 여기에 경쟁 규정도 따라야 하는 데다, 은행이 진출한 국가의 수가 늘어나면 그만큼 은행이 고려해야 할 규정이 대폭 늘어난다.

이같이 엄격한 규제를 받는 은행과, 그렇지 않은 핀테크를 비교해보자. 핀테크는 은행이 수행하는 일부 업무만을 제공Unbundling하기도 한다. 가령 예금은 받지 않고 결제 서비스만 제공하는 핀테크도 존재한다. 이런 특징 덕에 **핀테크 기업은 거추장스러운 규제에서 훨씬 자유롭다.**

핀테크 기업은 인재들에게도 매력적인 존재다. 핀테크 기업은 언론의 많은 관심을 받고, 민첩하게 움직이며, 은행과 달리 불필요한 요식 행위와 관료주의에 얽매이지 않는다. 핀테크 직원들은 스니커즈를 즐겨 신는 배고프고 젊은 디지털 원주민 세대로 묘사되는 반면, 은행원들은 가죽 구두를 신고 적어도 한 발은 과거에 걸쳐둔 채 두툼한 뱃살을 내밀고 다니는 중년의 관료로 묘사된다. 세수를 늘리고 멋진 사진을 찍을 기회를 호시탐탐 노리는 정치 지도자들은 자신의 선거구에 페이팔 같은 기업이 설립되는 그림을 만들고 싶어서 안달한다. 정치인들은 핀테크 기업을 유치하기 위해 갖은 노력을 기울이고,

규제 당국이 핀테크 기업에 상대적으로 낮은 기준을 적용하는 것에 상당히 만족한다.[1] 한편, 규제 당국은 새로운 공급자가 가격과 서비스로 은행에 도전하고 금융 서비스에서 소외된 이들을 위한 시장에 진출하기를 기대하면서 경쟁을 장려하는 데 매진한다.

핀테크 혁명은 금융 서비스에 혁신의 물결을 일으키고 금융 부문에 만연한 문제를 해결하는 등 지금까지는 대체로 기대에 부응했다. 이런 혁신은 **소비자에게 좀 더 많은 선택권과 더욱 개인화된 서비스 및 가격을 제공한다.** 핀테크 덕에 규모가 작은 기업들은 새로운 형태의 대출에 접근할 수 있다. 거래 비용이 낮아진 덕에 은행의 생산성 역시 높아지고 있으며 금융 시스템의 회복력도 증진되었다. 이는 금융 서비스가 다양화되고 심화된 덕이다. 그리고 근본적으로는 **금융 서비스의 포용성이 커지고 있다.** 사람들은 이전보다 더 긴밀하게 연결되고, 더 많은 정보를 얻고, 좀 더 많은 권한을 갖게 되었다.

핀테크 기업 뒤에는 벤처캐피털 자금이 존재한다. 벤처캐피털 자금이 핀테크로 몰려든 것은 전반적으로 은행이, 콕 집어서는 결제산업이 혁신의 시기를 맞이할 때가 됐다는 믿음 때문이다. 음악, 소매, 여행, 자동차 부문에서 그랬듯이 투자자이자 지지자의 역할을 자처하는 벤처 투자가들은 은행 또한 '코닥 모멘트Kodak moment'를 맞이하고 있다고 확신한다. 코닥을 기억하는 사람들을 위해 한 가지 짚고

---

1 핀테크 기업이 규제 샌드박스(핀테크 스타트업과 다른 혁신 기업들이 규제 당국의 감독 하에 통제된 환경 속에서 실제로 테스트하도록 허용하는 방식)를 이용하게 하는 정책 등.

넘어가자면 여기서 이야기하는 코닥 모멘트는 고위급 경영진을 위한 사진 촬영 기회를 뜻하는 게 아니다.[2] 지난 몇 년 동안 투자자들은 핀테크에 매년 300~400억 달러 정도의 돈을 쏟아부었다.

핀테크는 금융 분야 전반에 진출했다. 그중에서 **결제산업은 핀테크의 역할이 가장 기대되는 영역이다.** 전 세계 결제 수입은 지난 10년 동안 매년 6%씩 늘어났으며, 적어도 앞으로 5년 동안 이 같은 성장 속도가 유지될 것으로 전망된다. 연간 6%의 성장률은 다른 금융 서비스 성장률의 2배에 달하는 수치다.

또한 **결제는 규모의 경제를 통해 엄청난 보상을 얻을 수 있는 기술 집약적인 부문이 되어가고 있다.** 대다수 은행은 이런 변화에 적응할 준비가 돼 있지 않다. 기술은 은행의 전문 분야가 아니고 몇몇을 제외한 대개의 은행은 상대적으로 규모가 작아 결제 시장 전체를 장악하지 못하고 있다. 전 세계 결제 부문을 봤을 때 세계 최대 은행들조차 시장 점유율이 한 자릿수 이하에 불과한 반면, 많은 기술 기업들은 나름의 결제산업을 지배하고 있다. 데이터베이스 부문의 오라클 Oracle, 클라우드 컴퓨팅 부문의 아마존, 모바일기기 부문의 애플과 삼성, 화웨이Huawei가 바로 그 예다.

---

2 코닥은 디지털 카메라가 등장하기 전에 카메라용 필름 생산 시장을 지배했던 회사다. '코닥 모멘트'라는 슬로건이 후세를 위해 기록돼야 할 사건을 뜻하는 말로 쓰일 만큼 그 유명세는 컸다. 그러나 카메라용 필름 판매가 줄고 디지털 방식으로 비즈니스를 신속히 전환하지 못하면서 1990년대 말에 재정적인 어려움을 겪기 시작했다. 그리고 이제 코닥 모멘트는, 변화된 세상의 흐름에 올라타지 못하고 도태의 길로 들어서는 순간을 가리키는 의미로도 쓰인다.

결제산업에서 은행의 지배력이 크지 않다는 사실이 믿기 어려울 수 있겠지만, 수치가 이를 뒷받침한다. 씨티은행과 JP모건은 어떤 기준으로 보더라도 대형 은행에 속하지만, JP모건의 미국 내 소매 및 상업 은행 시장 점유율은 약 5% 수준이며 씨티은행은 그보다 더 낮다. 두 대형 은행의 고객을 더하면 (고작) 3억 명에 불과하다. 반면 구글과 페이스북은 미국 온라인 광고 시장에서 각각 40%, 20%의 점유율을 갖고 있으며 전 세계에서 수십억 명의 사용자를 확보하고 있다.

기존 은행들의 제약 사항을 생각하면 핀테크 기업들이 왜 여태껏 은행을 시장 밖으로 밀어내지 못했는지 의아할 수도 있을 것이다. 물론 아직 밤은 길다. 하지만 은행들과 직접 경쟁하려 애쓰는 핀테크 기업들, 소위 '챌린저 뱅크Challenger bank' 혹은 '네오뱅크Neo-bank'라고 불리는 기업들은 머지않아 밤이 끝나고 새로운 세상이 열린다는 사실을 깨닫을 것이다.

이런 부류의 핀테크 기업은 대개 카드에 기반한 전액 결제 계좌를 제공한다. 이들이 제공하는 상품은 선불카드(7장 참조)와 매우 유사해보이지만, 대개 기존 은행의 고객(혹은 돈이 되는 고객)을 목표로 삼고 **오프라인 은행보다 저렴한 대안을 제공한다.** 지점이나 서류가 필요 없는 핀테크에서는 결국 모바일과 카드, 앱이 중요하다. 핀테크 기업은 지출 현황 분석, 저렴한 환전 서비스, 투자 및 대출 상품 등의 서비스를 제공한다. 이미 영국의 몬조Monzo, 스탈링Starling, 레볼루트나 독일의 N26에 대해 들어봤을지도 모르겠다.

네오뱅크는 금리와 거래 수수료를 대폭 인하해 차별화를 꾀한다.

금리와 수수료를 크게 낮춘 탓에 몬조의 고객 1인당 연수익은 약 7달러, 레볼루트의 고객 1인당 연수익은 10달러에 불과할 정도다. 네오뱅크의 비용이 극도로 적다고 하더라도 이들의 수익 구조는 지나치게 낮은 것이 사실이다. 코로나19 팬데믹이 시작된 지 몇 달쯤 되자 이들은 모두 쪼들리기 시작했다. 2020년 5월 몬조는 코로나19 팬데믹을 무사히 넘기기 위해 7~8천만 파운드의 자금을 조달할 수밖에 없었고, 이로 인해 몬조의 기업 가치가 40% 가까이 급락했다. 레볼루트와 N26는 코로나19 팬데믹이 시작될 무렵에는 현금이 풍부했지만 거래량이 급감하자 난국을 돌파하기 위해 얼마 지나지 않아 직원 급여를 삭감할 수밖에 없었다.

모벤Moven, 삭소Saxo, 벙크Bunq 등도 있지만, 이들 중에 높은 기업 가치로 사람들의 주목을 받는 곳은 없다. 이 글을 쓰는 현재, 영국 메트로뱅크MetroBank의 기업 가치는 2억 4천만 파운드에 그친 것으로 평가된다. 인터넷 은행인 심플Simple은 2014년에 스페인 은행 BBVA(이 은행의 정식 명칭은 심플함과는 거리가 먼 방코 빌바오 비스카야 아르헨타리아Banco Bilbao Vizcaya Argentaria다)에 1억 1,700만 달러라는 매력적인 가격에 인수됐다. 하지만 그 이후 BBVA는 인수에 투입한 투자액의 대부분을 잃었다고 평가된다.

젊은 신생 기업인 네오뱅크와 비교하면 기존의 오프라인 은행이 고루하게 느껴질 수도 있다. 하지만 오프라인 은행들은 여전히 최고의 고객층, 많은 돈을 저축하고 거래 은행을 바꿀 가능성이 적은 높은 연령대의 고객들을 확보하고 있다. 그에 반해 대다수 모바일 고객들은 가격에 민감하고 연령대가 낮아 은행에 큰 수익을 안기는 고객이 되기는 어렵다. 종합하면 거래 은행을 바꾸기가 예전보다 쉬워지긴 했어도 '사람들은 은행보다 배우자를 좀 더 자주 바꾼다.'라는 속설이 여전히 어느 정도 유효하다.

네오뱅크가 투자자들이 바라던 성공을 일궈내지는 못했을 수 있지만 소비자에게는 커다란 이익을 안겼다. 네오뱅크의 기업 가치는, (은행과 맞서기보다는) 은행을 위한 서비스를 제공하는 핀테크만큼 높지 않을 수도 있다. 하지만 **네오뱅크는 은행을 대대적으로 혁신해 모든 사람에게 큰 편익을 주었다.** 새로운 모바일 앱, 소비에 대한 세부 정보, 비접촉 결제와 모바일 결제(혹은 둘 중 하나)를 지원하는 카드, 비대면 금융 서비스 출시 등의 옵션을 은행이 제공한다면, 많은 사람이 이를 고마워할 것이다.

19

온라인 시장에서 카드를 견인하다
: 온라인 전문 매입사의 부상

네오뱅크가 은행들의 밤잠을 설치게 할 만큼 위협적이지 않을지는 모르지만, 핀테크라는 하늘에는 또 다른 별들이 반짝인다. 그 별에 투자한 투자자들은 기업 가치의 엄청난 상승이라는 후한 보상을 받고 있다. 우리는 이미 8장에서 비자가 어떻게 여타의 은행보다 현재 높은 평가를 받게 되었는지 살펴봤다. 하지만 엄밀한 의미에서 카드 회사가 핀테크의 자격을 갖췄다고 보기에는 약간 구세대라는 생각이 든다면, 페이팔을 떠올려보자. 현재 기업 가치가 2,750억 달러에 이른다고 평가되는 페이팔의 시가총액은 2015년에 이베이에서 분사한 뒤로 5배 이상 증가했다.

페이팔과 비자, 마스터카드 모두 카드 결제 비즈니스를 한다는 사실을 떠올린 사람도 있을 것이다. 이는 결코 우연이 아니다. 중국의 막강한 두 핀테크 기업 알리페이와 텐페이를 제외한 **대부분의 대형**

표 3 시장 가치가 높은 결제 기업

결제 기업	시장 가치 (억 달러)
비자 / 미국	5,110
마스터카드 / 미국	3,560
페이팔 / 미국	2,740
스퀘어 / 미국	980
아멕스 / 미국	970
피델리티내셔널인포메이션서비스(FIS) / 미국	880
파이서브(FiServ) / 미국	760
글로벌 페이먼츠(Global Payments) / 미국	640
아디엔(Adyen) / 네덜란드	580

2021년 1월 1일 기준. 표는 상장 기업만 포함했다.

결제 핀테크 기업들은 카드 부문에서 활약하고 있다.

[표 3]은 2020년에 시장 가치를 높게 평가받은 결제 기업을 순서대로 정리한 것이다. 이들은 은행을 대체하기 위해 맞서 싸우는 기업은 아니며, **기존 은행에 서비스를 제공하면서 대개 가맹점의 카드 결제를 수월하게 만드는 데 특화해 있다.** 각 기업의 시장 가치는 500억 달러가 넘는다. 유럽 은행 대부분의 기업 가치를 뛰어넘는 수치다. 이들이 높은 평가를 받는 이유 중 하나는 카드 결제를 받고자 하는 가맹점들

이 여전히 많기 때문이다.

이들 기업 중 일부는 적극적으로 **가맹점 전표 매입 업무**에 뛰어들고 있다. 앞서 8장에서 살펴본 바로 그 '매입사Acquirer'를 뜻하는 것이지만 지금부터는 약간 다른 각도에서 조명해보자. 8장에서 언급한 매입사는 은행이었다. 이해를 돕기 위해 단순화해서 말한 부분도 있고 실제로 예전에는 은행이 매입사였다. 그러나 디지털화가 이뤄지면서 새로운 판매 방식이 등장했고, 완전히 새로운 부류의 '지급결제 대행업체Facilitator, Aggregator'뿐만 아니라 기존과 다른 유형의 비은행 전문 매입사가 등장했다. 이런 업체들의 활약에 힘입어 **디지털의 깊은 곳까지 카드가 침투하게 됐다.**[1]

가맹점을 위해 결제를 처리하는 매입사는 '가맹점 수수료'라는 명목으로 가맹점의 수입 중 일부를 받는다. 대개 1~3% 정도인 가맹점 수수료에는 카드 소지자 측 은행에 넘어가는 정산 수수료와 카드사에 내는 수수료가 포함돼 있다. 최종적으로 매입사의 주머니에 들어가는 돈은 0.25~1.5% 정도다.

매입사는 이 돈을 받는 대가로 **가맹점에 두 가지 핵심 서비스**를 제공한다. 첫째, 가맹점이 다양한 종류 및 브랜드의 카드, 모바일지갑, 계좌 이체 등 여러 결제 수단을 받을 수 있도록 지원한다(가맹점 입장에서는 결제받을 수 있는 수단이 많을수록 좋다). 둘째, 매입사는 카드 부정

---

1 몇몇 퍼실리테이터와 애그리게이터는 매입 업무를 직접 처리한다. 그 외의 지급결제 대행업체는 공식 매입사를 통해 비자와 마스터카드의 네트워크를 활용한다. 실제 업무 처리 방식을 살펴보면, 가맹점의 가입을 받고 가맹점 수수료를 뺀 결제 금액을 처리한다.

사용과 결제 취소를 예방한다. 혹은 적어도 이런 일이 발생하는 빈도를 줄이기 위해 노력한다. 매입사는 도난 카드를 이용한 거래를 감지할 뿐 아니라, 실제로 무언가를 구매한 다음 그런 적이 없다고 거짓말하거나 구독을 취소했다고 주장하거나 파손된 물건을 받았다고 주장하는 고객들을 찾아내는 등 여러 서비스를 제공한다. 매입사들은 위험 관리를 시스템의 일부로 만들어 의심스러운 거래를 실시간으로 탐지하고 손실을 최소화하는 정교한 알고리즘을 실행한다.

매입 업무를 하는 기업으로는 앞서 언급한 스퀘어, 스트라이프(3장에서 살펴봤다), 아디옌, 페이티엠Paytm(이들 4개 매입사 모두 기업 가치가 100억 달러 이상으로 평가된다) 등을 비롯해서, 대중에게 좀 더 익숙한 페이팔과 클라르나Klarna가 있다.

매입은 분명 좋은 비즈니스다. 매입사의 사업 모델은 명확하다. 자사 서비스를 이용하는 가맹점에게서 자신들의 몫을 챙기는데, 거래량이 많은 온라인 매입사의 경우는 거래액의 0.2%가량을 수수료로 가져가고, 택시 운전사 같은 소규모 가맹점에 집중하는 매입사는 1.5%까지 가져가기도 한다.[2]

이 새로운 유형의 매입사들이 카드회사의 기존 인프라와 카드 발행사의 고객층을 기반으로 비즈니스를 구축한 것은 사실이지만, 이들의 기발한 발상은 우리가 결제하고 결제받는 방식에 혁신적인 변화를 가져왔다. 이러한 매입사들의 사업은 매입사에게만 득을 가져

---

2 아디옌의 매출을 처리량으로 나눈 값이다. 매입사가 챙기는 이런 수수료 외에 정산 수수료도 있기 때문에 가맹점 수수료는 훨씬 더 높다.

온 것이 아니다. 그 덕에 **광범위한 판매업자들이 전에는 상상할 수도 없었던 편리한 방식으로 '매장을 열 수' 있게 됐다.*** 최고의 아이디어는 때로는 가장 단순한 것이기도 하다.

우리는 이미 7장에서 페이팔이 영세 판매업자로 이뤄진 초기 이베이 커뮤니티에 편리한 결제 수단을 제공하는 전례 없는 방식으로 어떻게 신용카드 시장에 뛰어들었는지 살펴봤다. 사실상 가맹점의 역할을 자처한 페이팔은 전통적인 매입사와의 협업하에 구매자의 카드를 수락했다. 구매자가 물건을 받으면 페이팔이 이베이 판매자의 페이팔 계좌에 돈을 넣어준 다음, 실제 매입사로부터 대금을 받는 방식이었다.

오프라인에서 잭 도시의 스퀘어가 하는 역할을 온라인 쇼핑 세계에서 하고 있는 스트라이프는 어떨까? 스트라이프는 '젖소 말고는 볼 게 없는' 아일랜드 티퍼레리의 작은 마을 출신인 패트릭 콜리슨Patrick Collison과 존 콜리슨John Collison 형제가 창업한 회사다. 둘은 주변에서 흔히 볼 수 있는 평범한 형제는 아니었다. 아일랜드에서 합법적으로 음주가 허용되는 나이가 되기도 전에 두 사람은 아일랜드의 '올해의 젊은 과학자Young Scientist of the Year'상을 받아 MIT와 하버드의 입학 자격을 얻었다. 형제는 21세가 되기 전에 첫 번째 스타트업을 500만 달

● 우리나라에는 '전자지급결제 대행업(보다 세부적으로는 PG사)'이라 불리는 서비스가 존재한다. 이들은 온라인 쇼핑몰에 소상공인이 입점할 경우 소상공인(가맹점)을 대신해 카드사 등으로부터 대금을 받고 소상공인에게 정산해주는 역할을 맡고 있다. KG이니시스, 나이스, 토스 등이 대표적인 PG사다. 이들이 존재하기 때문에 소상공인들도 쉽게 온라인에서 결제를 받을 수 있게 되었다.

러에 매각했으며, 대학을 졸업하기도 전에 백만장자가 됐다.

두 사람은 '결제는 금융이 아니라 코드에 뿌리를 둔 문제'라는 전제 아래 2010년 스트라이프를 설립했다. 스트라이프의 토대가 된 것은 하드웨어가 아니라 간단한 API 콜(11장 참조), 즉 어떤 개발자든 자신이 개발한 코드에 입력할 수 있는 단 7줄의 코드였다. 스트라이프의 API 콜은 금액, 통화, 결제 방법(이름, 카드번호, 유효기간 같은 세부 정보 포함), 영수증을 보낼 이메일 주소를 요구한다. 그런 다음 API 콜은 결제 승인 여부를 알려주고 결제를 진행한다. 스트라이프는 전자상거래 업체가 거래를 편리하게 진행할 수 있도록(가장 저렴하지는 않을 수 있다) 결제 관문Payment gateway과 결제 과정을 결합한 일체형 결제 솔루션을 제공한다. 스퀘어와 마찬가지로 스트라이프도 소규모 비즈니스를 위한 융자, 급여 처리 같은 다른 서비스로 사업을 확장했다.

페이팔, 스퀘어, 스트라이프 같은 플랫폼 비즈니스에는 작지만 중요한 차이가 있다. 그건 바로 이들 플랫폼이 **'대표 가맹점**Master merchant**' 노릇을 하며 거래를 이끌어 나간다는 점이다.** 이런 방식 덕에 신규 가맹점들이 쉽게 가입할 수 있게 되었고, 그 결과 카드가 더 많은 경제 분야에서 사용되게 되었다. 이는 분명히 괜찮은 비즈니스다. 하지만 대표 가맹점 역할을 한다는 것은 곧, 거래 취소Chargeback를 비롯해 온갖 잡무를 처리하는 전통적인 매입사와 함께 일해야 한다는 뜻이다.

전통적인 매입사들은 자사의 비용 충당을 위해 대표 가맹점들에게 게 두 가지 선택지를 준다. 바로 **거래 취소율이 높은 고객을 배제하**

거나, **높은 처리 수수료를 감당하는 것이다.** 스트라이프나 스퀘어 같은 플랫폼은 전자를 택했고, 그 결과 어떤 유형의 비즈니스를 플랫폼에 허용할지 말지를 신중하게 가려야만 했다. 예를 들어 스트라이프는 마약, 마리화나, 저작권을 침해한 음원 등의 불법적인 사업, 술이나 온라인 약국처럼 규제가 심한 사업, 다단계 판매 같은 '수상한 구석이 있는' 사업, 콘서트 사전 판매나 항공권 판매 같이 재정적인 위험이 있는 사업에 대해서는 결제 대행 서비스 제공을 거부한다. 또한 자금세탁이나 사기와 관련 있어 보이는 제품 또는 포르노, 섹스토이 등 자사 브랜드 이미지를 훼손할 가능성이 있는 제품도 허용하지 않는다. 스퀘어는 술이나 성 관련 제품은 허용하지만 포르노는 허용하지 않는 것으로 보인다. 스퀘어 역시 불법적인 것은 무엇이든 금지할 뿐 아니라 탄약이나 무기 판매도 전면 금지한다.

이처럼 **민간 회사가 선택적으로 결제를 지원한다**는 사실은 금융 포용, 검열, 시민의 자유 등에 관한 다양한 논란을 야기하지만(막강한 시장 지배력과 결합될 때 특히 그렇다), 이들 기업 자체에는 해가 되지 않는 듯하다. 스퀘어의 기업 가치는 2015년 상장 당시 30억 달러에 불과했으나 현재는 약 1천억 달러에 이른다. 스트라이프는 여전히 비상장 기업이지만, 2020년 4월 파이낸싱 라운드에서 360억 달러의 기업 가치를 평가받았으며 2020년 11월에는 기업 가치를 700~1,000억 달러로 만들 엄청난 규모의 자금 조달에 나섰다. 아일랜드에서 가장 큰 은행 그룹이 지닌 기업 가치의 10배가 넘는 규모다.[3] 존과 패트릭 형제는 자수성가한 세계 최연소 (주식) 억만장자에 이름을 올렸다.

또한 전통적인 매입사가 해온 일이지만, 이를 더 잘 해내는 **새로운 부류의 매입사도 있다.** 핀테크 업계의 거물 피터 반 더 두스Pieter van der Does와 아르넛 슈이즈프Arnout Schuijff가 이끄는 글로벌 결제 서비스 기업 아디엔이 딱 맞는 예다. 'Adyen'은 수리남(남아메리카 북부 공화국) 통용어로 '다시 한 번Again'이라는 뜻이다. 아디엔의 출발점은 네덜란드 출신인 피터와 아르넛이 자신들이 설립한 첫 번째 스타트업 비빗Bibit(인도네시아 자바어로 '묘목'을 뜻한다)을 스코틀랜드 왕립은행의 매입 업무를 처리했던 월드페이WorldPay에 매각한 2004년이었다.[4]

비빗은 온라인 매출전표 매입 부문에 전문성을 갖고 있었고, 월드페이는 바로 이런 역량을 포트폴리오에 추가하길 원했다. 하지만 피터와 아르넛은 인수 직후 월드페이를 떠나 2006년 아디엔을 설립했다. 둘은 처음부터 기술을 제대로 활용해야겠다는 뒤늦은 깨달음을 발판 삼아 '다시 한번' 비빗을 만들어보고자 했고, 계획은 척척 진행됐다. 다양한 국가와 경로를 모두 아우르는 통합형 상거래 서비스를 제공할 것이라는 글로벌 플랫폼 아디엔의 제안에 매료되어 페이스북과 우버, 이베이, 넷플릭스 같은 유명 온라인 가맹점들이 단숨에 가입했다. 2018년에 80억 달러의 가치를 평가받으며 상장한 아디엔은 거래 첫날 시가총액이 150억 달러로 폭등했다. 불과 1년 전 월드페이에 매각한 비빗의 인수 가격인 100억 달러보다 높았다. 이 책을 집필

---

3 책을 집필 중인 시점을 기준으로, 아일랜드 최대 은행 그룹인 얼라이드 아이리시 뱅크(Allied Irish Banks)의 기업 가치는 55억 달러다.

4 인도네시아와 수리남, 두 나라 모두 과거 네덜란드의 식민지였다는 공통점이 있다.

한 시점을 기준으로 아디엔의 가치는 600억 달러에 육박한다.

그렇다고 매입 업무가 항상 핀테크에게 부를 안겨줄 것이라고 단정하진 말자. 악명 높은 와이어카드Wirecard 또한 매입 비즈니스에 뛰어들었다. 스스로를 '결제 그 이상의 것Beyond payments'이라고 묘사한 와이어카드는 **핀테크라는 포장 아래 심각한 재무 부실을 감춘 사례다.** 이 책을 쓰기 시작했을 무렵 와이어카드의 가치는 100억 달러 이상이었만, 당시는 와이어카드가 독일의 대표적인 핀테크 기업으로 여겨지던 때였다.

와이어카드는 소위 닷컴 붐이 일었던 1999년에 설립되었으며 2004년에 상장했다. 2015년이 되자 가파른 성장을 거듭해 독일 기술 업계의 커다란 희망이 됐으며 독일 주식 시장에서도 눈부신 성과를 자랑했다. 와이어카드는 놀라운 성장세를 발판 삼아 독일을 넘어 유럽, 미국, 중동, 아시아로 사업을 확장했고 2018년에는 프랑크푸르트 증권거래소Frankfurt Stock Exchange에 상장된 가장 가치 있는 30대 기업 중 하나로서 독일 최대 은행인 도이체방크의 시가총액을 넘어서기도 했다.

와이어카드는 '디지털 금융 기술 분야의 혁신을 주도하는 세계적인 선도기업'이라고 자칭하며 카타르항공Qatar Airway, KLM(네덜란드 항공), 런던 교통국 등 이름만 대면 누구나 아는 기업들과 손을 잡고 직불카드 및 신용카드 결제 업무를 처리했다. 그러나 와이어카드의 공식 문건에는 잘 드러나지 않는(물론 고객사의 웹사이트에는 와이어카드가 결제 업무를 맡고 있다는 내용이 눈에 띄게 표시돼 있었지만) 사실이 하나 있었다. 바로 대부분의 핀테크 매입사가 기피하는 고객이었던 포르노 사이트와 도박 사이트에 대한 결제 처리를 와이어카드가 무척 좋아한다는 것이었다.

설령 이러한 사실이 경각심을 일으키지 못했더라도, 최소한 와이어카드의 재무 보고서와 실제 사업 규모에 대한 의심이 터져 나오기 시작했을 때에는 떠들썩하게 경종을 울렸어야 했다. 《파이낸셜타임스》 기자 댄 맥크럼Dan McCrum은 와이어카드 계좌에 대한 제보를 받고 2014년부터 와이어카드를 집중적으로 파헤치기 시작했다. 동료들과 함께 와이어카드가 공개한 각종 수치와 사업 관행을 찾아볼수록 취재 범위는 점점 확대되었다.

그럼에도 와이어카드는 강한 부정과 반박으로 대응했고 자신들에게 적대적인 세력들, 특히 《파이낸셜타임스》를 상대로 소송을 걸었다. 놀랍게도 와이어카드는 최후의 순간까지 독일 규제 당국의 지지를 받았다. 심지어 독일에서 금융 규제를 담당하는 연방금융감독청 BaFin은 와이어카드 공매도를 두 달간 금지했으며 와이어카드를 둘러싼 의혹을 보도하는 기자들을 형사 고발하기까지 했다.

하지만 《파이낸셜타임스》는 이에 굴하지 않고 2019년에서 2020년까지 끈질긴 탐사를 이어갔고, 와이어카드는 《파이낸셜타임스》가 거짓 사실을 보도해 자사의 명예를 훼손하고 시장을 왜곡하려 한다고 비난했다. 하지만 2020년 6월, 런던에서 활동하는 공매도 투자자들이 부당한 대우를 받았으며 리비아 정보국장을 지낸 인물이 비판적인 투자자들에 대한 감시 업무를 지휘했고, 와이어카드 최고운영책임자COO가 마닐라로 도피했다는 충격적인 보도가 터져 나오자 상황이 악화됐다. 와이어카드의 회계 감사를 맡았던 회사 EYErnst &

Young는 결국 두 개의 아시아 은행에 신탁 형태로 보관돼 있어야 하는 19억 유로의 존재를 확인할 수 없다고 밝혔다. 19억 유로는 와이어카드 대차대조표의 4분의 1에 해당하는 엄청난 규모의 돈이다. 두 계좌의 존재를 증명하는 문서는 위조된 것으로 밝혀졌다.

독일에서 실리콘밸리 대항마로 여겨졌던 와이어카드의 주가는 급락했다. 오랜 기간 와이어카드의 CEO를 지낸 마르쿠스 브라운Marcus Braun은 결국 사퇴했고, 며칠 후 부정 회계 및 시장 조작 혐의로 체포됐다. 와이어카드는 황급히 미 재무부 금융범죄 단속네트워크Financial Crimes Enforcement Network 국장을 역임한 짐 프라이스Jim Freis를 최고감사책임자CCO에서 임시 CEO로 승진시켰지만, 그 후 일주일이 채 지나기도 전에 파산을 신청하고 말았다. 범죄 행위가 어떻게 규제 당국이나 투자자들의 눈을 피해 이토록 엄청난 규모로 커질 수 있었는지 답이 나오지 않은 무수한 질문을 뒤로한 채, 독일의 대표적인 핀테크 기업은 '유럽의 엔론Enron'으로 전락했다.

20

일단 쓰고 빚잔치는 나중에
: 눈에 보이지 않는 결제의 매력

'아아, 돈을 낸다는 것은 얼마나 고통스러운 일이던가!'

영국의 낭만파 시인 조지 고든 바이런George Gordon Byron의 풍자시 『돈 주앙Don Juan』에서 화자는 이렇게 한탄한다. 바이런 시대 이후 지불하는 행위 자체는 한결 편해졌을지 모르지만, 어느 누구도 지불 그 자체를 덜 고통스럽게 할 수는 없다. 물론 그렇다고 해서 결제업계가 지불의 수고로움을 덜기 위해 정성과 시간을 쏟아붓지 않았다는 뜻은 아니다. 결제업계는 많은 노력을 기울였고 거기에는 그럴만한 이유가 있었다. 사람들은 편리함을 선호하고 상인들은 더 많은 물건을 팔기를 원한다. 돈을 쓰는 게 더 간편할수록 상인들의 비즈니스에 도움이 된다.

지금까지 우리는 결제 이면에 자리한 심리에 대해서는 살펴보지 않았다. 하지만 **결제의 심리학**은 많은 사람이 큰 관심을 가지는 분야다. 결제 서비스를 제공하고 있거나, 제공하고자 하는 기업들은 좀 더 성공적인 상품을 만들고자 한다. 학계 전문가들은 **결제 습관의 변화가 사회·경제적으로 어떤 영향을 미치는지** 밝혀내고 싶어 한다.

다이애나 레이필드는 구글에서 결제 전문가로 일하고 있다. '사람들은 결제가 아니라 결제를 통해 얻을 수 있는 것을 원한다.'라는 레이필드의 주장은 구글을 비롯한 여러 기업이 자사의 결제 서비스로 무엇을 하고자 하는지 명확하게 알려준다. 바로 **결제를 덜 고통스럽게 만드는 것이다.**

대표적인 예로 결제 행위 자체를 완전히 보이지 않게 만든 택시 앱 우버가 있다. 우버를 이용할 때는 택시에서 그저 내리기만 하면 결제가 끝난다. 이것이 가능한 이유는 우버가 고객의 요금 청구 및 결제 정보를 저장하고 있기 때문이다. 필자들이 글을 쓰는 동안에도 술집이나 식당 같은 수많은 분야에 이런 기술을 적용하기 위한 노력이 진행 중이다. 술집과 식당에 이 같은 기술이 적용되면 더 이상 웨이터를 찾고 계산서를 받아 카드를 건넬 필요가 없다. 심지어 계산서를 볼 필요조차 없다. 새로 등장한 아마존 고Amazon Go(아마존이 운영하는 세계 최초의 무인 슈퍼마켓 - 옮긴이)가 그렇듯, **매장에서 그저 걸어 나가는**(혹은 살금살금 빠져나가든) **행위만으로 결제가 이뤄진다.** 사물인터넷IoT으로 옮겨가는 시대인 만큼 결제가 사람들의 행위에 '탑재Embedding'되는 방식이 확산되리라 기대할 수도 있다.

이 모든 것이 참 근사하게 들린다. 페이팔, 스트라이프, 스퀘어의 사례에서 확인했듯이 개개인이 좀 더 쉽게 결제할 수 있는 환경을 만들면 비즈니스 기회가 생기고 사회의 엔진인 상거래가 촉진된다. 하지만 원활하고, 간편하며, 마찰 없는 결제를 가능케 하는 기술 등 뭐라고 이름 붙이건 간에 그게 그저 좋기만 할까?

상당수가 서비스 공급자 측에 고용돼 있음에도 행동 경제학자와 심리학자, 인류학자 등 학계 전문가의 의견은 엇갈린다. 학자들이 가장 염려하는 것은 **과소비와 사기 위험이다.** 일시적으로 지불의 고통을 없애는 것은 현대 경제에 활력을 불어넣는 데 도움이 되지만 분명 어두운 면도 있다. 2009년 영화 〈수상한 가족The Joneses〉에서는 인간 심리를 이용해 이웃들의 소비를 최대한 유발하고자 하는 목표를 가진 마케팅 담당자들이 완벽한 가족을 가장해 교외 마을에서 살아가는 이야기가 나온다. 놀랍게도 이런 전략은 효과가 있다.

저축 계좌나 연금 계좌에 입금하는 게 아닌 이상, 우리가 돈을 지출할 때는 그 소비로 인해 좀 더 가난해진다고 느끼는 것이 합리적인 지출 계획을 세우는 데 유익할 수 있다. 그리고 현금은 확실히 그런 효과가 있다. **현금을 사용하면 즉각적이고 직접적으로 소비의 영향을 느끼게 된다.** 그에 반해 현금 외 다른 수단을 이용하면 충격이 완화된다. 빚에 허덕이는 사람들에게 현금을 쓰라고 조언하는 이유도 이 때문이다. 실제로 사람들이 현금 대신 다른 결제 수단을 이용할 때 소비가 증가한다. 지불 수단이 대용 화폐처럼 물리적인 형태가 있더라도 현금이 아니라면 소비가 느는 효과가 있다.[1] 클럽메드ClubMed는 투

---

1 '대용 화폐'란 법정 통화를 대신하는 모든 종류의 대체 통화를 뜻한다. 대용 화폐는 전통적인 통화나 법정 통화를 사용할 수 없거나, 이런 통화의 공급이 부족할 때 지역 상거래에서 널리 사용돼 왔다.

숙객들에게 구슬을 꿴 줄을 화폐의 대용품으로 사용할 수 있는 서비스를 제공했다. 해변이나 수영장에 현금을 들고 가기보다 구슬 끈을 차고 다니는 것이 분명 더 실용적이긴 하지만, 투숙객들은 구슬에 상응한 현금을 갖고 다닐 때보다 구슬 화폐를 이용할 때 더 망설임 없이 지출했다.

결제 행위와 돈을 지출한다는 자각에서 우리를 더욱 멀리 분리시키는 '마찰 없는 결제 Frictionless payment'의 엄청난 성장은, 현대의 결제 방법이 사람들이 **너무 쉽게 소비하도록 부추기는 것이 아니냐**는 논쟁을 가열시켰다.

1999년, 아마존은 고객의 결제 정보, 요금 청구 정보, 배송 정보 등을 모두 저장하는 방식을 기반으로 하는 원클릭 쇼핑1-click shopping의 특허를 냈다. 지금은 너무 뻔한 아이디어처럼 느껴질 수 있지만 당시 아마존의 원클릭 쇼핑 특허는 정말 막강했다. 그래서 미국의 서점 반스앤노블Barnes & Noble은 2002년 아마존과의 특허 분쟁에서 합의할 수밖에 없었다. 좀 더 신중했던 애플은 반스앤노블이 아마존과 합의하기 한참 전이던 2000년에 아이튠즈 스토어의 결제를 위한 라이센스들을 사들였다. 아마존의 특허는 2017년에 만료되었는데, 모바일 상거래의 발전을 생각했을 때 어쩌면 다행스러운 일이다.

아마존 원클릭 모델은 확실히 소비자 친화적이다. 오프라인 매장에서의 쇼핑 경험과 비교하면 놀라울 정도다. 매장을 방문할 필요도 없고 지갑을 꺼낼 필요도 없다. 재빨리 원하는 물건을 찾은 다음 클릭 몇 번만 하면 구매를 마칠 수 있다. 결제할 때 상세 정보를 다시 입력하기 번거로운 모바일 환경에서는 특히 편리하다. 그러나 이토록

편한 **원클릭 쇼핑은 과소비를 부추긴다**(아마존은 아직 이 문제를 해결할 방안을 찾지 못했으며 그런 방안을 찾지 않는 것이 자신들에게 유리하다는 사실에 미뤄볼 때 끝까지 묘책을 내놓지 않을 가능성이 크다).

고객의 재구매를 더욱 용이하게 만들기 위해 신용카드 데이터를 저장한 것은 아마존이 처음이 아니다. 예를 들어 잡지는 '눈에 띄지 않게' 구독을 연장시키기 위해 신용카드 데이터를 저장하는 방식을 오랫동안 활용해왔다. 말하자면 '제로클릭 자동 갱신0-click renewal'이라고 부를 수도 있겠다. 하지만 아마존은 고객 정보가 저장된 자사 플랫폼을 다른 소매업체들에게 제공하기 시작함으로써 진정 새로운 길을 개척했다. 아마존과 파트너사들은 원클릭 쇼핑 시스템의 도입으로 고객이 장바구니에 물건을 넣었다가 사이트를 그냥 떠나 버릴 가능성을 줄였을 뿐 아니라 실제 구매 비율Conversion rate도 높아졌다는 사실을 발견했다.

원클릭 쇼핑의 단점은 결제 시점에서 고객에게 CVV 코드 같은 추가 정보를 요구하지 않기 때문에 카드 부정 사용에 취약하다는 것이다. 하지만 아마존은 자체적인 알고리즘으로 범죄 행위를 포착하는 데 노련해졌다. 이러한 능력 덕에 초대형 전자상거래 기업 아마존은 한 걸음 더 나아가, 다이슨부터 영국의 유서 깊은 백화점 리버티 런던에 이르는 다양한 온라인 매장에 아마존페이Amazon Pay라는 서비스형 결제Payment-as-a-service 플랫폼을 제공한다.

결제를 (너무) 쉽게 만드는 것은 아마존과 우버뿐만이 아니다. 수많은 전자상거래 사이트가 고객이 다음번에 좀 더 쉽게 결제할 수 있도록 카드 정보 저장을 어떻게 권유하는지, 장바구니에 담았다가 구매하지 않은 상품을 어떤 식으로 다시 상기시키는지 떠올려보자. 각종 게임들은 **'인앱' 구매를 통해 월등히 매끄러운 결제 경험을 제공**한다. 영국인 더그 크로산Doug Crossan은 열세 살 난 아들 캐머런Cameron이 자신의 카드로 3,700파운드를 결제했다는 사실을 깨닫고 '공포'를 느꼈다. 그의 신용카드는 아들이 게임용으로 사용하는 아이패드의 아이튠즈 계정과 연결돼 있었다. 캐머런은 식물 대 좀비Plants vs Zombies, 배고픈 상어Hungry Shark, 권총 만들기Gun Builder, 노바N.O.V.A. 같은 게임을 하면서 300건 이상 인앱 구매를 했다. 게임을 다운로드하고 이용하는 것 자체가 무료이므로 캐머런은 자신이 구매한 것들 역시 무료라고 생각했다고 주장했다. 다섯 살 꼬마 대니 키친Danny Kitchen은 좀비 대 닌자Zombies vs Ninjas라는 아이패드 게임을 하면서 가상 무기와 탄약을 사느라 1,700파운드를 결제했다.

캐머런과 대니가 어린 아이들이기에 취약할 수밖에 없다고 생각할지 모르겠다. 하지만 금융을 잘 알지 못하는 성인 역시 취약한 존재이기는 마찬가지다. **소비 편의성에 낮은 금융 문해력**Financial literacy**이 더해지면 문제가 생길 수 있다.** 스탠다드앤푸어스S&P, Standard & Poors의 조사에 따르면 금융 문해력이 있는 성인은 전 세계 성인 인구의 33%에 불과하다. 유럽은 52%로 세계 평균보다는 높은 편이지만 유럽 내에서도 엄청난 격차가 있다. 세계 각국 성인의 금융 문해력을 나타낸 도표에서 덴마크, 스웨덴, 네덜란드는 상위권에 있지만 포르투갈과 루마니아는 꼴찌에 가깝다. 유럽 국가 중 순위가 딱 중간인 영국의 금융자문기구 MASMoney Advice Service는 취업 연령 성인의 절반가량이 11세 아동과 비슷한 수리 이해력을 가진 것으로 추산한다.

돈의 형태가 소비자 행동에 영향을 미칠 수 있다는 주장을 뒷받침하는 연구 결과는 많다. 신기술의 등장으로 사람들의 소비 패턴은 크게 변화했다. 많은 사람이 영수증 내역을 하나하나 읽어보기는커녕 결제 금액조차 제대로 확인하지 않고 비접촉식 결제를 위해 카드를 쓱 갖다 댈 뿐이다. 이런 식으로 결제하다 보면 사기를 당할 위험이 있을 뿐 아니라, 지출 현황을 제대로 파악하거나 예산 범위 내에서 지출하기도 어려워진다.

돈의 심리학을 연구하는 MIT 교수 드라젠 프렐렉Drazen Prelec은, **구매의 쾌락과 지불의 고통을 분리하는 시간 지연 방식**을 채택한 기법들은 특히 해로운 방식으로 사람들의 마음을 서서히 파고들어 과소비를 유발한다고 설명한다. 프렐렉은 논지를 검증하기 위해 실험을 진행했다. 그의 연구팀은 매진된 보스턴 셀틱스Boston Celtics 농구 경기 티켓을 입찰식 경매에 부쳤다. 이때 입찰자 중 절반은 현금만, 나머지 절반은 신용카드만 사용하도록 했다. 평균적으로 신용카드 입찰자는 현금 입찰자보다 2배 이상 높은 금액을 써냈다. 이는 신용카드로 1달러를 쓸 때 발생하는 심리 비용이 50센트임을 시사한다.

만약 왜 아직도 매장 출입문이나 계산대에 카드사 로고나 다른 결제 방식을 알리는 표지판이 붙은 곳이 많은지 궁금했다면, 이제 그 답을 알 것이다. 단순히 브랜딩이나 고객을 위한 정보 제공 차원에서 이런 로고를 붙여 놓은 것이 아니다. 신용카드 로고를 보여주는 것만으로도 소비자가 상품의 장점에 대해 생각하고 좀 더 쉽게 결제하게 만드는 반면, 현금은 소비자로 하여금 비용을 더 생각하게 만든다는 사실이 이미 많은 연구를 통해 밝혀졌다. 여러분이 다음에 자동차 매장을 방문해서 영업사원에게 카드로 결제하겠냐는 질문을 받게 된다면, 그것이 하나 마나 한 질문이 아니라 구매를 부추기기 위한 장치임을 알아차릴 수 있을 것이다.

사람들이 카드로 결제할 때 더 많이 지출하는 성향은, 판매자들이 왜 수수료를 감수하면서 기꺼이 카드를 받는지를 설명해준다. 문제는 그 때문에 카드빚 또한 쉽게 쌓인다는 점이다. 그리고 카드 대금에 비싼 이자가 더해져 사람들이 빚의 덫에 갇히는 악순환으로 이어진다. **신용카드 지출과 대출의 위험성을 알리는 연구는 무수히 많으며 이런 문제를 해결하기 위한 규제 방안도 많다.**

그러나, 정부나 규제 당국이 자신도 모르게 카드 발급사로부터 돈을 빌리는 사람들을 보호하기 위해 노력하는 사이에 카드 대출은 한물간 방식이 되었다. 카드 대출과는 전혀 다른 방식을 활용하는 POS 대출업체Point-Of-Sales lender가 등장함으로써 '선구매 후지불Buy now pay later' 모델을 전혀 다른 차원으로 발전시켰다.

2005년에 야심찬 스웨덴 기업가 3인이 좀 더 나은 온라인 쇼핑 결제 경험을 위한 아이디어를 생각해냈다. 세바스티안 시미아트코우스키Sebastian Siemiatkowski, 니클라스 아달베르트Niklas Adalberth, 빅터 제이콥슨Victor Jacobsson은 스톡홀름경제대학이 주관하는 기업가정신 수상전에 자신들의 아이디어를 출품했다. 비록 수상에는 실패했지만 세 사람은 굴하지 않고 1년 후에 클라르나를 설립했다.

클라르나의 비즈니스 모델은 신용카드 회사와 다르다. 클라르나에 가입한 소비자들은 20만 개에 이르는 클라르나 가맹점을 이용할 때 결제 단계에서 이메일 주소와 배송 주소만 남기면 된다. 그런 다음 여러 옵션 중 하나를 선택할 수 있다. 클라르나가 제공하는 결제 방법은 보통 '2개월 무이자 4회 할부 결제', '무이자로 30일간 결제 연기', '최대 36개월에 걸쳐 상환(이때는 클라르나가 최대 20%의 연이자를 부과한다)' 등이 있다. 클라르나는 구매 직후 가맹점에 대금을 대신 지급함으로써 고객의 결제 회피 위험을 직접 감수한다.

클라르나는 시내에서 쇼핑하는 고객에게 아멕스 같은 카드가 제공하는 서비스를 온라인 세상에서 제공한다. 바로 **가맹점과 쇼핑객만 가입시키고 은행은 참여시키지 않는 3당사자 모델**Three-corner model을 활용한다(클라르나는 현재 은행으로 공인받았다). 3당사자 모델은 마스터카드와 비자가 사용하는 4당사자 모델, 즉 은행만 참여하고 가맹점과 소비자는 가입시키지 않는 모델과는 다르다. 클라르나는 아멕스와 마찬가지로 가맹점 수수료를 부과해 수익을 내지만, 3~4%에 달하는 가맹점 수수료를 부과하는 아멕스와 달리 약 2%의 수수료만 부과한다는 차이가 있다.[2]

비즈니스 관점에서 클라르나는 일단은 성공을 거뒀다. 집필 시점에서 클라르나의 기업 가치는 100억 달러가 넘는다. 9천만 명에 달하는 클라르나 가입자들은 원클릭 프로세스, 신속하게 진행되는 '관대한Soft' 신용 조회를 거쳐 빌린 돈으로 구매를 완료하는 데 25초가 채 걸리지 않는다. 클라르나는 자사 서비스에 가입하거나 클라르나 앱을 다운로드한 소비자들에게 그들에게 있지도 않은 돈을 어디에서

---

2 일각에서는 가맹점 수수료가 3~6%에 달한다고 주장하지만 클라르나의 수수료 수입은 전체 처리량의 약 2% 정도다.

쓸 수 있는지 알려준다. 클라르나가 공략하는 주 고객층이, 구매력이 부족하지만 옷을 갖고 싶어 하는 밀레니엄 세대인 만큼 클라르나 서비스가 제공되는 곳은 대개 패스트패션 매장이나 미용용품 매장이다. 신용불량자에게는 보너스가 하나 더 주어진다. 클라르나가 수행하는 관대한 신용 조회는 공식적인 대출 기록과는 관계가 없다는 점이다.

빚을 갚을 형편이 되지 않는 고객, 특히 젊은 고객층의 부채가 쌓이게끔 부추긴다는 우려가 커지고 있지만, 이 비즈니스 모델은 확실히 인기를 끌었다. 클라르나 외에도 클리어페이Clearpay, 레이바이Laybuy 등 같은 비즈니스 모델을 채택한 기업들이 속속 등장하고 있으며 아마존과 페이팔 역시 3당사자 모델을 도입했다. 가맹점 입장에서는 무척 반가운 소식이다. 위험을 떠안지 않고도 현금이 없을 수도 있는 사람들에게 물건을 팔 수 있을 뿐 아니라, 관련 기업들이 제공하는 전액 결제 서비스와 대규모 마케팅 덕분에 좀 더 많은 소비자에게 다가갈 수 있으니 말이다.

이제는 보이지 않는 결제Invisible payment가 많은 사람이 자주 사용하는 결제 방식으로 확고히 자리를 잡고 POS 대출을 사용하는 게 필연적인 일이 됐을 수도 있다. 하지만 결제가 나아가고 있는 방향은 이뿐만이 아니다. **결제는 점점 사회화되는 현상을 보이고 있다.** 우리의 결제 내역을 공개적으로 공유한다고 하면 어떤 기분이 들 것인가?

21

새로운 석유?
결제 데이터의 개방

미국 버지니아주립대학 미디어학과의 라나 스워츠Lana Swartz 교수는 돈과 결제를 연구하는 데 많은 시간을 보낸다. 미디어학자가 돈과 결제에 왜 그토록 관심을 가지는지 선뜻 이해되지 않을 수 있다. 사실 스워츠 교수는 사람들의 결제 행위를 의사소통의 하나로 이해한다. 그리고 그와 같은 관점에서 바라본다면, 결제는 단순히 **의사소통에 관한 것일 뿐 아니라, 우리가 어디에서 어떻게 상호작용하는지에 관한 문제**라고도 볼 수 있다.

스워츠는 한 예로 미국의 핀테크 기업 벤모Venmo를 언급한다. 벤모는 젊은 미국인들 사이에서 인기 있는 결제 수단으로 서로 소액을 주고받을 때 널리 사용된다. 무료 앱인 벤모를 통해 송금되는 액수는 2012년에는 분기당 5,900만 달러에 불과했으나, 2020년에는 분기당 약 350억 달러에 달했다. 하지만 이게 다가 아니다. 벤모는 송금을 십대들 간의 **또 다른 상호작용 방식으로 변화시켰다.** 벤모 사용자는 거래 내역을 '공유'함으로써 누구에게 언제 얼마를 줬는지 다른 이가 볼 수 있도록 허용한다(전체 공개가 기본 설정이며, 친구에게만 공개되도록 설정할 수도 있다). 스워츠는 '벤모는 지갑이 아니라 대화!'라고 말한다. 벤모는 이런 식의 개인정보Private data 공유가 자사의 성장을 가능케 한 마법의 재료라고 주장하는데, 이는 데이비드 에거스David Eggers의 소설 『더 서클The Circle』에 등장하는 거대 네트워크 기업이 전면에 내세운 '공유는 관심Sharing is caring'이라는 유명한 슬로건을 연상케 한다(이 슬로건은 '사생활은 도둑질, 비밀은 거짓말Privacy is theft, and secrets are lies'이라는 말로 발전했다).

이런 개념은 '돈은 사회적 산물이고 결제는 매우 사회적인 행위'라는 기본으로 어느 정도 돌아간 것이라고 볼 수 있다. '돈은 기억이다.'라는 스워츠의 말처럼 맨 **처음부터 돈은 데이터와 연결돼 있었다.** 인간이 처음 글로 기록한 것은 문학적인 무언가가 아니었다. 인간이 남긴 최초의 글은 시나 편지가 아니라 소유권과 빚을 기록한 점토판이었다. 결제는 대부분 기록으로 남으며, 결제 내역이 기록으로 남지 않으면 문제가 발생할 가능성이 크다. **이제 대부분의 사람은 흔적 없이 결제하기가 쉽지 않다.**

여기에 역설적인 부분이 있다. 현금으로 지불하면 누군가와 직접적인 대면 의사소통을 하되, 거래는 추적할 수 없으므로 익명성이 보장된다. 반대로 전자결제를 하면 비개인화된De-personalized 원격 방식으로 의사소통을 하되, 이런 '대화'는 지워지지 않는 기록으로 남게 된다. 벤모 모델은 결제 대화를 공개해 전자결제를 재개인화Repersonalize한다.

사용자가 개인정보 설정을 조정할 수 있게 만든 벤모(2013년에 페이팔에 인수)는 데이터 피드를 적극 활용해 5,200만 명의 사용자를 확보했다. 벤모가 데이터를 자사 고유의 강점Unique selling point으로 만들긴 했지만 데이터를 팔아서 돈을 벌지는 않는다. 벤모는 모든 카드와 비즈니스 결제에 약 3%의 수수료를 부과하는 등 앞서 12장에서 살펴본 전통적인 수수료 부과 방식으로 돈을 번다.

결제 데이터가 새로운 석유라고 선전하면서 이를 이용해 정말 큰돈을 벌 수 있다고 믿는 사람들도 상당하다. 그들이 옳을까? 만약 그렇다면 **돈보다 개인정보로 '지불'하는 것은 더 나은 방법일까?**

답을 찾기 위해 다시 중국의 두 거대 기업 알리페이와 텐페이로 돌아가 보자. 알리페이와 텐페이 모두 모기업의 폐쇄적인 생태계 내에서 간편결제를 사용하는 고객에게 무료로 서비스를 제공하고, 고객들은 하나의 가상 지붕 아래에서 결제, 쇼핑, 그리고 소셜미디어 등 많은 일을 처리할 수 있다. 영국이나 미국의 소비자가 그처럼 다양한 활동을 하려면 여러 모바일 앱을 사용해야 하지만, 중국 고객들은 하나의 앱 안에서 모든 일을 처리한다.

그렇다면 알리페이와 텐페이는 간편결제 서비스로 어떻게 돈을 벌까? 정답은 바로 **고객의 결제 데이터를 이용해 금융 서비스, 특히 대출과 뮤추얼 펀드를 제공**하는 것이다. 알리페이는 결제 데이터를 이용해 고객이 언제 대출을 필요로 할지 해당 고객이 대출을 갚을지 그렇지 않을지 평가한다. 알리페이의 신용대출 사업 규모는 담보대출을 제외한 중국 전체 소비자 소액대출의 약 10%를 차지할 정도로 엄청나다. 미국 투자은행 번스타인Bernstein과 《파이낸셜타임스》가 공동 진행한 연구에 의하면 2020년 6월에 알리페이의 모기업인 앤트의 소비자 신용대출액이 1조 7천억 위안에 달했다. 그 어떤 중국 은행의 소비자 대출액보다 많은 금액이었다.

사용자의 결제 데이터를 이용해 돈을 벌 수 있는 방법은 이뿐만이 아니다. 결제 서비스 제공업체들은 **사용자 데이터를 이용해 타깃 마케팅과 광고를 진행하거나 같은 목적을 가진 제3자에게 사용자 데이터를 판매**하는 페이스북 모델을 따를 수도 있다. 누군가는 돈보다 데이터를 이용해 지불하는 쪽을 선호할 수도 있을 것이다. '무언가가 공짜라면 상품은 바로 당신이다.'와 같은 격언도 같은 맥락이다.

알리페이와 텐페이의 방식은 전통적으로 우리의 결제 기록을 관리해온 은행의 접근법과 크게 다르지 않다. **은행은 항상 고객의 결제 데이터를 자사에 유리한 방식으로 이용해왔다.** 가령 고객의 수입이 증가하면 프리미엄 계좌와 신용카드, 저축 수단을 제공하고, 특정한 나이가 되면 주택담보대출과 연금 상품을 권유하고, 돈이 부족해지면 대출과 마이너스 통장을 제공하는 식이다. 하지만 은행들은 알리페이처럼 엄청난 산업 규모로 고객의 결제 기록을 이용하지 않았다.

사실 그럴 수가 없다. 적어도 유럽에서는 그렇다. 미국 규제기관들은 기술업계가 소셜미디어를 통해 얻은 개인 데이터를 활용하는 것에 대해 다소 자유방임주의적 태도를 취하는 반면, 유럽 규제기관들은 좀 더 강경한 태도를 보이며 **은행의 금융 데이터 사용은 훨씬 엄격히 규제한다.** 네덜란드 은행 ING 사례를 살펴보자. 2014년, ING는 고객의 결제 데이터를 토대로 광고를 제공해 좀 더 성공적인 타깃 마케팅을 진행할 수 있을지 테스트할 예정이라고 발표했다. 하지만 대중의 거센 반발과 네덜란드 개인정보 보호 당국 및 규제 당국의 승인 거부로 계획을 취소할 수밖에 없었다.

5년 후 ING는 재도전에 나섰다. 다만 이번에는 자사 제품과 서비스를 제공하기 위한 용도로만 고객 결제 데이터를 사용하는 방향으로 계획을 축소했다. 물론 ING는 개인정보 보호 규정을 완벽하게 준수할 작정이었다. 하지만 수정안은 아무 소용이 없었고 결국 이전과 다름 없는 국민적 반대에 부딪혔다. 언론은 갖은 비판 기사를 쏟아냈고 의회에서 질문이 잇따랐으며, 규제 당국은 ING의 계획을 승인하지 않았다. 이번에는 개인정보 보호 당국이 규제 당국의 의견을 기다리지 않았다. 개인정보 보호 당국은 ING에 이런 마케팅은 한마디로 금지한다고 통보했다.

ING가 처한 상황을 아마존과 비교해보자. 아마존은 사용자 데이터를 활용해 무엇을 구매하면 좋을지 추천하고(만약 아마존의 제안에 한계가 있다고 생각한다면 인내심을 가져보자. 인공지능이 점차 나은 제안을 내놓을 것이다), 결제 순간에 돈을 빌릴 수 있게 허용하고, 고객이 예전에 검색한 적이 있는 제품을 상기시키는 메시지를 보낸다. 다른 기업들이 은행에는 허용되지 않는 방식으로 사용자 데이터를 활용한다는 은행의 불만도 일리가 있다. 하지만 은행에는 데이터와 관련해 우려할 만한 더 큰 문제, 즉 **오픈뱅킹 문제가 있다.**

오픈뱅킹의 개념은 영국의 경쟁시장국CAM, Competition and Markets Authority이 2015년에 진행한 조사에서 기인한다. 당시 경쟁시장국은 '정보 불균형' 때문에 기존 은행들이 부당하게 우위에 서고, 경쟁 상대들이 기회를 얻지 못하는 탓에 소비자가 손해를 본다는 사실을 발견했다. 간단히 말해, 은행은 고객에 대해 많은 정보를 갖고 있다. 예를 들어 은행은 고객의 결제 내역을 보고 해당 고객이 보험이나 투자 상품을 구입할 가능성이 높은지 알아낼 수 있다. 그뿐 아니라 은행은 특정 고객에게 대출해주는 것이 얼마나 위험한지 더 정확히 평가할 수 있다. 외부 경쟁사들은 해당 고객의 수입과 지출을 확인할 수 없으므로 가장 유리한 조건을 제시할 수 없고, 결국 고객은 얼마가 됐건 거래 은행이 제안하는 금리를 받아들이는 경향이 있다.

은행의 데이터 독점을 완화하기 위해서 영국 은행업계는 오픈뱅킹Open Banking을 받아들이게 됐다. 고객이 **거래 은행이 아닌 다른 서비스 공급자에게 은행 데이터 접근 권한을 줄 수 있기 때문에** 다시 말해서 말 그대로 다른 서비스 공급자들이 고객의 결제 대화Payment conversation에 참여할 수 있어서 오픈뱅킹이라는 이름이 붙여졌다.[1] 예를 들어 우리가 거래 은행 외의 은행이나 핀테크 기업에 대출을 신청할 때 그들이 우리의 거래 은행에서 최근 결제 정보를 조회하도록 허용할 수 있다.

EU는 같은 해 말 비슷한 법안을 통과시켰는데, 여기에는 다른 이유도 있는 듯하다. EU가 PSD2[2] 규정을 통과시킨 것은 특정 핀테크 기업의 성공적인 로비 때문이라는 소문이 있다. '지금 당장'이라는

---

1 영국 경쟁시장국이 '오픈뱅킹(Open Banking)'을 의무화했으며, 영국에서는 오픈뱅킹이라는 표현을 쓸 때 각 단어의 첫 글자를 대문자로 표시한 고유 명사로 사용한다. 영국이 아닌 다른 곳에서는 모든 단어가 소문자인 일반 명사(open banking)로 표현한다. 이 책에서는 (다소 혼란스럽더라도) 이런 관례를 따른다. (저자의 의도에 따라 한국어판에서는 영국의 오픈뱅킹에 'Open Banking'을 병기했다 - 옮긴이)

뜻을 가진 독일 스타트업 소포트Sofort는 소위 말하는 '스크린 스크래핑Screen scrapping' 기업이다(혹은 그랬었다). 스크린 스크래핑 기업이란 고객이 자발적으로 해당 기업에 로그인을 허용하면, 자사의 소프트웨어를 이용해 인터넷 뱅킹 웹사이트에서 고객 계좌 데이터를 수집하고 이를 활용하는 기업이다. 스크린 스크래핑 기업들은 수집한 '정보 조각'을 이용해 계좌통합조회(여러 은행 계좌에 관한 정보를 한 화면에서 확인할 수 있다), 대금 결제, 부기 같은 금융 서비스를 고객에게 제공한다. 잘 알려진 스크린 스크래핑 업체로는 미국의 민트Mint와 플레이드Plaid가 있다.

EU를 상대로 로비를 벌일 당시, 소포트는 고객의 은행 계좌에서 돈을 인출해 고객의 온라인 구매를 지원했다. 고객들은 소포트에 인터넷뱅킹 로그인 정보를 넘겼고, 소포트는 고객을 대신해 은행 웹사이트에서 결제를 개시하고 확인 과정을 진행했다. 소포트의 비즈니스가 궤도에 올라선 지 얼마 되지 않아 은행들은 고객을 대리한 제3자의 로그인을 어렵게 만드는 방안을 도입했다. 소포트는 부당함을 호소하며 은행이 경쟁을 차단한다고 비난했다.

PSD2는 소포트 같은 핀테크 기업이 공평하게 경쟁에 참여할 수 있도록 돕는 것이 목표다(PSD2가 통과될 무렵 소포트는 이미 클라르나에 인수됐다). 이 규정에 의해서 **EU 은행들은 제3의 서비스 공급자가 고객**

---

2 결제 서비스 지침 개정안(PSD2 – 지침(EU) 2015/2366). 이 규정은 모든 EU 회원국에서 결제와 관련된 규정을 통일하고 범유럽 경쟁을 장려하기 위해 만든 최초의 결제 서비스 지침(PSD, Payment Services Directive)을 기반으로 한다.

을 대리해 결제를 개시하고 계좌 내역을 확인할 권한을 내줄 수밖에 없게 됐다. 그리고 PSD2는 은행뿐 아니라 제3의 서비스 공급자들 역시 규제 대상에 넣었다. PSD2는 PISP(지급지시 서비스 공급자)와 AISP(계좌 정보 서비스 공급자)들이 은행 API에 접근하기 전에 인가를 받을 것을 요구했다.[3] PSD2에 관한 의견은 사람마다 다르겠지만 소위 스크린 스크래핑이라 불리는 활동을 규제하는 일은 바람직해 보인다. 제3자 서비스 공급자가 무분별하게 은행 데이터에 접근하면 서부 개척 시대의 미국처럼 무법천지가 될 수 있기 때문이다. 스크린 스크래핑 기업이 고객 데이터를 헤지펀드에 판매하는 일까지 발생했던 미국의 사례를 보면 틀림없어 보인다.

시작이 어찌 됐건, 영국의 오픈뱅킹Open Banking과 EU의 PSD2는 고객의 동의하에 고객을 대리한 제3의 공급자가 은행의 서비스와 데이터를 안전하고 안정적이며 신속하게 이용할 권한을 은행이 제공해야 함을 보장하기 위해 설계되었다. PSD2는 은행이 이런 의무를 이행할 때 API를 사용하도록 명시적으로 요구하지는 않지만, 대개 **API가 최선의 방법으로 여겨진다.** API 접근이 '오픈뱅킹'이라 불리는 이유가 바로 이 때문이다(심지어 영국 밖에서도).

한국과 싱가포르부터 호주, 캐나다에 이르기까지 이제 세계의 많은 나라에서 오픈뱅킹이 현실이 됐다. 하지만 미국은 가야 할 길이

---

3 PISP(Payment Initiation Service Provider)는 결제 서비스 사용자의 요청에 따라, 다른 결제 서비스 공급자가 관리하는 결제 계좌에서 지급지시를 개시하는 온라인 서비스를 제공한다. AISP(Account Information Service Provider)는 다양한 결제 계좌 정보를 통합해 온라인으로 계좌 정보를 제공한다.

아직 멀다. 그 이유가 미국의 복잡한 규제 제도 때문임은 분명하다. 제도가 복잡한 탓에 여러 규제기관이 영향력을 가지고 있으며 로비의 대상이 될 여지가 생긴다. 그럼에도 미국의 오픈뱅킹 역시 점차 발전하고 있다. 물론 이는 소비자들에게 이로울 것이다. **오픈뱅킹은 서비스 공급자들의 경쟁을 촉진하고, 사용자가 은행 계좌를 바꾸지 않고도 좀 더 저렴하고 나은 서비스를 이용할 수 있게 돕는다.** 물론 이를 위해서는 사용자들도 서비스를 활용할 필요가 있지만 말이다.

다만 모든 이들이 PSD2와 오픈뱅킹에 만족했으리라는 결론을 내릴 참이었다면 오산이다. 우선 첫째로 일부 핀테크 기업이 불만을 가졌다. EU가 새로 도입한 모델은 은행의 협조가 필요한 반면, 이전의 스크랩 스크래핑 기업들은 은행의 협조 없이 소프트웨어를 이용해 서비스를 제공했다. 몇몇 핀테크 기업들은 이런 소프트웨어 개발에 투자했는데, PSD2로 인해 누구나 같은 서비스를 제공할 수 있게 되면 자사가 가진 우위가 사라질지도 모른다는 점을 우려했다.

은행도 이런 변화를 반기지 않았다. 은행의 큰 걱정거리 중 하나는 고객의 결제 데이터를 제3자에게 공개해야 하는 반면, 그들 스스로는 결제 데이터를 직접 사용할 수 없다는 점이었다. 그로 인해 기술 기업이 은행의 영역을 장악하게 될 수도 있는 일이었다. 은행들은 UPI 덕에 구글과 아마존이 성공리에 전자결제를 출시할 수 있었던 인도를 주목했다. 구글과 아마존은 API를 이용해 은행 계좌에 접속함으로써 인도의 고객들이 온라인이나 매장에서 결제할 수 있게 지원하는 간편결제를 출시한 바 있었다. 은행들은 기존의 은행 중심적인 모델이 역전될지도 모른다는 사실을 우려했다. 즉 **결제가 더 이상**

은행의 수익성을 보완하는 서비스가 되지 못하는 미래를 두려워했다. 그 미래에서는 결제가 데이터 중심 플랫폼의 핵심이 되고, 결제 데이터라는 소중한 자원을 플랫폼 소유주가 쥐게 된다. 이처럼 은행 입장에서 최악인 시나리오가 벌어진다면 기술 기업들이 고객 인터페이스를 통제하고 그들이 확보한 정보를 이용하는 동안, **은행은 기본 인프라를 제공하는 공공재 역할을 하는 신세가 될 것이다.**

은행들은 곧장 핀테크나 빅테크에 비해서 자신들에게 적용되는 규제가 지나치게 엄격하다고 항변하고 나섰다. 그 주장은 타당하다. 적어도 지금은 그렇다. 규제 당국은 핀테크의 등장과 신기술의 사용을 위해 노력해왔다. 그러나 최근 몇 년 동안 규제 당국을 괴롭혀온 까다로운 문제 중 하나도 바로 핀테크 규제다. 은행은 확실하게 금융 규제의 범위 내에 있지만, 은행과 유사한 서비스를 제공하는 비은행 서비스 공급자들은 그렇지 않은 경우가 많다. 규제 당국이 고민하는 문제는 은행의 존재 여부와 직결된 문제며, 은행도 이를 알고 있다.

은행이 기술 기업보다 엄격한 규제를 받는 것은 데이터나 마케팅, 광고 부문만이 아니다. 소비자 대출 부문도 좀 더 까다로운 기준이 적용된다. 가령 유럽 은행들은 대출 관행에 있어서 엄격한 기준을 적용받지만, 핀테크와 빅테크는 아직까지는 그렇지 않다.

독일 은행들은 충동구매를 위한 돈이 필요하다면 클라르나(소포트 인수 이후 독일 은행들이 클라르나를 특히 두려워했다) 같은 '선구매 후지불' 기업이 제공하는 할부 구매보다 마이너스 통장을 이용하는 것이 오히려 저렴하다고 지적했다. 유럽의 은행이 제공하는 이자율은 클라르나가 적용하는 20%의 이자율보다 낮은 경우가 많다. 마이너스 통장 연이율이 대개 10% 이하인 유로존에서는 더 그렇다.

경쟁의 장이 모두에게 공평해진다고 해도 은행이 경쟁 상대들보다 훨씬 잘 해낼 수 있을지는 의문이다. 핀테크 기업들은 민첩한 실행력이 있으며, 그에 필요한 충분한 재원을 가진 기업도 많다. 빅테크 기업은 이 두 가지 우위를 모두 갖고 있다. 여기에 더해 데이터를 활용할 수 있는 비즈니스 모델과 수천 개에 달하는 은행 API를 처리하기 위한 기술력과 규모도 갖추고 있으며, 무수히 많은 데이터를 분석하는 알고리즘과 인공지능을 개발하고 사용할 수도 있다. 솔직히, 은행은 그렇지 못하다.

물론 이미 수많은 사용자의 데이터를 보유한 구글이나 페이스북 같은 기업들이 결제 데이터를 손에 쥔다고 해서, 그들이 이미 활동 중인 사업에서 더 많은 이익을 얻을 것인지는 미지수다. 어쩌면 빅테크 기업은 우리의 결제 방식으로 달라질 미래의 변화와 가능성에 대비하거나, 자사 서비스와 금융 시스템을 더 쉽게 연결하기 위해 은행을 자회사로 소유하는 미래를 그리고 있는지도 모르겠다.

골드만 삭스Goldman Sachs를 사들이는 구글을 상상하면 흥미롭다. 하지만 **데이터가 실제로 비즈니스의 원동력이 되려면** 몇 가지 문제가 해결돼야 하는 만큼 이런 상상은 당분간 접어두자. **일단 규제 문제가 있다.** 《이코노미스트》가 최근 기사에서 쓴 표현을 빌리자면, '몇몇 비선출직 임원들'이 사용자들의 온라인 대화를 지배하려 한다는 데 대한 우려가 이미 터져 나오고 있다. 빅테크 플랫폼들은 언론의 자유가 얼마나 허용되어야 하는가의 문제에 대해서 자신만의 경계선을 그으려하고 있다. 우리의 결제 데이터를 빅테크 플랫폼에 넘기기 전에, 우리나 규제 당국(또는 둘 다)은 데이터 보안과 사용에 대한 확답을 빅테크로부터 받아야 한다.

둘째, 빅테크 기업에 대한 대중의 신뢰도는 또 다른 장애물이다. 최근 네덜란드에서 실시한 설문조사에 따르면 결제 데이터를 빅테크와 기꺼이 공유하려는 소비자는 2%에 불과하고 빅테크의 결제 개시 서비스를 신뢰하는 소비자는 5%가 채 되지 않는다. 하지만 똑같은 소비자들이 페이스북, 왓츠앱WhatsApp, 메신저Messenger가 제공하는 서비스를 누리는 대가로 개인정보와 대화 기록, 이미지를 그들의 플랫폼에 맡긴다. 이로 미루어 볼 때 신뢰 문제는 어쩌면 단지 시간 문제일 수도 있고, 금전적인 동기 부여가 필요한 것일 수도 있다.

빅테크 기업은 결제 데이터를 얻는 대가로 더 많은 소비자 서비스를 제공할 수 있을 만큼 막강한 금융 영향력이 있지만, 애플페이와 아마존페이, 구글페이의 비즈니스 모델은 결제 데이터 활용에 기반하지는 않는다. 물론 그렇다고 해서 앞으로도 절대 그러지 않는다는 뜻은 아니다. **충분한 시장 점유율 갖게 됐을 때 빅테크 기업이 사용자 결제 데이터로 무엇을 할지는 두고 봐야 한다.** 예를 들어 구글은 인도 시장에 특화된 테즈Tez(현재 구글페이로 통합) 결제 앱을 이용해 인도 시장을 파고들었다. 하지만 구글은 아직까지 테즈를 통해 확보한 결제 데이터로 어떻게 돈을 벌 것인지는 밝히지 않았다.

빅테크 기업은 10여 년간 상품을 개발하고 시장 점유율을 늘려간 후에 결제 데이터를 통해 돈을 벌어도 될 만큼 여력이 충분하다. 어쩌면 그들은 사람들이 기꺼이 개인정보를 포기하기를 기다리는 것일 수도 있다. 하지만 그런 전략은 규제 당국이 사용자 데이터를 돈벌이 수단으로 사용하도록 허가한다는 가정이 뒷받침돼야 하는데, 규제 당국이 그렇게 하리라고 보기는 어렵다. 또한 유럽과 인도가 특히 미국과 중국의 빅테크 기업을 의심 가득한 시선으로 경계하는 만큼 빅테크 기업들은 지정학적인 문제도 고려해야 한다.

그러나 이 모든 게 중요하지 않을 수도 있다. **결제 방식의 근간을 뒤흔들려고 하는 다른 세력들이 완전히 다른 신기술을 사용하고 있기 때문이다.** 암호화폐 옹호론자들은 자신들이 정답을 갖고 있다고 믿는다. 하지만 그들은 애초에 올바른 질문을 하고 있는 것일까?

22

코드에 대한 믿음
: 암호화폐를 만나다

2018년 1월 말 나는 다보스에서 열린 세계경제포럼World Economic Forum에 참석했다. 호텔로 돌아가는 길에 많은 사람들이 도로 주변에서 어슬렁거리는 모습을 보았다. 턱수염을 기른 채 얼굴과 목에 문신을 하고 머리카락 일부만 삭발한 그들은 클럽에서 놀다가 잠시 전자담배를 피우러 나온 사람들처럼 보였다. 그들은 '크립토CryptoHQ'라고 표시된 문 밖에 서 있었고 나는 흥미가 발동했다.

크립토HQ는 사람들로 가득했다. 조명이 어두운 크립토HQ 내부에는 술을 마실 수 있는 바가 있고 시끄러운 음악이 흘러나왔다. 나와 끔찍이도 어울리지 않는 느낌의 장소였다. 거기 있는 사람들은 모두 내 나이의 절반쯤 돼 보였고 나 외에 정장을 입은 사람이 아무도 없었다. 하지만 어쩌다 보니 '블록체인을 이용해 무언가를 하는' 회사를 운영하는 한 남자와 대화를 나누기 시작했다. 남자에게 어떤 비즈니스 모델을 갖고 있는지 물었다. "그냥 ICO(가상화폐 공개)를[1] 통해 2천만 달러의 자금을 확보했습니다. 그걸로 무엇이든 할 수 있죠." 남자가 인생을 만끽하는 듯이 보였던 건 당연했다.

위층은 아래층보다 좀 더 밝았고 50여 개의 좌석과 단상이 마련돼 있었다. 좌석은 사람들로 차 있었고 정장 재킷을 입은 사람도 더러 보였다. 마음이 좀 더 편안해졌다. 단상에 올라선 젊은 남자가 인도네시아에서 생산된 스커트를 블록체인과 어떻게 연계할 작정인지 설명했다. 그는 투자자를 찾고 있었다. 또 다른 남자가 좌중을 향해 투자를 원하는 사람이 있는지 물었고 정장 재킷을 입은 사람 몇몇이 즉시 손을 들어 올렸다. 이제 다음 사업을 홍보할 차례였다.

약 5분씩 진행된 여러 건의 홍보 내용을 지켜봤다. 영화 〈빅쇼트 The Big Short〉에서 마크라는 투자자가 플로리다의 스트립 댄서들이 여러 채의 주택과 콘도를 임대 목적으로 구입한다는 사실을 알게 되는 장면이 떠올랐다. 마크는 곧장 서브프라임 모기지를 대상으로 공매도를[2] 하기로 마음먹는다. 마크는 2008년 금융위기가 닥치기 전에 이런 깨달음을 얻었지만, 내가 다보스에 위치한 크립토HQ를 찾았을 때는 이미 암호화폐의 몰락이 진행 중이었다. 비트코인은 이미 몇 주

---

1 ICO(Initial Coin Offering)는 암호화폐 업계에서 이뤄지는 IPO(Initial Public Offering, 기업 공개)와 같은 것으로, 암호화폐 기업들은 ICO를 통해 새로운 코인이나 앱, 서비스를 출시하기 위한 자금을 조달한다.

2 공매도는 투자자들이 자신이 갖고 있지 않은 주식을 빌려서 매도하는 거래 기법이다. 투자자들은 차후 주가가 하락하면 좀 더 저렴한 가격에 동일한 주식을 매수해 수익을 올릴 수 있을 것이라는 기대를 품고 공매도를 한다.

앞선 2017년 12월 17일에 최고치인 2만 달러에 도달한 후 3천 달러까지 폭락세를 이어가는 중이었다.

하지만 비트코인 가격이 0까지 내려가지는 않았다. 가격을 다소 회복했고 지난 몇 년 동안 4천~3만 달러[3] 사이에서 거래되고 있다. 그러나 이는 분명 상당한 변동폭이며, **비트코인을 통화라고 생각한다면 엄청난 변동이다.**

비트코인이 처음 등장한 시기는 금융위기 발생 직후인 2009년이었다. 당시는 은행과 돈의 결합이 너무도 명백하게 드러난 직후였기에 비트코인은 은행과 돈을 대신할 만한 기술적 유토피아로 여겨졌다. 비트코인에는 은행 같은 중개기관도 없고 중앙은행이나 정부 같은 관리당국도 없다. 비트코인의 무결성은 컴퓨터 코드와 암호화 기술에 대한 신뢰에 기반한다.

암호화폐 선지자와 열렬한 지지자들의 관점에서 보면, 비트코인과 그 외 암호화폐는 우리가 현재 사용하는 결제 시스템보다 뛰어난 대안이며 우리의 금융 시스템 중 상당 부분을 대신할 수 있다. 더 이상 은행 같은 중개기관을 믿을 필요가 없다. 비트코인은 누구나 점검하고 확인할 수 있으며 인위적인 수정이 불가능한 공유 원장에 거래 내역을 기록하는 방식으로 신뢰를 확보한다. 많은 의미가 내포된 주장이지만 실제로 암호화폐는 오랫동안 발전을 거듭해왔다.

비트코인의 작동 원리는 완전히 천재적이다. 그 덕에 비트코인이

---

3 책에서는 비트코인을 달러로 변환할 때 1비트코인당 3만 달러의 환율(2021년 1월 1일 당시 어림치 기준)을 적용했다.

무엇인지 설명하자면 애를 먹을 수밖에 없다. 나의 설명을 들어도 여전히 잘 이해가 되지 않거나, 오히려 전보다 더 헷갈린다고 해도 이상한 일은 아니다. 비트코인은 이해하기 쉽지 않을뿐더러 설명하기란 더욱 복잡하다. 비트코인을 제대로 이해하는 사람은 극소수의 열광적인 암호화폐 기술자들뿐이다.

우선 비트코인은 암호화 기술과 컴퓨터, 인터넷, 그리고 채굴자라 불리는 사람들에 의해 작동한다. 채굴자 대다수는 상대적으로 작업 비용이 적게 드는 추운 나라에서 일한다. 채굴용 데이터 센터에서 사용하는 상당량의 전력이 컴퓨터 냉각을 위해 사용되기 때문이다.

비트코인은 공개-개인 키 암호화Public-private key encryption 기술을 활용한다. 비트코인 키는 공개 키와 개인 키 한 쌍으로 구성되며, 키는 아주 긴 숫자로 이뤄진다. 이름에서 알 수 있듯이 개인 키는 소유주에게만 제공되고, 공개 키는 모두에게 공개된다. 만약 내가 당신의 공개 키로 무언가를 암호화하면 당신이(오직 당신만이) 해당 공개 키와 쌍을 이루는 개인 키로 풀 수 있다. 내가 나의 개인 키로 무언가를 암호화할 수도 있다. 그러면 누구나 공개 키를 이용해 암호화된 메시지를 풀 수 있을 텐데, **개인 키로 암호화하는 이유가 무엇일까?** 나의 개인 키를 이용하면 **메시지를 잠근 사람이 나라는**(오직 나라는) **사실을 증명할 수 있기 때문이다.**

문서 서명을 할 때 이런 기술이 활용된다. 나의 개인 키로 문서를 잠그면 내가 해당 문서를 발송한 후 수정되지 않았다는 사실을 증명할 수 있다. 개인 키로 거래(트랜잭션)Transaction에 서명하면 내가 송금하는 비트코인의 실제 소유자가 나임을 증명할 수 있다.

비트코인은 다른 암호화폐와 마찬가지로 온라인에서 양도 가능한 전자 토큰의 형태를 띤다. 가령 A라는 사람이 B라는 사람에게 0.02비트코인(약 600달러)을 준다고 하면, B는 기꺼이 자신의 공개 키를 A에게 줄 것이다. 이 **공개 키는 비트코인을 송금할 '주소' 역할을 한다.** 즉, 계좌번호와 유사한 역할이다. B에게는 그 공개 키와 쌍을 이루는 개인 키가 있으므로 차후에 다른 사람들에게 A가 송금한 비트코인을 자신이 실제로 소유하고 있음을 증명할 수 있다. 한 가지 중요한 점은 A는 B에게 (우리들이 사용하는 지폐처럼) 1비트코인짜리 토큰이나, 소액 토큰들을 모아서 주는 게 아니라는 사실이다. A가 보내는 것은 B에게 **주고자 하는 바로 그 금액**, 즉 0.02비트코인만큼의 가치를 지닌 **단 하나의 토큰이다.**

그렇다면 이번에는 B가 다른 누군가에게 0.01비트코인을 지불하려 한다고 가정해보자. 이때 B는 A에게 받은 토큰을 그대로 쓸 수 없다. 그 토큰은 B가 송금하고자 하는 금액의 2배에 해당하기 때문이다. 비트코인 거래 시에 기존 토큰이 사용되지 않는 것도 이런 이유에서다. 대신, 각 거래에는 **1개 이상의 토큰이 투입** Input**되고, 그것이 파괴되는 동시에 새로운 토큰이 산출물**Output**로 생성된다.** A에게 받은 0.02비트코인을 B가 사용하려면, B는 그 토큰을 파괴하는 동시에 새로운 토큰 2개를 산출물로 만들어내는 거래를 해야 한다. 이런 과정을 통해 생성된 2개의 토큰에는 각각 수취인의 공개 주소(공개 키)가 배정된다. 토큰 하나는 B가 비트코인을 주기로 한 상대의 공개 키/주소로 보내고(배정하고), 나머지 토큰(0.01비트코인)은 B가 다시 갖는다.

그림 4 공개 원장에 등록된 비트코인 거래 예시

```
Inputs:
14R534VhdJKtGsxprPZnC6hZPK8kuMhe1e          0.02 BTC

Outputs:
1HCsAdJPfaqF8cJz231piY5CAMJBqje3GU          0.01 BTC
14R534VhdJKtGsxprPZnC6hZPK8kuMhe1e        0.0095 BTC
                              Total output:    0.0195 BTC

Fee: 0.0005 BTC
```

[그림 4]를[4] 보면 이 거래가 공개 원장/블록체인에서 어떻게 표시되는지 알 수 있다. 표를 보면 투입 항목에는 공개 키/주소(14R534V…)와 함께 0.02비트코인(약 600달러)이 투입됐다는 내용이 기록돼 있다. 투입 항목에 기록된 것은 A가 B에게 준 토큰으로, 이 주소는 A가 B에게 비트코인을 줄 때 B가 알려준 것이다. B가 A에게 준 공개 키와 쌍을 이루는 개인 키가 B에게 있기 때문에 B는 이 거래에 투입된 토큰이 자신의 소유라는 사실을 증명할 수 있다.

이 표의 산출 항목에는 0.01비트코인과 0.0095비트코인이 표기돼 있으며 각 비트코인 토큰의 공개 키/주소도 기록돼 있다. 첫 번째는 수취인 주소와 실제 전송된 비트코인 내역이고, 다른 하나는 B의 주

---

4 비트코인 주소는 200비트의 이진수로 이뤄져 있지만 여기에서는 10개의 숫자와 알파벳 대문자와 소문자 24개를 사용하는(0이나 1과 혼동될 수 있는 소문자 o, 대문자 O, 소문자 l, 대문자 I는 제외) 베이스58(Base58) 방식으로 인코딩되어 제공된다.

소로 (다시) 연결돼 있는 잔액이다. 총투입금액과 총산출금액의 차이가 거래 수수료로, 이 경우에는 0.0005비트코인(15달러)이 채굴자들에게 돌아간다(채굴자에 관한 내용은 잠시 후에 살펴보자).

거래는 온라인에 공개 Broadcast**된다.** 10분에 한 번씩 그 시간 동안 일어난 모든 비트코인 거래가(어디에서 거래가 이뤄졌건) 최대 1메가바이트(약 2,500건의 거래)에 달하는 데이터 블록에 담긴다. 각 블록에는 이전 블록에 관한 요약('해시'라고 불린다)이 담겨 있다. 하나의 블록 안에 있는 **단 하나의 숫자만 바꿔도 해시가 바뀌고, 결국 그 뒤에 연결된 블록들도 줄줄이 바뀐다**(이런 특성 때문에 '블록체인'이라는 말이 생겨났다). 거래 내역은 누구나 보고 검토할 수 있는 수정 불가능한 공개 원장에 기록된다.

거래를 체인이나 원장에 포함하기 전에 검증 과정이 이뤄지는데 이를 진행하는 사람들이 바로 채굴자다. 이들을 채굴자라고 부르는 이유는 노력에 대한 대가로 새로 주조된 비트코인이라는 보상이 주어지기 때문이다. 채굴자들은 투입 토큰이 실제로 동일한 공개 주소를 토대로 진행된 초기 거래의 산출물이 맞는지, 토큰 제출자 또는 '지불인'이 실제 그 토큰의 주인인지 확인한다. 채굴자들은 검증을 위해 투입 토큰 서명 시 쌍을 이루는 개인 키가 사용되었는지 확인한다. 또 동일한 토큰이 이중으로 사용되는 일을 막기 위해 투입 토큰이 다른 거래에서 투입 토큰으로 사용된 적이 없는지도 확인한다.

그렇다면 누가 채굴을 할까? 채굴자가 되길 원하고 충분한 연산 능력, 즉 **컴퓨팅 파워**Computing power**를 보유하고 있다면 누구든지 채굴자가 될 수 있다.** 누구나 채굴자가 되어 거래를 검증할 수 있다니! 과연 우리는 채굴자들을 믿을 수 있을까? 이론상으로는 채굴자들이 원래의 송금 주소Output를 자신들의 주소로 조작한 가짜 블록을 추가해이 모든 과정을 훼손할 수도 있다. 하지만 이런 문제를 막기 위한 보호 장치가 있다. 어떤 블록을 블록체인에 추가하려면 과반수가 넘는 채굴자의 동의를 얻어야 한다. 비트코인은 (같은 사람이 중복해서 대량 승인한 것이 아니라) **실제로 과반수 이상이 동의했음을 확실히 하기 위해 컴퓨팅 파워가 필요한 '작업증명Proof of work'을 요구한다.** 채굴자의 투표를 통해 51%의 동의를 받아 증명하는 게 아니라 전체 컴퓨팅 파워의 51%로 증명하는 방식이다. 이 편이 충족시키기가 훨씬 어렵다.[5]

채굴자들은 이런 식의 작업증명을 위해 상당한 연산 시간이 소요되는 퍼즐을 푼다. 채굴자들은 2,500개의 거래가 담긴 최신 블록에 자신이 고른 숫자를 추가한 다음 해당 블록의 요약값(해시)을 계산한다. 이 요약값 역시 긴 숫자로 되어 있다. 이를 계산하는 데 걸리는 시간은 1초도 안 되는 찰나에 불과하지만 이 올바른 해시값은 정해진 개수의 0으로 시작하는 모양(가령 000000과 같이. 요즘은 19개의 0)을 띠어야 한다.[6] 채굴자들은 필요한 만큼의 0으로 해시값이 시작할 때

---

5 아마도 비트코인과 관련해 가장 이해하기 어려운 부분일 것이다. 합의는 투표로 도출하는 것이 아니다. 대신 채굴자들이 이전 블록 중 무엇을 검증의 토대로 삼을지 결정해야 한다(채굴자들이 계산할 때 이 이전 블록의 해시가 사용되기 때문에). 2개의 경쟁 체인이 있다고 가정해보자. 이 경우 채굴자들이 선택한 체인, 즉 다수의 컴퓨팅 파워를 대변하는 체인이 검증에 요구되는 낮은 해시를 만들어내 가장 빠른 속도로 '성장할' 가능성이 크다. 채굴자들이 부정한 거래를 발견할 수 있으므로 사기를 치려면 51%에 달하는 컴퓨팅 파워를 동원해야 한다. 이해하기 어렵겠지만, 이런 방식이 실제로 효과가 있다.

까지 자신이 블록에 추가한 숫자를 수정해야 한다.

작업증명은 가능성이 있는 엄청나게 많은 숫자를 집어넣는 시행착오 과정이다. 아이슬란드, 몽골 같은 지역에 위치한 대형 컴퓨터 센터들이 이런 해시를 계산하기 위해 바쁘게 돌아간다. 컴퓨터 센터의 연산 능력을 정의하는 것은 컴퓨터 센터에 있는 특수 하드웨어가 수행하는 초당 해시값이다. 현재, 초당 해시값은 초당 100'엑사해시 ExaHashes' 혹은 초당 10^{20} 해시에 가깝다. 일반적인 PC의 성능이 초당 약 10^8 해시임을 감안해서 보자면, 총비트코인 채굴 역량은 현재 10^{12} 대의 PC와 맞먹는 수준, 혹은 전 세계 인구 1인당 100대의 PC가 있는 것과 같은 수준이다.

가장 먼저 충분히 낮은 수준의 해시(전술한 바와 같이 충분히 많은 0으로 시작하는 적절한 해시값을 뜻한다 - 감수자)를 찾아낸 사람은 6.25비트코인(약 18만 7,500달러)에 블록 내 거래 수수료를 더한 금액을 보상으로 받는다.[7] 이 과정은 모래 속에서 금을 찾는 과정이나 마찬가지라서 '광부가 노다지를 캔 것과 같은 상황의 디지털 버전'으로 묘사된다. 믿기 힘들겠지만 비트코인을 채굴할 때도 많은 노력이 든다.

하나의 블록 안에 대략 2,500건의 거래가 있으므로 블록당 6.25비트코인이 주어진다는 것은 곧 거래당 약 75달러의 보상이 제공된다

---

6 공식적으로, 해시는 특정한 값보다 낮아야 한다. 이 값은 2주에 한 번씩 채굴자들의 컴퓨팅 파워를 고려해 결정되는 난이도에 따라 정해진다.

7 이 블록 보상은 4년마다 반으로 줄어든다. 가장 최근에 보상이 줄어든 때는 2020년 5월 11일이다. 거래가 일어나기 일주일 전 12.5비트코인이었던 블록 보상은 절반으로 줄어들어 6.25비트코인이 되었다.

는 뜻이다. 거기에다 거래당 3~5달러 정도 되는 실제 거래 수수료도 추가된다. 흥미롭게도, 이 같은 (상당한 금액의) 채굴 비용과 보상금을 감당하는 것은 지불하는 사람이 아니라 비트코인이 많이 '채굴'될수록 비트코인의 가치가 줄어드는 모습을 지켜볼 수밖에 없는 모든 비트코인 소유주들이다.

이 모든 과정이 진행되려면 시간이 걸린다. 다시 말해서 비트코인은 바쁜 시간대에 지하철 요금을 내거나 식료품을 구매할 때 편리하게 사용할 수 있는 수단이 아니다. 비트코인 거래가 '완료'되려면 채굴자들의 검증이 필요하고, 검증에는 약 10분 정도가 소요된다. 그뿐 아니라 수취인은 비트코인을 받은 다음 다시 60분 정도를 기다린 후에야 거래가 완전히 마무리된 것을 확인할 수 있다.

암호화폐에 대한 다양한 시장 정보를 제공하는 코인마켓캡닷컴 coinmarketcap.com에 따르면, 현재 유통 중인 암호화폐 총가치는 약 7,650억 달러다. 암호화폐가 등장한 것이 2009년이라는 사실을 고려하면 나쁘지 않은 규모다. 결제 수단으로서는 암호화폐 지지자들이 기대했던 것보다 **쓰임이 제한적이긴 하지만, 돈과 결제에 관한 논의의 방향을 크게 바꿔놓았다.** 비트코인의 작동 원리는 여러 코인에서 모방되고 있다. 모방이 가장 진심 어린 형태의 칭찬이라면, 비트코인을 만들어낸 이들은 틀림없이 우쭐한 기분을 느낄 것이다(부를 거머쥔 것은 두말할 나위도 없다). **빅테크부터 은행, 중앙은행에 이르기까지 이제 모두가 직접 암호화폐를 발행할 생각을 한다.**

무려 5,500여 종의 암호화폐가 유통 중이며 이 중 상당수는 엄밀한 의미에서 통화라고 볼 수도 없다. 암호화폐는 ICO를 통해 출시된 코

표 4 **시가총액 기준 4대 암호화폐**

순위	암호화폐	시장 가치 (억 달러)	시장 점유율(%)
1	비트코인	5,400	71
2	이더리움(이더)	850	11
3	테더(THT)	210	3
4	리플(XRP)	100	1

출처 : 코인마켓캡닷컴, 2021년 1월 1일.

인이다. IPO를 통해 기업 주식을 살 수 있듯이 이제 ICO를 통해 일종의 스타트업 소유권에 해당하는 암호 코인에 투자할 수 있다. 따라서 이 같은 암호 코인은 통화가 아니라 주식으로 여겨야 한다. 암호 코인 외에도 특정한 용도로만 사용할 수 있는 유틸리티 코인Utility coin도 있다.

5,500종의 암호화폐 중 가장 널리 사용되는 상위 4개의 암호화폐가 시중에 유통되는 암호화폐 총가치의 85%를 차지하며, 이 4대 암호화폐를 살펴보면 **우리가 암호화폐로 무엇을 할 수 있는지** 확인할 수 있다. 지금부터 하나씩 살펴보자.

비트코인

최초의 암호화폐인 비트코인의 **시가총액이 단연 가장 크다.** 2021년 1월 1일, 비트코인의 가치는 약 5,400억 달러로 모든 암호화폐 총시

가총액의 3분의 2를 상회했다(표 4 참조).

비트코인은 은행이나 다른 중앙 공급자의 개입 없이, **거의 완벽하게 익명성이 보장되는 디지털 방식으로 언제 어디서건 지불할 수 있다.** 하지만 이 기술이 주류로 발전하려면 반드시 해결해야 할 두 가지 문제가 있다. 첫 번째 문제는 비싸다는 점이고, 두 번째는 범죄자들이 좋아한다는 점이다.

비트코인 결제는 공짜가 아니다. 사실 대다수 다른 결제 방식과 비교하면 비트코인 결제 비용은 상당히 비싸다. 비트코인으로 한 번 지불할 때마다 지불자에게 수수료가 부과되며 채굴 비용도 뒤따른다.

이더리움 / 이더

암호화폐 시장 총가치의 11%를 차지하는 이더리움Ethereum의 이더Ether는 비트코인 다음으로 많이 사용되는 암호화폐로 대표적인 유틸리티 코인이다.

이더리움은 '분산 컴퓨팅 플랫폼Distributed computing platform'으로 비트코인과는 사뭇 다르다. 이더리움 플랫폼의 통화인 이더는 물건이나 서비스를 구매할 때 사용되지 않는다. 대신 참가자들의 컴퓨팅 시간을 구매할 때 사용된다. 이더를 받은 참가자들은 이더를 준 사람이 제공한 코드를 실행한다. 모두가 보고 점검할 수 있도록 코드를 공개된 원장에 게시하는 방식(비트코인의 블록체인과 유사하다)으로 코드를 제출하게 된다.

이더리움의 가장 큰 특징은 **스마트 계약**Smart contract**을 가능케 했다는 것이다.** 스마트 계약이란 사전에 합의한 조건이 충족되면 어떤 대가가 자동으로 전송되는 자동 집행 계약이다. 암호화폐 세계의 상품 인도결제 방식Cash on delivery인 셈이다. 가령, 생일에 맞춰 결제되도록 일정을 조정해둘 수도 있고 강수량이나 온도가 미리 정해진 수준을 넘을 경우 농부에게 보험금이 지급되도록 설정해둘 수도 있다. 다시 말해서 이런 계약은 돌이킬 수 없다. **일단 결제 조건이 충족되면 한쪽이 결제를 보류할 수 없다.** 스마트 계약을 적용할 수 있을 만한 중요한 대상으로 증권 배송과 대금 지급을 꼽을 수 있다. 만약 돈과 증권 모두를 '토큰화'해서 양도할 수 있다면, 스마트 계약은 두 토큰 모두가 양도됐을 때만 거래가 이루어지도록 보장할 수 있다.

　이러한 계약 방식은 랜섬웨어에서 응용될 수도 있을 것이다. 사기꾼들은 피해자의 파일을 암호화한 다음, 피해자가 파일값으로 비트코인으로 내놓으면 암호를 해제한다. 돈을 보내면 암호를 풀어주겠다는 해커들의 약속을 어떻게 믿을 수 있겠는가? 비트코인 결제와 파일 암호 해제를 위해 필요한 개인 키 모두를 스마트 계약 속에 집어넣어 동시에 교환되게 하는 방법은 제법 실현 가능성이 있다. 우리가 아는 범위 내에서 아직 이런 일은 일어나지 않았지만, 어쩌면 이더리움 코드 전문가들이 이러한 비즈니스 기회를 붙잡기 위해 조용히 작업하는 중인지도 모른다.

　스마트 계약의 활용 사례는 아직 다양하지 않다. 암호화할 수 있는 자산이 충분하지 않아서일 수도 있고, 스마트 계약을 필요로 하는 커뮤니티가 너무 작거나 너무 이질적인 탓일 수도 있고, 스마트 계약이 풀고자 하는 문제가 그리 크지 않거나 실제로 존재하지 않기 때문일 수도 있다. 랜섬웨어는 후자에 해당할 것이다. 코로나19 팬데믹이 일어난 이후 랜섬웨어의 공격을 받은 많은 병원이 사기꾼 해커들의 말을 믿고 그들이 요구하는 돈을 내놓았다. 약속을 이행해야 랜섬웨어 비즈니스 모델이 유지될 수 있음을 의식한 탓이겠지만, 몸값을 받은 해커들은 약속대로 암호를 풀어주었다.

이더리움 플랫폼에서는 계약이 코드로 제출되고 자동으로 실행되거나 집행된다. 이더리움은 비트코인의 토대가 되는 아이디어를 한 단계 더 발전시켰다. 비트코인은 은행 업무의 상당 부분과 돈을 대체하겠다는 목표를 갖고 있다. 우리가 은행 대신 코드와 암호 방식을 신뢰하면 (중앙)은행 같은 기관을 신뢰할 필요가 없다. 이더리움은 이런 방식을 돈과 은행뿐 아니라 모든 계약과 중개기관에 적용하려 한다. 이더리움 플랫폼에서는 계약과 데이터가 공유 원장에 기록되고, 공유 원장의 무결성은 사용자나 채굴자 집단이 검증한다. 그러므로 코드가 곧 법이 된다.

코드가 법이라는 사고에 내포된 위험성은 DAODecentralized Autonomous Organization(탈중앙화 자율조직)로 알려진 이더리움의 투자 펀드에서 확인할 수 있다. DAO는 컴퓨터 프로그램으로 암호화된 규칙에 따라 관리되는 투자 펀드를 만든다는 아이디어에서 출발했다. DAO는 투자 전문가에 의해 운영되는 것이 아니라 토큰 소유주들의 자동화된 인풋에 근거에 투자한다. 2016년 5월, DAO는 토큰을 판매해 1억 5천만 달러의 자금을 조성했다. 그로부터 한 달 후, 사용자들은 코드의 취약점을 발견해 전체 자금의 3분의 1에 해당하는 5천만 달러를 빼냈다.

계약 조건에 따르면 DAO에서 인출된 자금은 28일 후에 사용 가능하므로 실제로 돈이 사라진 것은 아니었다. 이후 몇 주 동안 '코드가 법'이라는 원칙이 해당 코드의 취약점이나 오류까지 포함하는가를 둘러싸고 종교적 갈등에 가까운 격렬한 논쟁이 뒤따랐다. 만약 코드에 실수로 담겨진 오류도 법에 포함된다면, 돈을 인출한 사용자들의 행동은 '합법적'이었다. 결과는 종교 분쟁 해결에 시도되고 검증되어온 방법인 **분열이었다.** 그리고 논쟁은 코드의 '하드포크Hard fork(블록체인이 두 갈래로 쪼개지는 소프트웨어 업데이트)'로 이어졌다. 어떠한 경우라도 코드를 고쳐서는 안된다는 원리주의자들은 이더리움 클래식 Ethereum Classic으로 갈라져 나왔고, 실용주의자들은 코드를 수정해 자금을 되찾았다. 하지만 원상 복구된 DAO는 기대에 미치지 못했고, 2016년 말이 되자 대다수 주요 암호화폐 거래소가 DAO 토큰을 거래 목록에서 제외했다. 이더리움 클래식은 여전히 존재하지만 전체 이더리움 가치의 1%에 불과하며 암호화폐 순위 41위에 머무른다.

이더리움의 코딩 언어는 스마트 계약에 맞춰져 있지만 지금까지 스마트 계약은 거의 체결되지 않았다. 하지만 새로운 암호 토큰을 출시하는 데는 이더리움 코드가 제법 편리한 듯하다. 5,500여 개의 암호화폐 중 상당수가 (대개 ICO를 통해서) 이더리움 분산 컴퓨팅 플랫폼에서 만들어지고 실행된다.

테더 / THT

그다음으로 큰 것은 유통 규모가 200억 달러에 달하는 테더Tether 다. 테더의 THT는 **가격 변동성 해결을 위해 노력하는 가장 중요한 '스테이블코인** Stablecoin' **중 하나다.** 홍콩에 기반을 둔 테더는 THT를 발행한 회사이며, THT는 통화다. **THT는 미국 달러에 일대일로 연동돼 있다.** THT가 미국 달러에 일대일로 연동될 수 있는 것은 예치된 달러 액수만큼 THT가 발행되고 액면 가격만큼의 달러를 THT로 교환할 수 있기 때문이다.

테더는 자사가 발행한 THT 금액만큼의 달러를 은행에 예치했다고 설명한다(그러나 이 주장은 논란의 여지가 있다). 테더는 확실히 활성화되어 있다. THT의 하루 거래량은 약 200~300억 달러로 비트코인을 포함한 그 어떤 암호화폐보다 크다.

따라서 THT는 유동성이 크며, 이것이 테더가 지닌 장점이다. 왜일까? THT는 다른 암호화폐와의 교환을 위해 사용된다. 말하자면 암호화폐 세상의 미국 달러다. 위안화 통화 조절을 피하려고 THT를 사용하는 사례가 많다는 의견도 있다. 따라서 자산으로서 암호화폐에 관심이 있거나 위안화 자산을 중국 본토 밖으로 반출하는 데 어려움을 겪는 사람에게는 THT가 유용하다. 하지만 대부분의 THT 거래가 고객용 계좌를 운영하는 몇몇 대형 거래소에서 '오프 더 체인Off the chain' 장부 기입 방식으로 진행된다는 사실은 암호화폐 사용자들이 반길 만한 내용이 아니다.[8] 일단 이런 방식은 비용이 들고 위험이 수반된다. 또한 이런 거래소들은 가격 정보가 완전히 투명하지 않은 '다크 트레이딩Dark trading' 방식을 허용하는 거래 플랫폼을 이용한다.

---

8 '온 더 체인(On the chain)' 거래는 THT의 대다수가 발행되는 이더리움 플랫폼과 나머지 풀(Pool)인 옴니채널(Omni Channel)에서 진행된다. 옴니 채널은 비트코인을 기반으로 운영되기 때문에 옴니 거래는 (소액) 비트코인 거래의 미사용 필드에 기록된다.

리플/XRP

네 번째는 캘리포니아에 기반을 둔 기술회사 리플 랩스Ripple Labs가 발행하는 통화인 XRP다. **리플의 목적은 국외 송금을 근본적으로 개선하는 것이다**(적어도 시작은 그랬다). 처음에는 은행이 리플의 XRP 암호화폐를 사용해 모든 국가 간 송금을 진행하면 중개자 역할을 하는 대리 은행이나 스위프트, 노스트로 계좌 등이 전혀 필요치 않을 것이라고 생각했다. XRP를 이용하면 단 몇 초 만에 거래가 이뤄진다. 미국 은행이 중국에 돈을 보내야 한다면 합당한 양의 XRP를 구매한 후 중국 납품업체 측 은행에 직접 보내기만 하면 된다고 여긴 것이다. 간단하면서도 훌륭한 아이디어지만, 여기에는 몇 가지 현실적인 장애물이 있다.

이런 방식으로 송금이 이뤄지려면 은행은 늘 충분한 XRP 유동성을 유지해야 하는데, XRP를 충분히 보유하다 보면 XRP의 **가격 변동성에 노출될 수밖에 없다.** 게다가 XRP는 민간 조직이 통제하는 검증되지 않은 새로운 통화다.

그게 아니면, 은행이 다른 누군가에게 가격 변동성을 감당하게 하고 송금할 때마다 XRP로 전환하는 방법을 택할 수도 있다. 이 방법을 택하면 은행은 장기적인 가격 위험을 피할 수 있을 것이다. 하지만 이런 서비스를 제공하는 쪽 역시 자신들이 떠안는 가격 위험에 상응하는 비용을 청구할 수밖에 없으므로 **총비용은 구조적으로 커질 수밖에 없다.** 거기에다 송금이 이뤄질 때마다 두 차례에 걸쳐 값비싼 환전이 이뤄져야 한다. 예를 들어 미국 은행이 호주 은행에 자금을 보낸다면, 미국 은행이 미국 달러를 XRP로 바꿔야 할 뿐 아니라 호주 은행은 XRP를 호주 달러로 다시 바꿔야 한다.

아마도 이런 문제 때문에 리플 랩스는 접근방법을 바꾼 듯하다. 최근 리플 랩스는 중앙은행의 디지털 통화CBDC, Central Bank Digital Currency를 발행하는 데 있어 폐쇄형Private 방식의 XRP 원장이 어떻게 사용될 수 있는지 알아보기 위해 여러 나라의 중앙은행과 협업 중이라고 발표했다(CBDC에 대해서는 24장에서 좀 더 자세히 살펴볼 예정이다). 이같은 전략의 변화는 리플 랩스에 규제 조치가 내려지면서 나타났다. 2020년 12월 미국의 금융 당국인 증권거래위원회Securities and Exchange Commission는 리플 랩스의 회장과 CEO에게 증권거래위원회 규정 위반, 금지 가처분Injunctive Relief 청구, 부당 이득 환수, 민사 처벌 등의 내용이 담긴 71장짜리 고소장을 전달했다.[9]

4대 암호화폐의 특징을 요약하자면 이렇다. 비트코인은 시가총액은 높지만 변동성이 크고 운영 비용이 높으며, 밝혀지지 않은 팬층이 있다. 이더는 숙련된 코딩과 아직은 보편화되지 않은 스마트 계약을 전제로 한다. THT는 달러와 연동돼 가격 안정성이 있지만 확실하게 보증되지는 않는다. XRP는 많은 장점을 가졌지만 추종 세력이 많지 않다.

현금과 마찬가지로, 비트코인을 이용한 결제의 상당 부분이 지하경제에서 이뤄진다. 물론 정확히 말하면 비단 비트코인만 그런 것이

---

[9] 부당 이득 환수(Disgorgement)란 법원이 범법 행위를 저지른 사람에게 부정 이익으로 얻은 자금을 상환하도록 명령하는 것이다. 불법적이거나 비윤리적인 거래로 취득한 자금은 그 행위로 영향을 받은 사람들에게로 환수되거나 상환된다.

아니다. 암호화폐는 다크넷Dark net이라고 알려진 온라인 불법 거래 생태계에 없어서는 안 될 부분이 되었다. 사용자들은 미 해군이 개발한 익명의 브라우징 프로토콜인 토어TOR를 통해 다크넷에 접근할 수 있다.[10] 토어는 독재 정권에서 활약하는 정치운동가들을 위해 만들어진 것이지만, 민주적인 국가에서 불법적인 일을 할 때도 이용된다. 그뿐 아니라 마약과 무기부터 멀웨어, 도난당한 신용카드 번호나 은행 계좌번호에 이르는 모든 것을 판매하는 암시장을 익명으로 이용할 때 널리 사용된다.

범죄는 모든 암호화폐가 갖는 문제지만, 최근 연구에 따르면 전체 비트코인 결제 금액 중 무려 절반이 불법 거래에 사용되었다고 한다. 2016년까지는 전체 비트코인 거래 중 무려 60~80%가 불법 거래였다. 이후 비중이 줄어들긴 했지만 그렇다고 해서 사라진 것은 아니다. 비트코인을 이용한 불법 거래가 줄어든 것은 상당수가 다른 암호화폐로 옮겨간 탓이다. 그중에서도 세부 거래 내용을 숨기는 용도로 설계된 모네로Monero가 불법 거래에 많이 사용됐다.

합법적이지 않은 상품을 사고파는 사람들만 암호화폐를 선호하는 것은 아니다. **사기꾼들 역시 암호화폐를 노린다.** 신기술을 늘 빠르게 받아들이는 사기꾼들은 암호화폐 세상을 자신들의 새로운 놀이터로 만들었다. 그들은 암호화폐가 범죄자들이 꿈꿔온 화폐라는 사실

---

10 TOR는 더 어니언 라우터(The Onion Rounter)의 약자로 IP 패킷이 여러 겹으로 암호화되어 있어서 이런 이름을 갖게 됐다. 라우터를 통과할 때마다 암호가 한 겹씩 사라져 브라우징을 하는 컴퓨터를 추적하기란 사실상 불가능하다. 토어 프로토콜을 통해 접근할 수 있는 웹사이트에는 '.com'이나 '.org' 같은 확장자 대신 '.onion'이라는 확장자가 사용된다.

을 일찌감치 알아차렸다. **익명성이 보장되고, 추적이 어려우며, 전 세계 어디로든 쉽게 전송할 수 있다**는 사실을 깨달은 사기꾼들은 다른 사람의 컴퓨터에 멀웨어를 심어 비트코인을 채굴하기도 했다. 컴퓨터 주인들은 예상보다 훨씬 많은 전기요금을 보고 당황하겠지만, 무슨 일이 일어났는지 알기란 어렵다. 그리고 그동안 사기꾼들은 불법 이득을 얻는다. '스마트 냉장고가 과열되기 시작하면 누군가가 비트코인을 채굴 중일지도 모른다.'와 같은 우스갯소리도 있다. 어딘가에서는 사기꾼들이 시스템을 해킹해 개인 키를 확보한 다음 다른 사람의 암호화폐를 차지한 사례도 있다.

그러나 **가장 큰 사기는 암호화폐 거래소에서 일어난다**. 암호화폐 거래소는 고객의 자금과 암호화폐 모두를 갖고 있는 경우가 많다. 2010년부터 2014년까지 일본에서 운영됐던 암호화폐 거래소 마운틴곡스Mt. Gox도 그랬다. 마운틴곡스는 엄청난 인기를 끌었고 2014년 초반에는 전체 비트코인 거래의 약 70%가 마운틴곡스에서 이뤄졌다. 문제가 있다는 징후가 처음 드러난 것은 거래자들이 계좌의 자금 인출에 어려움을 겪기 시작한 2013년이었다. 마운틴곡스는 2011년부터 사이버 사기 피해를 입어왔다며 2014년 2월에 파산을 선언했다. 마운틴곡스는 85만여 개의 코인이 사라졌으며, 그중 75만 개가 고객 소유라고 밝혔다. 당시 비트코인 가격이 500달러를 약간 웃돌았던 만큼 5억 달러에 육박하는 손해를 입은 셈이다.

그리고 캐나다의 최대 암호화폐 거래소 쿼드리가CXQuadrigaCX의 설립자인 제럴드 코튼Gerald Cotten을 둘러싼 이상한 사건이 있다. 코튼은 2018년 인도 여행 중 사망했다. 코튼은 반려견인 두 마리의 치와

와에게 10만 달러의 신탁 기금을 남기고(혹시 궁금해할 독자분을 위해 이야기하자면, 두 치와와의 이름은 '니트로'와 '걸리'다), 아내에게는 960만 캐나다 달러 상당의 부동산을 남겼다. 그러나 쿼드리가CX를 통해 거래하던 고객 11만 명이 소유한 1억 3,700만 달러어치의 암호화폐가 담긴 콜드월렛의 접근방법은 그 누구에게도 알리지 않았다. 그가 실제로 사망했는지에 대해서도 여전히 논란이 있다. 다만 확실한 사실은 고객들의 계좌에서 나온 돈이 이후 사라졌다는 것이다(당연히 코튼이 개인 키를 무덤까지 들고 갔다면 이런 일이 일어날 수가 없다).

은행 계좌와 카드를 포기하고, 왠지 믿음직스럽지 않은 암호화폐 무리와 함께 암호화폐 시장에 뛰어들 준비가 아직은 되어 있지 않더라도 걱정하지 말라. **결제산업을 좌지우지하는 주요 기업**들이 암호화폐 시장에 뛰어들 채비를 하고 있으니 말이다.

23

경쟁에 뛰어든
빅테크와 은행

바쁘게 움직이며 무언가 혁신하기를 좋아하는 30대 억만장자의 손에 글로벌 통화 제도가 맡겨진다면 어떨까? 이 질문에 긍정적인 답변이 떠오른다면 페이스북의 암호화폐 시장 진출에 '좋아요(👍)'를 누르기 바란다.

2019년 6월 페이스북은 자체 암호화폐 리브라Libra의 발행 계획을 발표했다. 리브라의 포부는 이러했다. '수십억 명의 사람들에게 자율권을 부여하고, 돈을 재창조하며, 세계 경제를 변화시켜 전 세계 모든 사람이 좀 더 나은 삶을 살 수 있도록 하는 단순한 글로벌 통화이자 금융 인프라.' 이럴수가! 자애로운 페이스북이 이 모든 일을 해내겠다고 한다.

페이스북은 리브라(2020년 12월에 디엠Diem으로 이름이 바뀌었지만, 글을 쓰는 지금도 여전히 리브라로 널리 불린다)를 스테이블코인으로 출시할 작정이었다. 스테이블코인이라는 암호화폐는 그 이름과는 달리 '안정적이지도 않고 코인도 아닌' 것으로 묘사되지만, 특정한 자산 가격에 그 가치가 고정돼 있다(적어도 원칙적으로는). 그리고 리브라의 경우는 여러 종류의 기존 통화에 가치가 고정돼 있다. 이처럼 **여러 개의 주요 통화로 이뤄진 통화 바스켓에 가치가 고정되면** 비트코인을 비롯한 다른 코인들과는 달리 **급격한 가격 변동을 피할 수 있다.** 페이스북이 설립했지만 당연히 페이스북과는 완전히 분리된 리브라 협회Libra Association가 발행을 맡을 계획이었고, 협회는 스위스에 설립될 예정이었다. 어떤 의혹도 없게 하려는 의도였을 것이다. 거래에 대한 검증은 채굴자가 아닌 리브라 협회와 파트너들이 담당한다. 리브라 협회의 파트너들은 사용자들이 리브라를 사고 보유하고 판매하고 일반 상거래에서 사용할 수 있는 앱을 만들 계획이었다.

리브라는 비자, 마스터카드, 페이팔, 우버, 스포티파이Spotify 등 주목을 끄는 이름이 나열된 창립 파트너사 목록을 발표했다. 물론 페이스북도 리브라 협회의 파트너였다. 페이스북 사용자와 페이스북 자회사인 왓츠앱 사용자들은 서로 간편하게 온라인 송금과 결제를 할 수 있게 될 예정이었다. 기술 공급을 맡은 페이스북은 발행 계획을 발표할 당시 이미 50명의 엔지니어들이 수개월째 리브라 관련 작업을 진행하고 있었다.

이 같은 페이스북의 움직임은 전례 없을 정도로 언론의 많은 관심을 받았지만 합리적인 비판과 회의론, 우려의 목소리도 일제히 쏟아졌다. 특히 그 변화로 중대한 도전을 받게 될 중앙은행들이 비판의 목소리를 높였다. 그 이유는 페이스북의 비전이 **돈과 결제의 본질**

과 직결된 문제를 제기하기 때문이었다. 사람들이 현금이나 은행권 대신 리브라를 사용한다면 어떻게 될까? 통화 정책, 은행과 금융 시스템에 어떤 영향을 미칠까? 이런 코인이 실제로는 얼마나 안정성이 있을까? 사람들이 리브라를 믿지 못하고 달러를 찾으려 들면 대량 인출 사태가 벌어지게 될까? 리브라가 완전히 새로운 통화가 되면, 리브라는 **기존의 통화를 효과적으로 대신하는 '회계의 단위**Unit of account**'가 될 수 있을까?**

화폐는 가치의 저장, 교환의 매개, 회계 단위라는 세 가지 핵심 기능을 수행한다. 특정 형태의 화폐가 회계 단위로 기능한다는 것은 곧 우리가 그 화폐로 다른 모든 것의 가치를 계산한다는 뜻이다. 가령, '이 셔츠는 가격이 25유로'라고 표시하는 식이다.

회계 단위로서의 기능은 매우 중요하다. 어떤 것은 교환 매개나 회계 단위의 기능은 하지 못하고 가치 저장의 기능만 하기도 한다. 예를 들어 부동산은 대개 가치 저장의 기능은 훌륭하지만, 교환 수단이나 회계 단위로는 적절하지 못하다. 금은 가치 저장과 교환 수단의 기능은 훌륭하게 해내지만, 회계 단위의 역할을 하기는 어렵다. 그러나 회계 단위로 기능하면서 교환 수단과 가치 저장의 역할을 해내지 못하는 예는 드물다.[1]

언어나 도량법과 매우 유사하게 **회계 단위는 우리 사회 깊숙이 자리**

---

1 한 가지 예외로 국제통화기금에서 발행하는 회계 단위를 들 수 있다. 국제통화기금이 발행하는 특별인출권(SDR, Special Drawing Rights)은 전 세계의 5대 주요 통화를 기반으로 하는 대외지급준비금이지만 국제통화기금 밖에서는 거의 사용되지 않는다.

잡은 관습이다. 회계 단위로서의 기능은 모든 경제 활동을 비교할 수 있게 만드는 기준이 된다. 이 비교의 기준을 수정하면 사람들은 혼란을 겪을 수밖에 없다. 1999년 최초 도입된 유로화가 실제로 유통된 시기는 2002년이다. 하지만 2004년까지도 프랑스의 집값은 여전히 프랑으로 표기됐다. 심지어 1959년 말부터 단계적으로 폐지된 구 프랑(신 프랑의 100분의 1 가치)으로 가격을 표시하기도 했다!

영국에서는 1816년의 대주화 개혁Great Recoinage으로 기니Guinea 주화가 파운드와 소버린Sovereign 금화로 바뀌었지만, 변호사와 의사를 비롯한 전문직 종사자들이 계속 기니로 요금을 부과한 탓에 그 후에도 오랫동안 구 통화가 회계 단위로 사용됐다(1기니의 값어치는 1.05파운드. 전문직 종사자들은 기니로 요금을 부과하는 방식을 고수함으로써 파운드로 받을 때보다 5%의 할증료를 더 챙길 수 있었다). 심지어 200년이 지난 지금까지도 영국에서는 말을 비롯한 일부 가축들이 기니로 거래되며, 1기니는 1.05파운드로 환산된다. 그런데 흥미롭게도 경매에 참여하는 판매자에게는 1기니당 1파운드만 돌아갈 뿐, 나머지 0.05파운드(5페니)는 수수료 명분으로 경매인이 챙긴다. 말하자면 기니가 계속 사용된 이유는 경매인이 판매 가격에 수수료를 손쉽게 추가할 수 있었기 때문이다.

회계의 단위는 매우 강력한 도구다. 한 국가는 화폐 가치를 절하시켜 산업 경쟁력을 강화할 수도 있다. 임금은 현지 통화로 계산되는데, 현지 통화의 평가 절하가 이뤄지면 사실상 강제로 임금을 삭감하는 수고 없이 (달러화로 환산된) 임금을 줄일 수 있다. 회계 단위가 변화하면 부도 재분배된다. 예를 들어 초인플레이션이 발생하면, 저축한 사람에게서 대출한 사람에게로 부가 옮겨간다. 초인플레이션은 돈을 빌린 사람들에게는 좋을 수 있지만 돈을 저축해둔 사람에게는 재앙과 같은 일이다. 대출받은 사람이 갚아야 할 실질 부채가 점점 줄어들고, 은행에 넣어둔 실질 저축 역시 줄어들기 때문이다. 자국만의 고유한 회계 단위와 변동환율제를 가진 국가는 국내 금리를 조정하는 독립적인 통화 정책을 시행할 수 있다. 국가들은 자국만의 통화정책을 시행하길 원하므로 보통은 자국의 고유한 화폐를 가지고 싶어 한다. 유로화 대신 파운드를 사용하는 영국만 봐도 그렇다.

리브라의 맨 처음 목표가 그랬듯이, **세계적인 회계 단위가 등장하면 정부 당국이 자국 통화에 영향력을 거의 행사하지 못했던 금본위제 시대로 사실상 되돌아가는 셈이 된다.**[2] 리브라가 세계적인 회계 단위가 되면 각국 정부는 다른 나라에 비해 국내 물가가 내려가도록 놔두는 식의 독립적인 통화 정책을 추구할 수 없다. 세계적인 회계 단위가 도입되면 성질이 전혀 다른 경제에 동일한 제약이 가해지기 때문에 대부분의 경제학자는 이를 부정적으로 바라본다. 한편 자유의지론자들은(또는 종말대비론자도) 금본위제가 가장 낫다고 보는 경향이 있다. 하지만 리브라는 그들의 기준에도 맞지 않는 듯하다. 그들이 금을 좋아하는 이유는 권위에 대한 깊은 불신을 가지고 있기 때문이다. 이런식의 불신은 페이스북 같은 거대 빅테크 기업에도 똑같이 적용될 것

---

2 예를 들면 자국 통화를 평가 절하하는 정책을 활용하면 위기 시에 경기를 부양하는 데 도움이 되지만, 금본위제에서는 중앙은행이 금 대비 자국 통화의 가치를 유지해야 하기 때문에(물론 그렇게 되면 다른 모든 통화 대비 자국 통화의 가치도 유지할 수 있다) 자국 통화 평가 절하 정책을 사용할 수 없다.

이라는 가정이 합리적이다.

리브라에 대한 초기의 기대는 오래 가지 않았다. 정부의 압박 때문이건 일반의 상식 때문이건, 3대 대형 결제 기업(비자, 마스터카드, 페이팔) 가운데 그 어느 곳도 창립 멤버로 참여하지 않았다. 리브라 프로젝트는 세련된 웹사이트와 벤처 투자 전문가 및 블록체인 전문가로 도배된 설립 멤버들을 과시하는 데 그쳤을 뿐 한동안 잠잠해보였다.

그런 후에 리브라는 (빠르게 움직이고 혁신하는 것 대신) 현실과 타협하기 시작했다(리브라는 '확장Augmenting'이라는 용어를 즐겨 썼다). 2020년 4월, 리브라는 여러 통화(바스켓)와 연동하는 대신 리브라 달러, 리브라 유로 같이 **단일 통화와 연동된 디지털 버전을 제공하겠다**고 발표했다. 소비자에게는 디지털 방식의 단일 통화가 좀 더 편리할 것이다. 양말을 살 때마다 새로운 회계 단위로 가격을 변환할 필요가 없기 때문이다. 대신 달러, 유로, 파운드같이 익숙한 단위로 표시된 익숙한 가격을 활용하게 될 것이다.

이 디지털 통화들은 발행된 양만큼 각국의 현금을 보유해 그 가치를 보장하는 방식을 취한다. 다시 말해서 페이스북의 직원들이 은행에 예치된 화폐(예금 보험으로 보호되는 돈)를 가져다가 페이스북의 계좌에 넣고, 사용자들에게 그만큼의 디지털 리브라로 환전해주는 것이다. 페이스북은 리브라를 경계하는 중앙은행들을 향한 화해의 제스처로(혹은 중앙은행들을 비난할 작정이었을 수도 있다), 중앙은행들의 디지털 통화 발행을 기꺼이 돕겠다는 뜻도 밝혔다.

페이스북과 리브라에 대해 어떤 견해를 갖고 있건, **세계 금융 시스**

템의 중심에 단 하나의 조직만 존재하고 단일 글로벌 통화만 있다면 글로벌 결제 시스템은 훨씬 단순해질 것이다. 빅브러더Big Brother처럼 느껴지는 면이 있을 수도 있지만 단일 글로벌 통화와 단 하나의 조직만 있으면 외국환 거래소도, 송금 회사도, 스위프트도, ACH도, RTGS 시스템도, 그 외에 온갖 약칭으로 이뤄진 것들도 필요치 않다. 물론 이 책도 훨씬 짧아질 것이다. **하지만 그 모든 것의 중심에 소셜미디어 회사가 자리하게 된다.** 정말 그런 일이 벌어질 수 있을까?

과거 운송이나 우편 부문에서 활약했던 웨스턴유니온, 아메리칸 익스프레스, 웰스 파고Wells Fargo 같은 회사들이 오늘날 거대 결제 기업으로 성공리에 변신했다. 그러니 '절대로 그런 일은 일어나지 않는다.'라는 말은 절대로 하지 말자. 다만, 하나의 회사가 그 모든 힘을 다 갖게 된다니! 그런 일이 벌어지면 사태는 심각해질 수 있다.

유럽중앙은행은 이것이 **얼마나 중대한 문제를 야기할 수 있는지** 사람들의 이해를 돕기 위해 2020년 5월에 연구 보고서를 발표했다. 보고서는 리브라가 사용자들의 돈(리브라를 발행해준 대가로 보관하고 있는 돈)으로 어떤 일을 할 수 있는지를 폭로하고 있었다. 리브라는 원래, 국채와 은행 예금 같은 저위험의 단기 자산에 그 돈을 투자해 리브라 토큰을 지원할 것이라고 발표한 바 있었다. 리브라는 아마 각국의 중앙은행들이 이러한 제안을 호의적으로 받아들이리라 기대했을 것이다. 하지만 현실은 그렇지 않았다.

리브라의 포트폴리오는 은행의 포트폴리오보다 수익률이 훨씬 낮을 수밖에 없다. 리브라는 단기 자산과 국채에 주로 투자할 텐데, 이는 은행 자산보다 만기가 짧고 리스크도 낮아 수익률이 낮을 수밖에 없다. 그런데 이뿐 아니라 리브라는 비용이 수반되는 입출금 서비스까지 제공할 계획이었다.

유럽중앙은행의 보고서는 리브라가 은행으로서도 성공할 수 있을지에 대한 의문을 제기했다. 물론 금융 규제를 준수해야 하지만, 그런 상황이 벌어지면 리브라는 좀 더 높은 수익을 올릴 수 있게 되고 맨 처음 약속했던 거래 서비스와 결제 서비스를 제공하기 위한 비용도 충당할 수 있다. 유럽의 금융 당국이 미국 회사의 수익성을 걱정한다는 게 이상하게 들릴 수도 있을 것이다. 하지만 유럽중앙은행은 리브라가 사용자들의 결제 과정을 어떻게 재정적으로 지원할 것인지를 염려하는 것이다. 사실 유럽중앙은행의 진짜 걱정거리는 다른 데 있으며, 문제는 훨씬 더 심각하다.

유럽중앙은행은 페이팔, 위어바오(알리페이의 뮤추얼 펀드)와 비교했을 때 리브라가 얼마나 성장할 것인가에 대한 보고서를 발표한 적이 있다. 페이팔의 평균 잔고는 약 70달러다. 이 수치를 24억 명에 달하는 페이스북 사용자에게 적용하면 리브라 고객이 보유한 모든 계좌의 잔고는 총 1,700억 달러에 이른다. 상당한 규모이긴 하나 은행예금에 비하면 대단치 않은 수준이다. 하지만 사람들이 **리브라를 가치 저장의 수단으로 활용하기 시작하면 상황이 달라질 수 있다.** 알리페이 사용자의 위어바오 펀드 규모는 평균적으로 230달러 정도다. 이를 리브라에 적용하면 리브라의 고객 계좌 잔고 총액은 5천억 달러를 웃돌아 세계에서 가장 큰 펀드 중 하나가 된다.

유럽중앙은행은 위어바오의 자산 기준으로 극단적인 시나리오도 예상했다. 성장세가 정점에 달했던 2018년, 위어바오의 잔고는 사용자 1인당 평균 430달러 수준이었다. 구매력을 고려해 수치를 조정하면(페이스북 사용자 1인당 GDP는 알리페이 사용자 1인당 GDP의 약 3배 수준) 리브라는 3조 달러에 육박하는 자금을 확보하게 된다. 3조 달러라는 자금은 세계 4대 국부펀드를[3] 합친 것과 맞먹는 수준으로, 세계 최대 규모의 국부펀드가 된다. 그렇게 되면 **리브라는 경제적으로 어마어마한 영향력을 갖게 될 것이다.** 리브라의 투자 결정이 전 세계 금융 시장을 뒤흔들 수도 있고, 돈을 빌린 정부나 중앙은행을 굴복시킬 수도, 살려줄 수도 있다.

유럽중앙은행은 바로 이런 상황을 우려한다. 여러분도 이런 일들은 은행에 맡기는 편이 낫다고 생각하는가? 그렇다면 다행스럽게 여길 사례가 있다. 사실 페이스북보다 몇 달 앞서 무대에 등장한 은행이 있다. 바로 JP모건이다. 여기서 다소 의외인 점은 JP모건의 회장 제이미 다이먼Jamie Dimon이 예전에는 암호화폐에 별다른 열정을 보이지 않았다는 사실이다. 과거 다이먼은 비트코인을 두고 '끔찍한 가치 저장소'이며, 분명 살아남지 못할 것이며 사기라고 이야기한 바 있었다. 그는 비트코인에 대해 이렇게 결론내렸다. "비트코인에 반대하는 세력의 대변인이 되고 싶지는 않았습니다. 정말 나는 하등의 신경도 쓰지 않습니다. 그게 바로 내가 말하고자 하는 요점이에요. 알겠죠?"

모든 암호화폐가 비트코인은 아니며, 모든 디지털 통화가 암호화

---

3 노르웨이, 중국, 아랍에미리트, 쿠웨이트.

폐인 것도 아니다. 그러니 JP모건이 암호화폐 열풍에 뛰어들었다고 해서 JP모건의 태도가 180도로 달라진 것은 아닐 수도 있다. JP모건은 맨 처음부터 자사가 발행하는 암호화폐는 **은행이 보증하고 미국 달러에 고정돼 있으며,** 미국 달러가 일대일로 뒷받침하는 스테이블코인이라고 발표하는 등 페이스북과는 다른 길을 택했다.

JPM 코인JPM Coin은 리브라와 달리 **소매 결제보다는 도매 결제를 위해 고안되었다.** 즉 기관 시장을 위한 것으로, JP모건의 고객들(대기업, 대리 은행 등)이 폐쇄형 통화인 JPM 코인을 이용해 지급결제를 할 수 있다는 개념이다. 은행의 예금을 보증하듯이 JP모건이 코인도 보증할 예정이었다. 단, JPM 코인은 은행 예금과 달리 고객들이 JP모건의 개입 없이 자기들끼리 JPM 코인을 주고받을 수 있었다. 거래 내용은 그저 JP모건의 블록체인에 기록될 뿐이다.

리브라와 마찬가지로 JP모건의 발표 역시 커다란 이목을 끌었다. 누군가가 기관 시장에 디지털 통화를 도입한다면, 그 주인공은 JP모건일 수밖에 없을 것이다. '돈을 빨아먹는 거대 오징어Giant money squid'로 비유되는 JP모건은 세계에서 가장 기업 가치가 높은 은행이며, JP모건이 운영하는 대리 은행 네트워크는 세계 최대 규모 중 하나다(가장 크지는 않더라도). JP모건은 외환 시장·채권 시장·파생상품 시장·증권 시장에서 활약하는 3대 기업 중 하나이며, 세계 3대 거래 은행 중 하나이자 세계에서 세 번째로 큰 증권수탁은행이다.[4] JP모건

---

4 증권수탁은행은 절도나 분실 위험을 최소화하기 위해 고객의 증권을 보관하는 금융기관이다.

은 페이스북과 마찬가지로 탁월한 마케팅 역량과 인상적인 기술 역량을 갖고 있다. 그리고 리브라와 마찬가지로, JPM 코인 역시 **결제 방식을 둘러싼 심각한 쟁점을 제기한다.**

JP모건의 의도는 자사의 블록체인 플랫폼과 코인을 결합해 도매 결제를 관리하는 폐쇄형 글로벌 생태계를 만들겠다는 것일까? JP모건은 이 생태계를 폐쇄형 시스템으로 유지해 자사의 경쟁 우위 확보를 위한 발판으로 삼으려는 것일까? 그게 가능할까? 한편 JP모건이 생태계를 개방하면 씨티은행, 뱅크오브아메리카 같은 경쟁 은행들이 합류할까 아니면 자체적으로 코인과 블록체인을 만들기를 원할까?

자 그럼, JPM 코인이 은행 업무시간에 얽매이지 않고 연중무휴로 사용할 수 있다는 점에 매료된 고객들에게 인기를 끌었다고 가정해 보자. 이 고객들은 다른 은행 예금보다 JPM 코인을 통해 유동성을 유지하길 원할 수도 있다. 심지어 참가자들이 JPM 코인으로만 결제해야 하는 시장(예를 들어 외환 시장이나 파생상품 시장)이 생겨날 수도 있다. 이렇게 JPM 코인 사용이 의무화되는 시장이 생기면 더 많은 고객이 JPM 코인을 받아들일 것이고 유동성도 더욱 커질 것이다(사실 실현 가능성이 큰 시나리오는 아니다. 이런 방식으로 유동성을 키워 나가기란 매우 어렵고, 고유 자산과 연결돼 있으면 유동성 확보가 더욱 힘들다).

JP모건이 어느 정도 성공을 거둔 듯이 보인다면 경쟁자들도 뒷짐을 진 채 가만히 있지는 않을 것이다. 그들 역시 별도의 코인을 출시할 테고 **시중에는 여러 종류의 코인이 유통될 것이다.** 이런 코인들은 발행기관의 신용도에 따라 각기 다른 환율로 거래될까? 예를 들어 100만 달러어치의 JPM 코인을 좀 더 신뢰도가 낮은 은행이 발행한 암호 코인으로 교환하면 100만 9,546달러어치의 코인을 받게 될까?

소위 자유 은행 시대(1837~1863년)라 일컬었던 시기에 미국에서 바로 이런 일이 벌어졌다. 당시 미국에는 중앙은행이 없었고, 시중 은행들이 각자 은행권을 발행했다. 각 은행권은 사람들이 인식하는 발행은행의 건전성에 따라 각기 다른 환율로 거래됐다. 당시는 그 방법이 그리 훌륭하지는 않았던 것으로 평가된다. 그렇다면 **디지털 형태라는 차이가 있을 뿐인 '자유 은행' 방식으로 복귀하는 것이 현재 우리가 사용 중인 방식보다 나을 게 있을까?**

요컨대 은행들이 해결해야 할 문제는 많고 규제 당국이 고민해야 할 문제는 더 많다. 더욱이 은행의 고객들이 실제로 코인을 받아들이고 사용할 것인가의 문제도 고민해봐야 한다. 은행들이 점차 연중무휴로 실시간 이체 서비스를 제공하는 추세에서 이는 매우 현실적인 질문이다.

떠들썩한 관심을 모았지만 구체적인 내용은 없었던 JP모건과 페이스북의 발표는, 적어도 현재로서는 디지털 통화 진출 방안에 대한 대답보다는 많은 질문을 남긴다. 다만, JP모건과 페이스북은 **중앙은행에게 무시할 수 없는 도전 과제**를 내어놓았다.

24

암호화로 탈바꿈하기
: 디지털화를 준비하는 중앙은행의 과제

체 게바라Che Guevara는 쿠바 국립은행Banco Nacional de Cuba 총재 자리에 있던 456일 동안 많은 일을 했다. 지폐에 '체Che'라는 서명을 넣음으로써 정부에 막강한 권력을 행사하던 국내 은행들에게 상징적인 충격을 주었으며, 중앙은행을 국유화했고, 쿠바의 세계은행 탈퇴를 선언했고, 민병대를 징집해 모든 외국 은행을 점령했으며, 전면적인 통화 조절 정책을 시행했다. 믿거나 말거나 한 이야기지만 카스트로가 회의실 안에 '훌륭한 경제전문가'가 있느냐는 질문을 던졌을 때 게바라가 손을 들었기에 쿠바 국립은행 총재로 임명됐다고 알려져 있다. 의사이자 마르크스주의 혁명가인 게바라는 '이코노미스트'를 '코뮤니스트'로 잘못 듣고서 손을 번쩍 들었다고 한다.

전형적인 중앙은행장이 게바라와 비슷하지 않은 것은 어쩌면 다행일 수 있다. 일반적인 중앙은행장들은 속도를 중시하지 않고 항상 신중하게 행동한다. 그들은 연구하고, 조사하고, 심사숙고하고, 평가하고, 이해하고, 점검하고, 시험하고, 가정하고, 발표하고, 협력하기를 좋아한다. 그래서 JP모건이 디지털화에 도전장을 던진 지 456일이 지난 뒤에야, 전 세계 중앙은행들은 자체적인 중앙은행 디지털 통화 CBDC를 발행하는 방법을 모색하며 JP모건이 내민 도전장에 대응하느라 분주했다. 지금까지도 대다수 중앙은행은 논문을 발표하거나 '개념 증명'을 진행하는 수준을 벗어나지 못하고 있다. 하지만 일부 중앙은행, 그중에서도 특히 중국인민은행People's Bank of China, PBoC은 한 걸음 더 나아가 진짜 CBDC를 발행하기 시작했다.

돈을 주무르는 중앙은행의 막강한 힘을 고려할 때 **CBDC는 게임 체인저가 될 가능성이 있다.** 뭐가 그리 대단할까? CBDC는 그 무엇보다도 최고의 것을 제공할 수 있는 잠재력이 있다. CBDC는 각국의 화폐 단위에 근거해서 만들어지기 때문에 **가격 변동성이 없으며, 비트코인의 장점(언제 어디서나 쉽게 송금)도 지닌다.** 리브라 협회가 뒤늦게 깨달았듯이 암호화폐가 널리 사용되기 위해서는 각국의 화폐 단위로 금액이 표시되어야 할 것이다. 즉 미국에서는 달러, 영국에서는 파운드로 표시해야 한다.

CBDC는 중앙은행이 가치를 보증하므로 다른 암호화폐보다 리스크가 적을 것이다. CBDC를 디지털 현금(중앙은행권)으로 생각해도 된다. 누가 됐건 CBDC를 소유한 사람은 그만큼의 가치를 갖는 것이고, 시중 은행의 시스템을 거치지 않고 다른 사람에게 줄 수 있다. 현금을 넘겨주려면 주고받는 사람의 물리적 거리가 가까워야 하지만 CBDC는 인터넷을 통해 모바일 기기에서 모바일 기기로 얼마든지 전달할 수 있다.

찬성론자들은 CBDC가 **탈현금화를 비롯한 많은 문제에 대한 해결책**이 되리라 생각한다. 이들은 CBDC가 물리적 돈을 대체하는 디지털 대안 화폐, 혹은 개인이 중앙은행권을 직접 보유하는 방법이라고 본다. 현금이 사라지면 은행 계좌가 없는 이들은 힘든 상황에 처할 수 있지만, CBDC는 이론적으로 은행 계좌 없이도 통화에 접근하는 방안을 제시한다. CBDC를 사용하면 사람들은 웨스턴유니온 같은 송금 전문업체나 은행을 통해 돈을 송금하는 대신, 디지털 달러를 다른 나라에 사는 수취인에게 보낼 수 있다. (물론 이 중 어떤 방법도 인터넷을 사용할 수 없거나 적절한 기기가 없는 사람들이 현금 없는 세상에 어떻게 대처하느냐는 해결하지 못한다. 이 문제는 뒤에서 다시 살펴보자.)

또한 CBDC는 중앙은행장들을 끈질기게 괴롭혀온 또 다른 문제, 즉 **마이너스 금리를 도입할 방법을 찾는 데 도움이 될 수도 있다.** 이 글을 쓴 시점에서(2021년), 몇몇 중앙은행이 마이너스 금리 정책을 채택했으며 여러 중앙은행들도 같은 정책을 택하려 하고 있다. 우리 모두에게 저축하는 대신 돈을 쓰라고 유도하는 것이다. 중앙은행은 은행들이 예금에 마이너스 금리를 적용하도록 만들 수 있다. 은행이 예금자에게 이자를 주는 대신, 예금에 대해 오히려 이자를 받을 수도 있다는 뜻이다. 하지만 은행이 마이너스 금리를 도입하면 사람들은 은행에 예금하는 대신 사실상 금리가 더도 덜도 말고 딱 0%인 현금을 갖는 쪽을 택할 가능성이 있다. 그런데 CBDC를 도입하면 중앙은행이 CBDC 잔고에 이자를 부과할 수 있다. 이는 중앙은행이 현금으로는 할 수 없는 것이며, CBDC가 통화 정책을 효율적으로 시행하기에 딱 맞는 도구인 이유다.

물론 CBDC에 장점만 있는 것은 아니다. 중앙은행들도 **CBDC로 야기될 수 있는 여러 문제**를 우려한다. 첫째, 암호화폐는 **익명성이 보장되기 때문에 범죄자들이 무척 선호한다.** 하지만 중앙은행들은 고액권 지폐를 점차 없애는 방식으로 범죄와 거리를 두려고 노력 중이다. 규제 당국은 고액 은행권과 유사한 그 어떤 것도 만들지도, 용인하지도 않겠다는 뜻을 분명히 밝혔다. 따라서 CBDC를 거래한 실제 인물이나 기업은 추적이 가능해야 한다. 적어도 정부 혹은 정부를 대신해 관련 업무를 처리하는 조직, 즉 은행이 현재 하는 일처럼 CBDC가 어디로 흘러갔는지 추적할 수 있어야 한다.

둘째, CBDC가 등장하면 **시중 은행이 약화될 수 있다.** 고액 예금자(예금 보험의 보호를 받지 못하는 예금자)는 예금 대신 CBDC를 선호할 것이다. 과거 금융위기가 심화되었을 때 많은 예금자가 실제 그러했듯이, 은행 건전성에 대한 불확실성이 커지는 시기에 이런 움직임은 특히 두드러질 것이다. 고액 예금자가 예금을 CBDC로 전환하면 시중 은행에서 유동성이 빠져나가 대출 역량이 약해질 것이고 예금 인출 사태를 유발해 위기를 악화시킬 수 있다.

정치적으로 고려할 부분도 있다. CBDC를 발행하면 **'달러라이제이션**Dollarisation(자국 통화와 혼용하거나 자국 통화 대신 달러를 사용하는 현상)'이 진행될 가능성도 있다.** 특히 국민들이 자국 통화를 신뢰하지 않는 나라에서 이런 일이 벌어질 위험이 크다. 4장에서 설명했듯이 중남미와 아프리카에서 상당량의 달러가 유통되고 동유럽에서 유로가 유통되는 것처럼, 실물 달러와 유로에 나타나는 현상이 디지털 화폐에서도 똑같이 나타날 수 있다는 뜻이다.

베네수엘라에는 정부나 자국 통화를 신뢰하지 않는 사람이 많다. 베네수엘라를 통치하는 마두로 정권은 전혀 다른 이유로 2018년 2월에 암호화폐를 도입했다. 2017년, 미국은 마두로 정권의 인권 탄압과 반민주적 행위 등을 이유로 베네수엘라를 글로벌 은행 시스템에서 배제하는 제재 방안을 내놓았다. 베네수엘라 정부는 자국 통화인 볼리바르화를 보완하고 미국의 제재를 회피하기 위해 석유와 광물 자산에 기반한 페트로Petro(₽), 혹은 페트로모네다Petromoneda라는 암호화폐를 발행했다. 베네수엘라 정부가 페트로를 발행하겠다고 발표한 지 2년이 흐른 후에도, 페트로의 운영 기반으로 추정되는 시스템은 여전히 활성화되지 않았다. 페트로의 흔적이 남아 있는 것이라고는 베네수엘라 카카오Cacao de Venezuela가 판매하는 '초코페트로'와 '크립토초콜릿'이라는 동전 모양 초콜릿뿐이다.

베네수엘라는 논외로 두고, 세계의 중앙은행들이 해결해야 할 과제가 있다. **각국의 중앙은행은 CBDC를 발행하는 것을 주저하고 있지만, 그렇다고 뒤처지길 원하지도 않는다.** 중앙은행들은 '경쟁 관계에 있는' 다른 중앙은행이나 암호화폐가 선두에 서기를 바라지 않는다. 예를 들어 미국은 중남미 국가에서 '위안나이제이션Yuanisation'이 일어날지도 모른다고 하면 몹시 굴욕감을 느낄 것이다. CBDC에 대한 실험을 지속하고 이를 널리 알리는 것 또한 이런 관점에서 볼 수 있다. 중앙은행들은 토큰의 익명성을 없애고 거래 규모를 제한하는 등 다양한 방식으로 잠재적인 위험을 줄일 방법을 찾고 있다. 하지만 경쟁 관계에 있는 통화가 좀 더 공격적으로 움직일 경우, 그들도 자체적인

CBDC를 선보일 준비가 되어 있길 원할 것이다.

아직 규명되지 않은 여러 문제를 이해하는 데 이러한 실험들이 어쩌면 도움이 될 수도 있다. 사람들은 CBDC를 어떻게 사용할까? 호기심을 가지고 CBDC를 대하며 제한적인 용도로 사용할까, CBDC를 좀 더 발전한 형태의 현금이나 은행 화폐로 받아들일까? 이런 질문은 CBDC를 둘러싼 중요한 질문과 연결된다. **CBDC가 현재 우리가 가진 선택권보다 충분히 나은가?** 사람들이 CBDC를 실물 지갑에 상응하는 전자지갑이나 모바일지갑에 보관하며 CBDC로 결제할까? 아니면 다른 사람에게 받은 CBDC를 곧장 은행 계좌에 예치할까? 어쨌든 일반적인 지폐를 은행 계좌에 넣어두는 데는 타당한 이유가 있으며, 그 이유는 대개 디지털 화폐에도 적용된다.

사람들이 CBDC로 결제하게 만들려면, 앞서 3장에서 살펴본 **3대 과제를 해결함에 있어 기존의 결제 방법보다 유용하거나 비용이 저렴해야 한다.** 다시 말해서 CBDC는 리스크를 감소시키고, 필요한 유동성이 최소화되어야 하며, 사회적으로 합의된 관습이 되어야 할 것이다.

먼저 리스크 감소부터 살펴보자. 현금은 무기명 주식과 같아서 잃어버리거나 도난당하면 그것으로 끝이다. 암호화폐도 마찬가지다. 누구든 개인 키를 가진 사람이 돈의 주인이다. 우리는 은행이 현금을 보호해주듯이, 다른 누군가가 CBDC를 지켜주는 것을 선호할 수도 있다. 은행은 파산할 수도 있지만 대부분의 소매 예금은 예금자보호법의 보호를 받는다.

CBDC가 극복해야 할 두 번째 도전과제는 유동성 공급이다. 대개 우리는 은행에 돈을 넣어둠으로써 약간이나마 이자를 받고, 은행은 우리가 예치해둔 돈을 다른 이에게 빌려줌으로써 많은 이자 수익을 올린다. 예금은 은행에 유동성을 공급하고 이런 유동성은 결제라는 수레바퀴가 문제없이 굴러가도록 기름칠하는 역할을 한다. 하지만 우리가 현금 결제를 고수하면(현금만 보유한다면) 아무도 이자를 얻지 못한다.

CBDC의 명확한 특징 중 하나는 **현금과 달리 중앙은행이 이자를 주거나 받을 수 있다는 점이다.** 예를 들면, 은행은 CBDC에 1/365%를 매일 이자로 지급할 수 있다. 이렇게 되면 CBDC를 보유한 사람은 누구든지 사실상 1%의 연이율을 받는 셈이 된다. 물론 마이너스 금리를 적용한다면, 같은 금액만큼 가치가 줄어들 수도 있다. 중앙은행은 이자를 지급함으로써 은행에 예금하는 것보다 CBDC에 돈을 넣어두는 것을 유도할 수 있으며, 우리는 중앙은행에 개인 계좌를 만들고 거기에 CBDC를 맡겨둘 수도 있다. 하지만 CBDC에 대한 이자를 지급하는 일은, 시중 은행이 예금자의 돈으로 대출 사업을 했듯이 중앙은행에게도 대출의 부담을 지울 것이다.

중앙은행을 시중 은행으로 변화시키는 것은 우리가 생각하는 것보다 훨씬 급진적인 제안이다. 물론 최근 들어 중앙은행들이 회사채 매입 등을 통해 대규모로 돈을 빌려주고 있기는 하다. 그러나 장기적인 관점에서 볼 때, **중앙은행이 누가 혹은 어떤 기업이 대출을 받을 수 있고 얼마를 빌릴 수 있는지 결정하는 입장에 서는 것은 그리 바람직하지 않다.** 예외적인 상황이 있을 수는 있겠지만, 중앙은행 역시 그런 일을 원치 않을 것이다.

현금을 은행에 넣어두는 또 다른 이유는 결제 서비스를 이용하기

위해서다. 우리는 은행 계좌에 넣어둔 돈으로 어디에서건 누구에게
건 송금 또는 결제를 할 수 있다(물론 지금껏 살펴봤듯이 결제하기 위한
노력의 정도에는 차이가 있고, 은행 계좌가 없는 사람들은 제외해야 한다).
바로 이 부분에서 사회적으로 통용되는 관습의 문제를 고려해야 한
다. **CBDC는 사회적으로 널리 받아들여져야 하고 현대의 결제에 수반되
는 정보 교환 역시 가능해야 한다.** 신용카드를 건네거나 스마트폰으로
QR코드를 보여주는 것은 가맹점에 우리가 누구인지 알리는 행위다.
아마도 CBDC는 비트코인처럼 길고 긴 공용 주소를 요구하지는 않
을 것이다. 다만 그 대신 이메일 주소나 휴대전화 번호 같은 다른 대
체 정보가 필요할 것이다.

공통된 관습을 만들려면 시스템과 인프라가 필요하다. 예를 들면
거래 당사자들끼리 정보를 교환하기 위한 앱, 개인 키를 안전하게 보
관하고 거래를 개시하고 원장에 접근해 거래 기록을 확인하는 용도
로 사용할 지갑, 금융 범죄 규제를 준수하기 위한 시스템, 불만사항
을 처리할 고객 서비스 센터 등이 필요하다. '전통적인' 결제 부문도
이러한 기능들을 수행하고 있다. CBDC가 이런 부분의 비용을 낮출
수는 있겠지만, 완전히 공짜로 만들지는 못할 것이다.

우리는 이렇게 원점으로 돌아오게 된다. 기꺼이 사용할 용의가 있
고 사용할 능력이 있는 사람들에게 CBDC는 정말 현금과 유사하게
쓰일 것이다. CBDC는 첨단 기술이 우리에게 제공할 수 있는 (거의)
모든 장점을 선사하겠지만, **디지털 방식을 택할 수 없거나 원치 않는 사
람에게는 그 어떤 답도 제시하지 못한다.** 대부분의 돈은 여전히 은행
(혹은 은행과 유사해보이는 서비스 제공업체)에 예치돼 있을 테고, 은행

은 지금과 비슷한 장부 기입을 통해서 결제를 가능케 할 것이다. 사람들이 전자지갑에 CBDC를 넣어둘 수는 있겠지만, 좀 더 저렴하거나 편리한 디지털 화폐로 지불하기를 선호할지도 모른다.

기존 시스템의 효율성에 대해 논의해볼 수도 있다. 실제로 우리는 앞에서 기존 시스템이 가진 여러 문제들을 들여다봤다. 하지만 기존의 시스템도 제자리 가만히 멈춰 있는 것은 아니다. 따라서 우리가 던져봐야 할 중요한 질문은 'CBDC가 지금의 은행 계좌보다 좀 더 나은 결제 방법인가?'가 아니라 '**CBDC가 미래의 은행 계좌 방식보다 나은 결제 방법인가?**'이다.

중앙은행들이 CBDC를 만지작거리는 동안 신기술은 경쟁 상대에게 새로운 길을 열어주었다. 우리는 10장에서 알리페이와 텐페이가 간편하고 저렴한 결제 방법을 가맹점에 제공함으로써 많은 가맹점이 카드 단말기를 포기하게 만든 것을 살펴봤다. 19장에서는 처음에는 페이팔이, 나중에는 스퀘어와 스트라이프가 어떻게 소규모 가맹점에 전통적인 카드 매입사보다 훨씬 편리한(반드시 더 저렴하다고 보기는 힘들지만) 대안을 제안했는지 살펴봤다. 그리고 17장에서는 트랜스퍼와이즈나 아디엔 같은 신규 진입자와 하왈라, 웨스턴유니온 같은 업체가 어떻게 은행을 통한 국외 송금을 대체하는지를 살펴봤다.

위의 사례는 모두 **은행의 결제 서비스가 지닌 주요 약점을 공략한 결과다.** 은행의 결제 서비스는 유동성과 리스크가 무엇보다 중요하게 고려되어야 하는 거액 결제를 위해 생겨났다. 반면 새로운 경쟁자들은 훨씬 편리한 소액 결제 방안을 들고 등장했다. 이들은 은행의 비즈니스를 빼앗았을 뿐만 아니라, 위의 사례에서 확인할 수 있듯이 새롭게 등장한 경쟁자들은 새로운 시장을 만들어냈다. 편리한 결제 방법이 없어서 거래가 이뤄지지 않았던 시장을 찾아낸 것이다.

어떤 이들은 이런 스토리가 클레이튼 크리스텐슨Clayton Christensen이 『혁신기업의 딜레마The Innovator's Dilemma』에서 말한 바와 닮았음을 언급하기도 한다. 바로 신기술을 가진 경쟁 기업이 처음에는 소매 시장을 공략하다가 점점 공세를 강화해 결국 기존 기업을 붕괴시키고 몰아낸다는 것이다. 그러나 완벽한 비유는 아니다. 신규 진입자가 더큰 결제 기업이 되기 위해 '점점 공세를 강화해' 왔지만 **몇 가지 중요한 요인들로 인해 기존 기업들도 살아남았다.** 이 경우 은행이 바로 기존 기업이다. 첫째, 네트워크 효과와 고객의 관성은 은행이 이런 변화에 대응할 시간을 벌게 했다. 둘째, 거액 거래에서는 리스크와 유동성이 훨씬 중요한데, 이런 상황은 은행이 유리하다. 은행이 제공하는 서비스가 거액 결제에 좀 더 맞춰져 있기 때문이기도 하고, 규제 당국이 리스크와 유동성을 항상 철저하게 감시하는 만큼 은행이 대처할 준비가 잘되어 있는 탓도 있다.

CBDC가 소매 시장에서 현금과 어떻게 경쟁할지 고려하는 것은 흥미로울 수 있지만, 이미 현금은 카드, 전자지갑, 알리페이와 텐페이 같은 결제 서비스 업체에 밀려 설 자리를 잃고 있다. 거기에다 시중 은행들이 주도하는 시스템 역시 가만히 방관하고 있지는 않다. 아마도 중앙은행, 핀테크, 빅테크 등의 경쟁 위협에 대응하는 것이겠지만, 빠른 속도로 발전하고 쇄신해 나가고 있다. 은행과 해당 인프라는 1년 365일, 하루 24시간 언제든 실시간 계좌이체가 가능한 방식으로 바뀌고 있다.

서비스 공급업체들은 API를 통해 은행 원장을 직접 이용할 수 있게 됐고, 그 결과 사용자들이 좀 더 쉽고 즐겁게 결제할 수 있도록 지원함으로써 블록체인 기술이 가져올 많은 이점을 제공하게 됐다. 어쩌면 이런 변화 때문에 블록체인 기술의 필요성이 사라지고 있는 건지도 모른다.

'전통적' 기술을 통해 이 모든 혁신과 쇄신이 이뤄졌다면 CBDC를 만들어내기 위해 정말로 암호화폐 기술이 필요한 걸까? 11장에서 설명한 API와 결합한 기존의 데이터베이스를 이용하더라도 똑같은 결과를 얻을 수 있을까?[1] CBDC가 필요하긴 한 것일까?

그럴 수도 있고 아닐 수도 있다. 하지만 결제의 미래를 거머쥐기 위한 경쟁은 시작됐고 누구도 꼴찌가 되고 싶어 하지 않는다. 중앙은행은 모든 것을 통제하길 원하고, 은행은 수익을 원하며, 기술 기업은 성장을 원한다. 그리고 이들 모두가 알고 있는 사실은 **기술이 '승자독식' 시나리오를 가능케 한다는 것이다.** 세계 시장까지는 아니라 하더라도 최소한 각자의 시장에서는 승자독식 시나리오가 현실화될 가능성이 크다.

---

1 여기서 '전통적'이라는 것은 공유 원장과 암호화 기술을 사용하지 않는다는 뜻이다. 알리페이와 텐페이가 이용하는 기술은 틀림없이 상당히 발전된 것이다.

25

개방형과 폐쇄형, 무엇이 답인가
: 결제 네트워크의 고객 확보 경쟁

항공사 마일리지가 있는 사람이라면 2020년을 보내는 동안 그간 쌓아온 마일리지가 어떻게 될지 궁금했을 것이다. 자신이 이용하는 항공사가 국유화되거나 파산할지도 모른다는 걱정을 해본 사람이라면 항공사가 아닌 다른 어디에서 마일리지를 사용할 수 있는지 찾아봤을지도 모르겠다. 그리고 해당 항공사의 온라인 마일리지 쇼핑몰을 방문해봤다면 작은 라디오 하나를 사기 위해서는 파리와 이스탄불을 왕복할 정도의 '마일'이 공제된다는 사실을 깨닫고 실망했을 수도 있다.

아메리칸 에어라인American Airlines이 1981년에 업계 최초로 마일리지 프로그램을 성공리에 도입한 후 대다수 항공사가 그 뒤를 따랐다. 2018년 맥킨지는 무려 30조 이상의 미사용 마일리지가 고객 계정에서 잠자고 있다고 추산했다. 전 세계 거의 모든 항공기 승객에게 편도 티켓을 무료로 하나씩 나눠줄 수 있을 만큼 막대한 규모였다. 항공사가 마일리지 프로그램과 포인트 프로그램을 운영하는 이유는 **고객을 잡아두기 위함이다.** 그러나 항공사들은 충성도 높은 고객을 유치한 다음, 보너스 항공권을 얻는 데 필요한 마일 수를 계속해서 늘리거나 적립 포인트로 할 수 있는 것을 제한하는 등의 트릭을 사용하기도 한다. 우리 승객들은 계속 마일을 쌓아가는 것 외에 다른 방법이 딱히 없다.

마일리지 프로그램은 근로자들이 월급으로 일종의 상품권을 받는 계약 방식인 '현물 급여제Truck system'와 그리 다르지 않다. 과거에는 직원들이 가증권Scrip, 즉 **진짜 돈 대신 기업이 자체 발행한 '돈'이나 포인트로 급여를 받는 일이 많았다.** 이런 식으로 지급된 급여는 고용주가 운영하는 매장에서만 사용할 수 있었다. 직원들은 가증권을 현금과 교환하기도 했지만, 보통은 액면가보다 할인된 금액으로 처분해야 했다.

현물 급여제는 수백 년 전부터 존재했지만 19세기 전까지는 사회적으로나 정치적으로나 중요한 문제가 되지 않았다. 그러나 노동법의 등장과 고용 기준 강화로 이런 관행은 불법이 됐다. 예를 들면 영국에서는 1831년에 도입된 트럭법Truck Act, 미국에서는 1938년에 도입된 공정근로기준법Fair Labor Standards Act에 의거해 가증권으로 임금을 지불하는 것이 금지됐다.

가증권과 항공 마일리지의 공통점은 폐쇄형 '통화' 시스템이라는 것이다. 원월드OneWorld(대표적인 항공사 동맹 중 하나)의 마일리지를 스카이팀SkyTeam이나 스타얼라이언스Star Alliance에서 사용하거나, 반대로 스카이팀 마일리지나 스타얼라이언스 마일리지를 원월드에서 사용할 수는 없다. 암호화폐 미래에 대한 전망도 이와 유사하다. 더 많은 빅테크가 참여함에 따라 (그것이 미국이든 중국이든 관계없이) **고객을 플랫폼에 확보하는 록인 문제와 시스템을 개방형으로 만들 것이냐 폐쇄형으로 만들 것이냐**의 논의가 등장한다. 그리고 이는 결제에 있어서 중대한 문제다. 어찌 됐든 우리 경제를 굴러가게 하는 것은 시스템이기 때문이다.

은행들은 대대로 개방적인 성격의 '4당사자 모델'을 운영해온 반면 (6장 참조), 빅테크는 폐쇄형 시스템을 선호한다. 친구들과 자유롭게 대화를 나누려면 친구 역시 페이스북을 사용해야 하고, 구글은 구글 계정에 **로그인한 사용자에게만 탁월한 경험을 제공한다.** 알리페이와 텐페이도 폐쇄형 결제 시스템이다. 각 시스템 안에서는 다른 사용자와 쉽게 거래할 수 있지만, 다른 시스템 사용자와의 거래는 쉽지 않다. 상대가 같은 시스템을 사용하면 친구에게든 상인에게든, 심지어 거지에게도 쉽게 돈을 줄 수 있다. 하지만 은행이나 다른 서비스 제공업체의 계좌를 사용하는 사람에게 돈을 보내려면 수수료가 부과된다. 그런 탓에 많은 중국 소비자가 은행을 이용하는 동시에 알리페이와 텐페이에도 계좌를 만들어둔다.

이는 과거 스위프트가 아직은 계획에 불과했던 1970년대 초반에 일기 시작한 결제 인프라와 네트워크의 개방 추세에는 역행하는 것이다. 절대적인 영향력과 규모를 지닌 씨티은행이 자체적인 전자 대리 은행 네트워크를 구축할 계획이 있음을 경쟁 기업들이 깨닫기 전까지 스위프트 구축 계획은 실현되지 않았다. 하지만 씨티은행의 야

망은 다른 은행들이 서랍 속에 넣어두었던 스위프트 청사진을 끄집어내 실제로 스위프트를 구축하게 만드는 기폭제가 됐다.

　ATM이 처음 도입됐을 때 씨티은행이 다시금 주역을 맡은 것도 비슷한 이야기다. 당시 씨티은행 CEO였던 존 리드John Reed는 1980년대 중반이 되어서야 자사의 거대한 뉴욕 ATM 네트워크를 다른 은행 고객에게 개방했다. 그때는 이미 씨티은행이 독자적인 ATM 네트워크를 이용해 시장 점유율 확장을 성공적으로 해낸 뒤였다.

　기업들이 시스템을 개방하기보다 폐쇄형 시스템을 고집하는 이유가 무엇일까? 간단히 말하기 어려운 문제다. 이에 대한 답을 구하기 위해서는 앞서 9장에서 살펴본 네트워크 효과로 돌아가야 한다. 기업들은 더 빨리 성장하기 위해 네트워크를 개방하는 쪽을 택할 수 있다. **개방형 네트워크는 사용자들에게 좀 더 커다란 가치를 선사한다.** 네트워크를 이용해 좀 더 많은 사람과 교류할 수 있고(소셜미디어), 카드 소유주는 좀 더 많은 곳에서 카드를 사용할 수 있으며, 카드 가맹점은 매장에서 좀 더 많은 카드 소유주들을 환영할 수 있기 때문이다(카드 네트워크). 훌륭한 사례로 뱅크오브아메리카를 들 수 있다. 앞서 6장에서 봤듯이 뱅크오브아메리카는 1960년대에 다른 은행에 뱅크아메리카드 발행 권한을 부여함으로써 성공의 기반을 닦았다.

　혹은 그 대신에 **기업이 폐쇄형 네트워크를 고수해 경쟁을 '승자독식' 게임으로 바꿔놓을 수도 있다.** 대표적인 예로, VHS가 시장을 평정하고 베타맥스가 불명예스럽게 완파 당한 비디오테이프 부문을 들 수 있다(나이가 어린 독자를 위해 부연하자면 비디오테이프란 DVD와 인터넷이 등장하기 전 영화를 보기 위해 사용하던 장치다).

또는 대기업이 장기적인 관점에서는 개방형 네트워크로 전환할 계획이지만 단기적으로는 폐쇄형 네트워크를 유지하는 쪽이 더 유리하다고 판단하는 **제3의 변형된 방식**도 있다. 씨티은행은 자사의 뉴욕 ATM 네트워크를 폐쇄형 네트워크로 유지하다가 다른 은행들이 공동 구축한 네트워크가 규모와 밀도 면에서 자사의 네트워크와 맞먹는 수준이 되자 개방형으로 전환했다.

일반적으로 **가장 큰 네트워크를 운영하는 공급자들은 폐쇄형 네트워크를 운영할 때 더 많은 이익을 얻을 수 있다.** 예를 들면 알리페이는 그들의 가맹점들이 해외에서 텐페이에 가입하는 것을 금지한다. 텐페이보다 알리페이의 사용자가 많은 만큼 해외 가맹점들이 알리페이를 선택할 것이라는 데 베팅하는 것이다.

표면상으로는 폐쇄형 네트워크가 고객에게 덜 유익한 듯이 보인다. ATM이 처음 도입됐을 당시 모든 은행은 별도의 폐쇄형 ATM 시스템을 채택했다. 그러던 은행들이 점차 ATM 네트워크를 연결하기 시작했고, 이제는 어떤 ATM에든 (거의) 모든 카드를 넣어 현금을 찾을 수 있다. 사용자들에게는 대단히 득이 되는 상황임은 틀림없다. 하지만 단순한 문제는 아니다. 스위프트 개발이 그랬듯 **폐쇄형 네트워크 간의 경쟁은 혁신을 장려한다.** 독자적으로 ATM 네트워크를 운영하겠다는 씨티은행의 계획이 없었더라면 은행들은 계속해서 서로 텔렉스를 주고받고 있을지도 모를 일이다. 마찬가지로 알리페이와 텐페이 간의 경쟁 덕에, 두 기업이 계속해서 가격 경쟁을 벌이고 좀 더 빨리 혁신하기 위해 노력하는 것일 수 있다. 이런 관점에서 본다면 모두가 함께 사용하는 개방형 네트워크보다 폐쇄형 네트워크가 소비자와 가맹점에 훨씬 이익이 될 수도 있다.

　게다가 네트워크의 '개방성'이나 '폐쇄성'이 항상 이분법적인 것은 아니다. **결제 네트워크는 반‡개방적일 수도 있다.** 즉, 다른 네트워크로 옮겨가는 것이 어려울 뿐 불가능하지는 않다는 뜻이다. 오래전부터 같은 은행 내에서의 송금은 거의 즉각적으로 이뤄졌지만 다른 은행으로의 송금은 좀 더 시간이 걸렸다. 공공 기업처럼 많은 사용자에게 사용 대금을 받는 기업들은 고객의 요금 납부 여부를 즉시 확인할 수 있도록 여러 은행에 계좌를 만들어두는 경우가 많다.

　개방형 시스템과 폐쇄형 시스템을 둘러싼 논쟁은 늘 의미가 있었지만, **빅테크의 등장으로 이런 논쟁의 중요성이 한층 더 커졌다.** 은행 업무보다 기술 부문에 훨씬 크게 집중되어 있어서이기도 하다. 시장 점유율이 50%가 넘는 상황에서 승자독식 게임을 시작하면 이길 확률이 훨씬 커진다. 알리페이가 분명한 사례이며, 구글과 페이스북 역시 마찬가지다. 은행들은 자국 내 시장에서조차 이 정도 시장 점유율 근처에 가지 못한다(어쩌면 4당사자 카드 모델과 ATM 모델이 출시됐을 때보다 산업 집중도가 훨씬 높아진 상황에서 JP모건 같은 미국 최대 은행들이 다시 폐쇄형 네트워크를 고민하는 것이 순전히 우연은 아닐 수 있다).

　개방형 네트워크는 폐쇄형 네트워크보다 구축 및 유지가 어렵다. **개방형 네트워크가 제대로 돌아가려면 공통된 표준이 (그리고 합의가) 필요하다.** VHS와 베타맥스 간의 비디오 전쟁은 사실상 표준 전쟁이었다. 폐쇄형 시스템을 개방해 다른 시스템과 호환되도록 만들려면 네트워크 프로토콜과 데이터 포맷부터 가격 구조와 분쟁 해결 메커니즘에 이르는 모든 것을 표준화해야 하는 경우가 많다. 그리고 이 같은 복잡성에도 불구하고 일부 개방형 결제 시스템은 엄청난 성공을 거뒀다.

ATM 네트워크를 연결할 수 있었던 것은 각 ATM 네트워크가 대개 처음부터 같은 표준과 프로토콜을 따랐기 때문이다. 대리 은행 시스템 역시 결제 흐름을 지원하는 법률 체계, 규칙, 시장 관행 등은 말할 것도 없고 은행 식별 코드인 BIC(ISO 9362)나, 국가/통화 코드(ISO 3166/4217) 같은 식별자부터 메시지 포맷, 통신 프로토콜에 이르는 모든 것이 다양한 공동 표준에 기반한다.

카드의 승리는 각각의 카드회사뿐 아니라 **카드 산업 전반에 걸친 엄격한 표준화를 통해 이뤄진 것이다.** 기본적으로 카드 크기, 마그네틱선과 칩 작동 방식, 데이터 포맷 방식 같은 평범한 부분이 표준화의 대상이다. 하지만 비자와 마스터카드는 알리페이나 텐페이와 달리 가맹점들이 여러 업체와 계약하는 것도 용인했다. 가맹점에게 비자나 마스터 중 하나만 고를 것을 강요하지 않았으며, 가맹점 프로토콜과 메시지 포맷을 매우 유사하게 구축한 덕에 가맹점은 비자와 마스터카드, 둘 모두를 쉽게 이용할 수 있었다. 비자와 마스터카드는 가맹점 확보 경쟁을 벌이는 대신, 좀 더 높은 정산 수수료를 제공하는 등의 방식으로 더 많은 카드 발행업체를 확보하기 위해 경쟁했다. 이런 방식은 카드 발행업체에게는 더 나은 선택지이며 모든 측면에서 사용자에게도 좀 더 편리하다. 다만 소비자가 좀 더 높은 비용을 부담해야 할 수도 있다(실제로 이런 일이 벌어지곤 한다).

규제 당국은 당연히 네트워크 접근성에 많은 관심을 가진다. 경쟁 당국은 기업 간의 긴밀한 협력이 고객에게 유익할 때가 언제이고(가령 표준 결정, 네트워크 협력 등), 그렇지 않을 때가 언제인지(가격 담합) 판단하는 까다로운 역할을 맡는다. 영국의 오픈뱅킹Open Banking과 EU의 PSD2가 그랬듯이 경쟁 당국은 기존 기업들, 그중에서도 특히 통신업계와 에너지업계의 기업에게 그들의 네트워크를 규모가 작은 기업에 개방하도록 강제했다(21장 참조).

시장이라는 방대한 전쟁터의 어디에서 좀 더 강력한 경쟁이 필요한지를 규제 당국이 결정하기는 쉽지 않다. 그런데 얼마 전 시장 지배적 회사들끼리 서로를 비방하는 일이 벌어졌다. 바로 호주에서 규모가 가장 큰 4개 은행이 애플을 고발한 것이다. 아이폰의 'NFCNear Field Communication(근거리 무선 통신, 계산대에서 카드 단말기와 통신하는 칩)' 사용을 애플이 제한했는데, 은행들은 이로 인해 자신들이 부당한 손해를 본다는 주장을 펼쳤다. 2017년 이 은행들은 경쟁 당국에 애플과의 단체 협상을 신청했다. 은행들은 아이폰의 NFC를 통해 자사의 간편결제 서비스를 확장하려고 했지만, 애플은 아이폰 NFC 접근을 자사의 간편결제 서비스인 애플페이에 국한하면서 사실상 폐쇄형 시스템을 고수했다. 호주경쟁소비자위원회Australian Competition and Consumer Commission는 심사 끝에 애플의 손을 들어줬다. NFC 기술이 갓 발전하기 시작한 단계에서 외부업체가 NFC에 접근할 수 있도록 허용하면 **혁신이 저해되고 경쟁이 약화될 수 있다는 이유였다.**

이런 주장이 현재에도 유효할까? 브뤼셀 중심가의 그리 특별할 것 없는 어느 건물에 자리한 EU 집행위원회 경쟁총국DG Comp, Directorate-General for Competition이 그 답을 내릴 것이다. 기업들의 경쟁을 감시하는 EU 집행위원회 경쟁총국은 오랫동안 네트워크와 빅테크, 결제에 큰 관심을 보여왔으며 **경쟁에 대해서는 중국 및 미국 기업들과 매우 다른 관점**을 갖고 있다.

기업들을 바싹 긴장하게 만드는 무시무시한 이력의 소유자인 마르그레테 베스타게르Margrethe Vestager는 2019년 말에 경쟁담당 집행위원으로 돌아와 두 번째 임기를 맞이했으며, 현재는 디지털 서비스 분야까지 맡고 있다. 베스타게르는 복귀하자마자 구글과 페이스북을 겨냥해 '데이터를 빨아들이는 로봇 진공청소기'를 똑똑히 주시하고 있다고 밝혔다. 코로나19 팬데믹이 닥친 2020년 베스타게르는 유럽 각국 정부에 자국 기업의 지분을 사들여 중국의 인수 위협을 막아낼 것을 촉구했다. 그뿐 아니라 베스타게르는 복귀 후 6개월이 채 지나기도 전에 두어 건의 조사에 착수했는데, 특히 애플페이를 집중 조사했다.

애플의 앱스토어는 200만 개가 넘는 앱의 다운로드를 서비스할 만큼 엄청난 성공을 거뒀다. 애플이 제공하는 서비스 중 하나는 애플페이를 통한 '인앱 구매' 결제다. 무료 앱에서 프리미엄 앱으로 업그레이드를 할 수도 있고, 모바일 게임에서 '아이템 상자'를 얻기 위해 결제하는 경우도 있으며, 앱 개발자로부터 추가 콘텐츠를 구매하기 위해 결제하기도 한다. 애플이 이런 서비스를 제공할 수 있는 것은 **앱스토어 고객들의 결제 데이터**(일반적으로 카드 정보)**를 가지고 있기 때문이다.**

편리한 애플페이를 통해 대가를 지불받으니 앱 개발자들은 좋아할 수도 있겠다. 애플이 **구매가격의 30%에 달하는 수수료를 부과하고 인앱 구매를 사실상 강제**한다는 사실만 아니라면 말이다. 사실 사용자들은 인앱 결제 대신 앱 개발자의 웹사이트를 통해 직접 결제할 수 있다. 하지만 사용자가 앱 개발자에게 직접 결제하면 애플은 수수료를 챙기지 못하므로 앱 개발자는 이런 내용을 앱에 명시할 수 없다. **애플은 이런 방식으로 많은 수익을 챙긴다.** 인앱 구매 비즈니스를 통해서 애플은 총수익의 7%에 가까운 연간 약 200억 달러의 수익을 올리는 것으로 추정된다!

2020년 8월에 상황이 최악으로 치달았다. 당시 같은 방식으로 안드로이드 앱을 관리해온 구글과 애플이 포트나이트Fortnite라는 인기 게임을 만든 회사가 30%의 수수료를 피하기 위해 사용자들에게 홈페이지를 통한 직접 결제를 권장했다는 이유로 앱스토어에서 포트나이트를 없애버리는 사건이 발생했다. 포트나이트 제작사 에픽게임즈 Epic Games는 애플과 구글을 독과점 금지법 위반 혐의로 고소했다.[1] 에픽 사례 외에도 수백만 명의 소비자를 대변하는 엄청난 규모의 집단소송이 현재 진행 중이다. 소송에 참여한 사람들은 애플이 자사 영향력을 이용해 30%의 수수료를 부과하는 방식으로 앱 가격을 인상했다는 혐의를 제기했다. EU 집행위원회 경쟁총국 역시 스포티파이가 애플의 수수료 부과에 대한 불만을 제기함에 따라 **애플의 인앱 결제 관행을 조사하는 중이다.**

경쟁총국은 조사 과정에서 호주 은행들이 풀지 못한 NFC 문제도 파헤칠 것이다. 하지만 베스타게르는 여기서 멈추지 않고 **애플페이의**

---

[1] 에픽이 소송을 제기한 후 2020년 11월이 되자, 애플은 2021년 1월부터 총매출이 100만 달러 이하인 소규모 개발자에게는 30%가 아닌 15%의 수수료만 부과하겠다고 발표했다.

폐쇄성과 연관된 또 다른 두 문제도 조사 중이다. 첫째, 애플페이를 앱과 웹사이트에 결합하는 방식이 경쟁을 왜곡하고 선택과 혁신을 약화하는지 검토 중이다. 둘째, 애플페이가 경쟁 제품의 구매를 제약하는지 조사 중이다. 애플에 관한 조사가 어떻게 마무리될지 잘 지켜볼 필요가 있다. 개방형 시스템이건 폐쇄형 시스템이건 관계없이, 집행위원회 경쟁총국의 조사 결과는 애플페이를 비롯한 결제 시장 전반에 영향을 미칠 테니 말이다.

베스타게르는 이미 이 분야의 전문가다. 2018년 1월 베스타게르가 미국의 거대 반도체 기업 퀄컴Qualcomm에 약 10억 유로의 벌금을 부과한 그 이튿날, 억만장자 투자가 조지 소로스George Soros가 다보스에서 열린 세계경제포럼 연례 연설 자리에서 베스타게르를 언급했다. "미국 IT 독점기업들이 전 세계를 지배하는 것은 곧 끝이 날지도 모릅니다. (중략) 규제와 과세가 그들의 실패 이유가 될 것이고 EU 경쟁 담당 집행위원 베스타게르는 감당하기 힘든 강적이 될 겁니다."

POLITICS AND REGULATION

"
세계는 지정학적인 긴장감이 고조되고 다국적 기업의 세수 확보를 위한 다툼이 격화되는 중이다. 결제에서 점차 국경이 사라지고 기술 의존도가 높아지면서 주도권을 차지하려는 싸움도 이미 시작됐다. 누가 시스템을 설계할 것인지, 누가 규칙을 제정할 수 있는지 같은 세부적인 처방은 이미 존재한다. 지금까지는 이런 내용이 대중의 관심을 얻지 못했으며 비공개로 논의돼 왔다. 하지만 이제는 이 영역을 눈여겨봐야 한다. 이는 순식간에 끓어올라 누가 5G 네트워크를 설치하느냐 같은 논의만큼이나 격렬해질 수 있다.
"

7부

정치와 규제

결제를 통제하는 것은 누구인가

26

결제 시스템은 누가 책임지는가
: 규제와 규제기관

2020년 말 중국 정부는 역사상 세계 최대 규모가 될 뻔한 IPO에 '어뢰'를 발사했다. 알리페이의 모기업인 앤트그룹의 상장을 불과 며칠 앞두고, 앤트그룹 설립자와 진행한 규제 면담에서 발견한 '중대한 문제'를 이유로 상장을 중단시킨 것이다. 그로부터 두 달 후 도널드 트럼프 전 미국 대통령은 완전히 다른 이유로 결제 시장에 충격을 가했다. 트럼프는 알리페이와 텐센트의 위챗페이WeChat Pay를 포함한 8개의 중국 앱이 국가 안보를 위협한다는 이유를 들어 사용을 금지하는 행정 명령을 내렸다.

결제는 매우 중요한 문제이기에 세계 각국의 정부는 여러 가지 이유로 관심과 주의를 기울인다. 지금껏 살펴봤듯이 나라마다 결제 방식이 달라서일 수도 있다. 하지만 그것은 곧 **결제가 우리 삶의 많은 부분에서 중심적인 역할을 한다는 방증**이기도 하다. 어떤 나라든 정부 부처들은 결제와 결제 서비스 공급자들에 대해 서로 다른 입장을 가질 수밖에 없다. 심지어 서로 반대되는 주장을 하기도 한다. 다양한 부대 출신 장군들이 지휘본부에 모여 다툼을 벌이는 미국 TV 드라마 〈스페이스 포스Space Force〉처럼 부처 간의 갈등이 결전으로 이어지는 모습을 상상해볼 수도 있겠다.[1] 결제에 대한 규제는 언뜻 신사적인 일처럼 보일 수 있지만, 결제 시장은 혼잡하며 조직 간의 긴장감도 높다. 사실, **권력 투쟁과 지정학적인 갈등으로 가득한 결제 규제**는 여느 정치 스릴러물 못지않게 흥미로운 요소로 가득하다.

결제 규제의 긴장감이 높은 이유는 금융 시스템 전체가 돌아가는 방식에서 결제가 핵심이 되기 때문일 수도 있고, 다양한 규제기관과 지방자치 단체, 중앙정부 등이 결제를 바라보는 시각이 달라서일 수도 있다. 결제는 세계 금융 시스템에서 가장 강력하게 규제되는 부문이면서도, 역설적으로 규제가 가장 적은 부문이기도 하다. 이런 모순은 **결제의 본질 때문에 발생한다**. 비교적 최근에 도입된 현금 구매 한도와 같은 규제를 제외하면 원칙적으로 돈을 주고받는 두 당사자 간에 합의된 결제 방식을 가로막을 수 있는 방법은 없다(서로에게 특정 방식을 요구할 수도 있으며, 그렇게 택한 결제 방식에 내재된 제약이 있을 수는 있다).

상대가 받아주기만 한다면 합법적인 결제 시스템에서 완전히 벗어

---

1 넷플릭스에서 제공하는 〈스페이스 포스〉는 외계의 위협에 대응하기 위해 미국의 여섯 번째 군대 '스페이스 포스'를 구축할 책임을 맡은 사람들의 우스꽝스러운 말과 행동을 묘사한 코미디 드라마다.

난 방식으로도 지불할 수도 있다. 마찬가지로, **우리가 공동으로 동의만 하면 어떤 방식으로도 지불할 수 있다.** 결제는 결국 사회적으로 합의된 관례일 뿐이라는 뜻이다. 이와 같은 (받아주기만 하면 결제가 가능한) 이분법은, 현재 결제 전쟁에서 주도적 역할을 하는 기업들이 구상하는 미래와 함께 은행과 규제기관이 왜 존재해야 하는지에 대한 의구심을 불러일으킨다.

우리 경제는 결제를 중심으로 돌아간다. 규제 당국이 결제를 감독하는 것도 이런 이유에서다. 그들은 헤르슈타트 은행, 노던록Northern Rock 은행, 리먼 브라더스 같은 식으로 금융 시장에 걷잡을 수 없는 사태가 벌어지지 않기를 바란다. 규제 당국은 금융 시스템이 합리적으로 운영되고 있으며 재무적으로든 기술적으로든 경기의 고점과 저점을 모두 견뎌낼 수 있는지 확인하고 싶어 한다. 또 위기가 닥쳤을 때 시스템 리스크가 발생할지 여부를 알길 원한다. 물리적으로나 전산상으로나 백업이 되어 있는지, 온라인이나 오프라인 공격을 받더라도 견뎌낼 수 있는지 확인하고 싶어 한다.

규제 당국은 데이터가 어디에 어떻게 저장되는지, 데이터가 오염될 가능성이 있는지, 만약 그런 일이 벌어진다면 데이터를 복구할 수 있는지도 조사한다. 은행들이 기술 투자를 하고 시스템을 업그레이드하는지 검토해 운영 위험과 사이버 위험, 신용 위험을 평가한다. 필수적인 투자가 실제 이뤄지고 있는지 점검하기 위해 은행의 자금 상황도 주시한다. **시스템 운영자와 참가자뿐 아니라 시스템 자체**를 조사하고, 검토하고, 감사하고, 면밀히 살피면서 그들에게 규칙과 지침을 전달한다. 이 모든 일들이 정신 없이 빠르게 이루어진다.

결제 과정의 최상단에 오랫동안 자리해온 **중앙은행은 이러한 일의 대부분을 담당하고 있다.** 중앙은행은 달러의 종착지로서 모든 책임을 질 뿐만 아니라, 달러의 출발점이기도 하다. 2008년과 2020년에 그랬듯이 상황이 나빠지면 중앙은행은 금융 시스템을 유지하는 데 필수적인 유동성을 공급해야 한다.

중앙은행이 이런 일을 '대부분' 담당한다고 말한 것은, 앞서 나열한 규제 업무에 은행의 영업 행위를 감독하는 일도 포함돼 있기 때문이다. 영업 행위 감독이란 쉽게 말해, 은행이 고객을 속이거나 부적합한 서비스를 제공하지 않도록 하는 것인데, 이 부분은 보통 **중앙은행이 아닌 다른 정부기관이 담당하기도 한다.** 은행의 영업 행위를 감독하는 규제기관은 경영진과 기업의 행위 · 소비자 권리 · 공정성 · 자금 세탁 · 금융 범죄 · 개인정보 보호 등의 문제를 감독하고, 은행의 시장 접근 방식과 가격 책정 방식을 파헤쳐 건전성과 시장 경쟁을 저해하는지 여부를 감시한다.

각국 정부는 이런 문제에 대해 여러 전담 부서나 규제기관을 두고 있으며, 각 기관은 대개 각자의 담당 분야에서 권한을 가지고 철저하게 감독하려고 한다. 또한 결제 기업에 대한 규정을 만들고 관련 기업들의 행동을 조사하고 지휘한다.

어떤 나라든 금융 규제를 담당하는 당국의 수는 사실 엄청나게 많다. 미국에서는 (모든 유형을 포함하면) 은행을 감독하는 기관이 무려 10여 개에 달할 수도 있으며, 유럽은 그보다 더 많다. EU가 EU 전역을 감독하는 여러 규제기관을 만들었지만 각 회원국의 규제 당국은 대부분의 권한을 아직 포기하지 않고 있다.[2]

중앙은행은 무소불위의 권한을 지닌 것 같고 중앙은행장들은 마치 경건한 절차에 따라 그 자리에 앉기라도 한 듯이 절대 권력자의 분위기를 물씬 풍긴다. 그러나 사실 **중앙은행은 결제를 독자적으로 통제하지 못한다.** 오히려 그들의 지위는 끊임없이 도전받는다. 중앙은행은 종종 은행업계의 편을 들기 때문에 경쟁을 장려하고 소비자를 보호하는 데 있어서는 강력하지 못하다는 비난을 받곤 한다. 미국의 어느 소비자 권리 보호론자는 '연준에 소비자 보호 권한을 주면, 소비자들이 무엇을 원하는지 감시하기기는커녕 월스트리트가 시키는 대로 할 가능성이 크다.'라고 주장하기도 했다.

일각에서는 금융 혁신과 관련해서 중앙은행에 이해상충의 문제가 있다고 주장한다. 신규 진입자의 입장에서는 특히 그렇다. 비은행 조직들이 뛰어난 성과를 내면 은행은 비즈니스와 이윤을 빼앗길 가능성이 크고, 이는 은행의 회복력을 약화시킬 것이다. 은행을 관리·감독해야 하는 중앙은행의 입장을 고려하면, 중앙은행은 새로운 경쟁

---

2 미국에는 재무부와 그 산하기관인 해외자산통제국, 금융범죄단속국, 연방준비은행, 연방준비제도이사회가 있다. 거기에 금융안정성감독위원회(Financial Stability Oversight Council)와 연방예금보호공사(Federal Deposit Insurance Corporation), 통화감독청(Office of the Comptroller of the Currency), 소비자금융보호국(Consumer Financial Protection Bureau)이 있고, 뉴욕주 금융감독청(New York State Department of Financial Services) 같은 주정부 규제기관도 있다. EU에서는 은행과 다른 결제 서비스 제공업체들이 유럽중앙은행과 유럽은행감독청, EU 집행위원회 경쟁총국과 금융안정·금융서비스·자본시장 관리총국(Directorate-General for Financial Stability, Financial Services and Capital Markets Union)을 상대해야 한다. 각 EU 회원국에는 별도의 중앙은행과 국내 경쟁 당국, 개인정보 보호 당국뿐 아니라 정의, 사이버, 국가 안보를 담당하는 당국이 있다. 일부 국가는 영국의 결제시스템감독국처럼 결제 업무만 전담해 규제하는 기관도 있다.

으로부터 은행들을 보호하고 싶을 수도 있을 것이다. 혹은 결제가 은행의 손아귀를 벗어나지 못하도록 붙잡아두면서 현재의 자리를 지키고 싶어 할 수도 있다.

중앙은행은 **사이버 보안이라는 새로운 도전 과제에도** 직면해 있다. 지난 5년 동안 정부는 전기, 수도, 의료, 금융 등 핵심 인프라가 사이버 공격에 취약하다는 사실을 절감했다. 대부분의 국가는 이 같은 필수 인프라를 관리·감독할 권한을 국가 내정을 담당하는 정부 부처에 맡긴다. 예를 들어 미국 정부는 9·11 테러가 발생하자 테러 방지·국경 경비·이민 및 세관·재난 예방 및 관리 업무를 담당하는 국토안보부DHS, Department of Homeland Security를 신설했는데, 국토안보부는 사이버 보안까지 책임진다. 그러나 원론적으로 보면, **권한은 막강하지만 금융에는 전문성이 없는 기관이 대형 은행과 금융 시장 그리고 지급결제 인프라**(모두 '대단히 중요한' 것으로 여겨지는 것들)**를 관리하는 셈이다.**

이런 상황이 올 것을 내다본 중앙은행들은 **은행 및 결제 시스템에 대한 감독을 사이버 보안 분야까지 확대했고,** 그 결과 대체로 성공적으로 업무 영역을 지켜왔다. 예를 들어 영란은행은 정보기관이 주도하는 사이버 보안 테스트를 진행하기 위해 소위 CBEST라 불리는 시스템을 개발했다. 여기에는 유수의 IT 회사가 금융 시스템에 침입하는 역할을 수행하는 '레드 팀Red team' 훈련이 포함돼 있다. 전직 해커들이 이런 레드 팀 역할을 맡기도 한다. 이후 유럽중앙은행도 영란은행의 선례를 따라 티베르-EUTIBER-EU라는 유사 프로그램을 선보였다. 후드티를 입은 해커들이 정장을 빼입은 중앙은행장들과 함께 움직인다는 것이 어색하게 들릴 수도 있지만, 중앙은행과 금융 당국은 이런 프로젝트 덕에 안보 담당 부처와 내무부가 갖고 있던 금융 부문의 사이버 보안 감독권을 되찾을 수 있었다.

하지만 미국의 국가안보국NSA, 영국의 정보기관인 GCHQ[3] 같은 부서들은 **여전히 금융 부문의 사이버 보호(방어)에 깊숙이 개입한다.** 또한 이런 개입은 반드시 국내 기관에만 국한되지 않는다. 라자루스 공격 사건이 벌어진 이후(14장 참조) 방글라데시 중앙은행의 컴퓨터를 포렌식 분석한 결과, 두 그룹이 방글라데시 중앙은행 네트워크에 침투했다는 사실을 밝혀냈다. 그중 하나는 은밀하지만 '파괴적이지 않은' 공격을 통해 정보를 훔치는 '국가 행위자Nation-state actor'가 틀림없었다. 좀 더 쉽게 표현하자면, 스파이였던 것이다.

개인정보 보호 당국 역시 면밀한 주의를 기울이고 있다. 특히 결제 시스템과 관련된 사이버 보안 사건에 많은 관심을 둔다. 2013년 미국의 내부고발자 에드워드 스노든Edward Snowden은 미국 국가안보국이 수행하던 국제 감시 프로그램에 관한 극비 정보를 기자들에게 공개했는데, 그 후 몇 달 만에 스위프트도 이 사실을 어렵게 인지할 수 있었다.

여느 때와 다름없이 평온했던 9월의 오후, 브라질의 주간 TV 뉴스 프로그램 〈판타스티코Fantástico〉가 미 국가안보국이 브라질의 거대 국영 석유회사 페트로브라스Petrobras를 감시하고 있다는 소식을

---

3 영국 국가사이버보안센터(NCSC, National Cyber Security Centre)를 통해 운영된다.

보도했다. 뉴스가 나오자마자 브라질에서는 대소동이 벌어졌다. 하지만 그에 더해 벨기에 기자들은 또 다른 쟁점들을 보도했다. 페트로브라스 외에도 프랑스 외무부, 구글, 브뤼셀 외곽에 본사가 있는 스위프트 등도 미 국가안보국의 감시를 받았다는 내용이었다. 이 뉴스가 보도되기 일주일 전에 GCHQ가 '오퍼레이션 소셜리스트Operation Socialist'라는 관련 도청 프로그램으로 벨기에의 국영 통신사 벨가콤Belgacom을 감시해왔다는 소식이 터져 나온 상황이었기에 벨기에 언론은 스노든의 폭로 내용에 지대한 관심을 가지고 있던 터였다.

벨기에라는 나라는, 말하자면 007 제임스 본드가 아니라 에르퀼 푸아로Hercule Poirot(아가사 크리스티의 소설에 등장하는 탐정 - 옮긴이)에 가까운 다소 조용한 나라다. 대륙을 넘나드는 스파이 활동과는 전혀 관계가 없던 나라였기에 벨기에의 회사들이 스노든 사건과 관련 있다는 뉴스는 즉시 신문 헤드라인을 장식했다. 벨기에 언론이 국제적으로 대단한 영향력이 있는 것은 아니지만, 인근의 작은 이웃 국가들에게는 상당한 영향을 미치기도 한다.

네덜란드는 예상대로 관심 갖기 시작했고, 머지않아 네덜란드 데이터보호국Dutch Data Protection Authority이 TV 방송을 통해 이에 관한 조사에 착수할 것이라고 발표했다. 네덜란드 데이터보호국은 스위프트의 유럽 데이터 센터 중 하나가 자국에 있다는 이유로 이 문제에 대한 사법관할권을 주장했다. 이듬해 5월, 네덜란드 데이터보호국은 긴 조사 끝에 스위프트의 보안 위험 징후를 발견하지 못했다는 짤막하고도 뉴스거리로서의 가치가 없는 결론을 내렸다.

자, 그렇다면 **우리의 결제 시스템은 누가 책임지고 있는 것일까?** 모두의 책임하에 있을 수도 있고, 그 누구의 책임도 아닐 수 있다. **모두라고 말할 수 있는 이유**는 은행과 이해관계에 있는 (혹은 이해관계가 있다고 주장하는) 수많은 규제기관들이 은행의 결제 활동을 감독하기 때문이다. 미국은 연방정부와 주정부 차원에서, 유럽은 각국과 EU 차원에서 규제 당국이 있으며, 여기에 더해 업무 감독 당국, 경쟁 당국, 데이터 보호 및 개인정보 보호 관련 업무를 담당하는 조직 그리고 정의, 시민의 자유, 사이버 보안, 대내 안보, 국가 안보 등을 담당하는 조직이 있다.

반면 **그 누구의 책임도 아니라고 보는 이유**는 우리가 결제함에 있어서, (누구의 간섭도 없이) 정확히 우리가 원하는 대로, 즉 원하는 곳에서 원하는 방식으로 원하는 때에 원하는 것으로 결제하고 결제받을 수 있기 때문이다. 물론 우리가 선택한 결제 서비스 업체(스트라이프나 스퀘어 같은 업체)가 허용하는 범위 내에서, 그리고 거액 현금 거래가 아닌 이상 그렇다.

그 중간쯤에 핀테크 같은 비은행 결제 서비스 업체가 있다. 비은행 결제 서비스 업체는 은행과 관련된 수많은 아웃소싱 업체 등과 함께 서비스를 공급하는데, 이들에게는 대체로 가벼운 규제만 적용된다 (보통 규제 샌드박스의 혜택을 받기 때문이다). 마지막으로, 우리가 만들어놓은 (혹은 최근까지 유효했던) 규제의 네버랜드에서 중국의 알리페이와 텐페이는 적어도 영업 초창기까지는 어떠한 규제나 감독도 받지 않았으며, 그럼에도(혹은 그러했기에) 결제산업에 있어서는 은행만큼 혹은 은행보다 더 거대한 존재로 성장했다.

바로 여기에 문제가 있다. **결제 부문에서 외국에 종속되는 것은 커다란 위협을 야기할 수 있다.** 만약 외국의 비은행 결제업체의 시장 점유율이 국내 은행보다 커지면 국내 여러 감독 당국, 특히 중앙은행의 역할과 권한이 축소될 수 있다. 그리고 외국계 결제회사의 점유율이 커진다는 것은 국내의 일자리도 줄어든다는 것을 뜻한다. 그런데 이런 점을 제외하면 결제망을 누가 소유하는지가 정말 중요한 문제일까? 대부분은 그렇지 않을 것이다. 어쨌든 비즈니스는 비즈니스일 뿐이기 때문이다.

그러나 외국계 결제회사가 우리나라에서 서비스를 갑자기 중단하거나 외국과 우리나라 간 갈등 상황이 발생하면 문제는 심각해진다. 서비스를 공급하는 외국이 우리나라에서 확보한 데이터를 감시하거나, 우리나라에 불리한 방식으로 데이터를 이용할 수도 있다. 클라우드 접근이 어려워질 수도 있고, 라우터나 소프트웨어가 제대로 수정되거나 업그레이드되지 않을 수도 있고, 암호가 풀릴 수도 있다. **극단적인 상황이 발생하면 국가 전체의 결제 시스템이 한마디로 사라져 버릴 수도 있다.** 5G 모바일 네트워크를 누가 설치하는가에 대해서는 엄청난 우려를 표명하면서, 결제 기술에 대한 우려는 거의 없다는 점이 이상할 따름이다.

국가 간의 갈등이 아니더라도 문제는 얼마든지 생길 수 있다. 호환성도 문제가 될 수 있다. 주요 결제회사(카드회사나 전자지갑 업체 등)의 모국이 사용자의 국가와는 다른 개인정보 보호법을 갖고 있거나, 언론의 자유를 제한하는 정책에 대해 다른 견해를 가지거나, 상대적으로 느슨한 규제 체계를 갖고 있거나, 사이버 보안에 대한 전문지식이 충분하지 않을 수도 있다.

결제 서비스를 제공하는 권한을 외국 기업이 가져갈 때 **우리가 잃는 것은 결제를 통제할 수 있는 권한에 그치지 않는다.** 방대한 데이터를 넘겨줘 경쟁국을 인공지능 강국으로 만들어주는 형국이 될 수도 있다. 이런 일이 벌어지면 금전적 수익을 빼앗길 뿐만 아니라, 양질의 일자리까지 위협받게 된다. 게다가 중요 정보에 접근하는 사법 당국의 역량을 제한하거나, 사법 절차에 구속되지 않는 외국 기관에 과도한 정보 접근권을 제공하게 될 수도 있다. 어쩌면 마음대로 (결제 시장의) 가격을 인상할 수 있는 전권을 외국 기업이 가져갈지도 모른다.

현재 세계는 지정학적인 긴장감이 고조되고 다국적 기업의 세수 확보를 위한 다툼이 격화되는 중이다. **결제에서 점차 국경이 사라지고 기술 의존도가 높아지면서 주도권을 차지하려는 싸움도 이미 시작됐다.** 브라질부터 인도네시아, 유럽 등 곳곳에서 결제 데이터 저장에 관한 규제가 생겨나고 있다. 누가 시스템을 설계할 것인지, 누가 규칙을 제정할 수 있는지와 같은 세부적인 처방이 이미 존재한다. 지금까지는 이런 내용이 대중의 관심을 얻지 못했으며 비공개로 논의돼 왔다. 하지만 이제는 이 영역을 눈여겨봐야 한다. 이 논의는 순식간에 끓어올라, 누가 5G 네트워크를 설치해야 하는가 같은 논의만큼이나 격렬해질 수 있다.

27

EU 규제 당국은
어떻게 결제를 재조정했는가

"유럽과 대화하려면 도대체 누구에게 전화해야 합니까?"

전 미국 국무장관 헨리 키신저Henry Kissinger가 내던진 질문이다. 이는 유럽에서 강력한 중앙 집권화가 필요하다고 주장하는 사람들이 툭하면 근거로 인용하는 구절이다. 하지만 키신저의 측근에 따르면, 사실 키신저는 유럽에 대해서 중앙 집권화의 문제가 아닌 다른 걱정을 가지고 있었다. 키신저는 무능하기 짝이 없는 EU의 대표(이사회 의장)를 상대해야 하는 상황에 지칠 대로 지쳤다고 한다.

만약 키신저가 결제 관련 법령에 대해 '유럽과 대화'하고자 했다면, 그의 말마따나 누구와 이야기를 해야 할지 파악조차 하기 어려웠을 것이다. 유럽에는 유럽중앙은행, 유럽은행감독청, EU 집행위원회와 각국의 중앙은행뿐 아니라 각국의 금융 감독 기구들이 존재한다. 영국 은행들은 유럽중앙은행의 관할 범위에서 멀리 떨어져 있긴 하나,

(물론 유로화로 거래할 때는 유럽중앙은행의 감독을 받을 것이다) 이들도 다른 기관으로부터 유사한 금융 감독을 받는다. 영국에는 영국 은행의 감시를 위해 설립된 별도의 금융 당국인 결제시스템감독국Payment Systems Regulator이 있다.

유럽 소비자의 관점에서 상황을 바라보면 이렇게 **많은 감독기관이 존재한다는 게 꼭 나쁘지만은 않다.** 유럽은 전역에서 카드를 자유롭게 사용할 수 있으며 그 비용도 대개 무료다. 실시간 결제 서비스도 마찬가지다. 유럽 어디로든 자동이체나 계좌이체를 거의 즉시, 무료로 실행할 수 있다. 게다가 외환 수수료가 함부로 높게 책정되지도 않으며 투명하게 부과된다. 여기에 더해 오프라인 은행, 네오뱅크, 인터넷 은행, 간편결제 등 선택의 폭도 넓다.

그러나 유럽의 결제산업에 투자하는 **투자자의 관점에서는 그리 반가운 사실은 아니다.** 13장에서 살펴봤듯이 유럽 은행의 수익률은 전 세계에서 가장 낮은 편이며, 매출 성장률은 중국이나 미국 은행과 비교해 형편없는 수준이다. 유럽 투자자들이 유럽 은행 대신 유럽의 비은행 결제 서비스 제공업체에 투자하면 될 테니 별 문제가 되지 않는다고 생각할 수도 있겠다. 물론 그럴 수는 있다. 하지만 유럽 투자자들은 몇몇의 우수한 유럽 기업을 제외하면, 대부분 미국이나 중국에 투자하기를 선호할 것이다.

유럽의 결제산업이 국내외에서 모두 호환될 만큼 커졌음에도, 유럽의 결제 기업들이 미국이나 아시아 기업들의 성장률과 규모의 경제를 따라가지 못하는 까닭은 무엇일까? 사실 이 질문 속에 답이 있다. 유럽의 결제 관련 요금은 계속 하향세였지만 각국의 은행들은 국외로 진출하지 않고 국내에서만 영업을 해왔다. 따라서 유럽계 은행들은 양쪽으로 압박을 받고 있다. 수수료 제한 때문에 결제 요금을 (과도하게) 올릴 수도 없고, 해외로 널리 진출하지도 못해 비용을 절감할 수도 없다.

유럽의 은행과 소비자들이 **유로 지역 내에서 자유롭게 결제할 수 있게 된 것은 규제 당국 덕분이다.** 2001년, 유럽에서는 완전히 새로운 결제 규제가 등장했다. EU는 이미 2년 전에 은행들끼리만 통용되던 '가상'의 유로화를 도입한 상태였으며, 2001년 말에는 실물 유로화를 발행할 예정이었다. 하지만 유럽의 결제 시스템은 여전히 국가별로 많은 차이가 존재했으며, 유로존 내 다른 국가에 돈을 보내는 것은 유로존이 아닌 곳으로 돈을 보내는 것보다 쉽지도, 싸지도 않았다. 유럽 은행들은 다른 유로존 국가에서 이뤄지는 ATM 현금 인출이나 카드 구매에 상당한 수수료를 부과했다. 사실 은행들은 실물 유로화 화폐가 발행된 뒤에도 이런 정책을 계속 고수할 예정이었다. 화폐가 다를 때 얻을 수 있었던 외환 환전 수입을 잃게 된 것만으로도 충분히 나쁜 상황이었는데, 수수료마저 포기할 수는 없었다.

하지만 브뤼셀의 EU 집행부에서 일하는 많은 외국인 공무원들에게 이런 **수수료는 큰 골칫거리였다.** 상당수의 EU 공무원들은 본국 은행 계좌를 유지한 상태로 벨기에서 국외 발행 카드를 이용해 물건을 구매하고 현금을 인출했다. 이들이 원래 가지고 있던 카드 상당수는 벨기에서 쓸 수 없었으며, 혹여 사용할 수 있더라도 그 대가로 많은 수수료를 내야만 했다.

2001년 12월, 유로 지폐와 동전이 도입되기까지 딱 2주가 남았음에도 유럽 은행들은 결제와 관련해 그 어떤 진척도 보이지 않았다. 그러자 이를 탐탁치 않게 여긴 EU 집행위원회는 국외 유로 결제에 적용할 EU 규정 2560/2001을 시행했다. 이름만 봐서는 무슨 뜻인지 와닿지 않겠지만, 이 규정은 유럽인이나 유럽에 거주하는 다른 나라 사람들의 경제 활동에 커다란 영향을 미쳤다.

EU 규정 2560/2001은 이체 · ATM · 카드 사용 등을 비롯한 **국내외 결제 비용의 차이를 없애는 규제였다.** 이로 인해 은행들은 국외 유로 송금에도 국내 송금과 동일한 수수료를 부과할 수밖에 없게 됐다. 당시 국내 송금에는 수수료를 부과하지 않는 은행이 대다수였기 때문에 이들은 국외 유로 거래 서비스도 무료로 제공해야 했다. EU 집행위원회는 은행들이 통일된 업무 방식을 도입해 진정한 단일 결제 지역을 만드는 데 협조하지 않는다면, 좀 더 가혹한 규제를 도입하겠다고 엄포를 놓았다.

은행들은 허를 찔렸다. 당시 EU의 일반적인 입법 절차는 '지침'이라는 형태였는데, 이 EU 지침이 효력을 발휘하려면 먼저 각국이 EU 지침을 반영해 자국의 법으로 바꾸는 과정이 필요했다. 그 덕분에 EU의 기업은 숨 돌릴 틈을 갖고 전략을 짤 수 있는 여유가 있었다. 이에 반해 **EU 규정**EU Regulation**은 즉각적인 효력을 발휘**했기에 각국의 요구사항이나 관심사에 맞춰 EU 규정을 조율할 여지가 없었다. 더욱이 은행들은 자국 정부와 규제 당국, 감독기관에 영향력을 행사하는 것에는 노련했지만, EU에는 그렇지 못했다. 그간 은행들은 자국의 청산기관이나 다른 결제 인프라 기구를 차지하고 국내 규제를 만들어가는 데만 익숙해져 있었다. 은행의 입장을 옹호하고 로비를 주도한 것은 전국의 은행협회National banking associations였다. 유럽은행연합European Banking Federation이 있긴 했지만(물론 아직도 있다) 이는 '협회들의 연합'으로, 유럽은행연합의 회원은 은행이 아니라 EU 회원국의 전국 은행협회다. 조금 복잡하지만 참고로 말하면, 유럽은행연합은 대형 상업은행만을 대변하는 기구이며, 저축은행과 협동조합은행의 이익을 대변하는 기구는 별도로 존재한다.

은행업계에는 **범유럽 인프라도 부족했다.** 몇 해 앞선 1998년에 유럽에서 가장 규모가 큰 52개 은행들은 'EBA 클리어링EBA Clearing'이라는 결제 인프라 기구를 설립한 바 있었다. 달러화 결제를 담당하는 미국의 칩스CHIPS와 유사한 지급결제 인프라 기구였다.[1] 하지만 국외로 소액의 유로를 보낼 때 활용할 수 있는 청산기관은 없었고, 자동이체 서비스는 국내에서만 작동했다.

혼란이 가중되던 2002년 3월, 브뤼셀의 한 호텔에서 20여 개의 은행과 3개의 연합 및 결제 인프라(EBA 클리어링 같은) 등에서 활동하는 40여 명의 대표가 만남을 가졌다. 참가자들은 이틀에 걸쳐 유로존의 SEPA(단일 유로 결제 지역)를 구현하는 데 필요한 결제망의 윤곽을 도출해냈다. 은행들은 유럽지급결제위원회EPC, European Payments Council를 임명했고, **계좌이체와 자동이체에 적용할 범유럽 차원의 계획을 수립하기로 했다.** 은행들이 소유한 EBA 클리어링은 기존의 스텝

---

1 칩스(CHIPS, Clearing House Interbank Payments System)는 미국에 있는 최대 규모의 민간 부문 달러 송금 시스템이다. (민간 지급결제기관인 TCH가 운영하는 거액 결제 시스템으로 국가 간 거래, 은행 간 거래, 증권 거래 등에서 발생하는 자금이체를 처리한다 - 감수자)

2Step2 청산 시스템[•]을 이용해 정산 업무를 진행한다는 나름의 계획을 세웠다.

EU 집행위원회는 이러한 은행들의 자율적인 노력에 대해서 보고를 받았지만 크게 감명받지는 않은 듯하다. EU 집행위원회는 은행들의 방안에 만족하지 않고, 추가 규정과 지침을 내놓으며 단일 결제 지역 수립을 향해 계속 나아갔다. 2007년 PSD(결제 서비스 지침)라는 지침을[2] 통해 결제 서비스 공급자의 개념을 정의하고[3] 유로존 내에서의 송금 처리 기간을 최대 2일로 제한했다. 이후 2016년에 PSD 개정판인 PSD2(11장과 21장에서 살펴봤다)를 발표했으며, 은행은 앞서 18장에서 살펴봤던 새로 등장한 핀테크 기업을 비롯한 제3자들에게 계좌 정보에 대한 접근권을 줄 수밖에 없는 입장이 됐다. **이 지침을 통해 핀테크 기업이 은행과 직접 경쟁하며 고객들을 대신해 지불하고 잔고를 확인할 수 있게 된 것이다.**

EU 집행위원회뿐만 아니라 유럽중앙은행 역시 결제에 상당한 에너지를 쏟아부었다. 1999년에 유럽중앙은행은 거액을 처리하는 중앙은행 결제 시스템인 타깃TARGET을 설립해 인프라를 발전시키겠다는 포부를 분명하게 밝혔다. 유럽중앙은행은 이를 위해서 (16장에서 살펴본) **EU 회원국의 RTGS 시스템**(각국의 RTGS 시스템이 상당히 다른 경우도 있었다)**을 하나의 네트워크로 통합했다.**

• STEP2는 개인 간 소액의 유로화 자금이체를 처리하기 위한 범유럽 자동 청산 시스템이다.
2 PSD, 혹은 EU 지침 2007/64/EC.
3 결제 서비스 공급자는 규제에 따라 결제 서비스를 수행하는 조직이다.

유럽중앙은행은 유럽의 새로운 통화 정책 일환으로 개발한 타깃의 활약으로 인해 유럽 전역에서 이뤄지는 거액 결제가 더욱 빠르고 안전해질 것이라고 주장했다. 또 유럽중앙은행은 타깃을 공개한 지 얼마 되지 않아 탈중앙화된 기술 구조와 IT 일관성 부족을 언급하며 타깃 혁신 방안을 내놓았다. 게다가 유럽중앙은행은 타깃2가 완전히 작동하기도 전에 타깃2 증권TARGET2 Securities이라는 증권 청산 시스템을 구축하겠다고 발표했다.

유럽중앙은행은 유럽의 통합 시스템으로서 타깃이 거둔 성공을 토대로(성공에 대한 공로도 자평했다), 자신들이나 규제 당국들도 결제 시스템 개선에 박차를 가할 것이라 공언했다. 거트루드 텀펠-구게렐 Gertrude Tumpel-Gugerell 이사가 2006년 여름 마드리드에서의 연설에서 '시장에 문제가 생기면 당국이 행동에 돌입할 준비가 돼 있다.'라고 간단명료하게 밝혔듯이 말이다.

간단히 말하면 **유럽 소비자들에게는 많은 선택권이 생겼지만, 유럽 은행들은 많은 규제기관의 감시를 받게 되었다.** 이는 결제 부문에서 큰 성공을 거두고자 하는 기업에게 유럽이 이상적인 장소는 아니라는 뜻이다. 수수료 상한 정책이나 기타 규제에 따른 제약도 염려해야 하고, 낮은 수수료를 원하는 소비자들의 기대치에 대해서도 고민해야 하며, 다수의 규제기관에 부응해야 하고, 27개 남짓한 회원국이 지닌 각기 다른 특성도 고려해야 한다.

물론 유럽에서도 몇몇 거대한 비은행 결제 기업들이 등장했다. 불편했던 외국환 시장의 약점을 비즈니스 기회로 바꿔 승승장구하고 있는 트랜스퍼와이즈, 주로 국외의 거대 전자상거래 기업에 서비스를 제공해 성공 가도를 달리는 아디엔, 결제 과정에 대출을 결합함으로써 성장을 꾀하는 클라르나에 대해 우리는 이미 살펴보았다. 하지만 이들은 예외적인 존재다. **대부분의 거대 결제 기업은 EU 밖에서 탄생했다.**

이런 현상이 벌어지는 원인은 EU 회원국마다 지불 습관이 다른 데다 법률적, 언어적, 지리적 난관이 많기 때문이다. 혹은 단순히 민간 부문의 창의력이 부족해서일 수도 있다. 하지만 가장 큰 원인은 유럽의 입법기관과 규제 당국이 각 지역이나 국가의 서비스 공급업체를 육성하는 것보다 경쟁과 소비자 선택권을 장려하는 쪽을 더욱 중요하게 여기며, 결제 비용을 낮추는 데 커다란 관심을 갖고 있기 때문이라고 봐야 한다. 이런 관점을 가진 사람들은 이 방식이야말로 유럽 소비자들을 위한 최선의 이익이라고 생각한다. 그러나 이에 비판적인 반대론자들도 있다. 반대론자들은 장기적인 관점에서 보면 유럽 고유의 결제산업이 한층 강해져야 유럽 소비자들에게 도움이 될 것이라고 반박한다.

28

결제는 어떻게
강력한 무기가 되는가

우후죽순처럼 생겨난 시스템을 여러 규제기관이 감독하는 것은 유럽에만 국한된 이야기가 아니다. 세계 곳곳에서 비슷한 모습이 관찰된다. 그렇다면 **전 세계적 결제망을 실질적으로 통제할 수 있는 존재가 과연 있는지** 궁금할 수 있겠다. 이 질문에는 간단명료하게 '그렇다'고 말할 수 있다. 답은 미국이다. 나머지 나라들이 좋아하건 그렇지 않건 모든 권한의 최정점에 있는 나라가 미국이라는 사실은 바뀌지 않는다.

이해를 도울 수 있는 사례는 무궁무진하다. 미국과 그의 최대 동맹인 EU를 대립하게 만들고, 세계 최초로 '지정학 위원회Geopolitical Commission'가 설립되게 만든 극적인 사건부터 살펴보자. 2018년 5월 트럼프 전 미국 대통령은 자신의 전임자인 버락 오바마 전 대통령이 서명했던 이란과의 핵합의에서 탈퇴하겠다고 발표했다. 2015년에 미국과 프랑스, 독일, 영국, 중국, 러시아, EU, 이란이 공들인 협상 끝에 도출한 이란 핵합의(포괄적 공동행동계획) JCPOA, Joint Comprehensive Plan of Action는 이란의 핵 개발 제한을 조건으로 대이란 제재를 완화하는 약속이었다. 이란 핵합의는 궁극적으로 이란과의 관계 정상화를 예고하는 훌륭한 외교적 성과였다.

이란의 요청사항 중 하나는 세계 결제 시스템에서 이란 은행들을 배제했던 제재의 해제였다. 미국과 EU 회원국들은 자국 금융업계가 이란과의 거의 모든 거래를 처리하지 못하도록 금지함으로써 이란 은행들을 글로벌 결제 시스템에서 배제했고, 이런 조치는 **사실상 이란의 국제 금융 시스템 접근을 막는 결과로 이어졌다.** 이에 이란은 국제 금융 시스템으로의 복귀를 허락한다는 확약을 원했다. 이것이 합의 서명을 위한 필수 요건이었다. 당시 오바마가 재임 중이었고 민주당 의원들은 모두 대통령의 뜻을 따라야 하는 상황이었던 한편, 공화당은 통일된 의견을 모으지 못했다(물론 상당수가 이란 핵합의에 반대하는 목소리를 높였다). 그러니 무언가 잘못될 리가 있었겠는가?

하지만 2018년 트럼프가 핵합의를 되돌려 버리자 많은 문제가 발생하기 시작했다. 트럼프 행정부가 이란 핵합의에서 탈퇴하기로 한반면, 다른 조인국들은 이란 핵합의를 계속 유지하자는 입장이었다. 유럽 조인국들은 이란 핵합의를 지켜내겠다는 단합된 뜻을 고수했다. 그 때문에 유럽 조인국들은 과거에 철회했던 모든 금융 제재를 다시 가하기로 마음먹은 미국과 정면으로 충돌하게 됐고, 이로써 EU 금융 부문은 갈등의 중심에 서게 됐다.

유럽 기업은 EU 법의 적용을 받기 때문에 문제가 즉각적으로 가시화되지는 않았다. 그러나 **유럽 조직을 통해서 실행되는 상당수 거래는 미국 달러로 거래된다.** 다시 말해서 미국의 청산 시스템과 미국 은행들을 거쳐서 거래가 진행될 수 있다는 얘기다. 미국의 지시를 따르지 않으면 유럽 금융기관마저도 미국의 제재를 받게 돼 결국 미국 결제 시스템에 접근하지 못하고 자사 고객에게 서비스를 제공할 수 없게 될 터였다.

이후 몇 달 동안 외교의 수레바퀴가 바쁘게 굴러갔다. 유럽과 다른 강대국들은 처음에는 트럼프가 얼마나 극단으로 갈 것인지를 파악하려고 애썼다가, 그다음에는 분별력을 잃지 말라고 요청했으며, 마지막으로는 미국이 내린 결정의 여파를 누그러뜨리려고 노력했다. 트럼프가 대통령 자리에 앉아 있고 존 볼턴John Bolton이 국가안전보장회의 수장을 맡은 상황에서 다른 나라들은 자신들이 패할 것임을 알았지만, 최후의 순간까지 희망을 잃지 않으려고 노력했다. EU는 미국의 제재로부터 유럽 조직들을 보호하기 위해 대항입법Blocking regulation까지 마련했다.[1] EU의 대항입법이 EU 금융 부문을 상대로 미국이 법을 집행하지 못하도록 막는 법적인 보호 장치가 되지는 못하더라도, 적어도 트럼프와 볼튼이 우아하게 뜻을 굽힐 수 있는 퇴로가 되어줄 수도 있을 것이라는 희망 때문이었다.

---

1 당시 미국 정부는 이란과 거래하는 외국 조직이나 개인에 제재를 가하겠다고 발표했고, EU는 미국 영토 밖에서 적법한 활동을 하는 EU 기업, 개인, 자선 단체, 봉사 단체 등을 미 정부의 제재로부터 보호하기 위한 대항입법을 발표했다.

시도는 좋았지만 어림도 없었다. 2018년 11월 트럼프 행정부 재무 장관 스티븐 므누신Steven Mnuchin은 오바마 전 대통령이 철회한 대이 란 금융 제재 방안을 전면 복원하겠다고 발표하면서, **이란과 금지된 거래를 하는 모든 조직과 개인에게도 가차 없이 제재를 가하겠다**는 미국 의 의지를 EU에 분명하게 전했다.

EU는 최선의 상황을 기대하면서도 최악을 대비했다. EU 금융기 관들이 이란에서 철수하던 바로 그때, EU 집행위원회는 **미국의 제재 를 회피하기 위한 방법**을 강구해냈다. 바로 달러 외의 통화를 이용한 이란과의 거래를 처리하는 특수목적법인의 설립 계획을 발표한 것 이다. 인스텍스INSTEX, Instrument in Support of Trade Exchanges(무역 거래 지원 수단)라 불린 이 방안은 EU가 이란 핵합의를 서면 그대로 따르지는 못하더라도, 이란 핵합의의 정신을 지키는 동시에 원칙적인 선에서 유럽 기업이 이란과 계속 비즈니스를 할 수 있도록 돕기 위한 수단이 었다.

하지만 인스텍스가 할 수 있는 일이 많지 않다는 사실이 곧 드러났 다. 미국 은행의 시스템을 전혀 거칠 필요가 없음에도 은행들 스스로 가 이란과의 비즈니스를 원하지 않았기 때문이다. 결국 인스텍스가 제공할 수 있는 최선의 서비스는 (a) EU의 이란 제품 수입액이 EU의 대이란 수출액과 완벽하게 일치하고, (b) 이 중 어떤 제품도 미국의 수출입 금지 조항을 위반하지 않았을 때, (c) EU 은행들은 EU 기업 간에 오가는 관련 금액을 대변 및 차변에 기입하는 원장 수준에 그칠 수밖에 없었다. 인스텍스를 설계한 외교관들은 세 가지 측면 모두에 서 실망하고 말았다.

출범된 지 한 해가 지나서도 인스텍스는 전혀 사용되지 않았다. 2020년 3월이 되어서야 프랑스, 독일, 영국이 '영세 카펫 무역업자들이나 쓸 법한 망가진 보험 수단'이라는 혹평을 받기도 한 인스텍스를 이용한 첫 번째 거래를 승인했다. 이 최초의 인스텍스 거래는 이란의 코로나19 팬데믹 대응을 돕기 위한 의약품 수출이었다. 하지만 너무 늦은 데다 거래 규모도 미약했다. 그 무렵 이란은 이미 이란 핵합의에서 탈퇴해 핵 개발을 재개하겠다고 공표한 상태였다. EU는 여러모로 애를 썼지만 결국 미국의 제재 앞에서는 어쩔 도리가 없음을 증명해보인 꼴이 되고 말았다.

어떻게 한 국가가 다른 곳에서 일어나는 두 국가 간의 거래를 막을 수 있는 것일까? 그 이유를 찾다 보면, **결제가 단일화된 세계 시스템이라는 피할 수 없는 사실**로 되돌아간다. 금융 부문에서 자국의 영향력을 증명해보이려던 미국의 열정은 이 같은 상호 연결성에 내재된 위험을 가감 없이 보여주는 극단적인 사례일 수도 있다. 그러나 무엇보다 세계 결제 질서를 통제하려는 미국의 이런 모습은 앞서 26장에서 언급했던 중요한 부분, 즉 **누가 결제 뒤에 존재하는 파이프를 소유하고 통제하고 비용을 내는가의 문제**를 상기시킨다.

설사 그렇더라도, 왜 다른 나라 은행들은 미국 언저리에도 가지 않는 결제를 처리하면서 미국의 제재를 따를 수밖에 없는 것일까? 바로 미국 달러 자체가 가지는 남다른 위상과 **세계 결제 시스템에서 미국 달러가 담당하는 특수한 역할** 때문이다. 달러는 궁극적인 금수조치 수단으로 사용할 만큼 막강하다. 다시 말해서 개인, 기업, 국가 등의 상대가 미국 달러를 사용하지 못하도록 만들면 사실상 그 상대를 국제

결제 시스템에서 배제할 수 있다. 미국이 제재를 가하면 제재 대상은 국제 무대에서는 그 어떤 경제 활동도 할 수 없게 된다.

대부분의 국제 무역이 미국 달러로 이뤄지는 것도 이러한 일을 가능하게 만드는 원인 중 하나다. 스위프트는 자신들이 처리하는 지급 지시에 사용되는 통화의 비중을 측정하고, 각 통화의 상대적인 비중을 정기적으로 공개한다. 스위프트가 발표한 결과를 보면 언제나 달러가 전체 국제 결제 중 거의 절반을 차지한다. 무역 금융 결제만 따로 떼어놓고 보면 달러로 처리되는 거래가 모든 거래의 무려 90%에 달한다. 어떤 면에서 **달러는 영어처럼 세계 표준의 역할을 한다.** 세계 무대에서 활동하는 기업들의 준거 틀이자 공통어인 것이다.

그리고 **달러는 외환 시장도 지배한다.** 달러는 다른 통화 간의 이동을 가능케 하는 글로벌 허브와 같다. 예를 들면 인도 루피와 러시아 루블을 직접 거래할 수 있는 유동적인 시장은 없다. 대부분의 외환 거래가 달러를 기준으로 진행되는 것도 이런 이유에서다. 영국 파운드로 멕시코 페소를 사려면 매우 많은 비용이 든다. 파운드와 페소라는 두 통화를 직접 사거나 팔려는 사람이 충분하지 않기 때문이다. 1파운드를 내면 25페소를 받지만, 25페소를 내면 겨우 76펜스만 돌려받을 수도 있다. 이와 같은 매매 가격의 차이가 소위 '스프레드 Spread'다. 먼저 파운드를 달러로 교환한 다음 달러로 페소를 사는 것이 훨씬 경제적이다. 두 시장 모두 스프레드가 적고 훨씬 더 '유동적'이기 때문이다. 이런 현상 덕에 외환 거래에서 달러의 위치가 더욱 공고해진다.

미국 달러의 막강한 우위는 여기가 끝이 아니다. **달러는 다른 나라**

들이 외환 보유고로 유지하는 통화다. 독일, 일본, 중국처럼 무역 흑자를 내는 나라들은 대부분의 돈을 해외에서 달러로 보관하며, 그중 상당수는 미국 국채에 투자한다. 정부와 대기업이 해외에서 돈을 빌릴 때도 대개 채권을 달러로 표기한다. 왜 그럴까? 달러 결제 시장이 유동성이 가장 크므로 사고팔기 쉽고, 그래서 투자자들이 달러로 표기된 채권을 투자 대상으로 선호하기 때문이다. 또 다른 이유로 채권을 발행한 정부가 자국 통화를 평가 절하하더라도 달러를 기반으로 하는 정부 채권의 가치는 유지된다는 점을 들 수 있다.

그뿐 아니라 **달러는 종종 위기 속에서도 가장 안전한 피난처로 여겨진다.** 리먼 브라더스가 무너지고 미국의 주택 시장과 금융 시장이 대혼란에 휩싸였을 때 투자자들은 어디에 돈을 넣어뒀을까? 바로 달러다. 그렇다면 투자자들이 미국 달러가 안전하다고 생각하는 이유는 무엇일까? 일단, 모두가 그렇게 생각한다는 것이 하나의 이유가 될 수 있다. 하지만 더 중요한 이유는 미국 경제가 크고, 강하고, 회복력이 있기 때문일 것이다. 미국 내에는 강력한 기관들이 있는 데다 미국은 국제적으로도 막강한 영향력을 자랑한다. 게다가 미국의 국방비는 다른 모든 나라의 국방비를 더한 것과 맞먹는 수준이다. 유동성도 관건이다. 미국 내 증권 시장은 단연코 세계가 인정하는 최대 규모의 시장이다. 그렇기에 은행에 달러를 맡겨두는 게 탐탁지 않을 때 당장 쓸 일이 없는 달러를 투자할 만한 유동 자산이 많다.[2]

달러가 전 세계의 기축 통화라는 이유로 미국은 '턱없이 과도한 특권'을 갖게 됐다. 자국 통화로 거의 무한정 돈을 빌릴 수 있는 세계 유일의 나라가 바로 미국이다. 이 같은 특성은 미국이 평가 절하나 투기의 위험으로부터 자국을 보호하는 데 도움이 된다. 게다가 미국은 직접 돈을 찍어내 채권자들에게 빚을 갚을 수 있다. 미국을 제외한 다른 어떤 나라도 미국과 같은 속도와 양으로 돈을 찍어낼 수 없다.

이 같은 현상은 최근에 시작된 것이 아니며 우연히 나타난 것도 아니다. 두 차례의 세계 대전과 미국의 노련한 전후 대응 덕에 미국 달러는 파운드를 몰아내고 세계 기축 통화로 우뚝 섰다. 미국은 기축 통화국이 되면 막강한 힘을 가진다는 사실을 재빠르게 알아차렸다. 미국이 금본위제 폐지를 선언하고 달러를 평가 절하한 1971년, 당시 미국 재무장관이었던 존 코널리John Connally는 G10 콘퍼런스에서 "달러는 우리의 통화지만, 당신들의 문제"라는 유명한 말을 남겼다. 코널리는 자신의 생각을 직설적으로 표현하는 인물로, 댈러스에서 케네디 대통령 암살 사건이 벌어졌을 당시 케네디 대통령이 탑승한 차량에 동승해 총알 두 발을 맞고도 살아난 사람이다. 그리고 코널리가 단언한 대로, 그 이후 달러가 초래한 다른 나라들의 문제는 더욱 커졌을 뿐이다.

미국 달러에 턱없이 과도한 특권이 주어지게 된 배경 중 하나는, 어떤 나라의 은행이건 **일정 규모 이상의 은행은 무조건 거액의 달러 대금 지급을 처리해야 한다는 것이다.** 그러려면 달러 유동성 및 달러 거액 결제 시스템에 접근할 수 있어야 하고, 이런 업무를 처리할 수 있는 곳

---

2 미국 증권 시장의 규모는 미국을 제외한 나머지 나라의 증권 시장을 모두 더한 것과 맞먹는다. 미국에서 발행된 증권은 전 세계 유가증권이 가진 시장 가치(180조 달러)의 절반(85조 달러)에 가깝다.

은 뉴욕 인터뱅크 시장(은행 간 외환 시장)뿐이다. 은행이 국제 비즈니스를 하려면 직접적으로 거액 달러 결제 시스템에 참여하는 미국 자회사나 지사를 보유하거나, 이런 업무를 처리할 수 있는 대리 은행과 제휴해야 한다. 씨티은행과 JP모건이 세계 최대 규모의 대리 은행이 된 것도 이런 상황에 기인한다. 두 은행은 홈어드밴티지를 누리는 것이다.

어느 면에서 보건, 미국은 기축 통화라는 달러의 지위 덕에 **결제 시스템에 엄청난 영향력을 행사하고 사실상 모든 수준에서 거래를 차단할 수 있게 됐다.** 이 시스템은 맨 처음 시스템을 고안한 사람들이 예상했던 것보다 더욱 효과적임이 드러났고, 무엇보다 이런 일이 가능한 이유는 결제에서 차지하는 달러의 역할 덕분이다.

이해를 돕기 위해 가상의 예를 하나 들어보겠다. 독일의 어느 공급업체가 완전히 합법적인 건축 설비를 이란에 납품한다고 가정해보자. 미국이나 EU의 어떤 제재 조항도, 독일 기업이 구매를 원하는 상대에게 물건을 팔거나 거래하는 것을 막지는 못한다. 그렇다면 독일 기업은 거래 대금을 어떻게 받을까? 이란은 함부르크에 거주하는 상당수의 이란인에게 서비스를 제공하는 유럽-이란 상업은행EIH, Europäisch-Iranische Handelsbank이라는 독일 은행에 여전히 수억 유로를 예치해두고 있다. 따라서 위에서 언급한 가상의 독일 기업에게 물건을 구매한 이란 측 구매자는 EIH를 통해 대금을 지불할 수도 있을 것이다.

그러나 현실에서는 그 같은 일이 일어날 수 없다. 어떤 독일 은행도 EIH와 거래하려 들지 않기 때문이다. EIH가 할 수 있는 최선의 방법은 이란에 보낸 물건 대금이 EIH에 있으니 찾아가라고 독일 기업에게 알려주는 것뿐이다. 독일 기업은 함부르크나 프랑크푸르트로 차를 몰고 가 EIH나 분데스방크에서 현금을 찾은 다음, 몇 개의 서류 가방에 나눠 담아 왔던 길을 되돌아갈 수도 있다. 그런 다음에는 인출한 돈이 자금세탁, 제재, 테러 자금 등에 관한 규정(2018년 8월에 미국의 압력을 더 이상 견디지 못하고 도입한 것이 틀림없는)에 어긋나지 않는다는 증거를 분데스방크에 제시해야 한다.

이 관문을 통과하면 독일 기업은 현금이 가득 담긴 1~2개의 서류 가방을 처리해야 한다. 독일 사람들이 아무리 현금을 좋아하더라도 이 정도 현금을 처리하기는 쉽지 않다. 이 돈을 자사 납품업체에 대금을 지급하는 데 쓰거나 직원들에게 월급으로 주려면 먼저 계좌에 돈을 예치해야 한다. 하지만 은행은 돈의 출처를 물어볼 것이고(은행은 응당 그럴 수밖에 없다) 출처를 밝히면 은행은 독일 기업이 가져온 유로를 받아주지 않을 것이다. 그 돈은 이란 은행에서 온 것이며 그것은 곧 미국의 제재를 위반했음을 의미하기 때문이다.

미국은 이렇게 자국 통화를, 그리고 (가장 중요한 부분인) **결제 시스템에 대한 영향력을 강력한 외교 무기로 탈바꿈시켰다.** 이런 현상은 '금융의 무기화Weaponisation of finance'라고 불리기도 한다. 이미 수 세기 동안 많은 나라가 무역과 무역 수단을 무기화해 왔고 미국의 행보 역시 오랫동안 이어져 온 전통에 부합하지만, 미국의 금융 무기화 역사는 비교적 최근에 시작됐다.

미국 해외자산통제국OFAC, Office of Foreign Assets Control은 많은 이들이 두려워하는 기관이다. 해외자산통제국의 전신은 해외자금관리국FFC,

Foreign Funds Control으로, 독일의 노르웨이 침공 후 점령 국가의 국외 자산에 나치가 접근하지 못하도록 막기 위해 1940년에 설립되었다. 미국이 제2차 세계대전에 참전하자 해외자금관리국은 적국의 자산을 동결했다. 그러다 1950년 12월에 중국이 한국 전쟁에 참전하고 트루먼 대통령이 국가 비상사태를 선포하면서 해외자산통제국이 탄생했다. 해외자산통제국이 취한 첫 번째 조치는 미국의 사법권 내에 있는 중국과 북한의 자산을 동결하는 것이었다.

하지만 미국이 **표적 금융 제재의 진정한 위력**을 실감하기 시작한 것은 그로부터 한참의 시간이 흐른 뒤였다. 2005년 미 재무부는 북한과의 거래가 많다는 이유로 마카오의 방코델타아시아Banco Delta Asia를 '주요 자금세탁 우려 대상Primary money laundering concern'으로 지목했다. 하지만 미국은 방코델타아시아가 북한 정권을 위해 자금세탁을 해줬다는 주장을 뒷받침하는 그 어떤 증거도 내놓지 않았다. 게다가 이런 조치를 시행하려면 미 재무부의 최종 결정이 필요했지만 이마저도 내려지지 않은 상태였다. 그럼에도 (아마 미 재무부와 해외자산통제국 담당들의 '지원'에 영향을 받은 탓이겠지만) 중국과 다른 해외 은행들은 다음 제재 대상이 될지도 모른다는 공포감에 휩싸여 방코델타아시아와의 거래를 중단했다.

자국의 제재가 낳은 파급 효과로 북한 은행들이 금융 시스템에서 완전히 배제되는 모습을 지켜본 미국은 자신들이 무언가 엄청난 존재가 되어가고 있음을 깨달았다. 그로부터 2년 후《인터내셔널헤럴드트리뷴International Herald Tribune》에는 다음과 같은 기사가 실렸다. '방코델타아시아의 운명은 **미국 정부의 단독 협박만으로도 금융 시장을**

아수라장으로 만들 수 있다는 경고나 다름없었다.'

아마도 이런 성공에 고무된 덕이겠지만 해외자산통제국은 역량을 더욱 키워 나갔고, 이제는 결제와 금융 흐름을 추적하고 특정 개인이나 조직을 미국의 안보와 외교에 대한 위협 요인으로 지정할 수 있는 거의 무한대에 가까운 능력을 갖추게 됐다. 미 재무부가 미국 안보나 외교에 위협이 된다고 지목한 대상을 통틀어 특별지정대상SDN, Specially Designated Nationals이라고 부른다. 특별지정대상으로 지목된 개인이나 조직의 자산은 모두 동결되고 모든 '미국인(미국 여권을 가진 사람을 비롯해 좀 더 포괄적인 대상)'은 특별지정대상 목록에 있는 대상과 거래할 수 없다. 또한 미국은 '악당'을 법의 심판대에 세우고 벌금을 부과하고 교정 프로그램을 주장하기 위해 자국의 법률을 정비하고 세밀하게 수정했다. 하지만 이는 시작에 불과했다. 미국은 **제재 대상과 거래하는 제3자까지 제재하는 세컨더리 보이콧**Secondary sanction, **즉 2차 제재**까지 부과해 제재의 파급력을 완전히 새로운 수준으로 끌고 가는 중이다.

1차 제재(또는 '평범한' 제재라고 불러도 좋다)는 제재를 시행한 국가(이 경우에는 미국)와 직접적인 관계가 있는 대상과의 거래를 금지한다. 예를 들어 이란의 석유 거래 대금을 미국 달러로 정산하지 못하도록 한다거나, 미국 기업이 이란 기업과 거래하지 못하도록 금지하는 식이다. 2차 제재는 1차 제재의 효과를 더 많은 국가로 확대한다. 즉, **어느 나라 기업이건 1차 제재 대상과 거래했다는 이유만으로 2차 제재 대상이 될 수 있다.** 앞의 독일 사례에서 확인했듯이 이런 식의 2차 제재를 가하면 사실상 세계의 그 어떤 은행이든 가리지 않고, 어디에서건 어떤 통화로건 다른 은행과 결제 업무를 진행하지 못하게 막을 수 있다.

이런 제재는 '악당'에 대한 전반적인 합의가 있을 때는 문제가 되지 않는다. 미국의 노력은 테러 시도를 찾아내서 근절하고, 테러를 지원하는 세력을 추적하는 데 도움이 됐다. 사실 이런 일을 도맡길 원하는 국가나 은행은 없다. 다만 모든 나라가 항상 같은 견해를 가지지 않는다는 사실에서 긴장이 생긴다. 세계는 경찰을 필요로 하지만, **모든 이가 자신을 보호해주는 경찰을 원한다.**

현재의 상황으로 인해 지정학적 긴장감이 높아진 데다, 2차 제재와 관련된 규칙들이 의도적으로 모호하게 만들어진 부분이 많아서 비싼(게다가 애매한) 법률 서비스가 요구되기도 한다. 이러한 모호성 위에 미 재무부의 막강한 영향력과 가혹한 법 집행에 대한 두려움이 더해지면서 완벽한 공포 분위기가 조성되자 '과잉 준수Over-compliance' 문제가 나타났다. 아직까지 미국 대법원에 소송이 제기된 적은 없으며 각종 규칙과 제재는 실제로 도전받은 적이 없다.

미국에서 관련 법률 초안을 만들 당시 유럽중앙은행이나 영란은행, 중국인민은행을 특별지정대상으로 지정하는 내용 같은 여러 궁극적인 위협 방안이 거론되었지만, 이는 실현 가능성이 낮으며 많은 검토를 거쳐야 할 것으로 보인다. 그럼에도 불구하고 모든 기업들은 미국의 눈치를 보고 있는 상황이다.

어쩌면 이 모든 문제와 관련해 극한의 상황까지 갔던 기업은 중국 최대 통신업체 화웨이Huawei인지도 모른다. 미국은 오랫동안 중국의 거대 통신기업 화웨이에, 특히 서구 통신업체들이 최근 출시한 새로운 5G 통신망에 공급되는 화웨이의 장비에 강한 의혹의 눈길을 보냈다. 미국은 서구의 데이터가 화웨이 장비를 통과할 때, 화웨이 그리고 더 나아가 중국 당국이 서구의 민감한 데이터를 염탐할 수 있다는 점을 우려했다. 만약 그렇게 되면 화웨이가 미국 공급업체들보다 경쟁에서 앞서 나가 중국이 경제뿐 아니라 산업적 우위까지 얻게 될지도 모를 일이었다.

미국이 한동안 화웨이에 대한 불편한 감정을 분명하게 드러내긴 했어도, 2018년 12월에 화웨이 설립자 런정페이Ren Zhengfei의 딸이자 화웨이의 최고재무책임자인 멍완저우Meng Wanzhou가 미국 정부의 요청에 의해 금융 사기 혐의로 캐나다에서 체포되는 일이 벌어지자 많은 사람이 충격에 빠졌다. 캐나다는 미국 정부의 요청으로 멍완저우를 체포했지만, 미국과 캐나다의 범죄인 인도 조약에 따르면 범죄인 인도를 청구한 청구국과 피청구국 모두에서 범죄가 성립해야 신병 인도가 가능하다(쌍방 가벌성의 원칙). 즉 캐나다가 멍이 범죄를 저지른 것으로 판단해야만 멍을 미국으로 인도할 수 있었다.

미국이 멍의 미국 인도를 요청한 근거는 미국의 대이란 제재 위반에 해당하는 화웨이와 이란의 거래였다. 하지만 화웨이가 이란과 거래할 당시 캐나다에는 이런 제재 방안이 없었다. 캐나다에서 가택 연금된 멍완저우는 자신의 행위는 양국 모두에서 쌍방 가벌성이 성립하지 않는다고 주장하며 혐의를 부인했다. (멍은 2021년 9월에 캐나다에서 석방돼 중국으로 돌아갔다 - 옮긴이)

그런데 **미국은 화웨이와 이란이 무엇을 하고 무엇을 하지 않았는지 어떻게 안 것일까?** 화웨이가 미국의 민감한 정보를 염탐할지 모른다는 미국의 우려를 떠올리면 모순되게 들리겠지만, 미국은 화웨이의 거래 은행 중 한 곳을 통해 정보를 얻었다.

HSBC Hongkong and Shanghai Banking Corporation(홍콩상하이은행)는 영국 은행이지만, 비즈니스의 상당 부분은 홍콩에서 이뤄진다. 국제 업무를 처리하는 모든 대형 은행이 그렇듯이 HSBC도 달러 결제를 처리해야 하고 세계 금융 시스템 접근성을 유지해야 한다. 따라서 미국은 HSBC 고객이 어디에 살건 고객의 거래 데이터를 요구하기에 유리한 위치에 서 있었고, 이 때문에 HSBC는 은혜를 원수로 갚을 수밖에 없는 처지에 놓였다. 다시 말해서 HSBC라는 이름을 갖게 해주고 HSBC의 이윤에 상당 부분 기여한 중국에 불리한 증거를 내놓을 수밖에 없었다.

오바마 행정부의 여러 자문관들이 주장하듯이 이같이 **강력한 무기를 독단적으로 빈번하게 사용하면 효과가 점점 무뎌질까?** 두 가지 방향으로 일이 진행될 수 있다. 첫째, 세계 유일의 기축 통화인 **달러의 몰락 속도가 빨라질 수 있고** 둘째, **제재를 피하기 위한 대안들이 생겨날 수 있다.** 현재로서는 첫 번째 시나리오가 실현될 가능성이 적어 보인다. 앞서 살펴봤듯이 달러가 현재와 같은 위상을 유지하게끔 떠받치는 몇 가지 기둥이 있으며, 그중 어떤 것도 가까운 시일 내에 무너질 것 같지는 않기 때문이다. 게다가 9장에서 살펴본 네트워크 효과도 있다. 모든 사람이 달러를 세계적인 회계 단위 및 공통어로 이용한다는 사실이 달러가 지금처럼 막강한 힘을 가지게 된 중요한 이유다. 이같은 달러의 지위에 이의를 제기하기란 결코 쉬운 일이 아니다.

그렇다면 두 번째 방향은 어떨까? 두 번째는 첫 번째보다 좀 더 실현 가능성이 있다. 하지만 대안을 개발하려면 시간이 걸리고 그 사이에 미국이 대비할 것은 분명하다. 미국이 이란 핵합의를 탈퇴하자 이란은 달러 대신 암호화폐로 지불받을 의향이 있음을 분명히 밝혔다. 하지만 이란이 이런 의사를 밝히자마자 해외자산통제국이 조사에 나섰다. 이제 해외자산통제국은 특별지정대상 목록에 개인이나 기업을 추가할 때마다 관련된 비트코인 주소도 함께 공개한다. 특별지정대상 목록에 오른 대상으로 흘러가는 자금을 처리하지 말라는 경고를 비트코인 거래소와 다른 거래소에 보내는 것이다.

기존의 대리 은행 네트워크와 완전히 별개로, 서로만 대리 은행 역할을 하는 은행들로 이뤄진 병행 시스템Parallel system이 등장할 수도 있다. 기존 달러 중심의 대리 은행 시스템을 통하지 않고 서로 간의 지급을 직접 청산하는 방식이다.

하지만 이런 병행 시스템에 참여하는 은행은(그런 은행이 과연 있을지는 모르겠지만) 여전히 미국의 2차 제재를 받게 될 테고, 그중 상당수는 굳이 그런 위험을 감수하려고 하지 않을 것이다. 달러의 위력이 사라지지 않는 한 이런 상황이 계속될 가능성이 크다. 그 이유가 궁금한가? 그렇다면 은행들로 구성된 이런 부류의 병행 네트워크가 존재한다고 상상해보자. 이 '외톨이' 은행 그룹들은 제재 대상인 달러나 다른 통화를 서로 주고받으며 이란의 석유나 베네수엘라의 광물 비용을 결제할 수 있다. 이런 자금이 중국의 석유 수입업체에까지 흘러 들어가고, 중국의 석유 수입업체는 다시 이란에 그 돈을 보내 순환 고리가 완성될 수도 있다. 여기까지는 아무 문제가 없다.

하지만 미국이 해외자산통제국과 금융범죄단속국FinCEN, Financial

Crimes Enforcement Network에서 활동하는 수백 명의 분석가를 비롯해 막강한 금융 정보 수집력을 갖고 있다는 점을 고려하면, 미국이 이 사실을 알아차리는 것은 시간문제에 불과하다. 중국의 석유 수입업체를 포함해 이와 관련된 모든 기업이 2차 제재를 받게 될 위험이 있다. 그러면 머지않아 외톨이 기업들로 이뤄진 기업 부문이 필요해질 것이다. 물론 이런 외톨이 은행과 기업이 '아무런 문제가 없는' 자국 국민들과 어떤 식으로든 거래를 하면 그들 역시 미국의 제재 대상이 된다. 결코 성공적인 방법이라고 보기는 어렵다. 그런 탓에 아직 이런 방법이 현실화되지 않은 것일 수도 있다.

언젠가는 이런 일이 생길 수 있을까? 미국이 도를 넘어서면 그런 일이 벌어질 수도 있을 테지만, 누가 경찰 없는 세상을 원하겠는가? 위와 같은 대안을 마련하려면 **누가 새로운 시스템을 책임지고 관련 비용을 부담할지 답을 찾아야만 한다.** 중국이 러시아 시스템에 의존하는 방안을 기꺼이 받아들일까? 인도가 중국 시스템에 의존하는 방안을 반길까? 그리고 유럽은 어떤 입장을 보일 것인가?

유럽은 유로를 달러와 동등한 기축 통화이자 국제 무역 통화로 만들겠다는 포부를 분명히 밝혔다. 미국이 이란 핵합의에서 탈퇴한 2018년 이후, 미국이 이런 결정을 내릴 수 있었던 배경에는 **외교 정책, 은행, 결제, 심지어 카드 네트워크에 대한 자주권**이 있었기 때문이라는 사실이 분명해졌다. 유럽에서 새로운 카드 네트워크가 등장했듯이 인스텍스 같은 수단이 다시 등장할지도 모른다. 하지만 유럽은 좀 더 강력한 유로와 좀 더 뛰어난 '전략적 자율성'을 향한 포부를 제시하면서도, 나토NATO 동맹국인 미국을 자극하지 않기 위해 조심스러운 행보를 보이고 있다. 제재 없는 세상을 꿈꾸는 사람들로서는 실망스럽게도, EU는 제재에 대한 협력과 동맹이 무엇보다 중요하다는 뜻을 명확히 했다.

이러한 여러 방안 중 하나가 성공적으로 출발하기 전까지는 미국이 계속해서 세계 결제 시스템의 주도권을 쥐고 있을 것이라 결론 내리는 것이 안전하다. 그리고 그러는 동안 결제 전문가들이 지정학을 유심히 지켜봐 왔듯이, 지정학 전문가들도 결제 시스템에 더 진지하게 관심을 기울일 필요가 있다. **결제 권력이 바뀌면 모든 것이 바뀔 수 있다.**

돈을 쫓아라
: 결제의 흔적과 금융 범죄와의 전쟁

"우리는 지금껏 거꾸로 일을 해왔어. 마약을 추적해서 악당을 찾아 내려 했던 거지. 반대로 돈을 쫓는다면 어떨까?"

미국 연방정부 특수요원 로버트 마주르Robert Mazur와 그의 팀은 접근법을 수정해 콜롬비아의 마약왕 파블로 에스코바르가 이끄는 마약 조직을 소탕했다. 이들의 작전으로 85명에 달하는 마약업자와 부패한 은행가들이 기소됐으며 BCCIBank of Credit and Commerce International(국제신용상업은행)가 도산했다. 전 세계에서 가장 큰 규모로 자금세탁을 했던 은행 중 하나이자 78개국에 지점이 있었던 BCCI의 몰락은 **결제 흔적에 얼마나 유용한 정보가 담겨 있는지** 여실히 드러냈을 뿐만 아니라 **세계 무대에서 결제 정보가 정치적으로 이용될 수 있음**을 보여주었다.

워터게이트 사건 당시 익명의 제보자가 《워싱턴포스트》의 기자 밥

우드워드Bob Woodward에게 돈을 따라가라는 조언을 한 후1 돈의 행방을 추적하는 것이 중요한 추세로 자리잡았다. 오랫동안 금융 거래 추적에 앞장서 온 미국은 이에 대한 역량을 발전시켜 왔다. 미국은 정보 수집을 담당하는 국가안보국 외에도, 앞서 28장에서 살펴본 해외자산통제국과 금융범죄단속국을 재무부 산하에 두고 있다. 해외자산통제국과 금융범죄단속국의 직원은 500여 명에 불과하지만, 세계 곳곳에 이들의 영향력이 미치지 않는 곳이 없으며 이들은 세무 조사관과는 비교할 수 없을 만큼 위압감을 주는 두려운 존재로 인식된다.

돈을 따라가려면 결제를 추적할 수밖에 없다. 애당초 돈이 '이동'하는 방법이 결제이기 때문이다. 대개 정부 당국이 불법 금융을 적발하는 것을 돕는 것도 결제고, 미국 정부가 세간의 이목을 끌며 외국 은행에 부과하는 벌금도 미국의 달러 결제 시스템을 통해 송금된 국제적인 결제 때문인 경우가 많다.

돈의 흐름을 추적하는 것은 미국만의 특권이 아니다. 전 세계 정부가 금융 파이프를 통해 이동하는 돈의 흐름을 추적하느라 분주하다. 하지만 대부분은 흐름을 뒤쫓아가느라 급급하며 일부는 한참 뒤처져 있다. 2018년 유럽 최대 규모의 자금세탁 스캔들이 터진 후 유럽은행감독청은 금융 범죄 담당 인력을 500%나 늘렸다. 단 2명에서 10명으로!

8개의 금융 범죄 담당 일자리는 전적으로 단스케방크Danske Bank 덕

---

1 적어도 1976년 영화 〈모두가 대통령의 사람들(All the President's Men)〉에서 제보자가 이런 말을 했다.

이었다. 2018년 9월, 덴마크 은행 단스케방크는 해외 지점에서 벌어진 자금세탁 사건의 내사에 착수했다. 이 조사의 중심에는 단스케방크가 2007년에 핀란드 은행 삼포방크Sampo Bank를 인수하면서 함께 넘겨받은 소규모 에스토니아 지점이 있었다. 조사를 통해 에스토니아 지점이 사실상 '자금세탁 전문점'의 역할을 했다는 사실을 발견한 단스케방크는 해당 지점이 지난 9년 동안 미심쩍은 거래를 통해 2천억 달러를 처리했다고 결론 내렸다. 그중 30억 달러가량은 아제르바이잔 지배 계층이 소유한 펀드와 관련된 돈이었으며, 거기서 일부는 사이프러스, 영국, 뉴질랜드에 있는 페이퍼 컴퍼니를 통해 처리됐고 다른 결제 건은 유럽의 정치인과 로비스트에게로 흘러 들어간 것으로 알려졌다.

조사 결과 발표 후 단스케방크의 CEO가 사임했다. 2018년 말 미국 법무부와 덴마크, 에스토니아, 프랑스, 영국, EU 등 여러 관련국의 정부 당국이 조사를 시작하자 단스케방크 이사회와 감사위원회의 임원들도 자리를 내놓았고 단스케방크 주가는 반토막이 났다.

단스케방크 스캔들은 **자금세탁 가능성이 있는 사건을 어떻게 처리하면 안 되는지 잘 보여주는 사례**였다. 단스케방크는 은행 내·외부에서 여러 차례 들려온 부정행위에 대한 경고를 외면했다. 그러다 내부 고발자의 폭로로 어쩔 수 없는 상황에 이르러서야 조사가 이뤄졌다. 그 후 장기화된 여러 차례의 조사, 주가 급락, 참회, 사임, 벌금이 뒤따랐고 오랫동안 힘든 상황에서 벗어나지 못했다.

러시아 중앙은행Russian Central Bank은 2007년 단스케방크에 삼포방크 고객들이 '출처가 미심쩍은 금융 거래에 지속적으로 관여한다'고

일찌감치 경고했다. 하지만 단스케방크는 러시아 중앙은행의 경고를 무시한 듯하다. 더욱 놀라운 사실은, 그로부터 4년 후 단스케방크 자산에서 차지하는 비중이 0.5%에 불과한 에스토니아 지점이 단스케방크 총세전이익의 11%에 달할 정도로 많은 매출을 올렸을 때도 단스케방크는 무언가가 잘못됐음을 알아채지 못했다는 점이다.

에스토니아 지점에서 근무한 내부 고발자가 에스토니아 지점이 뻔히 알면서도 범죄자들과 거래한다는 내용의 보고서를 내놓은 2014년에 문제가 본격적으로 불거지기 시작했다. 단스케방크가 조사를 통해 내놓은 조치는 주로 러시아나 구소련 연방국에 거주하는 외국인 고객들과의 거래를 중단하는 것이었다(러시아 중앙은행이 의혹을 제기한 이유도 이 때문이었다). 하지만 단스케방크는 서두르지 않았다. 단스케방크 경영진과 이사회는 '매출에 상당한 영향이 있을지도' 모른다는 이유로 '출구전략의 속도를 높이는 것은 현명하지 못하다'고 판단했다. 결국 단스케방크는 에스토니아 금융 당국의 강력한 요구가 나온 2015년이 돼서야 에스토니아 지점의 비거주자 대상 서비스를 대부분 중단했다.

2016년에 덴마크 규제 당국은 '에스토니아 지점의 심각한 자금세탁 위험'을 제대로 파악하거나 위험을 완화하려는 노력을 하지 않았다는 이유로 단스케방크를 경찰에 고발했다. 단스케방크는 반성의 의미도 있었지만 앞으로의 일을 예의 주시하기 위해 전직 미국 규제 전문가들로 구성된 미국의 일류 컨설팅 회사 프로몬토리Promontory와 계약했다. 예상한 대로 프로몬토리는 에스토니아 지점에 '통제와 관리에 심각한 결함'이 있었다고 보고했다. 곧이어 에스토니아와 덴마크에서 범죄 수사가 시작됐고 다른 나라의 관계 당국들도 단스케방크를 맹공격했다.

단스케방크가 내야 할 벌금이 총 20억 달러에 이를 것으로 추정하는 보도가 나올 무렵, 단스케방크는 어이 없는 홍보 문구로 논란에 휩싸이기도 했다. 2020년 1월 초 단스케방크는 '황금기여 잘 가길 : 향후도 이만큼이나 좋을 것인가?Goodbye to the golden decade : Will the next be just as good?'라는 보고서를 내놓았는데, 이는 지난 10년간의 높은 수익을 자랑하기 위한 자료였다. 그러나 보고서 제목에 대한 대중의 반응을 보면 향후는 그렇지 않을 것이라 보는 편이 맞을 듯하다.

금융 범죄의 규모는 상당하다. 2018년에는 금융 범죄 규모가 전 세계 GDP의 7%에 가까운 5조 8천억 달러에 달했다. 이 중 약 4조 4천억 달러가 자금세탁에 쓰이며, 여기서 절반가량이 다양한 사기와 관련 있다. 약 4,500~6,500억 달러는 마약 밀매, 1조 6천억 달러는 위조 및 저작권 침해로 얻은 이익(영화, 음악, 소프트웨어 저작권 침해로 얻은 이익 2,160억 달러와 모조 완구 판매로 얻은 이익 340억 달러를 포함하는 금액)이다. 전체 규모가 약 3억 5천만 달러인 화폐 위조는 별것 아닌 것처럼 보일 정도다. 지금껏 언급한 수치에는 약 2조 달러의 뇌물과 부패 범죄 또는 4조 3천억 달러에 이르는 탈세는 들어가 있지 않다.

금융 범죄로 얻은 이익의 상당 부분이 암호화폐, 현금, 하왈라 등 추적이 어려운 결제 수단을 통해 송금되었을 것이라 가정할 수 있을 것이다. 그러나 이런 식으로 이동하는 돈은 일부에 지나지 않는다. 수십억 달러 규모의 거액 거래를 하려면 은행이 필요하다. **대부분의 불법 자금은 어느 단계에 이르면 금융 시스템을 통해 흘러간다.**

이런 상황 탓에 **은행은 금융 범죄와의 전쟁에서 최전방에 설 수밖에 없다.** 은행이 금융 범죄를 제대로 적발하지 못하면 은행으로서의 평판이 훼손되는 것은 말할 것도 없고 **어마어마한 벌금을 물 수도 있다.** 관계 당국이 지난 10년 동안 거둬들인 벌금만 무려 360억 달러에 달한다. 그중 상당 부분이(80% 가까이) 미국이 부과하고 징수한 것이다. 좀 더 구체적으로 이야기하면 미국은 제재 위반에 벌금 210억 달러, 자금세탁 규제 위반에 벌금 54억 달러를 부과했다. 반면 유럽이 부과한 벌금은 대부분 자금세탁과 관련된 것이다. 하지만 자금세탁과 제재 위반의 경계가 모호할 때가 있으며, 제재 위반 행위에는 언제나 일종의 자금세탁이나 범죄가 수반된다.

미국이 부과한 엄청난 벌금 규모는 결제 부문에서 달러가 얼마나 큰 영향력을 갖고 있으며, 달러가 제공하는 막강한 권력을 미국이 얼마나 적극적으로 행사하는지(앞서 28장에서 살펴본 내용) 입증할 뿐 아니라 미국의 자금 추적 능력과 제재 집행 의지를 여실히 보여준다.

미국에서는 수많은 정부기관이 이를 지원한다. 벌금을 부과하는 기관도 여러 곳이 있으며, 때로는 이 기관들이 하나의 은행에 각각 벌금을 부과하기도 한다. 2012년 8월, 본사는 영국에 있지만 주로 아시아와 중동, 아프리카에서 영업하는 스탠다드차타드은행이 대이란 제재 위반 혐의로 뉴욕주 금융감독청NYSDFS, New York State Department of Financial Services의 조사를 받게 됐다. 당시 스탠다드차타드은행은 뉴욕주 금융감독청의 허가 아래 달러 결제 비즈니스를 하고 있었다. 조사 후 뉴욕주 금융감독청은 빠른 시일 내에 허가를 철회할 것이라고 위협했고, 그로부터 일주일 만에 스탠다드차타드은행은 3억 4천만 달러의 벌금을 내기로 합의했다.

그해 말 스탠다드차타드은행은 해외자산통제국에 1억 3,200만 달러, 연준에 1억 달러, 뉴욕지방검찰청에 2억 2,700만 달러의 벌금을 냈다. 모두 같은 거래 행위에 대한 벌금이었다. 2014년 프랑스 은행 BNP 파리바는 수단, 이란, 쿠바에 대한 제재를 위반한 혐의로 89억 달러의 벌금을 내는 데 합의했다. 이 가운데 22억 4천만 달러는 뉴욕주 금융감독청이, 9억 6,300만 달러는 해외자산통제국이, 4억 4,800만 달러는 뉴욕 지방검찰청이 징수했다.

미국의 벌금에는 종종 '동의 명령Consent order'과 '기소유예 합의DPA, Deferred prosecution agreement'가 수반된다. 이 제도에 따라 대상 은행은 당국이 임명한 외부 감시단이 전 과정을 감독하는 광범위한 교정 프로그램에 참여해야 한다. 스탠다드차타드은행도 그랬다. 2014년 외부 감시단은 스탠다드차타드은행이 기소유예 합의 조건을 위반했다는 사실을 발견했고, 스탠다드차타드은행은 결국 뉴욕 지방검찰청에 또다시 3억 달러의 벌금을 내게 됐다.

미국이 징수한 벌금 중 많은 부분이 '결제 스트리핑Payment stripping(제재 대상과 연관된 결제라는 사실을 감추기 위해 송금인이나 수취인에 관련한 중요 정보를 의도적으로 삭제하는 방식 - 옮긴이)' 관행에 가담한 은행에 부과한 것이다(결제 스트리핑에 개입한 당사자들은 소위 '스트립 클럽' 회원으로 불린다). 이 은행들은 달러로 결제된 돈이 뉴욕의 달러 결제 시스템을 통과할 때 제재 준수 심사를 받는다는 사실을 잘 알고 있었다. 그래서 '돈을 추적하려는' 미국의 노력을 방해하기 위해 제재 대상인 국가와 고객이 해당 달러 결제에 연루됐다는 거래의 본질을 감췄다. 문제의 은행들은 고객의 정체를 숨기기 위해 돈을 보내는 고객의 이름을 '완전히 제거Stripping out'한 다음 송금인란에 '우리 은행의 고객 중 하나'라고 기입했으며, 수취인이 돈을 받을 수 있도록 이름 대신 송장번호 같은 참고 정보를 활용했다.

자국의 금융업계가 범죄를 조장하기를 바라는 나라는 없으며, 이제는 대부분 이런 금융 범죄를 심각하게 받아들인다. 그러나 **어떤 나라에서 범죄에 해당하는 행위가 다른 나라에서도 반드시 불법인 것은 아니다.** 이런 이유로 **범죄의 '수출'**(혹은 적어도 범죄 수익 수출)**이라는 왜곡된 효과**를 부르는 것에 대해서도 생각해볼 필요가 있다. 사실 돈은 국경을 넘을 때 가장 철저하게 검사받는다. 어쩌면 대서양 양쪽의 정부 당국들이 불법 금융 문제와 관련해 벌금을 부과할 때 자국 은행보다 상대 은행에 벌금을 부과하는 경향을 보이는 것도 이 때문일 수 있다.[2] 그동안 미국이 거액의 벌금을 부과해 온 대상도 HSBC, 스탠다드차타드은행, 도이체방크, BNP 파리바 등 대개 유럽 은행이었다.

유럽인들은 미국 은행들은 아무 문제도 없는 것처럼 보이고 모든 것이 항상 EU 은행들의 탓처럼 보이는 데 다소 놀라운 내색을 비친

---

2 미국은 미국 내 대형 은행에는 직무 관련 부정행위를 이유로 수십억 달러의 벌금을 부과했는데, 특히 주택저당증권의 위험을 제대로 고지하지 않고 불완전 판매한 은행에 벌금을 부과했다. 뱅크오브아메리카가 560억 달러(뱅크오브아메리카가 인수한 메릴린치와 컨트리와이드에 부과된 벌금 포함), JP모건이 270억 달러(베어스턴스와 워싱턴 뮤추얼에 부과된 벌금 포함), 리보금리(런던 은행 간 금리)를 조작했다는 이유로 씨티은행이 120억 달러의 벌금을 물었다.

다. 하지만 유럽인들은 미국이 많은 시간을 쏟으며 거래 내역을 추적하고 있는 점에 대해서는 감사를 표해야 한다. 사실 유럽 국가들 역시 다른 나라 은행에 벌금을 부과하는 데 상당히 능숙하다. 예를 들어 프랑스 금융 당국은 2019년에 스위스 은행 UBS에 52억 달러의 벌금을, 벨기에 중앙은행은 영국의 HSBC에 3억 3,600만 달러의 벌금을 부과했다. UBS와 HSBC 모두 현지 국가 국민들의 탈세를 도왔다는 이유로 벌금을 물었다. 반대로 자국 은행에게 벌금을 물린 예외적 사례로는, 2018년에 자금세탁을 도왔다는 이유로 네덜란드 은행 ING에 북유럽 국가들과 네덜란드 정부가 10억 달러에 가까운 벌금을 물린 사건 정도가 있다.

엄청난 금액이긴 하지만 이 정도는 **미국 당국이 유럽 은행에 부과한 가장 가혹한 벌금**에는 미치지 못한다. 이 이야기를 하려면 라트비아로 가야 한다.

2018년 2월, 당시 라트비아에서 세 번째로 큰 대출기관이었던 ABLV 은행은 그들이 막대한 규모의 자금세탁에 가담했다는 증거가 있다는 미 재무부의 짤막한 언론 발표 때문에 파산하고 말았다. 미 재무부가 이 같은 내용을 발표하자, ABLV 은행은 달러 자금에 접근할 수 없게 됐고 결국 예금 인출 사태가 벌어졌다. 그로부터 일주일 만에 ABLV 은행은 어쩔 수 없이 청산 단계에 들어갔고 은행은 문을 닫고 말았다.

잘 알려지지도 않은 라트비아의 은행이 어떻게 미 재무부의 관심을 끌게 되었는지는 확실치 않지만, ABLV 은행이 차후에 '세기의 강도질'이라고 불린 사건과 연관돼 있었던 탓에 미 재무부가 주시하게 되었을 수 있다. 28세의 사업가 일란 쇼어Ilan Shor는 2012년에 이러한 절도 행각을 벌이기 위한 물밑 작업에 들어갔다. 쇼어는 몰도바에 있는 3개 은행의 지배권을 장악한 후 셋 중 규모가 가장 큰 은행의 회장 직을 맡았고, 그 직위를 이용해 자신 및 공모자들과 연관된 여러 기업에 29억 달러의 대출을 연장해줬다. 쇼어는 필요한 유동성 확보를 위해 은행에 예치된 예금을 사용했는데, 거기에는 몰도바의 국가 건강보험기금도 있었다.

의회 선거를 일주일 앞둔 2014년 11월 말, 7억 5천만 달러가 해외로 송금됐고, 그중 상당수는 ABLV를 비롯한 라트비아의 여러 은행에 있는 영국 기업 소유의 계좌로 흘러 들어갔다. 특이하게도 계좌주는 영국 기업들이었지만 등록 주소지는 러시아와 우크라이나였고 해당 계좌들은 이전에는 한 번도 사용된 적이 없었다. 그리고 송금이 이뤄진 이튿날 쇼어가 소유한 클라시카 포스Klassica Force라는 회사가 은행 서류가 담긴 12개의 자루를 승합차에 싣고 운송하던 중 차량이 도난당해 불타 버리는 일이 벌어졌다.

거액이 해외로 빠져나가자 사건에 연루된 여러 몰도바 은행의 대차대조표에 커다란 구멍이 생겼고, 결국 중앙은행이 개입할 수밖에 없는 상황이 됐다. 이 사기 사건으로 몰도바 중앙은행은 몰도바 GDP의 12%에 달하는 약 10억 달러의 손실을 입은 것으로 추산된다. 쇼어가 저지른 사기 사건은 엄청난 규모의 스캔들로 번져 무려 77건의 재판이 진행됐으며, 중앙은행 관계자들과 전직 총리 등 여러 인물이 구속됐다. 이 사건에서 ABLV가 맡은 역할은 상대적으로 작았을지 모르지만 미 재무부의 조사 결과에 따르면, ABLV은 '은행 업무 관행의 한 축으로 자금세탁을 제도화'했으며 북한, 아제르바이잔, 러시아, 우크라이나와 관련된 대규모 불법 활동에 관여했다.

유난히 떠들썩한 사건이었을지는 모르지만, 은행의 불법적인 자금 문제로 결국 관계자들이 구속되는 일이 벌어진 곳이 몰도바만은 아니었다. 2014년 스페인의 국유은행 방키아Bankia는 은행의 고위급 임원, 정치인, 공무원, 노조 지도부에 이른바 '블랙 카드Tarjetas black'를 발급해줬다. 역사상 가장 특권적인 카드였다고 할 수 있는 방키아의 블랙 카드는 사용자들에게 궁극의 혜택을 제공했다. 블랙 카드를 받은 사람들은 카드 대금을 갚을 필요도 없었고 조세 당국의 감시로부터 자유로웠으며 보석과 속옷에서부터 가구 구매, 휴가에 이르기까지 모든 곳에 사용할 수 있었다. 보통은 뇌물을 전달하기 위해 결제 수단을 활용하지만, 방키아는 결제 수단 자체를 뇌물로 제공했다. 스캔들이 터지자 방키아가 약 85명에게 블랙 카드를 발급했으며 이들이 1,500만 유로 이상을 사용한 사실이 드러났다. 방키아는 블랙 카드를 수기로 관리했고 사용 비용은 '컴퓨터 오류'라는 계정에 감춰두었다. 관리 위원회 이사들 역시 블랙 카드를 사용했기 때문에 이런 식의 업무 처리가 가능했던 것으로 보인다. 당시 실형을 선고받은 사람들 중에는 스페인 재무장관과 IMF 총재를 역임한 방키아 은행장 로드리고 라토Rodrigo Rato도 있었다.

불법적인 자금을 정화하기 위해서는 국가 간의 협력이 필요하다. 하나의 은행이, 혹은 하나의 국가가 홀로 모든 일을 해낼 수는 없다. 지난 30년 동안 많은 나라들이 불법 자금과 맞서 싸우기 위해 협력해왔으며, 특히 파리에 있는 FATF Financial Action Task Force(국제자금세탁방지기구)를 통해서 공조가 이뤄졌다. G7 정상회의 결과로 1989년에 설립된 이 기구는 자금세탁 및 테러 자금 퇴치를 담당한다. 전 세계 은행과 금융 당국은 FATF가 내놓은 권고사항과 특별 권고사항을 철저히 준수해야 한다.

정책 입안 기구와 감시 단체의 성격을 동시에 가진 FATF는 **고위험 국가 명단**(흔히 블랙리스트라 불린다 - 감수자 주)을 만들어 발표하고 있다. 블랙리스트에 오른 대상(현재는 이란과 북한)에게는 즉각적인 시정 조치를 요구하며, 다른 국가에는 해당 국가들과 거래할 때(또는 거래하게 되면) '대응 조치를 적용'할 것을 권고한다. 관찰 대상을 나열해둔 FATF의 '그레이 리스트Grey list'에는 현재 16개국이 올라 있으며, 각국은 '결함'을 해결하기로 약속한 상태다. (FATF는 2022년도 10월 총회에서 블랙리스트 국가 중 하나로 미얀마를 추가했으며, 그레이 리스트 국가로 23개국을 발표했다 - 감수자 주)

은행들은 자금세탁에 관한 논의에 대응하기 위해 **계좌, 거래 및 고객 감시 역량을 강화했다.** 글로벌 거래 은행이나 문제가 되는 거래를 하다 적발된 은행은 이제 자체적으로 수천 명의 금융 범죄 준수 감독 직원을 고용하고 관련 소프트웨어와 서비스를 임대·구입하는 차원에서 그치는 것이 아니라, 미 재무부나 해외자산통제국, 영국 금융감독청에서 재직했던 관리자들을 영입하는 것이 표준 관행이 됐다.

규제기관에서 일했던 전문가들은 사람들에게 무엇이 옳은지 알려주는 역할을 맡았고, 나머지 직원들은 KYCKnow your customer(고객 확인 절차) 인증을 진행하느라 분주하다(아마도 그럴 것이다). KYC 인증 업무에는 여러 단계의 지주회사를 살펴보면서 실제 소유주를 추적하는 일이 포함돼 있다. 그리고 제재 목록에 있는 개인 및 정치적 주요 인물PEP, Politically exposed person(정부 관료의 가족 등)과 고객을 대조할 뿐 아니라 고객에 대한 부정적인 언론 보도도 확인한다. 또 여러 국가에서 발표한 제재를 준수하는지 확인하기 위한 심사도 진행한다.

이 프로세스의 상당 부분은 필터링 소프트웨어 덕에 자동화돼 있다. 하지만 이런 시스템은 많은 양의 필터 결괏값을 생성하는 경향이 있다. 대부분은 거짓 양성False positive(오탐)으로 판명되나, 각각 분석 전문가의 확인을 거쳐야 한다. 그렇기는 해도 대부분의 노력은 의심스러운 거래 기록을 정리하고 자금세탁 패턴을 찾는 데 투입된다.

자금세탁을 적발하기 쉬운 패턴도 있다. 가령 소규모 정육점을 운영하는 주인이 매주 35만 달러를 저축하거나 조세 피난처에서 자주 송금을 받는다면 자금세탁 거래를 한다고 쉽게 의심할 수 있다. 하지만 자금세탁을 위해 더 많이 사용되는 기법은 아무 문제가 없는 무역 거래를 하면서 금액을 과다 청구하거나 적게 청구하는 것이다. 이런 방식으로 자금세탁이 이뤄지면 적발하기가 훨씬 까다롭다. 끝없이 계속되는 쫓고 쫓기는 게임 속에서 **자금세탁 수법이 계속 바뀌고 진화하기 때문에 적발은 더욱 힘들어진다.**

그렇다면 마약 대신 돈을 뒤쫓기로 한 미국 관세청 특수요원 로버트 마주르는 결국 무엇을 찾아냈을까? 단스케방크 사례가 유럽에서 발생한 최대 규모의 사기 사건일는지는 모르지만, 마주르가 그보다 30여 년 앞서 찾아낸 진실과는 비교도 되지 않는다. 1986년, 플로리다에 위치한 BCCI(국제신용상업은행) VIP 고객 관리 부서에 잠입한 마주르는 해당 부서가 마약 거래업자들을 유치하기 위해 적극 노력하고 있다는 사실을 발견했다. 그래서 익히 알려진 대로 그는 마이애미에서 가짜 결혼식을 열어 전 세계 마약 거래업자들과 BCCI 관련자들을 초청했고, 그들 모두는 즉시 체포됐다.

BCCI에는 수많은 혐의가 적용됐다. '자금세탁, 뇌물 수수, 테러 지원, 무기 밀매, 핵 기술 판매, 탈세 및 탈세 지원, 밀수, 불법 이민, 은행 및 부동산 불법 매수 등 BCCI 직원 및 고객이 상상할 수 있는 온갖 금융 범죄'를 저지른 혐의를 받았다. BCCI의 고객 목록에는 마약 밀매조직 메델린 카르텔, 사담 후세인Saddam Hussein, 마누엘 노리에가Manuel Noriega, 아부 니달Abu Nidal 등 이름만 들어도 알 만한 악당들이 가득했다. 미국의 안보기관들 사이에서 BCCI는 국제사기꾼범죄자은행Bank of Crooks and Criminals International으로 통하고 있었다. 물론 그들 역시 BCCI의 문제를 잘 알고 있었을 것이다. CIA는 비밀 작전 자금 조달을 위해 BCCI에 계좌를 갖고 있었으며 국가안전보장회의는 이란-콘트라 사건 당시 BCCI를 통해 돈과 무기를 옮겼다.

세 대륙에서 다수의 범죄 수사가 진행되고 값비싼 소송이 이어지며,[3] 130억 달러의 자금이 사라진 것이 밝혀진 상황에서 BCCI가 파산하자 BCCI 사건에 연루된 여러 유명인의 이름이 공개됐다. 그중 한 사람이 클라크 클리퍼드Clark Clifford였다. 네 명의 미국 대통령을 위해 자문위원으로 활동하고 린든 존슨Lyndon Johnson 행정부에서 국방

---

3 BCCI 청산을 담당했던 딜로이트(Deloitte)가 영란은행을 상대로 10억 파운드 규모의 소송을 제기했으나 패소해 영란은행의 변호사 비용 7,300만 파운드를 배상했다.

장관을 지냈던 클리퍼드는 공직을 떠난 후 퍼스트아메리칸뱅크셰어 First American Bankshares의 회장으로 취임했다. 워싱턴 DC에서 가장 큰 은행이었던 퍼스트아메리칸뱅크셰어는 BCCI가 대리인을 통해 불법 소유한 은행으로 밝혀졌다. (명백하게) 유죄를 시사하는 것은 아니겠지만, 석연치 않게도 클리퍼드의 법률 회사가 BCCI의 법무 자문위원을 맡아 BCCI의 미국 법률 업무 대부분을 처리했다.

조사가 진행되는 동안 클리퍼드는 어느 기자에게 자신이 처한 곤경을 다음과 같이 요약해서 이야기했다. "나는 지금 부패한 것처럼 보이거나 바보처럼 보이는 것 중 하나를 선택할 수 있습니다." 클리퍼드는 후자를 택했다. 하지만 그는 건강 상태가 좋지 않다는 이유로 결국 재판을 면제받았고 미국 시민들은 그가 둘 중 어떤 쪽인지 알아서 결론을 내릴 수밖에 없는 입장이 됐다.

결제할 방법이 사라진다면
: 결제 시스템에서의 배제

　어째서 은행들은 계속해서 금융 범죄와 자금세탁 사건에 휘말리고 엄청난 금액의 벌금을 내게 되는 것일까? 직원들이 비도덕적이거나 무능력한 탓일까, 아니면 불법 송금 문제는 애초부터 막기가 불가능하기 때문일까? 문제는 어디에나 있겠지만, 대개 후자일 것이다. 옳지 않은 일을 하길 원하는 은행은 드물다. 전부는 아니더라도 대다수 은행은 불법적인 활동을 엄중하게 단속하는 데 많은 노력을 쏟는다. 하지만 범죄자들은 언제나 돈을 숨길 새로운 방법을 찾아내려고 한다. 그리고 현재는 세계화와 신기술에 힘입어 범죄자들이 은행 계좌를 원격으로 관리하고 금융 범죄에 우호적인 국가 뒤에 숨는 것이 더 수월해졌다.

　한편 **은행에 대한 규제와 징벌의 강화**는 의도치 않았던 결과를 낳았다. **은행 시스템에서 배제되는 집단이 생겨난 것이다.** 미국과 유럽의 당국은 이런 문제를 인식하고 해결하려고 노력해왔다. 미 재무부는 은행들이 재량에 따라 외국인의 신분증명서를 받도록 허용한다. 예를 들어 미국에 있는 멕시코 영사관이 멕시코 이민자들에게 발급한 '명부Matricula'를 신분증명서로 인정해도 괜찮다고 허용하기도 한다.1 물론 은행의 잠재적인 고객 또한 은행 고객이 되길 원해야 한다. 하지만 통화에 대한 신뢰가 낮고 은행이 건실하지 않은 나라에서 온 이민자들은 은행을 충분히 신뢰하지 않고, 그중 상당수는 여전히 은행 거래를 선호하지 않는다.

EU는 소비자가 **기본적인 결제 서비스에 대한 접근이 보장되어야 함을 규정한 결제 계좌 지침**Payment Accounts Directive을 통해서 소비자들의 결제 접근성을 높이고자 한다. 특히 결제 계좌 지침은 모든 EU 거주자, 망명 신청자, 체류 허가증이 없을 수도 있는 사람들에게 은행들이 기본적인 결제 계좌를 제공할 것을 의무화한다. 자금세탁 방지 규정과 테러자금 조달 방지 규정에 의해 요구되는 정보를 고객이 제공하지 못하거나, 고객에게 계좌를 제공하는 행위가 국가 안보와 공공질서에 위협이 될 가능성이 있을 때만 은행은 계좌 제공을 거부할 수 있다.

바로 이 대목에서 **범죄자를 배제하기 위한 엄격한 규제와 금융 포용 간의 갈등이 불거진다.** 네덜란드 의회에서 결제 계좌 지침에 대한 논의가 이뤄질 당시, 여러 의원이 성 노동자를 비롯한 일부 집단은 은

---

1 미국 재무부가 애국법(Patriot Act) 326조를 적용한 결과.

행 계좌를 만들 수 없다는 사실을 지적했다. 이제 의회는 은행이 이런 집단에 계좌를 제공할 것이라고 확신할 수 있을까? 아니면 오히려 이들 집단이 국가 안보나 공공질서에 위협이 된다고 은행이 주장할 위험이 있을까?

2018년, 신분을 증명할 문서가 거의 없다시피 한 채로 시리아 난민이 네덜란드에 대거 도착하자 문제는 좀 더 심각해졌다. 당시 시리아는 엄격한 제재를 받고 있었고, 은행들은 시리아 난민들이 수니파 무장 테러단체 ISIS와 관련 있을지도 모른다는 우려 때문에 시리아 난민에게 계좌를 제공하기를 꺼렸다. 그럼에도 네덜란드 정부는 난민에게도 계좌를 제공해야 하며, 처리 과정이 과도하게 지연된다면 엄격한 고객 확인 절차를 유예해도 좋다는 뜻을 은행에 명확히 밝혔다.

정치적인 면에서도 비슷한 긴장감이 감돈다. 은행들은 정치적 주요 인사에 대해 추가적인 검증 수단을 적용하고 관련 대상을 좀 더 면밀하게 추적·관찰해야 하는 입장이 됐다. 하지만 리스크 프로파일은 급작스럽게 바뀔 수 있고 오늘의 민족 해방자가 내일의 압제자가 되는 경우는 너무도 많다. 비슷한 맥락에서 외교관들에게 은행 서비스를 제공하는 것도 위험할 수 있다.

2010년 워싱턴 주재 앙골라 대사관은 모든 계좌 접근이 갑자기 차단됐다는 사실을 알았다. 미국 은행들이 앙골라 대사관의 모든 계좌를 폐쇄한 탓이었다. 앙골라는 전 세계에서 부패인식지수가 가장 심한 15개국 중 하나로 꼽혔고, 대사관과 본국 정권 간의 긴밀한 관계를 고려할 때 미국 은행들은 앙골라 대사관에 아무 문제 없이 은행 서비스를 제공하는 것이 거의 불가능하다고 판단했다. 그런데 이런 일을 겪은 것은 주미 앙골라 대사관만이 아니었다. 35곳의 다른 대사관 역시 비슷한 위협을 받았다. 언론은 JP모건이 외교 사절단을 위한 은행 업무를 담당하는 부서를 폐쇄한다는 공지가 적힌 문건을 확보했다. JP모건 입장에서는 그만큼의 위험을 감수할 만한 사업이 아니었다.

결제를 하지 못하게 된 대사관들은 즉각 미 국무부와 당시 국무부 장관이었던 힐러리 클린턴Hillary Clinton에게 호소했다. 국무부 담당자들은 수없이 걸려오는 전화를 내내 붙들고 있어야 했을 것이다! 미국 금융 규제 당국은 은행들이 결제 시스템에 대한 접근을 대사관에 제공할 것으로 기대한다고 언급하면서 '금융기관에는 관련 규정을 준수하면서 해외 사절단에 서비스를 제공할 수 있는 재량이 있다'고 명시했다.

규정 준수의 위험과 부담을 이유로(명백한 비행과는 다르다) 고객을 서비스 대상에서 제외하는 것을 '위험 회피De-risking'라고 부른다. 불운했던 워싱턴 소재 대사관들처럼 몇몇 국가의 은행도 거래 중인 대리 은행이 자신들을 위험 회피 대상으로 판단했다는 사실을 알게 되었다. 이런 일이 생긴 원인 중 하나로 **은행의 규정 준수 책임이 '고객의 고객에 대한 확인Know your customer's customers'으로 확대**됐다는 점을 꼽을 수 있다. 즉 이제는 대리 은행이 자사가 서비스를 제공하는 대상이 정직한 은행임을 보증해야 할 뿐 아니라, **그 거래 은행과 거래하는 고객들까지도 정직한 고객임을 보증**해야 한다는 뜻이다.

위험-보상 비율Risk-reward ratio을 언제나 재빠르게 파악하는 대리 은행들은 그만한 위험을 감수할 가치가 없는 경우, 이제는 특정 지역 전체를 거래 대상에서 제외하곤 한다. 이 때문에 **일부 국가가 글로벌 결제 시스템에 아예 접근하지 못하는 문제**가 발생하기도 한다.

국제결제은행은 연구를 통해 2011년부터 2018년까지 은행 간의 대리 은행 거래 관계가 20% 감소했다고 결론 내렸다. 이와 비슷하게 대리 은행 관계의 현황을 추적하며 이 주제에 대한 연례보고서를 발행하는 금융안정위원회FSB 역시 '일부 지역과 국가에서는 대리 은행 관계에 대한 접근성이 여전히 중대한 문제로 남아 있다'는 사실을 발견했다.

영향을 미치는 요인은 여러 가지가 있겠지만, 한 연구에 따르면 부패인식지수가 낮은 국가보다 부패인식지수가 높은 국가에서 은행들이 더 많이 철수하는 경향이 있다. 이는 어느 정도의 위험 회피 행위가 진행되고 있다는 뜻이다. **대리 은행의 철수는 모두를 위한 결제 접근성 향상을 저해**하고, 그 때문에 국가 간 결제 비용이 높아지거나 지하경제의 문을 두드리는 사람이 늘어날 수 있다. 현 시대의 기술 발전이 약속하는 것과 정반대의 현상이 일어나는 것이다.

규제에 대한 해명 발표, 위험 회피 전략의 영향을 받은 국가의 국내 역량 강화, 규정 준수 비용 절감을 위한 방안 도입 등 이미 다양한 조치가 취해지고 있지만, 금융안정위원회는 상황이 더욱 나빠지면 추가 대책을 내놓겠다는 뜻을 분명히 했다. 그 대책이 무엇일지는 명확하지 않다. 사법 당국, 국가 안보 당국 같은 관계 당국의 법 집행을 피하기 위해 금융안정위원회 회원(대개 중앙은행)이 할 수 있는 일에는 한계가 있다.

그러는 동안에도 은행들은 금융 범죄 차단과 금융 포용이라는 상반되는 정치적 압박 사이에서 진퇴양난에 빠져 있다. **규제를 엄격히 따르면서 다른 한편으로 정치적인 지지를 받기란 쉽지 않다.** 둘 사이에서 균형을 잡기는 매우 어려우며, 탐욕스러운 주주들을 만족시켜야 한다는 다른 과제까지 더해지면 더욱 힘든 일이 아닐 수 없다.

이런 문제는 심각한 사안임에 틀림없다. 다만 때로는 약간의 관록으로 원치 않는 고객을 내쫓을 수도 있다. 어느 고위급 은행가가 네덜란드 헤이그에서 지점장으로 일할 당시 있었던 일이다. 헤이그에서 가장 악명 높은 조직 폭력배의 애인이 계좌를 개설하기 위해 은행을 찾았다고 한다. 눈앞의 고객이 누구인지 잘 알고 있었던 은행가는 계좌를 개설해 주고 싶지도 않았고 계좌 개설을 거부했다는 이유로 폭력배의 분노를 사길 원하지도 않았다. 그는 재기를 발휘해 "지금 컴퓨터가 꽉 차서 새로운 계좌를 만들 수가 없는 상황입니다."라고 답했다. 그의 임기응변은 성공적이었다.

그다음은
무엇이 펼쳐질 것인가?

'그렇다면 결제의 최종 단계는 무엇일까?'

간단한 질문이라고 생각할 수도 있다. 2020년에 열린 온라인 결제 전문가 콘퍼런스에서 이 질문을 던진 빅테크 기업의 임원도 간단한 답을 찾고 있었던 것이 틀림없다. 하지만 안타깝게도 그런 답은 없다. 상황이 얼마나 빠르게 바뀌고 얼마나 중요한 문제가 걸려 있는지 고려한다면, 앞으로 어떤 일이 벌어질지 알고 싶은 게 당연하다. 하지만 결제 부문에서는 가까운 미래도 예측하기 힘들다.

지난 10년 동안 등장한 중요한 발전들이 겉보기에는 '갑자기 나타난' 것처럼 보일 수도 있다. 엄청난 인기를 끈 두 개의 앱 덕에 중국이 전 세계 전자결제의 대부분을 처리하게 될 줄 누가 상상이나 했겠는가? 휴대전화가 개발도상국의 결제 서비스 접근성을 전폭적으로 바꿔놓고 전 세계 인구 3분의 1을 금융 서비스로 끌어들이게 될 줄 누가 짐작이나 했겠는가? 중앙은행이 탈현금화 추세에 대해 심각하게 고민하며 암호화폐 실험을 진행할 줄은 알았을까? 비자, 마스터카드, 페이팔, 스퀘어, 아디엔 같은 결제 서비스 공급업체의 기업 가치가 (사실 이 중 일부는 10년 전에는 존재하지조차 않았다) 이제 대부분의 은행보다 클 줄은 예상했을까?

불과 10년 전만 하더라도 빅테크는 기껏해야 미디엄테크에 불과했다. 당시 아마존의 기업 가치는 1천억 달러 미만, 페이스북은 250억 달러 정도였다. 둘의 기업 가치는 세계 최대 규모 은행들에 한참 못 미쳤다. 하지만 2021년 페이스북의 기업 가치는 8,000억 달러에 육박하고 아마존의 기업 가치는 1조 5천억 달러를 웃돈다. 달리 말하면 페이스북의 기업 가치는 전 세계에서 가장 규모가 큰 6개 은행을 모두 더한 것보다 약간 적고, 아마존의 기업 가치는 이들을 모두 더한 것보다 약간 많다.

지금 결제 부문의 변화를 주도하는 기술 상당수는 출시된 지 겨우 10여 년밖에 되지 않았다. 아이폰이 처음 등장한 것은 2007년이었고, 최초의 안드로이드 스마트폰은 2008년이 되어서야 출시됐다. 2009년에는 비트코인의 등장과 함께 암호화폐가 모습을 드러냈다. 사실 2009년은 클라우드 컴퓨팅이 그저 지평선 위에 떠 있는 한 조각의 작은 구름 같이 미약했고(2006년에 아마존이 클라우드 컴퓨팅 플랫폼 '일래스틱 컴퓨트 클라우드Elastic Compute Cloud'를 선보였다), API가 무엇인지 아는 사람이라고는 프로그래머들뿐이었던 해이기도 하다.

사이버 범죄는 훨씬 짧은 기간 내에 비주류에서 주류로 몸집을 키웠다. 2013년에는 범죄자들이 신용카드 정보를 훔쳐 얼마 안 되는 돈을 빼돌렸을 뿐이지만, 이듬해에는 단 하나의 멀웨어를 이용해 대대적인 공격을 벌이기 시작했다. 멀웨어를 기반으로 여러 나라에서 일련의 공격을 벌여 10억 달러가 넘는 돈을 훔쳤다. 2016년이 되자 범죄자들은 방글라데시 중앙은행을 공격해 한번에 같은 금액을 훔치려고 시도했다.

사이버 범죄자들이 전자결제에 달려들었던 바로 그 무렵 미국은 자금세탁과 제재 회피를 전에 없이 엄중히 단속해 많은 벌금을 거둬들였다. 벌금 액수는 평이한 수준부터 상상하기 어려울 정도의 막대한 금액까지 다양했다. 2012년 한 해 동안에만 두 영국 은행, HSBC와 스탠다드차타드은행은 이런 혐의에 대해 약 26억 달러의 벌금을 내기로 미국 당국과 합의했다.

이런 변화가 어떤 영향을 가져올지 아직 완전히 드러나지는 않았다. 하지만 기술 혁신의 속도를 보면 좀 더 많은 변화의 바람이 불 것이고, 그중 대부분은 생각지도 못한 변화일 것이 틀림없다. 우리가 끝까지 저항하는 변화도 있을 것이다. 대표적인 예로 탈현금화 추세를 꼽을 수 있다. 전 세계적으로 현금 사용이 줄어들고 있지만 가장 발전한 선진국에서조차 소비자들은 아직 현금과 작별할 준비가 되어 있지 않다.

불가피한 변화도 있을 것이다. 국가 신분증 제도를 고집스럽게 반대해왔던 영국 같은 나라들도 머지않아 디지털 신분증을 채택하게 될 것이다. 그렇지 않으면 다른 나라보다 뒤처질 수밖에 없다. 결제를 둘러싼 지정학적 문제 역시 점점 복잡해질 것이다. 결제는 현재 진행 중인 4차 산업혁명(5G, 사물 인터넷, 빅데이터, 인공지능, 암호화폐)에 휘말리면서 전 세계 강대국 간의 기술 군비 경쟁의 일부가 될 것이다.

금융이 무기화됐듯이 결제 데이터와 기술 역시 무기화될 것이다. 우리가 이 책을 집필할 당시, 미국은 위챗 앱과 위챗의 결제 기능인 텐페이를 애플과 안드로이드 앱스토어에서 지워버리겠다고 위협하기도 했다. 하지만 앞으로는 미국 이외의 국가들도 데이터와 기술을 무기화할 것이고, 민간 기업에만 제재가 가해지는 것도 아닐 것이다.

전 세계 중앙은행은 이미 중국의 CBDC를 우려하고 있다. 중국의 실리콘밸리라 일컫는 선전에서 이미 수백만 명의 소비자가 중국의 CBDC를 사용 중인 상황을 놓고, 일각에서는 중국의 CBDC가 다른 나라를 '위아나이제이션'하기 위한 도구로 사용될지 모른다고 걱정한다. 단순히 달러화 대 위안화와 유로화의 대결이 아니라, 애플과 페이스북 대 알리바바와 텐센트, 모토로라와 퀄컴 대 화웨이의 대결이 될 것이다. EU 역시 첫발을 내딛기 위해 노력 중인 만큼 EU 대 나머지 모든 나라의 대결이 될 수도 있다. 이 모든 상황이 극한으로 치달으면 중국에서는 미국 휴대전화로 결제하거나 결제받을 수 없게 되고 미국에서도 중국 휴대전화로 결제하거나 결제받을 수 없게 될지 모른다. 이런 일이 벌어지면 공항에서 환전하는 대신 휴대전화를 바꿔야 할 수도 있다.

이미 지정학적인 상황이 좋지 않음에도 빅테크 기업들은 현재 잘

나가고 있다. 결제 비즈니스를 키우려는 야심도 빅테크 기업의 성장에 한몫하고 있다. 아마존과 구글 같은 기업은 은행이 모방할 수 없는 방식으로 시장의 풍경을 근본적으로 바꿔놓을 수 있는 기술과 규모를 갖고 있다. 하지만 빅테크의 결제 시장 진출과 핀테크의 지급 시장 규모에 대한 추정은 모든 결제에는 최종 단계가 있다는 가정, 다시 말해서 빅테크와 핀테크가 모든 국가에 대해 대규모 결제 솔루션을 제공할 수 있다는 가정을 토대로 한다.

　세 개 대륙의 규제기관들이 취한 조치는 이런 가정을 실현하기가 얼마나 어려운지를 잘 보여준다. 2020년 7월, EU 집행위원회와 유럽중앙은행은 EPI(유럽 결제 이니셔티브)의 출범을 알렸다. 범유럽 결제 시스템이자 은행 간 네트워크인 EPI의 목표는 마스터카드 및 비자와 경쟁하고, 유럽 각국 내에서만 통용되는 결제 방식을 대체해 유럽 전역의 결제 방식을 단일화하는 것이다. 그로부터 4개월 후 인도의 결제 규제 당국은 구글이나 아마존 같은 써드파티 공급자가 처리할 수 있는 UPI(통합 결제 인터페이스) 거래의 총비중을 30%로 제한하고, 구글과 구글페이의 독과점 금지 조사에 착수했다. 이후 며칠이 채 지나기도 전에 중국 당국은 알리페이의 모기업인 앤트그룹의 상장을 막았다. 역사상 최대 규모의 IPO를 중단하는 결정이었다. 그리고 한 달 후 중국 당국은 고삐를 더욱 강하게 죄며 앤트의 모기업인 알리바바에 대한 독과점 금지 조사에 착수했다.

　인도와 유럽의 관계 당국이 국내 우수 기업을 응원하는 것인지, 중국 당국이 알리바바 설립자 마윈이 늘어놓는 말과 앤트의 소비자 대출 진출에 격노한 것인지를 놓고 설전을 벌일 수도 있을 것이다. 다만 세 규제 당국의 조치를 보면 규제기관들이 기술 중심의 효율적인 결제 시스템을 도입하는 데 많은 관심이 있긴 하나, 앞으로도 계속해서 결제 시스템을 적극적으로 감독할 계획임이 틀림없다.

기술 혁명이 결제 부문에서 만들어낸 승자독식 역학으로 인해 모두가 한층 커다란 위험을 짊어지게 됐으며, 특히 탈현금화 추세가 위험을 가중시키고 있다. 사실, 결제는 지역적인 특색을 바꾸기가 매우 힘든 분야라서 글로벌 플랫폼의 잠재력이 제한되지만, 네트워크 효과나 규모의 경제는 국내 시장이나 지역 시장에서 여전히 힘을 발휘할 수 있다. 지금껏 살펴봤듯이 이것이 바로 규제 당국을 괴롭히는 문제이며, 은행을 괴롭히는 문제이기도 하다.

이제 독자들은 이 책이 결제에 관한 책이긴 하지만 은행에 관한 내용이 상당히 많다는 사실을 알아차렸을지도 모르겠다. 은행을 빼놓고는 결제를 이야기할 수 없다! 어쩌면 결제에서 은행 부문이 맡고 있는 역할에 대해 필자들이 시류에 걸맞지 않은 관점을 갖고 있다고 생각하는 독자도 있을 것이다. 이 책은 은행의 입장을 대변하기 위한 것이 아니다. 하지만 우리는 은행이 결제산업에서 대체 불가능하고 중요한 역할을 한다고 믿는다. 전통적인 모습의 은행일 필요는 없지만, 어떤 식으로든 은행이라는 존재는 필요하다.

돈을 움직이는 데는 리스크가 수반되며 유동성이 필요하다. 기술 덕에 많은 변화가 있었지만 유동성과 리스크라는 두 요소를 마법처럼 사라지게 만들 수는 없다. 유동성과 리스크는 계속해서 결제에,

특히 거액 결제에 영향을 미칠 것이다. 거액을 옮기려면(작은 결제 건이 누적돼서 거액이 되는 경우를 포함) 상당한 규모의 유동성이 필요하고 큰 리스크가 수반된다. 엄청난 규모의 돈이 오가는 만큼 국가나 중앙은행 입장에서는 은행을 규제하면서 국가 경제를 운영해 나갈 수밖에 없다.

은행들은 결제에 필요한 계좌와 예금이라는 기능을 계속 유지할 가능성이 크다. 하지만 실질적인 결제 서비스를 제공함에 있어 은행이 맡은 역할과 이런 서비스를 통해 창출되는 수익은 분명히 위협받고 있다. 비은행 공급자들은 은행이 했던(혹은 더 잘할 수 있거나 잘해야만 했던) 일을 더 잘 해내고 있기 때문이다. 결제가 수시입출금 계좌와 분리될 수 있다는 매우 현실적인 가능성은, 은행을 그럴싸하게 미화된 공공 기업의 위치로 밀어낼 수도 있다. 즉 은행은 기본 인프라를 운영하고 자금세탁 규정을 제대로 준수하고 있는지 점검하는 역할을 하는 반면, 비은행 기술 기업들은 고객 인터페이스를 장악하고 많은 상업적인 기회를 차지하게 될 수도 있다.

이 시나리오가 현실이 되면 은행은 결제를 통해 예전처럼 많은 돈을 벌어들일 수 없고, 그러면 결제를 가능케 하는 인프라에 투자하기도 힘들어진다. 이런 맥락에서 보면 얼마 전까지만 하더라도 경쟁의 관점에서는 상상할 수 없었던 방안이지만, 각국의 규제 당국이 자국 내의 대형 은행에 힘을 실어줄 수도 있음은 불가능한 일이 아니다. 혹은 중앙은행들이 중국의 선례를 따라 자체적인 CBDC를 선보일 수도 있다.

10년 후에 우리는 어떤 방식으로 결제하게 될까? 서로 반대되는 세력들이 충돌하는 과정 속에서, 즉 혁신과 규제가 마주하는 지점에서, 기술이 기존의 인프라와 충돌하는 지점에서, 데이터 비즈니스 기회가 개인정보 보호와 부딪치는 지점에서, 민간 기업이 벌어들인 돈이 소비자의 이익·국가의 이익·지정학적인 상황에 걸맞은 방식으로 투자되는 지점에서 10년 후의 결제 방식이 결정될 것이다.

삶의 다른 부분에서 우리가 이미 사용 중인 도구와 기술을 결제 부문에서 활용할 수도 있다. 물론 완전히 새로운 도구와 기술이 등장할 수도 있다. 어쩌면 우리는 이 책의 도입에서 언급한 역설을 넘어 또 다른 새로운 역설이 등장하는 모습을 지켜보게 될 수도 있을 것이다. 점점 더 감지할 수 없는 방식으로, 완전히 눈에 보이지 않는 방식으로 결제가 이뤄질 수도 있지만, 예전보다 우리 삶에 미치는 영향은 훨씬 커질 것이다. 이런 상황이 되면 문제가 생겼을 때만 결제의 존재를 알아차리게 될지도 모른다.

정부와 기업은 배후에서 우리의 데이터와 수수료를 차지하기 위해 치열한 경쟁을 벌이게 될지도 모른다. 그뿐만 아니라 특정 부류의 사람이나 활동, 국가를 결제의 대상에서 포함하거나 배제하기 위해 다툴 수도 있다. 결제라는 행위 자체는 점점 덜 노골적이고 더 추상적인 방향으로 나아가겠지만, 철학적 관점의 차이와 지정학적인 전투는 더욱 가열되고 명확해질 것이다. 결제를 뒷받침하는 기술도 완전히 달라질 것이다. 지금은 결제를 위해서 반도체와 통신기기, 휴대전화, 네트워크, 통화가 사용된다. 하지만 미래에는 어떤 기술이 사용될지 누가 알까?

결제가 어떻게 진화할지 지켜보는 일은 흥미로울 것이다. 앞으로 벌어질 일에 가장 잘 대비하려면, 여기에 무엇이 걸려 있는지 이해하고 '예상치 못한 것을 예상'할 준비를 해야 한다. 여러분이 앞으로 다가올 일을 대비하는 데 이 책이 도움이 되었기를 바란다. '이 세상에서 죽음과 세금만큼 확실한 것은 없다.'라는 격언이 있다. 이 말에 결제도 포함할 수 있을 것이다. 다만 결제는 종반전이 코앞이기는커녕 결말이 없는 이야기다. 물론 축복을 헤아릴 수는 있지만 돈처럼 써버릴 수 없는 천국에서라면 이야기가 달라지겠지만.

| 감사의 인사 |

무엇보다도, 이 책이 잉태되고 탄생하기까지 모든 과정을 묵묵히
지켜봐 주고 오랫동안 계속된 출장과 '지루'했을 것이 틀림없는 대화
를 견뎌준 우리 두 필자의 가족들에게 무한한 고마움을 전한다. 글을
'개선하는'(그의 표현을 빌자면) 데 많은 시간을 쏟아준 (속도는 그리 빠
르지 않았을지언정) 크리스 오웬에게 특별한 감사를 전한다.

우리 두 필자가 돈의 세상에서, 그리고 그 주위에서 보낸 세월을
더하면 무려 60년이다. 그 시간 동안 우리는 목록을 만들어 하나하나
이름을 부르는 것만으로는 충분치 않을 정도로 많은 분들께 신세를
졌다. 우리는 그분들이 누구인지 잘 알고 있으며, 그동안 우리를 도
와주신 그분들께 감사의 뜻을 전한다. 이 책의 여러 버전을 직접 읽
어보고 소중한 의견을 준 알렉 나카물리, 제러드 하트싱크, 다우에
리클레마, 키엘 리젠버그, 잭 스티븐슨, 올리비에 데네커, 론 베른센,
폴 테일러, 조안나 뱀포드, 도미닉 홉슨, 미첼 퓨어에게도 잊지 않고
감사의 인사를 전한다.

엘리엇&톰슨 출판사의 비전이 아니었더라면 이 책은 세상에 나
올 수 없었을 것이다. 특히 (지금 출판된 책과는 완전히 다르지만) 맨 처
음 받아본 초고에서 무언가를 발견했던 것이 틀림없는 론 포사이스,

우리가 쓴 원고를 받아들고 인내심 있게 지금과 같은 책이 나올 수 있도록 도와준 올리비아 베이스에게 깊은 감사를 표한다. 두 사람 모두, 그리고 엘리엇&톰슨의 모든 팀원들께 감사하다는 말을 전하고 싶다.

마지막으로 무언가에 관한 글을 쓸 때는 그동안 읽은 글의 영향을 받게 마련인 만큼 우리 두 필자가 그동안 읽었던 모든 글의 공로도 인정해야 마땅하다. 관심 있는 독자들을 위해 이 책에 언급된 여러 주제와 관련해 우리가 읽고, 즐기고, 정보를 얻었던 자료 목록을 정리해두었다. www.thepayoffthebook.com을 방문하면 책 목록과 더 많은 정보를 확인할 수 있다.

| 참고자료 |

1장

- 페니와운과 남웨일스에서의 현금 접근성에 관한 이야기
  브리스톨대학교 보고서 : '남웨일스 사례 연구를 통해 파악한 취약한 지역 사회의 실태(Identifying Vulnerable Communities in a Case Study of South Wales)'. 2020년 1월. https://www.academia.edu/41787080/GEOGRAPHIES_OF_ACCESS_TO_CASH_IDENTIFYING_VULNERABLE_COMMUNITIES_IN_A_CASE_STUDY_OF_SOUTH_WALES

- 판할에 관한 이야기
  https://toritto.wordpress.com/2018/10/10/banker-to-the-resistance-walraven-van-hall/
  2018년 영화 〈레지스탕스 뱅커(The Resistance Banker)〉 www.imdb.com/title/tt4610378/

- 마크 트웨인. 『백만 파운드 지폐』. 베를린: 랑겐샤이트 ELT, 1893.

- 아일랜드 은행 파업에 관한 이야기
  크루거, M(Krüger, M). '돈과 신용 : 1970년 아일랜드 은행 파업이 주는 교훈(Money and Credit: Lessons of the Irish bank strike of 1970)'. ROME 논문 시리즈 ISSN 1865-7052, 2017-13호, 6월.

- N. 교타키(N. Kyotaki)·J. H. 무어(J. H. Moore). '모든 화폐의 근원은 불신'. 〈아메리칸 이코노믹 리뷰(American Economic Review)〉, 2002, 92(2), 62-6.

2장

- 런던 버스표에 관한 일화
  www.ft.com/content/e8a177d4-dfae-11e9-9743-db5a370481bc

- 영란은행 금융안정 부문 부총재이자 통화정책위원회, 금융정책위원회, 건전성규제위원회 위원인 존 컨리프가 2020년 2월 28일 런던 정치경제대학교에서 진행한 '이제 돈에 대해 이야기해야 할 때(It's time to talk about money)'라는 제목의 연설.
  www.bankofengland.co.uk/speech/2020/jon-cunliffe-speech-followed-by-panellist-at-chinas-trade-and-financial-globalisation-conference

3장

- 스트라이프의 기업 가치는 2020년 11월의 파이낸싱 라운드를 토대로 산정했다. 당시 스트라이프는 파이낸싱 라운드를 통해 자사 기업 가치를 700~1,000억 달러로 만들 정도의 자금을 조달하고자 했다. 집필 시점에는 파이낸싱 라운드가 끝나지 않은 상태였기 때문에 보수적으로 금액을 책정했다.

4장

- 영국 감사원 회계감사원장이 공개한 보고서(2020년)에서 발췌한 수치. 영국 재무성, 영란은행, 영국 조폐국, 영국 금융감독청, 결제시스템감독국이 2020년 9월에 내놓은 보고서 '현금 제작과 유통(The production and distribution of cash)'.

- 스위스가 발행한 1천 프랑 지폐에 관한 이야기
  https://www.swissinfo.ch/eng/nota-bene_thousand-franc-note-is-a-hidden-treasure/36439396

- 이라크로 현금을 수송한 일화
  '뉴욕 연방준비은행에서 이라크로 이어진 400억 달러의 자금 루트(New York Fed's $40 billion Iraqi money trail)'. CNBC, 2011. 10. 25.
  www.cnbc.com/id/45031100

- 해외 유로 지폐 사용 현황에 관한 이야기
  N. 바르츠쉬(N. Bartzsch)·G. 로슬(G. Rösl)·F. 자이츠(F. Seitz). '독일에서 발행한 유로 지폐에 대한 해외 수요 : 직간접적인 접근방법을 활용한 추산(Foreign demand for euro banknotes issued in Germany: Estimation using (in)direct approaches)'. 독일 분데스방크, 논문 시리즈 1, 2011, 20호, 21호.
  '500유로 지폐는 왜 사라질 지경이 됐을까?(Why is the €500 banknote about to disappear?)'. 독일 신문 〈프랑크푸르터 알게마이네 차이퉁(Frankfurter Allgemeine Sonntagszeitung)〉에 실린 분데스방크 임원회 이사 요하네스 비어만(Johannes Beermann) 박사와의 인터뷰.

- 세계 금융 범죄율에 관한 수치 중 낮은 추정치는 미 재무부 자료(2018)에서, 높은 추정치는 랜드 연구소(RAND Corporation)의 연례 조사에서 발췌했다.
  https://home.treasury.gov/system/files/136/2018NMLRA_12-18.pdf
  www.rand.org/news/press/2019/08/20.html

- 은행 지폐에 남아 있는 코카인 흔적에 대한 이야기

www.theguardian.com/world/2009/aug/17/cocaine-dollar-bills-currency-us

- 고액 은행권과 지하 경제에서의 고액 은행권 사용 실태에 관한 이야기
  K.S. 로고프(K.S. Rogoff). 『현금의 저주(The Curse of Cash)』. 프린스턴, 뉴저지:
  프린스턴대학 출판부, 2016.

- 세계금협회(World Gold Council)에서 빠져나간 금과 관련된 수치
  www.gold.org

5장

- 현금과의 전쟁에 관한 이야기
  '엘리트 계층이 현금과의 전쟁에서 이기는 이유(Why elites are winning the war
  on cash)'. 영국 언센서드(UK Uncensored), 2019. 10.
  https://ukuncensored.com/why-elites-are-winning-the-war-on-cash/
  https://dailyreckoning.com/elites-winning-war-cash/

- 윌렘 뷰이터의 말은 다음에서 인용했다.
  W. 뷰이터·E. 라바리(E. Rahbari). '금리를 낮춰야 할 적기: 명목 금리 하한선을 없
  애야 하는 이유(High time to get low: Getting rid of the lower bound on
  nominal interest rates)'. 〈씨티 연구 경제학(Citi Research Economics), 세계 경
  제학 견해(Global Economics View)〉, 2015. 4. 9.

- 알바니아 현금 사용 실태에 관한 수치는 세계은행 그룹과 알바니아 은행의 2018년
  발표 자료 '알바니아의 소매 결제 비용과 저축(The retail payment costs and
  savings in Albania)'에서 발췌했다.
  www.bankofalbania.org/rc/doc/WB_RetailPmt_Albania_WEB_Final_12074.pdf
  독립 발칸 통신사(Independent Balkan News Agency)가 사용한 알바니아 통계청
  (Institute of Statistics, INSTAT)의 2015년 자료도 도움이 됐다.

- 여러 나라의 현금 사용 실태 데이터는 맥킨지 보고서(2018). '현금 비용을 공략하라
  (Attacking the cost of cash)'를 참고했다.
  www.mckinsey.com/industries/financial-services/our-insights/attacking-the-
  cost-of-cash

- 브리스톨에서의 현금 접근성에 대한 이야기
  브리스톨대학교가 발표한 보고서. '지도로 나타낸 현금 이용 가능성: 브리스톨 금융
  인프라 사례 연구(Mapping the availability of cash – a case study of Bristol's

financial infrastructure)'.

http://www.bris.ac.uk/geography/research/pfrc/themes/finexc/availability-of-cash/

- 현금 사용에 따른 비용과 관련된 수치는 최종보고서(2019) '현금 접근성 검토 (Access to Cash Review)'에서 발췌했다.
www.accesstocash.org.uk/media/1087/final-report-final-web.pdf

- 돈을 찍어내는 것과 관련된 인용구는 아래에서 확인할 수 있다.
www.nytimes.com/2020/03/23/upshot/coronavirus-fed-extraordinary-response.html
https://twitter.com/AsILayHodling/status/1241008225924845568
www.reuters.com/article/us-health-coronavirus-ecb-qe/ecb-primes-money-printing-gun-to-combat-coronavirus-idUSKBN21D0J4

- 스웨덴의 현금 사용 감소 추세 및 그에 반대하는 움직임에 관한 이야기는 아래에서에서 확인할 수 있다.
www.spink.com/media/view?id=338
현금 반란의 '현금 봉기-사회 내에서 들려오는 현금의 목소리(The cash uprising – the voice of cash in society)' www.kontantupproret.se

- 비욘 에릭손의 인터뷰 기사
D. 크라우치(D. Crouch). '현금이 없으면 공격받을 위험이 커진다: 현금 없는 삶이라는 위험에 맞서는 스웨덴 사람들(Being cash-free puts us at risk of attack: Swedes turn against risk of cashlessness)'. 〈가디언〉, 2018. 4. 3.
www.theguardian.com/world/2018/apr/03/being-cash-free-puts-us-at-risk-of-attack-swedes-turn-against-cashlessness

- 2020년 영국 재무성 장관이 남긴 현금 접근성에 관한 발언
www.gov.uk/government/publications/budget-2020-documents/budget-2020

- 허리케인 마리아가 강타했을 때 푸에르토리코에서 벌어진 일과 미 연준의 대응
www.nytimes.com/2017/09/29/us/puerto-rico-shortages-cash.html
www.americanbanker.com/news/feds-emergency-cash-plan-swings-into-action-in-puerto-rico

7장

- 뱅크아메리카드와 조 윌리엄스에 관한 이야기
  조 노세라(Joe Nocera). '신용카드가 탄생한 날(The day the credit card was born)'. 〈워싱턴포스트〉, 1994. 11. 4.
  https://www.washingtonpost.com/archive/lifestyle/magazine/1994/11/04/the-day-the-credit-card-was-born/d42da27b-0437-4a67-b753-bf9b440ad6dc/

- 패리 부부의 마그네틱선 발명에 관한 이야기
  www.ibm.com/ibm/history/ibm100/us/en/icons/magnetic/

- 전 세계의 직불카드 사용 금액
  www.mercatoradvisorygroup.com/Reports/U_S__-Canada_-and-U_K_-Prepaid-Markets--Similarities-and-Differences/

8장

- 더빈 개정안 https://fas.org/sgp/crs/misc/R41913.pdf

- SEPA와 SEPA가 미친 영향
  https://ec.europa.eu/info/business-economy-euro/banking-and-finance/consumer-finance-and-payments/payment-services/single-euro-payments-area-sepa_en

9장

- 씨티은행과 9억 달러 규모의 송금 실수, 도이체방크의 350억 달러 송금 실수, 올리버 노스 사건
  https://dockets.justia.com/docket/new-york/nysdce/1:2020cv06539/542310
  https://money.cnn.com/2018/04/19/investing/deutsche-bank-35-billion-mistake/index.html
  www.nytimes.com/1987/05/13/world/north-s-10-million-mistake-sultan-s-gift-lost-in-a-mixup.html

- 바클레이즈의 은행 식별코드 혼동 사건
  www.theguardian.com/money/2019/dec/07/i-lost-my-193000-inheritance-

with-one-wrong-digit-on-my-sort-code

- 영국의 수취인 신원 확인 제도 도입에 관한 내용
www.which.co.uk/news/2020/03/confirmation-of-payee-which-banks-are-ready-to-offer-vital-name-checking-service/

- 네트워크 효과와 영향에 관한 전반적인 내용
O. 샤이(O. Shy). 『네트워크 산업의 경제학(The Economics of Network Industries)』. 케임브리지: 케임브리지대학 출판부, 2001.

10장

- 총인구 약 45억 명의 CPMI 소속 25개국의 카드 거래 추정치(2019년).

- 전 세계 1인당 거래 관련 수치는 총인구 약 45억 명의 CPMI 25개국을 기반으로 한다. CPMI는 국제결제은행 산하 조직으로 결제, 청산, 정산, 기타 시장 인프라에 관한 세계 규제/감독 기준을 마련하고 홍보하며, 이 분야의 진행 상황을 감독하고 분석한다. CPMI 25개국은 아르헨티나, 호주, 벨기에, 브라질, 캐나다, 중국, 프랑스, 독일, 홍콩, 인도, 인도네시아, 이탈리아, 일본, 한국, 멕시코, 네덜란드, 러시아, 사우디아라비아, 싱가포르, 남아프리카공화국, 스페인, 스웨덴, 스위스, 터키, 영국, 미국이다(국제결제은행은 중국과 홍콩의 데이터를 따로 제공하지만 둘을 하나의 나라로 간주한다).

- 알리페이와 텐페이에 관한 데이터는 중국인민은행이 제공한 2019년 데이터다. 영어 보고서는 www.pbc.gov.cn/en/3688241/3688663/3688681/3861364/3993121/index.html에서 다운로드할 수 있다. 해당 보고서는 비은행 조직(대개 알리페이와 텐페이)이 7,200억 건의 온라인 결제 거래를 처리했다고 언급하지만, 여기에는 은행에서 전자지갑으로 송금한 거래도 포함돼 있는 만큼 일부 거래가 이중 계산됐을 수 있다. 또한 보고서는 알리페이와 텐페이가 'QR코드' 결제를 위해 사용하는 왕롄(Nets Union) 플랫폼에서 처리된 3,780억 건의 거래도 언급한다. 따라서 알리페이와 텐페이가 처리한 진짜 거래 건수는 3,780억 건과 7,200억 건 사이라고 볼 수 있다. 우리는 보수적인 접근 방식으로 낮은 수치를 선택했다.

- [그림 3]의 데이터는 CPMI 25개국에 관한 것으로 국제결제은행이 제공했다. 다만 중국 데이터는 중국인민은행이 제공한 것이다. 유로존 데이터는 CPMI에 포함된 유로존 6개국에 관한 총계다.

- 알리페이와 텐페이의 거래 수수료 데이터 발췌

www.chinadaily.com.cn/bizchina/2016-09/13/content_26778445.htm

- QR코드가 깡통을 대신하게 된 이야기
www.brookings.edu/research/is-chinas-new-payment-system-the-future/

- QR코드가 붙어 있는 군복에 관한 내용
www.businessinsider.co.za/chinese-troops-qr-codes-on-body-armor-massive-parade-2019-10

- 알리페이의 위어바오 펀드에 관한 내용
www.forbes.com/sites/ywang/2020/01/17/ant-financial-is-shifting-away-from-chinas-76-trillion-online-payments-market/

11장

- 50개국에서의 즉시 지급 시스템에 관한 내용
https://www.fisglobal.com/en/about-us/media-room/press-release/2019/number-of-real-time-payment-systems-continues-to-grow-globally-fis-report-shows

- UPI 거래 건수에 관한 내용은 인도국립결제공사(National Payments Corporation of India)에서 확인했다.

12장

- 맥킨지와 BCG가 제공한 세계 결제 수익 데이터는 '2020년 맥킨지 세계 결제 보고서 (The 2020 McKinsey Global Payments Report)'와 '세계 결제 2020: 미래 상황 분석(Global Payments 2020: fast forward into the future)'에서 발췌했다.
https://www.mckinsey.com/~/media/McKinsey/Industries/Financial%20Services/Our%20Insights/Accelerating%20winds%20of%20change%20in%20global%20payments/2020-McKinsey-Global-Payments-Report-vF.pdf
https://web-assets.bcg.com/7c/e0/596af1214f32820093f1f88c05f0/bcg-global-payments-2020-fast-forward-into-the-future-oct-2020-1.pdf

- 전체 결제 수익에서 일반 소비자가 차지하는 비중이 얼마인가에 대한 답은 누구에게 질문하는가에 따라 달라진다. BCG(2019년)와 맥킨지(2019년) 모두 일반 소비자들에게서 비롯된 결제 수익이 약 1조 달러인 것으로 추산하지만 기업에서 비롯된 결제 수익에 대한 견해는 서로 다르다. BCG는 기업에서 비롯된 결제 수익을 약 4천억

달러로 추산하지만, 맥킨지의 추정치는 BCG보다 2배 이상 많은 9천억 달러 정도다. BCG와 맥킨지의 추산이 이토록 큰 차이를 보이는 것은 중국 내 기업 고객의 이자 마진이라는 단 하나의 수치 때문이다. 맥킨지는 중국 기업 고객의 이자 마진이 2억 7,500만 달러에 달하는 것으로 추산한다. 맥킨지 보고서가 좀 더 세부적인 내역을 제공하기 때문에 12장에서는 주로 맥킨지 수치를 따랐다.

- 복리에 대한 심리가 궁금하다면 S&P 글로벌 금융 문해력 조사(S&P Global FinLit Survey)를 참고하기 바란다.
  https://gflec.org/wp-content/uploads/2015/11/3313-Finlit_Report_FINAL-5.11.16.pdf?x22667

- 카드트로닉스에 관한 데이터
  www.link.co.uk/about/intro/
  www.cardtronics-uk.com/about/Our-ATM-Network.aspu

13장

- 결제업계에 관한 수치는 맥킨지가 발표한 '2020년 맥킨지 세계 결제 보고서'에서 발췌했다.
  https://www.mckinsey.com/~/media/McKinsey/Industries/Financial%20Services/Our%20Insights/Accelerating%20winds%20of%20change%20in%20global%20payments/2020-McKinsey-Global-Payments-Report-vF.pdf

- 미국 은행들이 부과하는 당좌대월 수수료 자료는 전미 책임 있는 대출센터(US Centre for Responsible Lending)가 제공했다.

- 결제 수익 성장률 데이터는 올리버 와이먼(Oliver Wyman)이 제공했다. 보고서 원문은 아래에서 확인할 수 있다.
  www.oliverwyman.com/content/dam/oliver-wyman/v2/publications/2020/January/Oliver-Wyman-State-of-the-Financial-Services-Industry-2020.pdf

- 중국의 예금 이자 제한 정책에 관한 내용
  www.ft.com/content/997c735c-4482-11e8-803a-295c97e6fd0b

- 중국인민은행에 예치된 알리페이와 텐센트 예금 관련 수치
  www.pbc.gov.cn/diaochatongjisi/116219/116319/3750274/3750284/index.html

- 영국 신용카드 부채에 관한 수치

www.theguardian.com/money/2006/sep/27/debt.creditanddebt

14장

- 유비쿼티 네트웍스 일화
  N. 바르디(N. Vardi). '기술 억만장자의 회사가 어떻게 4,670만 달러를 잘못 송금하고도 그 같은 사실을 깨닫지도 못했을까(How a tech billionaire's company misplaced $46.7 million and did not know it)'. 〈포브스〉, 2016. 2. 8.

- 데이트 앱 사기에 관한 내용
  https://www.interpol.int/en/News-and-Events/News/2021/Investment-fraud-via-dating-apps

15장

- 조기 인출 사건에 관한 내용
  www.frbatlanta.org/-/media/documents/research/publications/economic-review/2008/vol93no4_quinn_roberds.pdf

- 헤르슈타트 은행에 관한 내용
  https://academic.oup.com/ehr/article/129/540/1129/2769724

16장

- 챕스 공개에 대한 영란은행의 반응이 궁금하다면 영국은행가공인협회(Chartered Institute of Bankers)의 주최로 '스테디 에디(Steady Eddie)'라는 별칭으로도 불리는 영란은행 총재 에드워드 조지 경(Sir Edward George)이 진행한 길바트 강연(Gilbart Lecture)을 참고하기 바란다.
  www.bankofengland.co.uk/-/media/boe/files/quarterly-bulletin/1996/risk-reduction-in-the-payment-and-settlement-systems.pdf

- 언스트앤영(Ernst & Young)은 200대 은행의 자본이 2007년에는 2조 달러였으나 현재 5조 5천억 달러로 늘어난 것으로 추산한다. 관련 내용은 2018년 세계 은행 전망(Global Banking Outlook, 2018)에서 확인할 수 있다.
  www.ey.com/Publication/vwLUAssets/ey-global-banking-outlook-2018/$File/ey-global-banking-outlook-2018.pdf

- 챕스 서비스 중단 사태에 관한 일화
  www.bbc.co.uk/news/business-29687904
  www.independent.co.uk/news/business/news/homemovers-stranded-after-
  bank-of-england-mortgage-payment-system-crashes-9806619.html

- 부동산 구매가 챕스 거래에서 차지하는 비중
  www.ft.com/content/995c892e-5869-11e4-942f-00144feab7de
  www.bankofengland.co.uk/-/media/boe/files/report/2015/independent-
  review-of-rtgs-outage-on-20-october-2014.pdf

- 그린스펀 인용문은 다음에서 발췌했다.
  A. 그린스펀.『격동의 시대: 신세계에서의 모험(The Age of Turbulence: Adventures
  in a new world)』. 런던: 펭귄, 2007.

- 은행 순위
  https://www.spglobal.com/marketintelligence/en/news-insights/trending/
  robdlgca1gbjyjrx3sdcjg2

- 독일재건은행이 독일에서 가장 멍청한 은행으로 알려지게 된 이유
  www.nytimes.com/2008/09/18/business/worldbusiness/18iht-kfw.4.16285369.
  html

- 알파빌에 기록된 챕스 사건에 관한 내용
  https://ftalphaville.ft.com/2016/01/29/2151327/rtgs-and-the-story-of-
  batches-instead-of-blocks/

- JP모건의 도매 결제 규모에 관한 자료
  www.jpmorganchase.com/corporate/investor-relations/document/line-of-
  business-ceo-letters-to-shareholders-2018.pdf

17장

- 국가 간 결제에 관한 평판이 궁금하다면 다음을 참고하기 바란다.
  M.L. 벡(M.L. Bech)·J. 핸콕(J. Hancock) (2020년). '결제 혁신(Innovations in
  payments)'. 〈국제결제은행 쿼털리 리뷰(BIS Quarterly Review)〉, 2020, 3월호,
  21~36쪽. 저자들은 국가 간 결제가 '더욱 느리고, 더욱 비싸며, 더욱 이해하기 힘들
  다'고 이야기한다. 국제통화기금 부국장 동헤(Dong He)의 연설에 의하면 국제통화기
  금은 국가 간 결제가 '많은 돈이 들고 다루기 힘들고 (중략) 이해하기 쉽지 않고 느

리다'라고 생각한다.
www.imf.org/en/News/Articles/2017/11/01/sp103017-fintech-and-cross-border-payments

- 하왈라 거래 규모 추정치. 매달 50억 파운드의 송금이 이뤄진다는 트랜스퍼와이즈의 통계 자료를 근거로 산출했다.
http://www.treas.gov/offices/enforcement/key-issues/hawala/와 www.un.org/esa/desa/papers/2002/esa02dp26.pdf

- 맥킨지가 발표한 국가 간 결제 규모 추정치를 토대로 스위프트 결제 규모를 산출했다. '국가 간 결제의 미래에 대한 비전(A Vision for the Future of Cross-border Payments)'.
https://www.mckinsey.com/~/media/McKinsey/Industries/Financial%20Services/Our%20Insights/A%20vision%20for%20the%20future%20of%20cross%20border%20payments%20final/A-vision-for-the-future-of-cross-border-payments-web-final.ashx

- 스위프트 결제량에 관한 수치는 금융안정위원회 대리 은행 데이터 보고서(FSB Correspondent Banking Data Report)(2017)와 스위프트 MT103 결제 메시지 건수에 관한 국제결제은행 수치, 두 출처에서 확인한 국내 결제 및 국가 간 결제 데이터를 토대로 산출했다. 전체 값을 양으로 나눠 평균값을 구했다.
https://www.fsb.org/wp-content/uploads/P040717-4.pdf
http://stats.bis.org/statx/srs/table/PS6

- 공공 부문에서 국가 간 결제 개선을 위한 어떤 노력이 있었는지 궁금하다면 금융안정위원회 자료를 확인해보자.

- G20 보고서 전문
www.bis.org/cpmi/publ/d193.pdf

18장

- 핀테크 투자 관련 수치
https://news.crunchbase.com/news/q4-2018-closes-out-a-record-year-for-the-global-vc-market/

- 결제 수익 성장률에 관한 수치는 '2020년 맥킨지 세계 결제 보고서'와 올리버 와이만의 '2020년 결제 서비스 산업 실태(The State of the Financial Services

Industry 2020)'에서 인용했다.

https://www.mckinsey.com/~/media/McKinsey/Industries/Financial%20
Services/Our%20Insights/Accelerating%20winds%20of%20change%20
in%20global%20payments/2020-McKinsey-Global-Payments-Report-vF.
pdf?shouldIndex=false

www.oliverwyman.com/content/dam/oliver-wyman/v2/publications/2020/
January/Oliver-Wyman-State-of-the-Financial-Services-Industry-2020.pdf

- 씨티은행과 JP모건 체이스의 시장 점유율
  https://www.spglobal.com/marketintelligence/en/news-insights/trending/
  ujwgp8yqefmy0vzsndwjaa2
  Statista.com

- N26 관련 데이터
  https://n26.com/en-eu/blog/n26-raises-more-than-100-million-dollars-in-
  extension-of-its-series-d-funding

- 은행 관련 데이터
  https://ogury.com

19장

- 스트라이프 설립자들에 관한 이야기
  www.wired.co.uk/article/stripe-payments-apple-amazon-facebook

- 핀테크 매입사가 일부 비즈니스의 전표를 매입하지 않는 관행
  https://stripe.com/blog/why-some-businesses-arent-allowed
  https://squareup.com/gb/en/legal/general/ua

- 클라르나에 관한 좀 더 많은 내용
  www.klarna.com/knowledge/articles/how-klarnawon-over-80-million-
  shoppers-hearts/

20장

- 영화 〈수상한 가족〉의 줄거리 https://www.imdb.com/title/tt1285309/
- 원클릭 쇼핑을 둘러싼 아마존과 반스앤노블의 소송에 관한 이야기

https://knowledge.wharton.upenn.edu/article/amazons-1-click-goes-off-patent/

- 13세의 캐머런과 그의 인앱 구매에 관한 일화
  www.dailymail.co.uk/news/article-2298771/Policeman-Doug-Crossan-reports-13-year-old-son-Cameron-FRAUD-running-3-700-iPad.html

- 프렐렉 교수의 연구에 관한 내용
  https://web.mit.edu/simester/Public/Papers/Alwaysleavehome.pdf

- 신용카드 로고를 노출하는 전략에 관한 연구 내용
  R.A. 파인버그(R.A. Feinberg). '소비를 자극하는 신용카드: 길들이기에 대한 해석 (Credit cards as spending facilitating stimuli: A conditioning interpretation)'. 〈소비자 연구 저널(Journal of Consumer Research)〉, 1986, 13(1), 348-56.

- 빅테크와 신뢰에 관한 데이터
  M. 비즐스마(M. Bijlsma)·C. 카린 반 데 크루이센(C. Carin van der Cruijsen)·N. 니콜 존커(N. Nicole Jonker). 'PSD2 서비스를 수용하는 태도를 보이는 소비자: 신뢰도 팔 수 있을까?(Consumer propensity to adopt PSD2 services:Trust for sale?)'. DNB 조사 보고서, 2020.
  www.dnb.nl/en/binaries/Working%20paper%20No%2E%20671_tcm47-387219.pdf

- 영국의 오픈뱅킹 관련 데이터
  www.openbanking.org.uk

21장

- 라나 스워츠에 관한 좀 더 자세한 내용
  http://llaannaa.com

- 영화 〈더 서클〉의 줄거리 www.imdb.com/title/tt4287320/

- 마케팅을 위해 고객 데이터를 이용하고자 했던 ING 은행의 시도에 관한 내용
  https://fd.nl/frontpage/ondernemen/10864/ing-geeft-adverteerder-inzicht-in-klantgedrag
  www.finextra.com/newsarticle/34092/dutch-banks-told-to-stop-using-payments-data-for-personalised-marketing

- 영국 경쟁시장청과 오픈뱅킹에 관한 더 많은 내용

https://assets.publishing.service.gov.uk/government/uploads/system/uploads/attachment_data/file/885537/Notice_of_proposed_changes_to_the_open_banking_roadmap_-_web_publication_-_cma_gov_uk_---_May_2020_-.pdf

- 스크린 스크래핑 기업에서 얻은 데이터를 이용하는 헤지펀드에 관한 이야기
  www.politico.com/news/2020/02/07/banks-fintech-startups-clash-over-the-new-oil-your-data-112188

- 빅테크가 자체적인 은행 자회사를 원할 수도 있다고 주장하는 과학 논문
  M. 브루너마이어(M. Brunnermeier)·H. 제임스(H. James)·J.-P. 랜도(J.-P. Landau). '돈의 디지털화(The digitalization of money)'. 조사 보고서 26300, 전미경제연구소(National Bureau of Economic Research), 2019.

- 〈이코노미스트〉 기사 www.economist.com/leaders/2020/10/22/how-to-deal-with-free-speech-on-social-media

22장

- 영화 〈빅쇼트〉 줄거리 www.imdb.com/title/tt1596363/

- 모래 속에서 금을 찾는다는 내용
  https://greatestideaever.wordpress.com/category/tales-from-the-crypto/

- 암호화폐 시가총액에 관한 데이터는 코인마켓캡닷컴에서 2020년 6월 15일에 확인한 것이다.

- 비트코인을 이용한 불법 활동에 관한 내용
  S. 폴리(S. Foley)·J.R. 칼센(J.R. Karlsen)·T.J. 푸트니쉬(T.J. Putniņš). '섹스, 마약, 그리고 비트코인: 얼마나 많은 불법 활동 자금이 암호화폐를 통해 조달될까?'. 〈금융 연구 리뷰(Review of Financial Studies)〉, 2019, 32(5), 1798–835.

- 테더와 비트코인의 관계
  J. 그리핀(J. Griffin)·A. 샴스(A. Shams). '비트코인은 정말로 매여 있지 않은 것일까?(Is Bitcoin really untethered?)'. 〈금융 저널(Journal of Finance)〉, 2020. 6. 15.

23장

- 리브라에 관한 인용문
  www.iosco.org/library/pubdocs/pdf/IOSCOPD650.pdf

- CBDC에 관한 영란은행 논문 정보
'중앙은행 디지털 화폐 : 기회, 도전, 그리고 설계(Central Bank Digital Currency:
Opportunities, challenges and design)', 논문, 2020. 3. 12.
www.bankofengland.co.uk/paper/2020/central-bank-digital-currency-
opportunities-challenges-and-design-discussion-paper

- 리브라에 관한 영란은행 논문 정보
M. 아다치(M. Adachi) · M. 코미네타(Cominetta) · C. 카우프만(C. Kaufmann) · A.
반 데 크라이즈(A. van der Kraaij). '규제와 금융 안정성의 관점에서 바라본 세계
의 스테이블코인(A regulatory and financial stability perspective on global
stablecoins)'. 〈매크로프루덴셜 불레틴(Macroprudential Bulletin)〉, 유럽중앙은행,
2020, 10호.

- 대규모 국부펀드에 관한 수치
www.swfinstitute.org/fund-rankings

- 비트코인에 대한 제이미 다이먼의 말
www.pymnts.com/blockchain/bitcoin/2018/jpmorgan-chase-jamie-dimon-
dapper-labs-funding/

24장

- 체 게바라가 쿠바 중앙은행장을 지낸 기간 동안의 행적
https://sociable.co/web/fidel-castro-appointed-che-guevara-bank/

25장

- 항공 마일리지 데이터에 관한 내용
www.mckinsey.com/industries/travel-logistics-and-transport-infrastructure/
our-insights/miles-ahead-how-to-improve-airline-customer-loyalty-
programs#

- 씨티은행과 씨티은행의 뉴욕 ATM 네트워크에 관한 내용
https://www.cgap.org/sites/default/files/Interoperability_in_Electronic_
Payments.pdf

- 애플페이와 퀄컴에 대한 EU의 조사에 관한 내용
https://ec.europa.eu/commission/presscorner/detail/en/ip_20_1075

https://ec.europa.eu/commission/presscorner/detail/en/IP_18_421

- 조지 소로스는 2018년 1월 25일에 스위스 다보스에서 개최된 세계경제포럼에서 이런 발언을 했다.
www.georgesoros.com/2018/01/25/remarks-delivered-at-the-world-economic-forum/

26장

- 알리페이와 위챗을 포함한 8개 앱 사용을 금지한 미국의 행정 명령
https://www.federalregister.gov/documents/2021/01/08/2021-00305/addressing-the-threat-posed-by-applications-and-other-software-developed-or-controlled-by-chinese

- 소비자 감시단체 컨슈머 와치독(Consumer Watchdog)의 워싱턴 책임자 카르멘 발버(Carmen Balber)는 연방준비제도이사회 산하에 소비자 보호 기관을 신설하면, 월스트리트를 감시하기는커녕 월스트리트가 시키는 대로 할 가능성이 크다고 말했다.
https://www.prnewswire.com/news-releases/dodd-proposal-to-give-the-federal-reserve-consumer-protection-authority-would-create-an-industry-lapdog-not-a-public-watchdog-85971237.html

- 방글라데시 중앙은행 해킹 사건에 대한 포렌식 분석 결과
www.reuters.com/article/us-usa-fed-bangladesh-investigation/exclusive-bangladesh-bank-remains-compromised-months-after-heist-forensics-report-idUSKCN0Y40SM

27장

- 인스텍스에 관한 발언
W. 뮌하우(W. Münchau). '미국의 터무니없는 특권은 유럽이 제 역할을 하지 못한 죄(America's exorbitant privilege is Europe's sin of omission)'. 〈파이낸셜타임스〉, 2019. 5. 26.

- 유럽중앙은행의 타깃2에 관한 인용문의 출처는 유럽중앙은행 이사 거트루드 텀펠-구게렐이 2006년 6월에 마드리드에 있는 스페인 중앙은행에서 진행한 '지급결제시스템 및 증권결제시스템의 변화를 가능케 하는 동인(Drivers for change in payment and securities settlement systems)'이라는 연설이다. 연설 전문은 아래에서 확인

할 수 있다.
https://www.ecb.europa.eu/press/key/date/2006/html/sp060609.en.html

28장

- EU의 지정학 위원회에 대해 좀 더 많은 내용
'유럽의 경제 및 금융 시스템: 개방성과 견고성, 회복성을 육성하는 방법(The European economic and financial system: fostering openness, strength and resilience)'. EU 집행위원회, 2021. 1. 19.
https://ec.europa.eu/finance/docs/policy/210119-economic-financial-system-communication_en.pdf.

- 국제 결제에서 미국 달러가 차지하는 비중에 관한 스위프트 제공 데이터는 유로존 내에서 이뤄지는 결제는 포함하지 않는다.
www.swift.com/file/67981/download?token=9jCDTPae

- 달러가 누리는 엄청난 특권에 대해 좀 더 많은 내용
E. 아이헨그린(E. Eichengreen). 『터무니없는 특권: 달러의 흥망성쇠(Exorbitant privilege: The rise and fall of the dollar)』. 옥스퍼드: 옥스퍼드대학 출판부, 2011.

- 분데스방크의 자금세탁 규정
www.ft.com/content/24feb850-98a1-11e8-9702-5946bae86e6d

- '금융의 무기화'라는 표현이 초창기에 어떻게 사용됐는지 다음에서 확인할 수 있다. 유라시아 그룹 이안 브레머(Ian Bremmer)의 트위터 @ianbremmer, 2015. 1. 5.

- 마카오의 방코델타아시아와 초기 대북 제재에 관한 이야기
www.treasury.gov/press-center/press-releases/Pages/hp315.aspxu
www.piie.com/blogs/north-korea-witness-transformation/juan-c-zaratestreasurys-war
www.nytimes.com/2007/01/18/world/asia/18iht-north.4255039.html

- 제재 회피를 위해 암호화폐를 사용하는 이란에 관한 이야기
https://cointelegraph.com/news/iranian-general-calls-for-use-of-crypto-to-evade-sanctions
https://home.treasury.gov/news/press-releases/sm556

29장

- 해외자산통제국과 금융범죄단속국에 관한 데이터
  www.reuters.com/article/us-usa-sanctions-ofac-insight/u-s-agency-overseeing-sanctions-faces-brain-drain-added-work-idUSKCN0QC0CN20150807
  www.fincen.gov/frequently-asked-questions

- 단스케방크 일화
  www.theguardian.com/world/2017/sep/04/uk-at-centre-of-secret-3bn-azerbaijani-money-laundering-and-lobbying-scheme
  www.theguardian.com/business/2018/sep/21/is-money-laundering-scandal-at-danske-bank-the-largest-in-history
  www.reuters.com/article/usdanske-bank-moneylaundering-timeline/timeline-how-danske-banks-estonianmoney-laundering-scandal-unfolded-idUSKCN1NO209

- 금융 범죄 데이터
  https://thefinancialcrimenews.com/global-threat-assessment-2018-by-john-cusack/

- 금융 범죄에 연루된 은행에 벌금이 부과된 사건 및 관련 데이터
  www.businessinsider.com/r-bank-settlements-create-windfall-for-us-and-wrangling-over-how-it-is-spent-2014-24?IR=T
  www.justice.gov/opa/pr/bnp-paribas-agrees-plead-guilty-and-pay-89-billion-illegally-processing-financial
  www.theguardian.com/business/2014/aug/20/standard-chartered-fined-300m-money-laundering-compliance
  www.dw.com/en/financialcrisis-bank-fines-hit-record-10-years-after-market-collapse/a-40044540

- 몰도바 은행 사건과 사건에 연루된 라트비아 은행에 관한 내용
  www.forbes.com/sites/francescoppola/2018/02/28/why-the-u-s-treasury-killed-a-latvian-bank/

- ABLV와 미 재무부에 관한 내용
  https://www.fincen.gov/news/news-releases/fincen-names-ablv-bank-latvia-institution-primary-money-laundering-concern-and

- BCCI 사기 사건에 관한 내용
  https://fas.org/irp/congress/1992_rpt/bcci/01exec.htm
  http://news.bbc.co.uk/2/hi/business/5056056.stm

30장

- 금융 소외 현상에 관한 네덜란드 의회의 논의
  www.parlementairemonitor.nl/9353000/1/j9vvij5epmj1ey0/vk5dmnhjv5ui

- 대사관 계좌가 폐쇄된 사건
  www.transparency.org/cpi2018
  https://foreignpolicy.com/2010/11/19/37-embassies-in-washington-facebanking-crisis/
  www.reuters.com/article/us-financial-embassies/banks-cankeep-embassy-accounts-u-s-regulators-idUSTRE7203ID20110325
  www.federalreserve.gov/supervisionreg/srletters/sr1106a1.pdf

- 대리 은행 관계가 감소하는 현상에 대한 국제결제은행과 금융안정위원회의 입장
  T. 라이스(T. Rice) · G. 폰 피터(G. von Peter) · C. 보어(C. Boar). '대리 은행이 줄어드는 세계적인 현상에 대하여(On the global retreat of correspondent banks)'. 〈국제결제은행 쿼털리 리뷰〉, 2020. 3, 37~52쪽.
  www.fsb.org/2018/11/fsb-correspondent-banking-data-report-update-2/.

에필로그

- 인도의 제3자 공급자 UPI 거래 총비중 제한 조치
  https://www.npci.org.in/PDF/npci/press-releases/2020/UPI-balances-consumer-experience-with-growth-for-TPAPs.pdf

| 찾아보기 |

결제 권력을 소유하는 자가 부의 흐름을 지배한다

결제는 어떻게 세상을 바꾸는가

1판 1쇄 | 2023년 1월 30일
1판 5쇄 | 2024년 5월 27일
지 은 이 | 고트프리트 라이브란트 · 나타샤 드 테란
감   수 | 강성호
옮 긴 이 | 김현정
발 행 인 | 김인태
발 행 처 | 삼호미디어
등   록 | 1993년 10월 12일 제21-494호
주   소 | 서울특별시 서초구 강남대로 545-21 거림빌딩 4층
         www.samhomedia.com
전   화 | (02)544-9456(영업부) / (02)544-9457(편집기획부)
팩   스 | (02)512-3593

ISBN 978-89-7849-676-6 (03320)